Raimund Fischer

Blütenpracht am Ostsaum der Alpen

Raimund Fischer

Blütenpracht am Ostsaum der Alpen

Edition Tau

Anregung zum persönlichen Gebrauch des Buches:

Seitenzahlen mit Sternchen* weisen auf eine Abbildung hin.
Auf den Bildseiten sind Freiräume vorhanden, die mit Notizen von persönlich erworbenen Kenntnissen ausgefüllt werden können, z. B.:

1. Ort und Datum (Zeitpunkt) des Auffindens der Pflanze.
2. Zuordnung des wissenschaftlichen Namens der Pflanze mit Hilfe des Registers.
3. Anfertigen einer Skizze von der zugehörigen Blüte oder eines Blattes.
4. Das Größenverhältnis zwischen bildlicher Darstellung und der natürlichen Größe der Pflanze in einem Maßstab feststellen.
5. Aufsuchen der Pflanze in der Exkursionsflora von Österreich (siehe Literaturliste!).

Druck Verlag Handel
BIRICZ
Gesellschaft m. b. H. & Co. KG.
A-7202 Bad Sauerbrunn
Satz und Gestaltung: Tau Type, A-7202 Bad Sauerbrunn
Bildnachweis: Alle Aufnahmen vom Verfasser
Druck: Ketterl, A-1180 Wien

ISBN 3-900977-61-5

Vorbemerkung

Eine wichtige Voraussetzung für ein naturnahes Verhalten des Menschen ist das Öffnen seines Geistes und all seiner Sinne für die Belange der Natur und ihrer Geschöpfe. Zum guten Umgang mit Pflanzen, Tieren und mit der Landschaft muß der Mensch der Gegenwart erst wieder zurückfinden. Viele Einrichtungen des modernen Lebens, die Technisierung, das Streben nach materiellen Gütern, nach Vergnügen aller Art und auch die Lehren falsch verstandener Religionen trüben den Blick des Menschen für die wahren Quellen des Lebens, die ausschließlich in der Natur unserer wundervollen Erde liegen.
Wohin wir auch immer blicken, es umgibt uns ein Reichtum von Pflanzen. Sie als unsere Weggefährten zu erkennen und sie in ihren Lebensäußerungen zu begreifen, ist das Hauptanliegen dieses Buches. Nur was uns Menschen bekannt ist, lernen wir auch lieben und beschützen. „Naturschützer" der Vergangenheit waren bereits „Umweltschützer" zu einer Zeit, in der dieser Begriff noch kein modernes Schlagwort gewesen ist. Für den umfassenden Schutz aller Wildpflanzen unserer Heimat muß der Mensch der Gegenwart erst wieder sensibilisiert werden.
Im 1. Teil des Buches werden auf Wanderungen zu botanisch interessanten Zielen Pflanzen des Alpenostrandes und des angrenzenden Flachlandes vorgestellt. Die Arbeit ist das Ergebnis einer lebenslangen Beschäftigung mit der Pflanzenwelt des südlichen Wiener Beckens und den Bergen des verebbenden Alpenbogens. Die Wanderungen reichen von der Schneealpe in der Nordsteiermark bis zu den Hainburger Bergen an der Donau. Obwohl die Flora des „Industrieviertels" (südöstlicher Teil Niederösterreichs) in den letzten Jahrzehnten stark reduziert wurde, ist sie dennoch artenreicher und vielfältiger als die der übrigen Viertel und es könnte gut und gerne als „Blumenviertel" bezeichnet werden. Dank seiner geographischen Lage kommt es hier zur Überschneidung von Klimaeinflüssen aus Osten, Westen und Süden.
Im 2. Teil werden einige Porträts charakteristischer Pflanzen des angesprochenen Gebietes geboten. Eine wichtige Funktion übernehmen die Bilder, die der Autor in den letzten Jahren angefertigt hat. Die begleitenden Texte sollen zum intensiven Ausdeuten des Bildinhaltes und in weiterer Folge zum Lesen des ganzen Kapitels „verführen". Die Anordnung der Kapitel folgt keinem zwingenden Grund. Das Einlesen und Betrachten der Bilder

kann an einer beliebigen Stelle des Buches erfolgen. Der Inhalt wendet sich an den interessierten Laien, an jene Menschen, die in ihrem bisherigen Leben Pflanzen nur aus schulischer Sicht oder aus Lehrbüchern kennengelernt haben. Bei der Abfassung des Textes hatte der Autor stets jene Menschen vor Augen, die er bei Wanderungen, Lehrveranstaltungen und Vorträgen kennengelernt hat. Die naturkundlichen Belange im Rahmen der Heimatkunde haben in den praktischen Auswirkungen der Bildungspläne in unserem Jahrhundert keine wesentlichen Wirkungen erzielt. Das Vernachlässigen einer heimatbezogenen Naturkunde ist mitverantwortlich für die fortschreitende Ausbeutung und Zerstörung der Natur in der Gegenwart. Unser Umgang mit den Schätzen der Natur wird für ein sinnvolles Weiterleben von entscheidender Bedeutung sein.
Noch ein Wort an alle jene Leser, die sich noch intensiver mit der Pflanzenwelt beschäftigen wollen. Die deutschen und wissenschaftlichen Namen der vorgestellten Pflanzen wurden auf den neuesten Stand gebracht. Eine wertvolle Hilfe hiezu bot die von Adler, Oswald, Fischer u. a. bearbeitete „Exkursionsflora von Österreich“ (herausgegeben und redigiert von Dr. Manfred A. Fischer, 1994). Nach diesem Bestimmungswerk sollte jeder botanisch Interessierte greifen, der sich eingehend mit der gesamten Flora Österreichs befassen will. Das Kennenlernen der Pflanze soll nicht sogleich ihre Vernichtung bedeuten. Der wahre Freund der Natur beläßt die Blume, das Kraut und vor allem die unterirdischen Organe am natürlichen Standort. Künftige Generationen werden uns hiefür dankbar sein. Das sollten sich auch jene Menschen zu Herzen nehmen, die die Anlage eines Herbars seltener und kostbarer Pflanzen planen. Nur für den wissenschaftlich arbeitenden Botaniker ist die Anlage eines Herbars notwendig.
Der Dank des Autors gilt dem burgenländischen Verleger, Ing. Viktor Biricz, der das Wagnis auf sich genommen hat, eine botanisch ausgerichtete Heimatkunde für ein niederösterreichisches Viertel herauszugeben.
Dieses Buch soll auf keinen Fall ein Lehrbuch sein. Es ist ein Erinnerungsbuch an Beschäftigungen und Neigungen in der Jugendzeit. Sicher hat sich fast jeder Mensch in seiner Jugend mit Blumen oder Blüten befaßt. Das Buch soll diese Erinnerungen wieder aufleben lassen und Sie zum Schauen und Lesen anregen. Und wenn es Sie nur dazu bringt, Blicke und Aufmerksamkeit auf die Natur in Ihrer nächsten Umgebung zu richten, dann wäre es bereits eine Bereicherung Ihres Lebens. Vielleicht hat man Ihnen einst sehr viel von Pflanzen anderer Landschaften und Erdteile erzählt. Die Pflanzen der Heimat stehen den fremden in nichts nach, man muß sie nur kennenlernen, um sie zu lieben.

Mai 1995 | Raimund Fischer

I.
Wildpflanzen:
Biotope als Wanderziele

Der Westrand des Wiener Beckens: Ein Überschneidungsbereich mitteleuropäischer Florengebiete

Die Alpen erstrecken sich in einem weiten Bogen von etwa 1200 km Länge vom Ligurischen Meer im Westen bis zur Donau im Raum Wien im Osten. An ihrem Nordostende fallen sie zur Ebene des Wiener Beckens ab. Großräumig und geologisch gesehen, sind es die Berge der Grauwackenzone, die steil abbrechenden Stöcke der Kalkalpen, die Voralpen mit den mäßig hohen Vorbergen aus Kalk oder Dolomit und die sanften Flyschberge des Wienerwaldes, die den Westrand des Beckens bis zur Donau bilden. Das Wiener Becken reicht aber über die Donau hinaus ins Weinviertel und bis in die westliche Slowakei hinein. Im Osten begrenzen es die mit Kalk überzogenen niedrigen Kristallinhorste des Rosalien- und Leithagebirges, die Hundsheimer Berge und die Kleinen Karpaten. Das dazwischen liegende Becken erweist sich als ein weites Senkungsfeld zwischen Alpen und Karpaten. An seinen Rändern ist es längs einer Reihe von Bruchlinien im Tertiär (Torton) staffelförmig eingebrochen. Mit dem Einbruch des Beckens drang gleichzeitig das Tertiärmeer ein, dessen Ablagerungen bis zu 5000 m tief das Abbruchbecken auffüllten. Im Beckeninnern wurden hauptsächlich Tegel und Sande abgelagert. In den Randzonen kam es zur Ablagerung von Schottern, Konglomeraten, Kalksandsteinen und Leithakalken, die allesamt in Vergangenheit und Gegenwart als Baumaterialien Verwendung gefunden haben bzw. noch finden. An den Beckenrändern fallen in etwa 300 bis 400 m Höhe Einebnungen auf, die sich als Brandungsterrassen der ehemaligen Meeresbedeckungen zu erkennen geben. Im südlichen Wiener Becken sind das z. B. die Strandplattformen des Mahleiten-Berges, der Steiner und der Brunner Eben. Gegen Ende des Tertiärzeitalters, im sogenannten Pannon, verlandete allmählich das Becken. Die Alpenflüsse bauten an der damaligen Küste mächtige Schotterfächer auf, so wurde z. B. das heute mit Schwarzföhren bestandene Plateau „Auf dem Hart" durch Piesting und Triesting aufgeschüttet. Im Eiszeitalter lagerten die einmündenden Kalkalpen-Flüsse Schwarza und Piesting mächtige Schotterkegel im Innern des südlichen Wiener Beckens ab, was zur Entstehung des Wiener Neustädter Steinfeldes führte. Durch die Donau kam es im Raum Wien zu großen Schotterablagerungen.

Der Ostsaum der Alpen und das angrenzende inneralpine Wiener Becken (es reicht von Gloggnitz bis zur Donau) decken sich etwa mit dem südöstlichen Viertel Niederösterreichs, dem Viertel unter dem Wienerwald. Es liegt im Schnitt- und Einflußbereich mehrerer Klimazonen und damit auch in einem zentralen europäischen Durchdringungsbereich mehrerer Florengebiete. Es nimmt daher nicht wunder, daß dieses Viertel, im Hinblick auf das hochindustrielle Wiener Becken als „Industrieviertel" bezeichnet, zu den pflanzen- und artenreichsten Gebieten Mitteleuropas zählt. Dies wird umso verständlicher, wenn man sich die klimatischen Einflüsse und die vertikale Gliederung des Landstriches vergegenwärtigt. Das vorherrschende atlantische Klima, das seinen Einfluß aus dem Westen her geltend macht, ist in Höhen bis zu 300 m, z. B. im Alpenvorland ein mildes, niederschlagreiches Klima von typisch mitteleuropäischem Charakter. In den Voralpen und Hochalpen nimmt bei absinkenden Temperaturen die Niederschlagsmenge zu. Die Ebene des Wiener Beckens und die Ostabhänge der westlichen Randberge stehen unter dem Einfluß eines bereits wesentlich wärmeren und trockeneren Klimas. Das sogenannte kontinentale Klima Osteuropas bewirkt hier eine tiefgreifende Modifizierung. In der Vegetationszeit (Frühling und Sommer) dringen aus dem Osten warme und trockene Luftmassen bis zum Gebirgsrand vor. Sie begünstigen auf den nach Osten geneigten Hängen und den sich öffnenden Tälern und Gräben das Gedeihen von wärmeliebenden Pflanzen, die ihre Hauptverbreitung in den Ebenen des Ostens haben. Die ungarischen Tiefebenen entsprechen ungefähr der antiken römischen Provinz Pannonien, weshalb sie auch als pannonische Tiefebenen bezeichnet werden. Das pannonische Klima herrscht nicht nur im Wiener Becken vor, auch das Gebiet des Neusiedlersees, das Marchfeld, das Weinviertel und die Wachau erfreuen sich der thermischen Begünstigung. Ebenso spricht der Botaniker von pannonischer Vegetation und Flora, die sich markant von der mitteleuropäischen und alpischen abhebt. Unter alpisch versteht man: zum Alpenraum gehörend; hingegen bedeutet alpin: zur Hochgebirgsstufe gehörend. Auch das illyrische Klimagebiet macht sich im inneralpinen Becken noch geltend. Das illyrische Klima ist ein submediterranes, das weitgehend vom trockenwarmen Mittelmeerklima beeinflußt wird. Illyrische Florenelemente und selbst mediterrane machen sich vom Südostrand bis zum Nordostrand der Alpen bemerkbar. Vor allem wärmeliebende Pflanzen, wie Schwarzföhre, Edelkastanie, Wein und Tabak, sind typisch für den illyrischen Klimaeinfluß.

Im pannonischen Gebiet liegt das Jahresmittel der Temperatur um 8 Grad Celsius, die mittleren Juli-Temperaturen erreichen 19–20 Grad Celsius. Das langjährige Mittel der Jahresniederschläge liegt zwischen 600 und 700 mm, wobei in Jahren mit niederschlagsarmen Wintern auch nur

500 mm gemessen werden. Die größten Niederschlagsmengen fallen zwar im Sommer, dennoch kommt es gelegentlich im Hochsommer zu längeren Trockenperioden (1–4 Wochen). In schneelosen Wintern bei nur wenigen Graden über dem Gefrierpunkt öffnen z. B. die Kuhschellen schon im Februar (18. 2. 1990) ihre Blüten. Kommt es aber im Februar zur Ausbildung einer geschlossenen Schneedecke, setzt dieses Blühen erst Mitte März (17. 3. 1991) ein. Der Frühlingseinzug bei ein und derselben Art kann von Jahr zu Jahr um 4 Wochen differieren. Wenn während des Blühens Spätfröste eintreten oder noch einmal Schnee fällt, dann werden zwar die Einzelblüten, nicht aber die Gesamtheit der Pflanze geschädigt. Der pelzige Haarbesatz aller Pflanzenteile ist ein äußerst wirksamer Kälte- und Verdunstungsschutz. Man nimmt heute an, daß in früherer Zeit im Gebiet der pannonischen Stufe Laubwald (mit vorwiegend Eiche) vorgeherrscht hat. Er ist heute bis auf wenige kleine Reste verschwunden, weil Ackerbau und Weinbau besonders günstige Bedingungen vorgefunden haben und damit der größte Teil der Landschaft in Kulturland umgewandelt worden ist. Die Vegetationszeit beträgt im milden Klima des pannonischen Gebietes bis zu 9 Monaten.

In Höhen von etwa 400 bis 1000 m fällt schon beträchtlich mehr Niederschlag, durchschnittlich bis zu 1100 mm, und die mittlere Jahrestemperatur sinkt auf etwa 4,5 Grad Celsius ab. In dieser als „baltisch" bezeichneten Vegetationsstufe sind die typisch mitteleuropäischen Arten der Pflanzen- und auch der Tierwelt vertreten. Der Waldreichtum macht die Berge dieser Zone zu beliebten Ausflugszielen, Wienerwald und Voralpen zählen dazu. Die Vegetationszeit verkürzt sich in der baltischen Stufe auf 7–8 Monate.

Die Nadelwaldstufe geht im Gebirge allmählich in einer Höhe von 1600 bis 1700 m in den Krummholzgürtel über, womit man die untere subalpine Stufe erreicht. Schneeberg, Rax und Schneealpe lassen diese Übergangszone zwischen Wald- und Baumgrenze – die keineswegs identisch sind – gut erkennen. Wo der geschlossene Wald witterungsbedingt nicht mehr höher zu steigen vermag, harren an günstigen Stellen Einzelbäume aus, die aber vom ständigen Kampf mit Wind und Wetter bereits gezeichnet sind. Vor allem ist es die Temperatur, welche die Verbreitungsgrenze der hochstämmigen Pflanzen bestimmt. Zwergstrauchheiden, alpine Rasen und Matten charakterisieren den oberen praealpinen Bereich der Hochalpen. Diese praealpine und alpine Vegetationsstufe von Schneeberg und Rax erreicht gerade noch die Höhe von 2000 m. Die jährliche Niederschlagsmenge steigt bis 2000 mm an, die mittlere Jahrestemperatur beträgt ca. 0 Grad C. Die Vegetationszeit dieser Höhe verkürzt sich auf 5 bis 6 Monate.

Praealpiner Bereich auf dem Schneeberg:
Legföhrenbestände und Felsrasen in einer Seehöhe von 1 700 bis 1 800 m.

Frühlingserwachen im Auwald

Wenn der Märzwind auch mit schneidender Kälte durch die blattlosen Bäume und Sträucher des Auwaldes stürmt und das Federkleid wintermüder Vögel zerzaust, liegt dennoch bereits ein Frühlingsahnen in der Luft. Die Intensität des Lichtes hat wieder zugenommen, und öfters schon durchdringen die erwärmenden Strahlen der Sonne das Gewölk. Neues Leben bricht sich Bahn, Daseinsglück und Lebenshunger bemächtigt sich aller Geschöpfe der Natur.

Das größte Blühen in unseren Breiten hebt zunächst im Auwald an. Jahr für Jahr treibt es uns in diesen ersten warmen Tagen hinaus ins Freie, suchen wir die ersten Boten des Fühlings auf, um uns daran zu beglücken und neue Kraft für das Jahr zu suchen. Oft genug haben wir das Schauspiel genossen, das uns aufknospende Blumen inmitten dürren Laubes bereiten. Und dennoch werden wir nicht müde, dieses Blühen herbeizusehnen und uns immer aufs neue an ihm zu erfreuen.

Wir Zivilisationsmenschen tun gut daran, vom Rhythmus in der Natur auch unsere eigene Arbeit, die vielfach naturentfremdet verlaufen muß, befruchten zu lassen. Wieviel Kraft vermag die Natur doch zu verschenken, wenn wir selber nur gewillt sind, ihr mit offenen Sinnen zu begegnen. Nur wer das Staunen über das Wirken der Natur um uns verlernt hat, muß auch auf die Kraftausstrahlung dieser unversiegbaren Quelle verzichten.

Wir wandern also an einem der ersten warmen Vorfrühlingstage hinaus in den Auwald. Felder und Fluren schlummern noch in winterlicher Ruhe. Im Innern des Auwaldes schicken sich die ersten Blumen an, den morastigen Boden, den noch die Laubreste des Vorjahres bedecken, zu durchbrechen. Sie haben keine Zeit zu verlieren. Sie müssen blühen und fruchten, ehe noch die Holzgewächse der Au ihr Laub entfalten und sie damit der günstigen Lichtverhältnisse berauben. Es ist kein Zufall, daß gerade im Auwald die Vegetationsperiode so früh einsetzt. Auch ist es kein Wunder, daß gerade hier das Wachsen und Gedeihen ein intensiveres ist als irgendwo anders in unseren Breiten. Bildet der Auwald doch eine Lebensgemeinschaft, in der ohne Zutun des Menschen immer wieder von selbst gedüngt wird. Der Untergrund des Aubodens, der aus feuchtem, lockerem und mildem Humus besteht, wird durch die in einem gewissen jahreszeitlichen Rhythmus wiederkehrenden Überschwemmungen mit neuem, fruchtbarem Schlamm verjüngt. Somit unterscheidet sich der Auwald wesentlich von anderen mitteleuropäischen Wäldern. Das Wort „Au“ hieß im Mittelhochdeutschen soviel wie „Wasser“, Auwald bedeutet demnach „Wasserwald“. Auwälder stellen sich im Überschwemmungsbereich der Bäche, Flüsse und Ströme ein. Ihre Fruchtbarkeit ist ihnen in den letzten Jahrzehnten zum Verhängnis geworden. Mancher Auwald kam unter den Pflug und wurde einer landwirtschaftlichen Nutzung zugeführt. Ebenso sind durch die in unserer Zeit so modern gewordenen Flußregulierungen große Teile der Auwälder verlorengegangen, beziehungsweise werden vorhandene Auwälder kaum mehr oder viel zu selten überschwemmt. Bleibt aber die natürliche Düngung aus, kommt es zur Veränderung des Auwaldes. Im Oberlauf der Flüsse ist der Auwald nur als schmales Band oder fleckweise entwickelt, am Mittel- oder Unterlauf kann der Auwald jedoch große Flächen einnehmen. Ein gutes Beispiel für die erwähnten Verhältnisse ist der Auwald des Leithaflusses unweit von Lichtenwörth bei Wr. Neustadt. Gerade hier wurden in den letzten Jahrzehnten große Flächen des Auwaldes gerodet und zu Ackerland gemacht. Im überschwemmten Teil herrschen Weidenbäume und Weidensträucher vor. Auch Schwarz- und Silber-Pappel sind den Bodenbedingungen einer Au gut angepaßt. Alle Auwaldpflanzen müssen nicht nur eine vollständige, wenn auch zeitweilige Überflutung vertragen, sie müssen auch mit längeren Trockenperioden zurechtkommen. Von allen Gehölzen erweist sich die Silber-Weide als am unempfindlichsten gegenüber länger andauernden Überflutungen. Höher gelegene Teile der Au werden viel seltener überschwemmt, am ehesten noch bei Hochwasser im Frühling. Hier baut sich der Wald aus Bäumen mit hartem, dauerhaftem Holz auf. Eschen, Ulmen und Eichen sind somit Bestandteile der Hartholz-Au. Sie vertragen bestenfalls nur sehr kurzdauernde Überflutungen. Daß der Auwald in den letzten Jahren in aller Munde ist, hat mit dem Kraftwerksbau entlang der Donau zu tun. Hier prallen die Meinungen von Naturschützern, Experten und Technokraten aufeinander. Gottseidank hat sich die öffentliche Meinung für die Erhaltung der Auwälder entschieden. Viel zu spät ist eine Sensibilisierung der Menschen für die vielen Schutzfunktionen des Auwaldes eingetreten. Nicht minder wichtig für den Naturhaushalt sind die „kleinen Auen“, welche die Wasserläufe des Wiener Beckens begleiten (Leitha, Piesting, Triesting, Schwechat, Fischa). Hier sind leider überhaupt keine Proteststimmen gegen die langsame und unmerklich vor sich gehende Vernichtung laut geworden. Hier gäbe es für Umweltschutz-Referenten in Gemeinden und Bezirkshauptmannschaften ein weites Betätigungsfeld!

Wir durchstreifen den Auwald abseits von Wirtschaftswegen und wählen in den ausgedehnten Leitha-Auen unweit von Wiener Neustadt ein Waldstück aus, das noch naturnahe Verhältnisse aufweist. Hier ist auch noch ei-

Im Vorfrühling ist der Auboden mit den Blüten unzähliger Schneeglöckchen übersät; oft taucht der liebliche „Blütenschnee" schon zwischen den Restflächen des schmelzenden Schnees auf.

Die weißen Blüten des Schneeglöckchens hängen an schwach gebogenen Stielchen. Sie setzen sich aus 3 äußeren (größeren) und 3 inneren (kürzeren) Perigonblättern zusammen. Der unterständige Fruchtknoten besitzt keine Kelchblätter.

ne üppige Strauchschicht aus jungen Bäumchen, hohen Strauch-Arten und Lianen entwickelt, ein Dickicht, das an den undurchdringlichen Dschungel der Tropen erinnert. Wildpfade zeigen jedoch immer wieder an, wie man am besten den natürlichen Hindernissen ausweichen kann. Bemerkenswert ist zunächst ein ausgedehntes Vorkommen des **Schwarzen Holunders** *(Sambucus nigra),* der hier buchstäblich zu einem geschlossenen „Buschwald" geworden ist. Die in der Au heimischen Drossel-Arten, die eine Vorliebe für reife Holunderbeeren haben, sind wohl die Hauptverbreiter der Samen. Wichtigste Voraussetzung hiefür ist jedoch der große Reichtum des Auwaldes an Nährstoffen. Weniger geschlossen sind die Bestände von Weißdorn, Pfaffenhütchen, Schneeball und diverser Weiden-Arten. In der Hartholzau herrschen die Lianengewächse im weitesten Sinne vor: Hier ranken sich die langen Triebe und verholzten Sprosse des Efeus, der Waldrebe und des Hopfens an Stämmen, Ästen und Zweigen größerer Gehölze empor. Bäume und Sträucher verharren noch im Knospenzustand. Die „Kätzchen" von Birke, Weide, Pappel und Erle sind zwar nicht zu übersehen, bis zu ihrem Aufblühen werden jedoch noch Tage oder Wochen vergehen, wie es gerade der launischen Witterung des Frühlings gefällt. Am Auwaldboden hat jedoch das Blühen schon eingesetzt, es sind die buntesten Wochen des Jahreskreislaufes in der Au. Am eiligsten hat es das **Schneeglöckchen*** *(Galanthus nivalis).* Mit seinen spitzen blütenumhüllenden Hochblättern durchbohrt es sowohl den harten Boden als auch das vom Schnee zusammengedrückte Laub des Vorjahres. Siegreich bleibt es auch im Kampf gegen Frost und Schnee, der gerade in diesen Vorfrühlingswochen immer wieder aufs neue zu bestehen ist. Das Schneeglöckchen scheint aber auch allen Nachstellungen durch den Menschen gewachsen zu sein. Obwohl jährlich unzählige Blüten gepflückt und auch als Handelsware angeboten werden, sind die Bestände kaum geringer geworden. Das Pflücken verhindert zwar eine Samenbildung, die fortgesetzte Vermehrung wird jedoch durch die Entwicklung von Tochterzwiebeln gesichert. Den Pflückern sei es hinters Ohr geschrieben: Durch das Abreißen der Blüten erleiden die Honigbienen, die ersten Blütenbesucher des Jahres, eine beträchtliche Nahrungseinbuße, was in dieser blütenarmen Zeit zwischen Winter und Frühling besonders schwerwiegend ist. Das frühe Austreiben des Schneeglöckens ist seiner Zwiebel zu verdanken, dem unterirdischen Speicherorgan, das schon im Vorjahr genügend organische Nährstoffe angesammelt hat. Daraus geht hervor, daß das Schneeglöckchen und die anderen Frühblüher zu den mehrjährigen Pflanzen gehören. Eine Entwicklung aus dem Samen nimmt viel mehr Zeit in Anspruch, als es der Auwald im laubblattlosen Zustand zuläßt. Zwiebeln, nährstoffreiche Knollen und Wurzelstöcke (Rhizome) hingegen liefern rasch jene Aufbaustoffe, die zur

Die „Anemonen"-Blüten des Buschwindröschens werden von 6 weißen, außen oft rötlich angehauchten Perigonblättern gebildet, in deren Mitte zahlreiche goldgelbe Staubblätter stehen.

Blüten- und Fruchtbildung erforderlich sind. Nach dem Verblühen füllen die erstarkten Laubblätter durch ihre Assimilationstätigkeit die Vorratsstoffe in den unterirdischen Organen wieder auf. Bei mancher frühblühenden Art verschwinden nach der Beschattung alle oberirdischen Teile, und nichts mehr erinnert an die so kurze Präsenz der Pflanzen. Freilich gibt es auch Pflanzen, die durch besondere Einrichtungen mit den lichtarmen Bedingungen des Auwaldes fertig werden – sonst gäbe es im sommerlichen Wald überhaupt keine Pflanzen. Jedenfalls erfolgt das Absterben des Jahressprosses in dem Zeitpunkt, in dem er seine Lebensaufgabe erfüllt hat.

Welche Pflanzen sind es, die den durch das Schneeglöckchen begonnenen Blütenreigen fortsetzen? Da wären zunächst die Vertreter aus der Familie der Hahnenfußgewächse zu nennen: **Buschwindröschen*** *(Anemone nemorosa)*, **Gelbes Windröschen** *(Anemone ranunculoides)*, **Muschelblümchen*** *(Isopyrum thalictroides)* und **Scharbockskraut***, auch **Feigwurz** *(Ranunculus ficaria)* genannt. Ihre unterirdischen Stammteile bzw. Knollen liegen 8 bis 10 cm tief im Auboden eingebettet. Der Stammteil des **Buschwindröschens*** liegt waagrecht im Boden, ist wenig verzweigt und aus mehreren Trieben zusammengesetzt. Das vorderste Triebstück wächst während der aktiven Lebensphase einer Periode ständig weiter, das „verbrauchte" Stammstück stirbt allmählich ab. Der Frühlingssproß entspringt jeweils

Das grazile Muschelblümchen bezieht seinen Namen von den muschelförmigen Nebenblättern am Grund der Stengelblätter, die an die Form von blau überlaufenen Akelei-Blättern erinnern.

dem letzten Jahrestrieb. Buschwindröschen und Gelbes Windröschen sehen einander sehr ähnlich, wenn man von der Blütenfarbe absieht. Die weißen Blüten des Buschwindröschens entspringen einem 10 bis 30 cm hohen Sproß, sie kommen einzeln aus dem Grund der 3 handförmig geteilten Hochblätter, dessen Teilblättchen 1–3 cm lang gestielt sind. Die Blüte mit einfacher, nicht in Kelch und Krone gegliederter Hülle, setzt sich aus 6 Perigonblättern zusammen. Die gelben Perigone ihrer Verwandten sind nur 5-teilig, und die Teilblättchen ihres Blattquirls sind nahezu ungestielt. Die unzähligen weißen und gelben Blütensterne dieser Anemonen verleihen dem noch fahlen Auboden ein freundliches und frühlingshaftes Gepränge. Alle Blüten sind nektarlos, sie werden nur von pollensammelnden Insekten besucht, denen aber dank der vielen Staubbeutel reichlich Nahrung dargeboten wird.

Windröschen treten meist in Gruppen auf, was auf einen Zerfall der mehrgliedrigen Stammteile zurückzuführen ist. Jeder Teil treibt wieder Sprosse aus. Auch die Samen, die in kurzgeschnäbelten Nüßchen heranreifen, fallen unmittelbar neben der Mutterpflanze zu Boden. Seltener als die beiden Anemonen-Arten finden sich die weißblühenden Stöcke des **Muschelblümchens*** vor. Als hygrophile Pflanze ist das Muschelblümchen auf Standorte mit bestimmtem Feuchtigkeitsgehalt angewiesen. Infolge der

Das flächendeckende Vorkommen des Scharbockskrautes ist auf die Brutknollen zurückzuführen, die in den Achseln der breiten Blattscheiden entstehen und vom Regen weitergeschwemmt werden.

Die Blütenhülle des Scharbockskrautes besteht aus meist 8 goldgelben, glänzenden Kron- und 3 kleinen grünen Kelchblättern. Die herznierenförmigen Laubblätter fügen sich zu einem wahren „Blattmosaik" zusammen.

Die Blüten des Wald-Gelbsterns (ein 6-teiliges Perigon) sind zu einem schütteren Blütenstand vereinigt. Ihre kahlen Stiele entspringen in den Achseln der Deckblättchen. Charakteristisch für diese Art ist das einzige, grundständige, breit-lineale, am Ende zugespitzte Blatt.

gleichen Blütenfarbe fallen die Muschelblümchen in der Fülle der Buschwindröschen wenig auf. Es hat jedoch gänzlich anders geformte Blätter. Die grundständigen sind langgestielt, haben eine 3-zählige bis gefiederte Spreite und sind wie die ähnlich geformten Stengelblätter blau überlaufen. Sie erinnern an die Blätter der Akelei, zu der auch nahe verwandtschaftliche Beziehungen bestehen. Bemerkenswert sind die beiden muschelförmigen Nebenblätter am Grund der Stengelblätter. Die Einzelblüte steht am Ende eines blattachselstehenden langen Stieles. Die weißen Blütenhüllblätter sind eigentlich Kelchblätter, welche die Funktion normaler Blütenblätter übernommen haben. Die inneren Blütenhüllblätter („Kronblätter"), nur 1–2 mm groß, kurz und röhrenförmig, haben die Funktion von Nektarbehältern übernommen. Das Muschelblümchen ist in Mitteleuropa die einzige Art einer Gattung, deren Verbreitungsschwerpunkt in Zentral- und Ostasien liegt. Die zarte Pflanze enthält eine ganze Reihe von giftigen Alkaloiden.

Als ungiftig erweist sich das **Scharbockskraut***, das schon seit dem 16. Jahrhundert als Heilmittel gegen Skorbut (Vitamin C-Mangelkrankheit) Verwendung gefunden hat. Der Name „Scharbock" geht auf eine Verballhornung des Wortes „Skorbut" zurück. Nicht nur für Tee-Aufgüsse, sondern auch für vitaminreiche Frühlingsgemüse-Gerichte ist das Kraut geeignet. Der **Wald-Gelbstern*** *(Gagea lutea)* ist ein Frühblüher, der ähnlich dem Schneeglöckchen seine Energie aus einer Zwiebel schöpft. Da er keine Nebenzwiebeln bildet, kann er sich in der Vermehrungsfreudigkeit mit diesem nicht messen. An keiner Stelle des Aubodens tritt er bestandsbildend auf, obwohl er relativ häufig vorkommt. Dieser Gelbstern besitzt ein einziges langes Grundblatt, 10 cm lang und 1 cm breit, das oben in

Die Schuppenwurz trägt an ihrem fleischigen, fleischfarbenen Stengel schuppenartige , herzförmige, rosaweiße Blätter und eine dichte, einseitswendige Traube aus zweilippigen, hellrosa Rachenblüten. Die Pflanze ernährt sich ausschließlich parasitär.

Form eines kleinen Mützchens ausläuft. Dicht unter dem Blütenstand stehen 2 kleinere Stengelblätter. Die 6 gelben Perigon- und die 6 Staubblätter sind typische Merkmale der Liliengewächse. Der Blühvorgang wird mit einem einzigen Stern eröffnet, bei ungünstigen Verhältnissen kann er damit auch schon wieder abgeschlossen sein. Im Regelfall öffnen sich hintereinander 6–10 Gelbsterne, wodurch die Blühdauer enorm verlängert und die Wahrscheinlichkeit der Fremdbestäubung erhöht wird.

In der Gesellschaft des Gelbsterns blühen Schuppen- und Haselwurz und auch das Lungenkraut, eine typische Art der Edellaubwälder, d. h., es ist auch in mäßig nährstoffreichen und frischen Laubwaldgesellschaften heimisch. Die **Schuppenwurz*** *(Lathraea squamaria)* hat einen Korpus ohne Blattgrün, ist somit ein Schmarotzer, der sich gerne unter Pappeln vorfindet. Sie keimt wie jede andere Pflanze; nach Ausbildung von Saugorganen holen sich diese die „fertige" Nahrung aus den Wurzeln der Wirtspflanze. Ihr fleischiger Wurzelstock ist vielfach verästelt und mit dicken Schuppen besetzt; mit seiner Hilfe werden die Pappelwurzeln angezapft. An den bleichen Stengeln entwickeln sich rachenförmige Blumenkronen, die in 4-spaltigen Kelchen sitzen. Die kleinen Kapselfrüchte produzieren eine große Menge feinen Samens, der vom Wind verweht wird.

Die **Haselwurz*** *(Asarum europaeum)*, eines der wenigen Osterluzei-Gewächse, gibt sich in Aussehen und Verhalten recht geheimnisvoll. Zunächst fallen ihre in Gruppen beisammenstehenden, immergrünen Blätter auf. Ihre nierenförmige Spreite hat eine glänzende Oberfläche. Wer nicht bewußt nach Blüten sucht, wird auch keine finden, die Haselwurz blüht nämlich im Verborgenen. Unterhalb des „Blätterdaches" sitzt an einem gebogenen Stielchen eine einzelne Blüte, die sich kaum von ihrer Umgebung abhebt.

An der Haselwurz fallen zunächst die wohlgeformten immergrünen Laubblätter auf. Die unscheinbare Blüte sitzt unterhalb des „Blätterdaches" und lockt mit pfefferartigem Geruch die bestäubenden Insekten an.

Sie gleicht einem etwa 8–10 mm langen krugförmigen Gebilde, das außen grünbraun und innen rotbraun gefärbt ist. Ihr pfefferartiger Geruch lockt Aasfliegen und Pilzmücken an, die zwar leicht ins Blüteninnere, jedoch nicht so schnell wieder ins Freie gelangen. Während des Suchens wird die Bestäubung vollzogen. Der giftige Inhaltsstoff „Asaron" erzeugt auf der Zunge ein pfefferartiges Brennen, regt zum Niesen an und reizt überdies die Schleimhaut des Magens. Die einstige Verwendung als Brechmittel hat auf diese Eigenschaft Bezug genommen.

Eine der volkstümlichsten Pflanzen ist das **Lungenkraut*** *(Pulmonaria officinalis).* In ihrem Aussehen verbindet sich rauhe Derbheit mit lieblicher Anmut. Stengel und Laubblätter sind mit steifen Haaren bedeckt (Familie der Rauhhaarigen Gewächse). Die graugrünen Blätter sitzen dicht am Stengel und haben teils herz-, teils eiförmige Spreite. Häufig sind sie mit helleren Flecken gezeichnet. Zu Zeiten von Paracelsus glaubte man noch an die Signaturlehre, die besagte, daß die Pflanzen von der Natur gekennzeichnet wären, für welche Krankheit sie spezielle Heilkraft besäßen. Weil die Form eines Blattes an die einer Lunge erinnert, sollte es für die Heilung von Lungenkrankheiten prädestiniert sein. Die Blüten, der lieblichere Teil der Pflanze, haben eine Ähnlichkeit mit der Schlüsselblume (Blaue Himmelschlüssel). Die röhrige Krone hat einen 5-lappigen Saum, 5 Staubblätter

Die Kronblätter des Lungenkrautes sind anfangs rosafarben, während des Erblühens violett, um sich nach der Bestäubung blau zu verfärben. Die rauhhaarigen Laubblätter weisen eine helle, fleckige Zeichnung auf.

Die dicht beisammen stehenden, purpurnen und weißen Trauben des Hohlen Lerchensporns lassen den Auboden zu einem bunt gewirkten Teppich werden.

und einen Griffel. Bei Blühbeginn leuchten sie in Hellrot, um beim Altern ins Blauviolette überzugehen („Hänsel-und-Gretl"). Der Farbwechsel ist auf eine Veränderung des Säuregrades der Säfte zurückzuführen, vermutlich durch den Vorgang der Befruchtung ausgelöst. Die Umwandlung geht so langsam vor sich, daß auf einem blühenden Stock alle Farbübergänge zugleich zu beobachten sind.

Eine der schönsten Pflanzen der frühlingshaften Au ist der **Hohle Lerchensporn*** *(Corydalis cava).* Gerade in den Leitha-Auen kann er trotz großer Veränderungen im Wasserhaushalt in ungebrochener Üppigkeit angetroffen werden. Die dicht beisammen stehenden purpurnen und weißen

Das Moschuskraut, eines der winzigsten Kräutlein der frühlingshaften Au, trägt an der Spitze seines Blühsprosses ein Blütenwürfelchen von hellgrüner Farbe. Auffallend sind vor allem die relativ langen Grundblätter mit doppelt 3-zähliger Spreite.

Blütentrauben wirken wie ein bunt gewirkter Teppich, der die dürren Pflanzenreste des Vorjahres sorgsam zudeckt. Die knollenförmigen Speicherorgane sind knapp unter der Erdoberfläche eingebettet. Sie verdicken sich mit zunehmendem Alter und entwickeln im 4. und 5. Jahr die ersten Blühtriebe. Das Innere des Knollens zerreißt, sodaß ein zentraler Hohlraum entsteht (Name!). Jährlich werden bis 2 Tochterknollen ausgebildet, worauf das truppweise und gedrängte Auftreten des Lerchensporns zurückzuführen ist. Seine 2-lippigen Blüten sind zu ansehnlichen Trauben vereinigt. Das oberste der 4 ungleich großen Blütenblätter ist nach hinten über das Blütenstielchen hinaus in einen Sporn verlängert, der den Nektar enthält. Nur langrüsselige Insekten erreichen ihn, dabei wird auch die Bestäubung vollzogen. Die Erdhummel, ein Kurzrüssler, beißt den Sporn seitlich auf, um durch Einbruch zum Nektar zu gelangen. Die Frucht des Lerchensporns, der zur Familie der Mohngewächse gehört, ist eine mehrsamige Kapsel, die sich mit 2 Klappen öffnet.

Zu den Frühblühern muß auch das zarte **Nabelnüßchen** oder **Gedenkemein** *(Omphalodes scorpioides)* gerechnet werden, das von März bis Mai in Auen und frischen Laubwäldern ein bescheidenes Dasein führt. Seine hellblauen Blüten mit gelben Schlundschuppen erinnern an das bekannte Vergißmeinnicht, doch fehlt der radförmig ausgebreiteten Blüte eine ausgeprägte Blütenröhre. Der liegende bis aufsteigende Stengel, etwa 30 cm lang, ist ebenso wie die Blätter rauh behaart (Rauhhaarige Gewächse). Die Teilfrüchtchen sind kreisrund niedergedrückt, napfförmig ausgehöhlt und mit einem einwärts gebogenen Rand versehen (Name!). Schon in Beck's Flora von Niederösterreich wird das Kleine Nabelnüßchen für die Lichtenwörther Au angegeben.

Das **Moschuskraut***, auch **Bisamkraut** *(Adoxa moschatellina)*, ist von allen bisher erwähnten Frühblühern das winzigste Kräutlein, das leicht übersehen werden kann. Darauf bezieht sich auch sein botanischer Gattungsname „Adoxa", was soviel wie „die Unberühmte" bedeutet. Der Artname „moschatellina" weist auf den zarten Moschusduft der Blätter hin, der allerdings nur von feinen Nasen und nur gegen Abend bemerkt werden kann. Es liebt den schattigen, lockeren und humosen Boden mehr am Rande der Überflutungszone. Die 5 hellgrünen Blütchen sind am Ende des Sprosses so angeordnet, als säßen sie auf fünf Flächen eines Würfels. Die nach oben gerichtete Gipfelblüte hat eine 4-teilige Krone mit 2-teiligem Kelch. Die jeweils 2 gegenüberliegenden Seitenblüten haben zumeist eine 5-teilige Krone und einen 3-teiligen Kelch. Weitaus auffälliger als das Blütenwürfelchen sind die langen Grundblätter mit doppelt 3-zähliger Spreite. Oberhalb der Mitte stehen ähnliche, jedoch kleinere Blätter. Obwohl die Blüten unansehnlich sind, erregen sie durch ihren leichten Fäulnisgeruch das Interesse von Mücken. Sie finden im „Blütenhaus" Honig und Pollen vor. Da Kleininsekten keine steten und verläßlichen Bestäuber sind, kommt es häufig zu keiner Fruchtentwicklung. Im günstigen Fall reifen kleine beerenartige Steinfrüchte heran, denen ein schwacher Duft nach Erdbeeren anhaftet. Ist schon etwas ganz Besonderes, daß dieses winzige Kräutlein mit 3 ganz unterschiedlichen Duftnoten aufwarten kann! Die Hauptverantwortung für das Weiterleben des Bisamkrautes trägt der waagrecht im Boden liegende Wurzelstock, der mehrere dm lang werden kann. Von ihm gehen die Impulse zu einer kräftigen vegetativen Vermehrung aus. Sobald die Früchte ausgereift sind, zieht die Pflanze wieder ein. Die Blätter verfärben sich gelb und sterben ab. Das Rhizom trägt dafür Sorge, daß im nächsten Frühling neuerlich Moschuskräuter blühen und „duften" werden. Über die verwandtschaftliche Stellung dieses seltsamen kleinen Aubewohners sind sich selbst die Botaniker noch im unklaren. In der Familie der Moschuskraut-Gewächse ist die Pflanze die einzige Art der Gattung Adoxa, was bedeutet, daß sie in der heimischen Flora keine Verwandten besitzt.

Vom kleinsten Frühblüher der Au sind es oft nur wenige Schritte zum größten und auffälligsten Kraut am Ufer der langsam fließenden Gewässer. Sein derber, völlig anders gearteter Blütenstand zwingt uns gerade deshalb zu genauer Betrachtung. Bald nach der Schneeschmelze durchbrechen die purpurnen Blütenkerzen der **Pestwurz*** *(Petasites hybridus)* den kühlen Uferboden der Augewässer. Tritt während des Aufblühens wieder einmal Frost ein, dann bleiben die Einzelblüten in ihren Körbchen geschlossen und verharren tagelang in diesem Zustand, ohne ernstlichen Schaden zu nehmen. Teils noch im Boden steckend, bieten die gedrungenen, rötlich überlaufenen Körbchenstände einen ganz eigenwilligen, nahezu exotischen

Die Gewöhnliche Pestwurz in voller Blüte in der noch winterkahlen Au.

Wo die weißen, kugelförmigen Dolden des Bärlauchs erblühen, ist die Luft von Knoblauchgeruch erfüllt. Aus einer unterirdischen Zwiebel wachsen zwei elliptische, breite Laubblätter, deren massiertes Auftreten anderen Pflanzen das Leben schwer macht.

Anblick. Mit zunehmendem Alter wachsen die Stengel in die Länge, und die Blütenstände beginnen sich zu entfalten. Die Energie hiefür liefert ein unterirdisches, stark verzweigtes Wurzelsystem. Die Blütenstände treten in zweierlei Formen auf. Die eine Form hat eine gedrängte, etwa 20 cm lange Blütentraube, deren Körbchen hauptsächlich aus männlichen Einzelblüten zusammengesetzt sind. Vorhandene Fruchtknoten besitzen nur eine verkümmerte Samenanlage. Die hauptsächlich weibliche Form der Pestwurz kommt seltener vor und ist äußerlich an ihrem 40 cm langen, schütteren Blütenstand zu erkennen. Hier sind die Fruchtknoten normal entwickelt, und die Staubgefäße zumeist verkümmert. Selbst der Altmeister der beschreibenden Biologie, Karl von Linné, ließ sich täuschen und hat jede Form als eigene Art angesehen. Die Entwicklung der Laubblätter setzt erst ein, wenn das Blühen zu Ende geht. Die herzförmigen, langgestielten Blätter zählen zu den größten in der heimischen Pflanzenwelt. In der Volksheilkunde wurde einst die „Pestilenzwurzel" als wertvolle Arznei gegen die Pest angesehen. Heute findet man dank ihres Inhaltsstoffes „Petasin" die Pestwurz in Teezubereitungen, die krampflösende Wirkung haben und den Schleim der Bronchien lösen können.

Während der Vorfrühling längst in den Vollfrühling übergegangen ist und der Höhepunkt des Blühens fast schon überschritten erscheint, be-

Der Gefleckte Aronstab findet auch noch in der Masse der Bärlauch-Pflanzen ein Plätzchen. Seine interessant gebauten Stanitzelblüten erregen dank ihres harnartigen Geruches die Aufmerksamkeit nahrungssuchender Insekten.

ginnt in einem anderen Teil der Au neues, intensives Leben zu erwachen. Der **Bärlauch*** *(Allium ursinum)* nutzt die letzten Wochen der Lichtphase des Auwaldes aus, um seine Lebenstätigkeiten zu verrichten. Mit seinem massierten Auftreten, das mit einer knoblauchartigen Duftwolke einhergeht, beherrscht er die Szenerie des Aubodens von April bis in den Mai hinein. Seine Bestände lassen anderen Pflanzen nur wenig Platz, nur Aronstab und Einbeere vermögen sich im Blätterwald des Bärlauchs zu behaupten. Zwischen den maiglöckchenähnlichen Blättern stehen die unverzweigten Stengel mit einer Dolde aus weißen Blütensternen. Man ist beeindruckt von der Expansionskraft dieses Liliengewächses, das im Volk den kernigen Namen „Hundsknofl" trägt. Die frischen Blätter werden gerne zur Zubereitung von Wildgemüse verwendet. Es fördert die Verdauung und verstärkt die Drüsentätigkeit. Nach dem Fruchten verwelken die Blätter alsbald, manchmal gehen ganze Bestände ein. Möglicherweise werden ihm seine eigenen Zersetzungsprodukte zum Verhängnis. Doch ist er deshalb in seiner Existenz nicht gefährdet, er taucht an einer anderen Stelle der Au wieder auf. Unbeeindruckt von der Masse der Bärlauchblätter entfaltet der **Gefleckte Aronstab*** *(Arum maculatum)* seine Blüten. Zuerst schiebt er ein stanitzelförmiges Hochblatt aus dem Boden, das den noch geschlossenen Blütenkolben schützend umhüllt. Von besonderem Interesse ist der Bestäubungsvorgang beim Aronstab. Am unteren Ende des Kolbens sitzen dicht gedrängt, in Ringen angeordnet, weibliche Blüten, darüber die männlichen. Ein Haarkranz trennt sie beide. Die Blütenscheide läßt oberhalb der männlichen Blüten eine Einschnürung erkennen, die mit einer Haarreuse einen Kesselraum bildet. Drüsenzellen an der Kolbenspitze erzeugen abends beim Aufblühen einen harnartigen Geruch, der Mücken anlockt.

Sie finden im Kesselraum eine bis zu 16 Grad höhere Temperatur als die der Umgebung vor, was durch einen gesteigerten Stoffwechsel hervorgerufen wird. Die Oberfläche von Kolben und Hüllblatt sind von Wachsschuppen glatt, sodaß die anfliegenden Insekten, die darauf Platz nehmen wollen, unaufhaltsam in die Tiefe des Kessels stürzen. Ein Rückflug ist zunächst nicht möglich, weil die Haarreuse den Weg versperrt. Auf den Narben finden die Winzlinge ein süßes Sekret vor, das sie vernaschen. Da sie sich heftig in der Kesselfalle bewegen, laden sie den mitgebrachten Pollen einer anderen Blüte auf die empfangsbereiten Narben der weiblichen Blüten ab und vollziehen damit die von der Natur gewollte Bestäubung.

Das Insekt ist bei seinem Aufenthalt im warmen Kessel und bei süßer Kost gut versorgt. Der unfreiwillige Aufenthalt kann bis zu 24 Stunden dauern. So viel Zeit braucht es nämlich, bis die Staubbeutel reifen und ihren Pollen ausstäuben.

Natürlich werden die vom Zuckersaft klebrigen Insektenkörperchen über und über damit beladen. Am nächsten Morgen sind die Haarreusen vertrocknet, das Insekt kann den Kessel verlassen, um in der nächsten Aronstab-Pflanze den Vorgang zu wiederholen. Die scharlachroten Beeren reifen in den nächsten Wochen heran. Der Aronstab ist eine der wenigen einkeimblättrigen Pflanzen, die netznervige und nicht parallelnervige Blätter haben. Er findet sich stellenweise häufig auf feuchtem, kalkig-lehmigem Boden von Au- und Buchenwäldern vor. In der Volksheilkunde wird heute noch der frische Saft der Pflanze äußerlich bei schlecht heilenden Wunden und Geschwüren angewandt. Der Aronstab ist jedoch giftverdächtig, sein Saft führt auf der Haut zu Verätzungen und Reizungen.

Die **Vierblättrige Einbeere*** *(Paris quadrifolia)*, die in der 1. Maihälfte nach dem Bärlauch blüht, perenniert mit einem horizontal im Boden liegenden Rhizom, das nur wenig verzweigt ist. An seinem Vorderende entspringen einige scheidenförmige Niederblätter. In der Achsel des zuletzt gebildeten Niederblattes kommt ein Sproß zum Vorschein, der einen Quirl von vier grob netznervigen Laubblättern trägt. Aus ihrer Mitte ragt die gestielte Blüte hervor. Die „Vierblättrigkeit" ist zwar die Regel, hier im Auwald stehen rundum Sprosse mit 5, 6 und 7 Laubblättern, was vielleicht als eine durch den Bärlauch verursachte Störung ausgelegt werden könnte. Die regelmäßige Blüte ist nach der Viererzahl gebaut: 2 Kreise von je 4 schmallinealen, gelbgrünen Perigonblättern umschließen 8 Staubgefäße, die ebenfalls in 2 Kreisen angeordnet sind. Ihre Beutel sind durch ein emporragendes Spitzchen gekennzeichnet. Der rotbraune Fruchtknoten, mit 4 Narben ausgerüstet, wächst im Sommer zu einer großen blauschwarzen Beere heran, die giftig ist. Die Bestäubung besorgen kleine Mücken, denen Nektar vorgetäuscht wird. Die Einbeere ist ein Liliengewächs, das durch seinen

Aus dem vierteiligen Blattquirl der Einbeere entspringt eine langgestielte, 4-zählige Blüte, die aus zwei Kreisen schmallinealer, gelbgrüner Perigonblätter gebildet wird. Aus ihr entwickelt sich die blauschwarze, giftige Beere.

vierzähligen Blütenbau von der Norm abweicht. Früher galt die Einbeere als Hausmittel gegen die Tollwut, heute findet sie keine Verwendung mehr.

Inzwischen hat der Auwald sein Laubdach endgültig geschlossen, die Lichtphase des Frühlings ist damit beendet. Für die Bodenpflanzen beginnt die Schattenphase. Die Lichtwerte fallen auf Bruchteile ihres Frühlingsausmaßes herab. Die Bodenflora des sommerlichen Auwaldes besteht demnach nur aus Schattenpflanzen oder aus überdauernden vegetativen Stadien der Frühjahrsblüher.

Der Buchenwald und seine pflanzlichen Untermieter

Die **Rotbuche*** *(Fagus sylvatica)* zählt mit ihrem silbergrauen, glatten und hohen Stamm zu den markantesten Baumpersönlichkeiten des heimischen Waldes. Freistehend setzt sie bereits in geringer Stammhöhe Astwerk an; die kurzen Stämme tragen dann weit herabreichende, dichte Kronen. Im geschlossenen Verband wirken ihre hochreichenden, astlosen Stämme wie mächtige Säulen, die dem dichten Laubdach als Stützen dienen. Rotbuchen werden bei 1 m Stammdurchmesser bis 40 m hoch. Ein ausgedehntes Wurzelsystem verankert die ansehnlichen Stämme im Boden. Ihren Standorten über Felsboden ist es anzumerken, daß sie ein Flachwurzler ist, der auch auf seichten Böden festen Stand gewinnen kann. Eine Vielzahl von kleineren Wurzeln dringt in die Gesteinslücken ein und verankert den gewichtigen Baum. Die Rotbuche ist in ihrem Lebensbereich der stärkste Flachwurzler und duldet in ihrer Nähe kaum andere flachwurzelnde Holzarten.

In den Kalk- und Dolomitbergen zwischen dem Piesting- und Triestingtal bildet die Rotbuche immer wieder kleine, in sich geschlossene Bestände. Schwarzföhren und Buchen stehen sehr häufig in enger Nachbarschaft beisammen. Die trockenen, flachgründigen Hänge über Kalk oder Dolomit werden meistens von der Schwarzföhre dominiert. Kleinere Einsprengungen von Laubhölzern, mit Buchen, Eichen, Linden und Hainbuchen vermischt, gibt es auch hier, wenn nur die Voraussetzungen für genügend Boden- und Luftfeuchtigkeit gegeben sind. Der geschlossene Bestand an Laubhölzern findet sich allerdings erst außerhalb bzw. oberhalb der Formationsgrenze der Schwarzföhre. Gerade die Überschneidungen von Laub- und Nadelholzbeständen, die Verzahnungen in Tälern und auf Hochflächen machen den Reiz dieser Landschaft aus. Im Frühling entfaltet sich hier eine abwechslungsreiche Bodenflora, in der sich Pflanzenarten verschiedener Florenbereiche ein Stelldichein geben. Mancher Frühblüher des Buchenwaldes ist uns schon vom geschilderten Auwald bekannt.

Während im benachbarten Föhrenwald die Vorfrühlingsblüher **Schnee-Heide** *(Erica carnea)* und **Buchsblättrige Kreuzblume*** *(Polygala chamaebuxus)* blühen, brechen aus der dicken Laubdecke alter Buchenblätter die ersten Frühlingsboten hervor. Sie finden hier im neutralen, humusreichen

Rotbuchenbestand, vermischt mit Schwarzföhren im Raum Enzesfeld, Lindabrunn, 1963.

Eine Wanderung durch einen Buchenwald, der im hellgrünen Licht des aufbrechenden Laubes erstrahlt, ist eines der eindrucksvollsten Frühlingserlebnisse in unseren Breiten.

Leider werden die Holzstöße von gefällten Buchen immer größer und damit auch die Kahlflächen häufiger.

Diese Rotbuchenwälder, vor etwa 100 bis 120 Jahren gepflanzt, werden immer seltener. Rotbuchen werden kaum mehr nachgesetzt, weil raschwüchsige Arten rentabler sind. Nur stockausschlagender Nachwuchs wird noch toleriert.

Boden unter den noch unbelaubten Bäumen ideale Lebensbedingungen vor.

Leider sind die Bestände an Rotbuchen und überhaupt an Laub- und Mischwäldern stark gelichtet worden. Das harte Holz der Rotbuche gilt als vorzügliches Brennmaterial für Kachelöfen, die seit 2 Jahrzehnten wieder sehr modern geworden sind. Unsere Zeit ist auf massivem Verbrauch von Rohstoffen eingestellt. Der Wald ist im besonderen Maße der Gefahr einer überzogenen **Nutzung** ausgesetzt. Die vielen Kahlschläge von den Mandlingbergen bis zum nördlichen Wienerwald nehmen beängstigende Ausmaße an. Durch die stillen, abgeschiedenen Waldlandschaften sind breite Forststraßen angelegt worden, die häßliche Wunden ergeben, die kaum jemals wieder verheilen werden. Im Gebiet des Rosenkogels im Süden oder des Tulbinger Kogels im Norden stößt man als Wanderer auf Kahlschläge, die erst in den beiden letzten Jahrzehnten beängstigend gewachsen sind. Kerngesunde Stämme werden gefällt. Ein 100 bis 250 Jahre alter Wald wird innerhalb weniger Monate umgelegt. Die größte Gefahr für den Wald geht in unserem Raum von der Gleichgültigkeit der Menschen aus, die vorgeben, über das Wohl des Waldes zu wachen. Man brüstet sich zwar mit der Einhaltung der Gesetze, die „Nachhaltigkeit" des Waldes garantieren sollen. Dieses Prinzip der Nachhaltigkeit besagt zwar, daß jeder abgeholzte Baum wieder durch einen jungen ersetzt werden müßte, sei es durch Naturverjüngung oder Pflanzung. Auf den Kahlschlägen, wo 200-jährige Rotbuchen gestanden sind, werden jedenfalls keine Rotbuchen mehr gesetzt. Lärchen und Fichten wachsen bekanntlich schneller und sind damit „wirtschaftlicher". In Anbetracht der Massenschlägerungen fragt man sich wirklich, ob es noch Verantwortliche gibt, die das alles überblicken, ob der Geist des Wienerwald-Retters Schöffel auch heute noch wirksam ist. Wir bekämpfen zwar mit Worten die Brandrodungen in fernen Erdteilen, übersehen aber die Überschlägerungen vor der eigenen Haustür. Der Wald bildet ein so empfindliches System zwischen Boden, Vegetation und Tierwelt, das durch den menschlichen Zugriff aus dem Gleichgewicht kommen kann. Wenn europaweit vom Waldsterben die Rede ist, so sollte man mit dem gesunden Wald, den wir Gottseidank von den Voralpen bis Wien noch besitzen, pfleglicher umgehen. Man nehme endlich im zuständigen Ministerium wahr, daß die Fähigkeit des Waldes, sich aus eigener Kraft von Eingriffen zu erholen, weit übertroffen wird von den Möglichkeiten des Menschen, Wälder zu zerstören. Die Wissenschaftler, die so genau den Eintrag von Schadstoffemissionen kontrollieren, sollten sich auch für das Ausmaß der Waldzerstörung (des gesunden Waldes), die von materieller Gier geleitet wird, interessieren. Kann denn ein verantwortungsbewußter Forstmann zusehen, wie derartig große „Löcher" in den geschlossenen Wald gerissen werden!? Obwohl die Informationsmöglichkeiten in unserer Zeit für jedermann weit gestreut sind, scheint sich doch der Mensch immer weiter von der Natur zu entfernen. Ein freundlich lächelnder Politiker in Wanderkleidung ist noch lange keine Garantie für sein naturgerechtes und verantwortungsvolles Verhalten.

Das frühe Blühen im Buchenwald und überhaupt im Laubwald vollzieht sich in Anpassung an die Lebensbedingungen, die bodenbedeckende Pflanzen vorfinden. Das Blühen muß vollendet sein, wenn das Laubdach zu dicht wird, um noch Sonnenlicht durchzulassen. Mit Hilfe von Reservestoffen, die im Vorjahr gebildet und in eigenen Organen, wie Rhizomen, Knollen und Zwiebeln gespeichert wurden, kommt es so früh zum Blühen und fruchten.

Sehr früh im Jahr erscheinen die Schneerosen. Die **Schwarze Nieswurz** *(Helleborus niger)* ist aber keineswegs nur in Laubwäldern zu finden. Ihre zahlreichen Standorte in den Voralpen sind häufig an Föhren- und Fichtenwälder gebunden. Sie meidet jedenfalls Hänge, die nach Süden geneigt und dem vollen Sonnenlicht ausgesetzt sind. Die grundständigen Laubblätter der Schneerose sind von lederiger Beschaffenheit, immergrün und fußförmig geteilt. Schon einige warme Tage genügen und sie beginnt mitten im Winter zu blühen. Der Name „Christrose" deutet darauf hin, daß ihr Aufblühen an milden Tagen der Weihnachtszeit möglich ist.

Eigentlich sind es die Kelchblätter, die das Blumenantlitz der Schneerose prägen. Zuerst sind sie nur weiß oder zart rosa überlaufen, mit dem Reifen der Balgkapseln verfärben sie sich grün. Die eigentlichen Blütenblätter sind zu einem Kranz tütenförmiger gelber „Honigblätter" umgewandelt, die mit ihrer zweilippigen Mündung Insektenbesucher aufnehmen und Zutritt zum Nektar gewähren. Daß den Schneerosen von „Blumenfreunden" aller Art arg nachgestellt wird, ist jedermann bekannt. Man wundert sich, daß dieses giftige Gewächs (es enthält ein Herzgift, das eine ähnliche Wirkung wie das im Roten Fingerhut enthaltene Digitalis-Glykosid hat) die jährlich sich wiederholenden Plünderungen übersteht. Nur auf jenen Plätzen, wo der Biotopcharakter sich ändert, geht auch die Schneerose zurück.

Mit immergrünen, winterharten Laubblättern kann auch die **Mandelblättrige Wolfsmilch*** *(Euphorbia amygdaloides)* aufwarten. Diese kräftige, mehrjährige Waldpflanze hat unscheinbare Blüten, die kaum zum Pflücken verlocken. Ihre nichtblühenden Triebe verholzen am Grunde und überwintern mit einer dunkelgrünen Gipfelblattrosette. Aus dieser entspringen im Frühling die Blühsprosse mit kleineren, weichen und hellgrünen Blättern. An der 5- bis 10-strahligen Blütendolde fallen vor allem die gelblichen Hochblatthüllen und die halbmondförmigen Drüsen des Hüllbechers auf. Auch diese Art ist keineswegs nur am Boden der Laubwälder zu finden.

Die Mandelblättrige Wolfsmilch überwintert mit dunkelgrünen Gipfelblattrosetten. Im Frühling gehen aus ihnen die aufrechten Blühsprossen hervor, die mehrstrahlige Blüten in Form von Dolden zur Ausbildung bringen.

Charakteristisch für die Wolfsmilch ist der Gehalt an weißer Milch, der z. B. dem **Wald-Bingelkraut** *(Mercurialis perenne)* fehlt, obwohl es auch zur Familie der Wolfsmilchgewächse gehört. Die zumeist zweihäusige Pflanze hat nur eine einfache Blütenhülle. Ihre grünen unscheinbaren Sprosse und Triebe bedecken oft weite Strecken des Laubwaldes, gegen Schatten ist sie weit weniger empfindlich als die meisten Frühblüher. In den Wurzeln finden sich Glykoside, die z. B. durch Einwirkung von Magensäure Blausäure abspalten, die in größeren Mengen zur Lähmung des Zentralnervensystems führen kann. Das frische Kraut soll hingegen völlig ungiftig sein.

Der **Gewöhnliche Seidelbast*** *(Daphne mezereum)* steckt seine zarten, duftenden rosaroten Blüten vor Laubausbruch auf. Noch im Vorfrühling ist den nackten Zweigen nicht anzumerken, welchen Liebreiz sie mit den kleinen Büscheln duftender Blüten innerhalb weniger warmer Tage entfalten werden. Nach der Blattentwicklung färben sich die zunächst grünen Früchte scharlachrot und verharren sehr lange Zeit am Stamm. Der Genuß von nur 10 bis 12 Beeren kann für Kinder tödlich wirken. Der brennend scharfe Geschmack des Fruchtfleisches stammt vom Daphnetoxin, einem sehr giftigen Alkaloid, das auch im Bast der Zweige enthalten ist. Selbst beim Abreißen der zähen Zweige kann es zum Brennen und Anschwellen der Haut kommen. Ein naher Verwandter dieser Seidelbast-Art ist der **Wald-** oder **Lorbeer-Seidelbast*** *(Daphne laureola)*, der mit Recht auch den Namen „Immergrüner Seidelbast“ trägt. Auch er ist ein Frühblüher, dessen grünlichgelbe Blüten weniger auffällig sind. Zumeist in 5-zähligen Träubchen angeordnet, entspringen sie in den Achseln der oberen Blätter, von denen sie zumeist auch verdeckt werden. In der Form erinnern sie an die

Die Blüten des Gewöhnlichen Seidelbastes erscheinen vor Laubausbruch an den rutenförmigen Zweigen. Sie sind von röhrigem Bau, haben leuchtend rote, vierteilige Säume und verbreiten einen angenehmen Duft. Sehr giftig! Die Frucht ist eine rote Beere.

der Steinröserl-Blüten, sind aber fast geruchlos. Eine besondere Note erhält das Sträuchlein durch den Besatz mit dunkelgrünen, ledrigen Laubblättern von keilig-lanzettlicher Form. Die überwinternden Blätter werden in unregelmäßigen Abständen abgeworfen; sie machen das Sträuchlein, dessen Hauptverbreitung im westlichen und südwestlichen Europa liegt, zu einem pflanzlichen Juwel in den Wäldern des Ostalpensaumes. Beide genannten Seidelbast-Arten kommen im Buchenwald und in Mischwäldern der Voralpen gar nicht selten vor; der Lorbeer-Seidelbast zieht Standorte mit mildem Klima vor und steigt im Gebirge nicht so hoch hinauf wie der Gewöhnliche Seidelbast. Beide Arten lieben jedoch nährstoffreiche, basenhältige und kalkreiche Böden.

Auf den mit alten Laubresten bedeckten Boden des Buchenwaldes brechen die violetten Blütensterne des **Leberblümchens*** *(Hepatica nobilis)* und die gelben Primeln hervor. Beide Arten, auf engem Raum blühend, verleihen dem winterkahlen Boden das unvergleichlich frühlingshafte Antlitz. Alle Unbill der launischen Witterung an der Grenze zwischen Winter und Frühling nehmen die zarten Geschöpfe auf sich, um den Plan der Schöpfung zu erfüllen. Je kürzer die Zeit seit Blühbeginn, umso satter nehmen sich die Farben der Blüten aus. Wieder sind es die Kelchblätter, die beim Leberblümchen das Blütenantlitz bilden. Die dreilappigen Laubblät-

Der Lorbeer-Seidelbast ist ebenfalls eine strauchförmig wachsende Art mit großen, immergrünen Laubblättern. Er ist ein pflanzliches Juwel in den Wäldern des Ostalpensaumes.

Aus den kleinen gelblich-grünen Blüten des Lorbeer-Seidelbastes gehen schwarze Beeren hervor, die ebenfalls sehr giftig sind.

Blick von der Gauermann-Hütte auf der Dürren Wand (1154 m) in Richtung Schneeberg. Die Osthänge dieses prachtvollen Voralpenberges sind mit alten Mischwaldbeständen bedeckt, die im letzten Jahrzehnt stark gelichtet worden sind.

Leberblümchen und Erd-Primeln sind die häufigsten und typischen Laubwaldpflanzen zwischen Gutenstein, Baden und Mödling.

Himmelschlüssel-Wiese in den Voralpen bei Gutenstein mit Blickrichtung Hochschneeberg.

ter im Zeitpunkt des Blühens stammen noch aus dem Vorjahr, sie sind von den ausgestandenen Entbehrungen des Winters gezeichnet. Die jungen Blätter kommen erst nach der Blüte zur Ausbildung. Früher galten sie wegen ihrer leberähnlichen Form als Volksheilmittel gegen Leberleiden. Bis heute hat man jedoch keine zutreffenden Inhaltsstoffe nachgewiesen.

In Buchenwäldern der Bergstufe kommen gleich 3 Primel-Arten vor, die gut unterscheidbar sind. Die **Schaftlose** oder **Erd-Primel*** *(Primula vulgaris)* ist wohl die im Volk beliebteste Frühlingsblume. Sie besitzt einen sehr kurzen Stengel, der eine einzige Blüte trägt. Sie besteht aus 5 miteinander verwachsenen Blütenblättern von hellgelber Farbe. Ältere Stöcke bringen gleichzeitig ein bis 2 Dutzend Blüten zur Ausbildung, die in Rosetten angeordneten Laubblätter hinken in der Entwicklung nach. Manchmal sind noch großflächige Blätter des Vorjahres vorhanden, man erkennt sie an den deutlichen Trocken- und Kälteschäden, die ihnen der Winter zugefügt hat. Die jungen Blätter sind runzelig, mehr oder weniger behaart und am Rand etwas nach unten gerollt; ihre Spreite ist allmählich in den Stiel verschmälert. Manchmal stehen die Stöcke dieser Primel so dicht beisammen, daß für konkurrierende Pflanzen kaum Raum bleibt. Die zum Boden geneigten Früchte bekommt man nur selten zu Gesicht. Die Verbreitung der Samen wird von Ameisen besorgt. An den Blüten lassen sich solche mit

Die Echte Schlüsselblume streut ihre feinen Samen sehr oft in der nächsten Umgebung aus, sodaß größere Trupps von blühenden Pflanzen keine Seltenheit sind.

Die Echte, auch Duftende Schlüsselblume besitzt eine Blattrosette, der ein Schaft mit 5–10 Blüten entspringt. Die Kronröhre erweitert sich glockig zu einem schmalen Saum.

kurzen Griffeln und hochstehenden Staubgefäßen beobachten. In jeder Population gibt es aber auch solche mit langen Griffeln und tief stehenden Staubgefäßen. Bienen und Hummeln übertragen den Pollen jeweils von den Staubbeuteln zur Narbe im gleichen „Stockwerk". Durch die „Verschiedengriffeligkeit" sichert sich die Pflanze Fremdbestäubung und damit keimkräftige Samen. Das Blühen dieser Primel-Art kann schon in milden

Herbstperioden beginnen und oft schon im Februar gleich nach der Schneeschmelze eine Fortsetzung finden. Den Namen „Primula" (lat. *prima* = die erste; *-ula* = Verkleinerungssilbe) verdient die Pflanze damit zurecht. Trotz aller Nachstellungen scheint diese Art in ihrer Existenz nicht gefährdet. Sie ist auch eine beliebte Zierpflanze, vor allem in bunten Spielarten oder Kreuzungen mit anderen Primel-Arten.

Die **Arznei-** oder **Echte Schlüsselblume*** *(Primula veris)* unterscheidet sich sehr deutlich im Blütenstand von der Erd-Primel. Aus dem Rhizom entspringen ein bis mehrere lange Schäfte, die an ihrem Ende eine Dolde aus duftenden Blüten tragen. Die dottergelbe Blumenkrone von röhrenförmiger Gestalt öffnet sich in einen glockenförmigen Kronensaum, der 5 Zipfel erkennen läßt. Bei den grundständigen Laubblättern ist die Spreite deutlich vom Stiel abgesetzt. Die Frucht entwickelt sich im Schutze des weiterwachsenden Kelches. Die reife Kapsel entläßt die feinen Samen durch feine Zähnchen, die sich an der Spitze öffnen. Die Energie liefert der Wind, der die elastisch gewordenen Schäfte bewegt. Diese Art hat eine gewisse Vorliebe für kalkhältige Böden und ist weniger anspruchsvoll als die Erd-Primel.

Die **Hohe Schlüsselblume***, auch **Wald-Schlüsselblume** genannt *(Primula elatior)* hat ähnliche Blütendolden wie die vorher erwähnte Art. Die hellgelben Einzelblüten sind duftlos und haben einen flacheren, tellerförmigen Kronensaum. Die eiförmige Blattspreite ist allmählich in den geflügelten Stiel verschmälert, an der Unterseite etwas kurzhaarig.

Ihre Verbreitung reicht von der Krummholzstufe herab bis ins Gebiet der Kalk-Voralpen; auch im Wienerwald kommt sie noch häufig vor. Sie fehlt aber im Wiener Becken, Leitha-Gebirge und in der Buckligen Welt.

Die Hohe Schlüsselblume unterscheidet sich von der Echten durch die blassere gelbe Farbe und durch einen flacheren, tellerförmigen Kronensaum. Sie kommt vom Bergland bis in die Krummholzstufe vor.

Die überhängenden, kurzstieligen, blaßgelben Blüten der Neunblatt-Zahnwurz weisen diese im Schatten gedeihende Pflanze als Kreuzblütler aus.

Der unverzweigte Stengel der Neunblatt-Zahnwurz ist im oberen Abschnitt mit einem 3-zähligen Quirl aus dreigeteilten Blättern besetzt. Wenn das Laubdach der Buchen geschlossen ist, zieht die Pflanze bis zum nächsten Frühling ein.

Die beiden Schaftprimel-Arten enthalten schleimlösende Stoffe und werden auch als Heilpflanzen kultiviert. Alle Primel-Arten sind teilweise gesetzlich geschützt.

Die **Frühlings-Platterbse** *(Lathyrus vernus)* ist eine anmutige Vertreterin aus dem Geschlecht der Schmetterlingsblütler. Aus älteren Stöcken brechen gleich ein halbes Dutzend Stengel mit den rotblauen Blütentrauben

Die Zwiebel-Zahnwurz hat lilafarbene Kreuzblüten mit kurz genagelten Blütenblättern. In den Blattachseln sitzen kleine bräunlichviolette Brutzwiebelchen, die für eine vegetative Art der Vermehrung Sorge tragen.

hervor. Dem kantigen Stengel entspringen gefiederte Laubblätter. Ihre Teilblättchen von breit-eiförmiger Form sind lang zugespitzt, unterseits glänzend. Die Trauben sind so lang wie die Blätter. Ihre anfangs roten Blüten verfärben sich allmählich blau bis grünblau, eine Zellsaftreaktion des Farbstoffes Anthozyan, wie sie auch beim Lungenkraut beobachtet werden kann. Die Frühlings-Platterbse kommt ziemlich häufig in krautreichen Buchen- und Nadelmischwäldern vor. Auch in den Eichen-Hainbuchenwäldern des Leithagebirges gehört sie zum festen Bestand der Bodenflora, wenn nur genügend Sonnenlicht bis zu ihr vordringt. Trotzdem liebt sie den Schatten und Halbschatten kalkhältiger Böden, in denen sie mit meterlangen Wurzeln verankert ist.

Die **Neunblatt-Zahnwurz*** *(Dentaria enneaphyllos)* ist ein treuer Begleiter des Buchenwaldes. Auf humosen Böden bildet sie oft reiche, zusammenhängende Bestände. Aus dem kräftigen, kriechenden Wurzelstock wachsen einfache, unverzweigte Stengel, die im oberen Abschnitt mit einem 3-zähligen Quirl aus dreigeteilten Blättern (3 mal 3 Blättchen = 9 Blättchen, daher *„enneaphyllos"* = neunblättrig) besetzt sind. Die überhängenden, kurzstieligen blaßgelben Blüten bilden Trauben. Die Zugehörigkeit der Pflanze zur Familie der Kreuzblütler erkennt man an den Früchten: lineare Schoten mit glänzenden Samen. Am Frühlingsende, wenn

Das Kleine Immergrün mit seinen glänzenden Laubblättern und den vielen hellblauen Blumenkronen gereicht dem mit Laub bedeckten Boden zu besonderer Zierde. Es gilt als Sinnbild heiterer Lebenskraft.

das Laubdach der Buchen längst geschlossen ist, vertrocknet die Pflanze und verschwindet bis zum Beginn des nächsten Frühlings. Der Name „Zahnwurz“ bezieht sich auf die fleischigen Schuppen, die den Wurzelstock bedecken und im Aussehen an Zähne erinnern. Ihre Schwester, die **Zwiebel-Zahnwurz*** *(Dentaria bulbifera)* ist ebenso ein Frühblüher, wenngleich ihre lilafarbenen Kreuzblüten einige Wochen später dem Licht zustreben. Die unteren Laubblätter sind 2- bis 3-paarig gefiedert, die oberen 3-zählig oder ungeteilt. In den Achseln der Blätter sitzen kleine, bräunlichviolette Brutzwiebelchen, die sich im Reifezustand lösen, um auf geeignetem Boden zu einer neuen Pflanze heranzuwachsen – eine ungeschlechtliche, vegetative Art der Fortpflanzung. Schattenpflanzen sind oft überreichlich mit Brutknospen ausgerüstet. Diese Zahnwurz kommt zerstreut in Buchen- und auch Mischwäldern der Voralpen vor. Auf ihr zusagenden Kalkböden bildet sie oft größere zusammenhängende Bestände.

Als Zierde des Buchenwaldes erweist sich das Immergrün, eine Pflanze mit glänzenden Blättern und hellblauen, flachen Blumenkronen. Die Blüten sind langstielig und wachsen einzeln aus den Blattachseln. Das **Kleine Immergrün*** *(Vinca minor)* ist ein halbstrauchartig wachsendes Gewächs, das gesellig in lichten Wäldern, an Waldrändern und auch auf buschig bewachsenem Felsgelände vorkommt. Oft sind es hunderte bis tausende der freundlich-blauen Sterne, die den laubbedeckten Boden schmücken. Die Lebenskraft dieser Pflanze scheint unerschöpflich zu sein. Ganzjährig grünen die kreuzweise gegenständig am Stengel stehenden Laubblätter. Wo der kriechende Stengel mit Erde in Berührung kommt, schlägt er Wurzeln, bildet neue Pflänzchen, grünt weiter und versäumt es nicht, Knospe um Knospe für den nächsten Frühling anzulegen. Schon früh wurde das Immergrün vom Menschen in Pflege genommen und gilt in seiner Anspruchslosigkeit als Sinnbild heiterer Lebenskraft. Es gehört zur Familie der Hundsgiftgewächse, dem auch die beliebte Kübelpflanze „Oleander" entstammt.

Eine Maiwanderung vom Klostertal in die „Boding“ (Voralpen)

Von Gutenstein fährt man mit einem Linienbus ins Klostertal, um schon bei der 3. Haltestelle auszusteigen. Zu Fuß wandern wir in das Tal des Urgers-Baches hinein. Der Urgers-Bach ist ein aus dem Westen kommender Zufluß des Klostertal-Baches, der besser bekannt ist unter dem Namen „Kalter Gang“; er ist einer der 3 größeren Quellflüsse der Piesting. Schon nach wenigen Gehminuten verengt sich das Tal. Hoch aufragende Kalk- bzw. Dolomitfelsen bilden eine romantische Schlucht, an deren Grund der Urgersbach rauscht. Flußaufwärts weitet sich das Tal wieder und von beiden Seiten münden in Form kleiner „Gräben“ kurze Täler ein, auf deren Sohle einige Quellbächlein dem Urgersbach zufließen. Der aus dem Roßstallgraben kommende Bach bildet in seinem Oberlauf einen sehenswerten Wasserfall. Nach der Einmündung des Uttentales gelangt man in ein erweitertes Talbecken und erblickt einen Villenkomplex mit Zubauten, einen

Liebliches Seitental, dessen Bächlein dem Urgersbach zufließt. Idyllisches, verträumtes Voralpental, das zum Wandern und Verweilen einlädt.

Kleiner Wasserfall im „Roßstallgraben", einem Seitental des Urgersbach-Tales.

schloßartigen Herrensitz, den man hier in dieser entlegenen Waldlandschaft nicht erwartet hätte. In der 2. Hälfte des vorigen Jahrhunderts fand der reiche Kohlengrubenbesitzer David Berl Gefallen an diesem etwa 2–3 km langen Tal und setzte es sich in den Kopf, diese kleine, gut überschaubare Tallandschaft nach eigenen Vorstellungen zu gestalten. Er kaufte die wenigen Bauernhöfe auf und siedelte sie ab. Somit stand ihm das gesamte Tal für seine ehrgeizigen Wünsche zur Landschaftsgestaltung zur Verfügung. Mario Schwarz beschreibt diese mit folgenden Worten: „Die Einbeziehung bewaldeter Kuppen und Felskulissen, die perspektivische Verschränkung sorgfältig placierter Baum- und Buschgruppen und die farbige Differenzierung der Gehölze vereinigen die Umgebung dieses Landsitzes zu einer idealen Harmonie von Gebautem und Gewachsenem." Kein schriftliches Zeugnis liegt für die Ansiedlung alpiner und praealpiner Gewächse vor, die reichlich in den angrenzenden Felshängen vorkommen. Die Annahme, daß sich David Berl und seine Nachfolger die Alpenblumen herab ins Tal geholt haben könnten, um den natürlichen Charakter dieses Tales noch zu verstärken, ist gewiß unrichtig. Trotz der geringen Seehöhe von nur 600 m sind schon immer in der Voralpenregion an feuchten, schattigen Felsen und Steilhängen Gewächse des Hochgebirges vorhanden gewesen. Der bekannte und beim Volk so beliebte **Almrausch*** *(Rhododendron hirsutum)* wird in Beck's „Flora von Hernstein" im Jahr 1884 für das Klostertal und dessen Nebenschluchten angegeben. Diesbezüglich hat sich im Urgersbachtal in den letzten 100 Jahren nichts geändert: Der Almrausch blüht heute noch in den Felswänden dieses Tales. Diese Alpenpflanzen sind auch das Ziel unserer Wanderung.

Gleich am Taleingang sind die Felsen ziemlich dicht mit den Kleinsträu-

Die Wimper-Alpenrose ist auf kalkhältiger Unterlage ein immergrüner Strauch, der hier im Tal des Urgersbaches in 700 m Seehöhe gute Lebensbedingungen vorfindet.

chern der Alpenrose bestanden. Es fällt auf, daß überraschend viele Sträucher braun verfärbt, also dürr geworden sind. Schuld daran könnte der schneearme Winter mit tiefen Temperaturen gewesen sein. Das Dürrwerden kommt weniger einem Erfrieren als einem Verdursten der Pflanzen gleich. Als Alpenpflanze vermag die Alpenrose mit solch wetterbedingten Schicksalsschlägen zurecht zu kommen. Sie wird in diesem Sommer besonders kräftige Triebschübe entwickeln.

Vereinzelt können in Felsnischen, nur schwer zugängig, blühende Sträucher der **Zwerg-Alpenrose** *(Rhodothamnus chamaecistus)* ausgemacht werden. Sie hat derb-ledrige Blätter, die beiderseits kahl und glänzend sind. Die rosaroten Blüten von radförmiger Form stehen zumeist zu zweien beisammen. Ihre langen Stiele und Kelchzipfel sind drüsig behaart. Die Zwerg-Alpenrose ist die einzige Art ihrer Gattung, was entwicklungsgeschichtlich für ein hohes erdgeschichtliches Alter spricht. An tiefen Standorten wird die Art, die für gewöhnlich in Geröllhalden zwischen 1600 m bis 2400 m heimisch ist, als Relikt aus der Eiszeit gedeutet. In den Felspartien stehen in diesem Zeitpunkt (10. Mai 1990) **Aurikeln*** *(Primula auricula)* und **Clusius-Primeln*** *(Primula clusiana)* voll in Blüte. Wie schon der Name „Primula" zu erkennen gibt, gehören alle heimischen Primel-Arten zu den Frühblühern, die bald nach der Schneeschmelze ihre Blüten

Die leuchtenden Blüten der Clusius-Primeln in dieser geringen Seehöhe stellen eine Besonderheit des Urgersbachtales dar. Die Art ist vor allem in Höhen oberhalb der Baumgrenze heimisch.

Die blauvioletten Blüten des von Blumenpflückern so begehrten Kalk-Glocken-Enzians stehen auf Bergwiesen der Gutensteiner Voralpen in ansehnlichen Büscheln beisammen.

Der Felsen-Baldrian ist nicht nur auf substratarmen felsigen Hängen heimisch, er versucht es immer wieder, auf Rohhumusböden tieferer Lagen Fuß zu fassen.

öffnen. Aurikeln gehören im Raum Gutenstein zum normalen Pflanzenkleid. Die Clusius-Primel mit ihren zart rosaroten 2-spaltigen Kronzipfeln ist in dieser geringen Seehöhe etwas Besonderes. Die sonst so intensiv gefärbten Blüten scheinen in diesem engen Schluchttal weniger Sonne zu bekommen als in der subalpinen Zone des Schneebergs oder der Rax. Sie haben nicht diese Leuchtkraft, die der hohe Anteil des ultravioletten Lichts in großen Höhen bewirkt. In dieses Milieu passen auch die großen blauvioletten Blütenglocken des **Kalk-Glocken-Enzians*** *(Gentiana clusii),* die in ansehnlichen Büscheln beisammenstehen. Je reicher der Boden an Humus ist, umso zahlreicher und dichter werden die Enzianstöcke. Auch auf Mäh- und Magerwiesen kommt die kalkliebende Enzian-Art vor. Allerdings scheinen die sonst sehr kurzen oder sogar fehlenden Blütenstengel länger zu sein als bei den Verwandten der Alpenmatten. Nur bei Sonnenschein sind die Glocken weit geöffnet, auf stark beschatteten Plätzen sind sie die längste Zeit geschlossen.

In Felsspalten und auf substratarmen steilen, mit Wald bedeckten Hängen, schickt sich der **Felsen-Baldrian*** *(Valeriana saxatilis)* an, sein Blühgeschäft vorzubereiten. Vor anfangs Juni wird er seine unscheinbaren, weißen Blütchen von nur 3 bis 4 mm Länge nicht öffnen. Sein faserschopfiger Wurzelstock sitzt fest im Grund. Seine grundständigen Laubblätter lassen

Die Sumpfdotterblume säumt mit mächtigen, hundertblütigen Stöcken die Ufer der zahlreichen Bäche, die alle dem Kloster-Tal zustreben.

deutlich 3 bis 5 parallel verlaufende Nerven erkennen; sie erinnern an die Blätter des Wegerichs. Der Felsen-Baldrian ist in den Voralpen eine gar nicht seltene Pflanze. Ein Haarkranz an seinen 3 mm langen Früchten sorgt für sicheren Abtransport durch Vögel oder Kleinsäuger.

Ein kurzer Abstecher zum Wasserfall führt am Bächlein entlang, das von schmalen, feuchten bis versumpften Wiesenstücken begleitet wird. Die felsigen Hänge am rechten Ufer sind mit Rotföhren bestanden, der Untergrund ist mit Alpenrosen-Gebüsch bedeckt. In der lockeren Grasnarbe des Talgrundes ist genügend Platz für eine Überfülle von Frühlingsblumen. Direkt am Ufer wuchert die **Sumpfdotterblume*** *(Caltha palustris)*, einige Riesenstöcke mit hunderten sattgelben Blüten geben den farblichen Ton dieses kleinen, in sich geschlossenen Talstückes an. Im angrenzenden, gut durchfeuchteten Grund wachsen Gruppen von hochstengeligen **Mehl-Primeln*** *(Primula farinosa)*, deren zartes Rosarot bereits deutliche Anzeichen des Verblühens erkennen läßt. Der weniger durchfeuchtete Grund ist Heimstatt für vielzählige Gruppen von **Wiesen-Schaumkräutern*** *(Cardamine pratensis)*, deren Kreuzblüten von zartem Blaßviolett den grünen Wiesenplan durchwirken. Wo das Wiesengrün in den ansteigenden Wald hineinreicht, warten unzählige Blütenknospen der **Roten Lichtnelke*** *(Silene dioica)* auf die Stunde des Öffnens; einige vorwitzige lassen bereits das

Die Mehlprimel besiedelt sumpfige Wiesen, Quell- und Flachmoore. Der Schaft mit der vielblütigen Dolde ist mit dichtem Mehlstaubbelag versehen, ebenso die Unterseite der schwach runzeligen Rosettenblätter.

Die Masse der Wiesen-Schaumkräuter durchwirkt mit dem zarten Blaßviolett der Kreuzblüten den grünen Wiesenplan.

satte Purpur ihrer Blüten erkennen. Diese prächtige Blume bewohnt mit Vorliebe nährstoff- und basenreiche Gründe und ist dank ihrer tiefreichenden Wurzeln ein Dauergast in Mäh- und Umbruchwiesen. Am Talausgang entdecken wir einen kleinen umzäunten Garten, der unmittelbar an ein verfallenes Gehöft anschließt. Seine geregelte Bestellung dürfte aufgegeben

Die prächtig blühende Wald-Lichtnelke bewohnt mit Vorliebe nährstoff- und basenreiche Gründe; dank ihrer tiefreichenden Wurzeln ist sie ein Dauergast in Mäh- und Umbruchwiesen.

Das Alpenmaßlieb ist ein Korbblütler der Berg- und Alpenregion, dessen Köpfchen einzeln und endständig auf einem flaumig behaarten Schaft sitzt.

worden sein und die Wiese ist wieder auf den gelockerten Gartenboden zurückgekehrt. Hier haben die Roten Lichtnelken allein Fuß gefaßt und weil der Frühling schon weiter fortgeschritten ist, auch all ihre Blüten geöffnet. Ein unwahrscheinlich roter, vom Zaun genau abgegrenzter Blütenteppich hat sich hier entfaltet, der von durstigen Tagfaltern umschwärmt wird.

Überall im Tal fallen kräftig entwickelte Blumenstöcke auf, die an Gänseblümchen erinnern. Bei näherem Betrachten gibt sich der Korbblüter als **Alpenmaßlieb**, auch **Sternlieb** *(Aster bellidiastrum)* genannt, zu erkennen. Die grundständige Rosette setzt sich aus elliptischen Blättern zusammen, die deutlich größer als die des Gänseblümchens sind. Ihre Spitzen sind leicht gekerbt und die Spreite geht unmittelbar in einen breiten Stiel über.

Der im Boden kriechende Wurzelstock des Dreiblatt-Schaumkrautes bringt zumeist eine Herde von Stengeln mit weißen Kreuzblüten hervor, die im Schatten wie kleine Lichter wirken.

Die Körbchen, die aus weißen bis zart rosa gefärbten Strahl- und gelben Röhrenblüten bestehen, sitzen auf blattlosen Schäften. Am besten sind Gänseblümchen und Sternlieb an den Früchtchen zu unterscheiden. Nur die des Sternliebs tragen ein Krönchen aus rauhen Pappushaaren. Die Standorte dieser kleinköpfigen Aster finden sich im lockeren Rasen, in Quellfluren und lichten Wäldern in Höhen von 400 bis 2000 m. Obwohl sie in den Alpen häufig vorkommt, kann sie hier am Talgrund als floristische Kostbarkeit gewertet werden. Alle „dealpinen" Arten werden als Relikte aus der Eiszeit angesehen.

Wir setzen nun ohne Aufenthalt die Wanderung durch das Urgersbach-Tal fort, um über die Winsberg-Schneid (833 m) in den nächsten Graben zu gelangen. Wir überschreiten damit die Wasserscheide zwischen Piesting und Schwarza. Je höher wir steigen, umso mehr verliert die Flora ihren praealpinen Charakter und wird von den Arten der gewohnten Bergflora abgelöst. Unterwegs fällt ein großflächiger Felshang auf, der sich lückenlos mit soeben blühenden **Heide-Ginster*-Büschen** *(Genista pilosa)* „eingekleidet" hat. Fruchtende Schneerosen-Stöcke säumen beim Höhersteigen den Weg. Im Schatten von Mischwaldpartien blüht zur Zeit das **Dreiblatt-Schaumkraut*** *(Cardamine trifoliata).* Wie schon der Name ankündigt, sind für diese Art die lang gestielten dreischnittigen Laubblätter charakteri-

Der Weg durch den Bodinggraben führt an der „Jagahütt" vorbei auf die Boding-Schneide zum Wildföhrenstein (1159 m) und über den Handles-Berg (1370 m) nach Schwarzau i. G.

Die Ufer des Baches im Bodinggraben sind von den Blütennestern der Clusius-Primel, des Alpen-Fettkrautes und Anemonen-Schmuckblümchens bedeckt – nach Meinung der Botaniker ein Eiszeitrelikt.

stisch. Der im Boden kriechende Wurzelstock bringt zumeist eine Herde von Stengeln hervor, die große reinweiße Kreuzblüten mit hellgrünen Staubbeuteln tragen. – Auf der anderen Talseite steigen wir zum „Berlgraben" ab, um, in nordwestlicher Richtung gehend, den Bieglhof zu erreichen. Der schmale Talboden, in der ganzen Breite versumpft, läßt nur an einigen Stellen fließendes Wasser erkennen. Wir finden uns in einem fla-

Das Alpen-Fettkraut zählt zu den Insectivoren (= Pflanzen mit Einrichtungen zum Fangen und Festhalten von Insekten). Hier gedeiht es auf überrieselten Dolomitfelsen.

chen Talkessel, der von bewaldeten Höhen begrenzt wird. Beim Bieglhofer, einer Häusergruppe, teils bewohnt, teils abgesiedelt, mündet ein aus Südwesten kommender Bach ein. Flußaufwärts wandernd gelangt man nach Passieren eines Jagdhauses in einen Landschaftsteil, der den Flurnamen „In der Boding" trägt. Von beiden Seiten treten Felswände so nahe heran, daß nur für Weg und Bach genügend Platz bleibt. Diese Felsschlucht ähnelt in ihrer Beschaffenheit ganz der des Urgesbaches, auch die floristischen Verhältnisse erweisen sich als analog. Der Bodinggraben (750 m Seehöhe) ist das Ziel unserer Wanderung.

Wenn wir die „Boding" in der 1. Maihälfte besuchen, finden wir bereits manche Alpenpflanzen-Art blühend vor und zwar in den feuchten bis überrieselten Felswänden und auf den angrenzenden steilen, von Weißkiefern, Fichten und Lärchen bestandenen Hängen. Die folgende Aufstellung aus dem Jahre 1990 bietet einen Überblick von allen vorgefundenen Pflanzen; sie deckt sich größtenteils mit jener Liste, die G. Beck in seiner „Flora von Hernstein in Niederösterreich", 1884, auf Seite 124 bringt:

Die **Clusius-Primel*** in ihrem leuchtenden Purpur gibt durch ihre Vielzahl den Ton an. **Aurikel***-Stöcke sind in der Minderheit und stehen nur an schwer zugänglichen Stellen der Felsen. Beide Arten beweisen selbst in diesem Gelände, daß sie extreme Standorte lieben, sie siedeln in schmalen Fels-

Das Anemonen-Schmuckblümchen ist ein zartes Gewächs aus dem Anemonen-Geschlecht, das man am Alpenostsaum nur selten zu Gesicht bekommt.

nischen. Ihre fleischigen Blätter speichern die Feuchtigkeit des ausklingenden Winters, um sie in der wärmenden Maisonne für das Blühen und Fruchten zur Verfügung zu haben. Das **Alpen-Fettkraut*** *(Pinguicula alpina)*, hier eng mit der Clusius-Primel vergesellschaftet, wird kaum 1 dm hoch. Wo immer der Fels oder schotterige Unterlagen die Möglichkeit bieten, haben sich die Horste der alpinen **Polster-Segge** *(Carex firma)* eingenistet. Obwohl sie kein Tiefwurzler ist und nur lose dem Untergrund aufsitzt, kann der stärkste Wind sie nicht wegfegen. Die schmalen, steifen Blätter liegen geschindelt übereinander, verfestigen und schützen die zuunterst liegenden Teile vor zu früher Verrottung. **Das Anemonen-Schmuckblümchen*** *(Callianthemum anemonoides)* steht schon am 2. Mai in Vollblüte. Seine zartweißen Blüten werden erst entdeckt, wenn sich das Auge an das farbliche Milieu des Untergrundes gewöhnt hat. Noch sind die Blätter dieser merkwürdigen Anemone nicht vorhanden. Der **Dreischnittige Baldrian** oder der **Stein-Baldrian*** *(Valeriana tripteris)*, an seinen 3-teiligen Stengelblättern gut zu erkennen, hat ebenfalls in den ersten Maitagen seine weißlich-rosaroten Blüten geöffnet. Dieser Lebenskünstler paßt sich den verschiedensten Standorten und Lichtverhältnissen an. Ob Sonne oder Halbschatten, beides ist ihm recht. Hier wurzelt er im kalkreichen Felsboden, im Föhrenwald steht er im sauren Nadelsubstrat. Im Mai setzt das Blühen mehrerer Kreuzblütler ein. Das unscheinbare **Kugelschötchen**

Die weißlich-rosaroten Blüten des Dreischnittigen Baldrians sind zu lieblichen Bällchen vereinigt. Als „Lebenskünstler" nimmt er mit den verschiedensten ökologischen Bedingungen vorlieb.

(Kernera saxatilis) ist eine weitverbreitete Spaltenpflanze kalkreicher Felsen. Seine Rosettchen aus rauhen, spateligen Blättern schmiegen sich dicht dem felsigen Untergrund an, um Feuchtigkeit zu speichern. Der zarte Stengel vereinigt in lockerer Traube die kleinen weißen Kreuzblütchen, die zu kugeligen Schötchen heranwachsen. Die flachen Samen sind Windflieger, die in die engen Felsspalten geblasen werden.

Die **Glanz-Kresse** *(Arabis soyeri)* findet sich in größeren Horden im überschwemmten Teil des Uferbereiches auf kalten, sickernassen und humosen Sumpfböden vor. Seltener steht sie auf überrieselten Felsböden. Ihr Name rührt von den glänzenden, wintergrünen Grundblättern her, die in Rosetten angeordnet sind. An ausläuferartigen Trieben werden neue Blattrosetten gebildet. Die Fruchtknoten wachsen sich zu steil aufwärts stehenden Schoten aus, die schmal geflügelte Samen bergen.

Das **Steintäschel** *(Aethionema saxatile)*, ein sehr zerstreut vorkommender Kreuzblütler, wächst hier auf dem dolomitischen Felsschutt. Die wenig ästig-verzweigten Stengel tragen reichlich weiße bis zart fleischfarbene Blüten. Die rundlichen Schötchen sind kahl und glatt, an der Spitze tief ausgerandet und breit geflügelt. Sie können allerdings auch die Form kleiner Nüsse besitzen. Im Aussehen erinnert es an ein Täschelkraut, sein älterer Name lautete auch Felsen-Täschelkraut *(Thlaspi saxatile)*.

Der **Große Strahlensame** *(Silene alpestris)*, ein Nelkengewächs mit

Der Graue Alpendost, für gewöhnlich eine Charakterpflanze der Hochstaudenfluren über Kalk, ist nur vereinzelt und nicht in Beständen wie z. B. auf der Rax vertreten. Blütezeit von Juni bis August.

weißen, auch rötlich überlaufenen Blüten, wird hier kräftiger als im subalpinen Bereich. Seine lineal-lanzettlichen Laubblätter stehen besonders am unteren Stengel gehäuft zusammen; an vegetativen Trieben nehmen sie rosettigen Charakter an. Im feinen Dolomitgrus bilden sie große Herden.

Das **Bach-Greiskraut*** *(Tephroseris crispa)* kommt in der 2. Maihälfte zur Vollblüte. Seine doldentraubigen Blütenstände mit den sattgelben bis orangefarbenen Körben geben in den feuchten Wiesen des Talgrundes den Ton an. Typisch für diese Art, die neuerdings auch mit dem Namen „Bach-Aschenkraut" bezeichnet wird, sind die breitgeflügelten Laubblattstiele und der wellig-krause Rand der Spreite. Beim Anblick der größeren Bestände wähnt man sich irgendwo tief drinnen im Alpengebiet. Wie schön, daß es auch noch am Ostsaum der Alpen unberührte Naturlandschaften gibt! Am Beginn des Sommers werden die Felswände unansehnlich. Wenn im alpinen Bereich die blütenreichsten Wochen einsetzen, ist hier in der Boding das farbenprächtige Bild einem eintönigem Grün gewichen. Vereinzelt stehende Stöcke dės **Grauen Alpendostes*** *(Adenostyles alliariae)* und des **Österreichischen Bärenklaus** *(Heracleum austriacum)* erwecken noch nicht den Eindruck einer subalpinen Staudenflur. Diese Bärenklau-Art fällt vor allem durch die Übergröße der randständigen, äußeren Blütenblätter auf. Außerdem sind die gefiederten Laubblätter weniger derb als die des **Wiesen-Bärenklaus**. Die Stöcke des Alpendostes haben halbkugelige Form, sie sind niedriger und kompakter als vergleichbare Stöcke in der Hochstaudenflur der Raxalpe. Der dolomitische Untergrund dürfte ihm nicht allzu sehr behagen. Die **Berg-Ringdistel** *(Carduus defloratus agg.)*, früher kurz als **„Bergdistel"** bezeichnet, blüht hier vereinzelt durch den ganzen Sommer. Ihre bogig aufstrebenden Stengel sind wenig verzweigt

Der Felsen-Pippau wächst hier im Dolomitgrus an der unteren Grenze seines Vorkommens in den Alpen. Die Art ist in Beck's Flora von Hernstein in NÖ für das Gebiet der „Boding" nicht erwähnt.

und besonders im Unterteil stark beblättert. Die stacheligen Blattränder laufen den Stengel herab.

Von den Sommerblühern wären noch 2 seltenere Arten im Berl-Graben hervorzuheben: Der **Tarant oder Moorenzian** *(Swertia perennis)* kommt selten in sumpfigen und moorigen Wiesen der Berg- und subalpinen Stufe vor. Die stahlblauen, dunkel punktierten Blüten, im Durchmesser 10–20 mm, sind zwischen den Horsten der dunkelgrünen Sauergräser sehr schwer auszumachen. Die 5-zähligen Blüten sind zu traubigen Trugdolden vereint. Die unteren Stengelblätter stehen gedrängt zusammen, die oberen voneinander entfernt, meist ungestielt und halb den Stengel umfassend.

Die **Duft-Händelwurz** *(Gymnadenia odoratissima)*, eine Orchidee mit rosaroten Blüten, hat im Gegensatz zur Mücken-Händelwurz einen schwachgebogenen, nur 4–6 mm langen Sporn. Die zartduftenden Blumen stehen in den Magerwiesen und Flachmooren, die hierorts vermutlich nie gemäht werden.

Vom Bodinggraben gehen nach Süden und Norden Wege ab, die sich weiter in kürzere oder längere Gräben verzweigen – eine Landschaftsform, wie sie für den dolomitischen Aufbau in den nordöstlichen Voralpen charakteristisch ist. Mancher Graben leitet zu einem angrenzenden Seitental über, ein anderer endet auch blind. In einem südlich liegenden Graben steht auf einer Dolomitgrus-Halde eine ansehnliche Gruppe des **Felsen-Pippaus** *(Crepis jaquinii)*. Er wächst hier an der unteren Grenze seines Vorkommens in den Ostalpen. Alle Exemplare stehen im Schatten einer hohen Dolomitwand, dennoch scheint ihnen das Sonnenlicht, das ihre Artgenossen auf den Steinrasen der Rax empfangen, nicht zu fehlen. Ihr 2- bis 5-körbiger Sproß erreicht die ansehnliche Höhe von 30 cm, was vermutlich mit dem Lichtbedürfnis und dem windgeschützten Standort zu tun haben könnte. Die ganzrandigen bis aufgespalteten Spreiten der Rosettenblätter haben lanzettliche Fiedern. Die Hüllblätter der Körbe sind durch lockere Filzhaare gekennzeichnet. Der einsame Standort dieser Pippau-Gruppe in 750 m Seehöhe verdient besondere Beachtung. Der weiße, äußerst zerbrechliche Pappus der Früchte, der leicht im Gefieder der Vögel haftet, wird den Flug zum tiefen Standort ermöglicht haben. Für keine der alpinen Pflanzen in der Boding kommt es in Frage, daß sie durch fließendes Wasser hierher verfrachtet worden wären. Allgemein herrscht die Vorstellung, daß es sich bei derartigen Standorten von Alpenpflanzen – weit unterhalb ihres Hauptverbreitungsgebietes – um Relikte aus der Eiszeit handeln könnte. Während der Vereisung wurden die Pflanzen aus dem vergletscherten Alpeninneren verdrängt, um sich am Rande der Vereisung anzusiedeln. Die Reste dieser Pflanzenwelt, als „Glazialrelikte" bezeichnet, hätten sich bis heute in den Vorbergen an Felswänden, im Hügellande und in der Ebene an feuchtkalten und versumpften Stellen erhalten. Brockmann hingegen hat schon im Jahr 1926 darauf hingewiesen, daß die Pflanzen derartiger Glazialrelikte keineswegs als Zeugen des ehemaligen eiszeitlichen Klimas aufzufassen wären. Vielmehr wären sie Vorposten auf ihnen zusagenden ökologischen Standorten, wie wir sie in feuchtkühlen Schluchten und Mooren vor uns haben. Dieser Spekulation kann man sich gut und gerne anschließen, wenn man die weitverstreuten Standorte von Alpenpflanzen am Ostrand der Alpen, ganz speziell im Schwarzföhrenwald in Rechnung zieht.

Die Verbreitung der Samen von Alpenpflanzen ist ein Vorgang, der ständig durch den Wind und durch teilziehende Vögel vor sich geht. Nur auf Standorten mit zusagenden Boden- und Klimaverhältnissen werden sie zum Keimen kommen. Auf dem Hochplateau zwischen Piesting und Triesting („Auf dem Hart") gibt es eine ganze Reihe interessanter Standorte von Alpenpflanzen, z. B. vom **Felsen-Baldrian*** *(Valeriana saxatilis)*, **Berg-Baldrian** *(Valeriana montana)*, **Eberrauten-Greiskraut*** *(Senecio abrotanifolius)*, **Voralpen-Pippau** *(Crepis alpestris)*, **Grasnelkenhabichtskraut** *(Chlorocrepis staticifolia)*, **Alpen-Steinquendel*** *(Acinos alpina)*, **Alpen-Leinkraut** *(Linaria alpina)*, **Salzburger Augentrost** *(Euphrasia salisburgensis)*, u. a. Für die junge Pflanze ist es zunächst wichtig, daß sie sich möglichst ohne Konkurrenz entfalten kann. Erdaufrisse geben hiefür günstige Voraussetzungen. Ein Standort des Felsen-Baldrians ist schon nach 4 Jahren durch das Wachsen von Schwarzföhren-Sämlingen wieder erloschen. Ein Vorkommen des Berg-Baldrians in einem schattigen Schwarzföhren-Forst hat sich seit dem Jahr 1975 laufend erweitert.

Daß sich das von G. Beck im Jahre 1884 erwähnte Vorkommen von Alpenpflanzen im Boding-Graben bei Rohr im Gebirge in den letzten hun-

Das Bach-Greiskraut beherrscht ab der 2. Maihälfte mit seinen doldentraubigen Blütenständen, aus sattgelben bis orangefarbenen Körben zusammengesetzt, den feuchten Talgrund in der Boding.

dert Jahren nicht verändert hat, ist eine erfreuliche und bemerkenswerte Tatsache, die gar nicht selbstverständlich ist. Eine Klimaänderung großen Ausmaßes kann in diesem Voralpenbereich kaum erfolgt sein. Gefahr droht allen Biotopen immer nur von ausschließlich wirtschaftlich denkenden Menschen. Apropos wirtschaftlich: mit dem Bau von Wirtschaftswegen in unseren schönen niederösterreichischen Voralpen sollte doch etwas naturschonender und sparsamer vorgegangen werden.

Naturschutzgebiet „Heferlberg“ (auch „Heberlberg“)

Wer kennt ihn schon wirklich, den kleinen unscheinbaren Hügel inmitten der flachen Randberge, die zwischen Pfaffstätten und Gumpoldskirchen die Weingärten nach Westen begrenzen! Warum gerade er auf seinem Rücken, der von der Ostseite wie ein umgestürztes „Häferl“ aussieht, keinen geschlossenen Wald wie die angrenzenden Hügelberge besitzt, kann nur vermutet werden. Nachdem ringsum die Landschaft mit Weinstöcken erfüllt ist, wird man einst auch hier den Wald gerodet haben, um auf seiner Südlehne Weinstöcke zu pflanzen.

Dank der schwierigen Lage – es handelt sich hauptsächlich um einen steilen, felsdurchsetzten Hang – mußte der Kulturversuch wieder aufgegeben worden sein. Es hat in der jüngeren Vergangenheit nicht am Versuch gefehlt, Weinstöcke im flacheren Teil des Bergleins auszusetzen. Auch eine

Der Heferlberg zwischen Pfaffstätten und Gumpoldskirchen während der Blütezeit der Felsenbirne, Aufn. im April 1987. Inzwischen haben übereifrige „Naturschützer“ die Sträucher abgeholzt und damit den Hügel seines schönsten Kleides beraubt. Es werden viele Jahre bis zur Regeneration dieses einzigartigen Felsbirnen-Bestandes vergehen.

Felsbirnen-Blüte auf dem Heferlberg (Heberlberg): Der Frühling zaubert hier alle Farbnuancen vom hellen Weiß bis zum dunklen Grün in die Landschaft.

Der „Edelweiß-Strauch", so wird die Felsenbirne im Volksmund genannt, blüht noch vor Ausbruch des Laubes.

Die Blüten der Felsenbirne stehen in gedrungenen Trauben am Ende der Zweige zusammen. Blütenstiele, Fruchtknoten und Kelche schmücken sich in diesem frühen Stadium mit einem silbrig-weißen Filz.

Holzhütte, schon im Naturschutzgebiet stehend, läßt eigennützige Tendenzen erkennen. Die Rückkehr des Waldes auf den Heferlberg ist bis heute unterblieben, was vermutlich auf eine Periode der Beweidung vor einigen Jahrzehnten zurückzuführen ist. Der nach Süden und Südosten geneigte Hang ist extrem der Sonneneinstrahlung und Bodenerosion ausgesetzt. Zur Zeit dominieren in den Trockenrasen-Flächen und Felsfluren viele Büsche der **Felsenbirne** *(Amelanchier ovalis).* Natürlich sind eine Fülle charakteristischer Gewächse pannonischer, illyrischer und mediterraner Herkunft vertreten; die klimatischen Voraussetzungen für ihr Gedeihen sind nahezu ideal. Der Arten-Reichtum dieses kleinen Hügels läßt den Betrachter erahnen, wie schön diese Landschaft vor der massiven Anlage der Weinkulturen gewesen sein muß.

Wir suchen den Heferlberg auf, wenn anfangs April die vielen Sträucher der Felsenbirne ihre Blüten zu öffnen beginnen. Dieser Strauch hat sich in den letzten Jahrzehnten am stärksten ausgebreitet.

Nicht nur die Anzahl hat sich vermehrt, die Einzelbüsche haben auch an Umfang zugenommen. Schon vor dem Aufbrechen der Blüten leuchtet die Rinde der 2 m hohen Strauchäste in einem intensiven Gelbrot auf. Die schneeweißen Blüten öffnen sich vor Ausbruch des Laubes. Sie stehen in gedrungenen Trauben am Ende der Zweige zusammen. Blütenstiele, Fruchtknoten und Kelche schmücken sich in diesem frühen Stadium mit

Ein prächtiges Exemplar der Österreichischen Schwarzwurz in einer Felsnische des Heferlberges.

silbrig-weißem Filz, der sich im Laufe des Frühlings allmählich verliert. Die in der Knospe gefalteten Laubblätter lassen mit ihrer graufilzigen Unterseite den Strauch in einem silbrig-weißen Glanz erstrahlen, dessen optischer Reiz kaum mit Worten zu beschreiben ist. Nach der Laubentfaltung und dem Verwelken der Blütenblätter erlischt dieser farbliche Zauber. Der Wandel des „Edelweißstrauches" vom Frühlingshabitus zum nur mehr in Grün erscheinenden „Normalstrauch" geht innerhalb weniger Tage vor sich. Um sich an den stark austrocknenden Standorten vor dem Verdursten zu schützen, reduziert die Felsenbirne ihre verdunstende Oberfläche, d. h. sie hat relativ wenig Laub und auffallend kleine Blätter. Im Sommer ist sie ausgesprochen unansehnlich. Man muß sie in ihrem „Hochzeitskleid" gesehen haben, um ihr Wesen zu begreifen.

Wir verweilen noch ein wenig im Frühlingsaspekt. Am Ostrand unseres Bergleins suchen wir einen erhöhten Punkt auf, um die ganze Szenerie des Hügels mit Blickrichtung West zu erfassen. Wo noch könnte es am Ostsaum der Alpen einen faszinierenderen Anblick geben als den vor uns liegenden! Die beigegebenen Bilder versuchen, die mannigfältigen Nuancen der Farben vom Silbrigweiß bis hin zum dunklen Grün der Schwarzföhrenkronen einzufangen. Unglaublich ist es, wieviel Schattierungen in Weiß, Grau und Grün die Natur in dieser Jahreszeit zustande bringt! Neben den Farben nehmen markante Formen die Blicke gefangen. Die

Die Badener oder Stein-Weichsel, ein wärmeliebender Strauch, schmückt im April mit einer Unzahl weißer, zart duftender Blüten die westlichen Randberge des Wiener Beckens.

Die Herzblättrige Kugelblume schmiegt sich in der Manier eines Spalierstrauches dem felsigen Boden an.

flammenförmigen Kronen, aus silbrigen Blättern gebildet, gehören zum **Mehlbeerbaum** *(Sorbus aria),* der zu Frühlingsbeginn die weißfilzigen Rückseiten seiner großen Blätter zuerst der Sonne zuwendet. Niedrige Buschreihen, vollkommen in einen dichten weißen Blütenflor gekleidet, geben sich als Schlehen-Sträucher zu erkennen. Natürlich darf in diesem Raum auch nicht die **Badener Weichsel***, auch **Stein-** oder **Türkische Weichsel** *(Prunus mahaleb)* genannt, fehlen, die als stark verzweigter, sparriger Strauch und auch als kleiner Baum von 3–5 m Höhe vorkommt. Sie schickt sich gerade an, die Trauben weißer, zart duftender Blüten aufzustecken. Sie erscheinen gleichzeitig mit den breit-ovalen Laubblättern, deren glänzende Oberfläche tausendfach das Sonnenlicht reflektiert. Wie könnte man es mit Worten versuchen, dieses von zarten Härchen grauschimmernde Grün gerade aufknospender Blätter **der Flaumeiche** *(Quercus pubescens)* zu beschreiben! Und der Boden, immer noch mit den Vegetationsresten des vorigen Sommers bedeckt, beginnt großfleckig Farben hervorzubringen: Das Gelb rührt vom Haarigen Ginster, von der Österreichischen Schwarzwurz und von den Polstern des Sand-Fingerkrautes her. Das Blau auf dunklem Grün stammt von den **Kugelblumen*** *(Globularia cordifolia),* die sich in der Manier eines Spalierstrauches dem felsigen Boden anschmiegen. Die zarten weißen Blümchen, schon ein wenig den Schatten suchend, geben davon Kunde, daß das **Berg-Täschelkraut*** *(Thlaspi montanum)* liebevolle Aufnahme auf dem Heferlberg gefunden hat. Selbst die künftigen Köpfe der **Bisamdistel*** beginnen sich bereits über die versilberten Grundblätter zu erheben. Die Rosetten mit den linealen, stark borstigen Blättern gehören der **Lotwurz*** *(Onosma visianii)* an, die noch heuer ihren Lebensrhythmus zu Ende führen wird. Aus dicken, runden und fleischigen Kugelrosetten werden sich im Sommer die rauhhaarigen Blütenstände des **Kurzhaar-Donarsbartes*** *(Jovibarba hirta)* erheben.

Über einen schmalen Pfad, der durch ein Stück Buschwald führt, gelangt man an die Unterkante der nächst höheren Geländestufe. Das unebene Gelände zwischen Buschwald und Weingärten, keine 50 m breit, hat bisher einer intensiven „Kultivierung" widerstanden, ist mehr oder weniger noch naturbelassen, lediglich einzelne Haufen Weingartenmülls beeinträchtigen am Rande die natürliche Vegetation. Hier hat sich eine Saumgesellschaft eingefunden, die aus einem Anteil Trockenrasen und vereinzelt stehenden Gehölzen besteht. Am augenfälligsten wirken die großen Nester des **Frühlings-Adonis*** mit einem Dutzend offener Sonnenaugen je Stock. Es besteht kein Zweifel: ihre starke Vermehrung in den letzten Jahren ist unverkennbar. In der Nachbarschaft bildet das üppige Blauviolett der **Zwerg-Schwertlilien*** einen eindrucksvollen Farbkontrast. Schier unglaublich ist es, daß zu dieser Zeit schon die **Ungarische Platterbse*** ihre cremeweißen

Das Berg-Täschelkraut ist ein Felsschuttbewohner, der auf dem Heferlberg halbschattige Standorte bevorzugt.

Die Dalmatinische Lotwurz ist ein Rauhblattgewächs, das seinen Blütenstand erst im Mai entfaltet. Sie zeigt eine besondere Vorliebe für extrem warme Standorte.

Wenn der Kurzhaar-Donarsbart seine „Hauswurzblüten“ am Ende des beblätterten Stengels öffnet, ist es bereits Sommer geworden.

Das Frühlings-Adonisröschen ist eine trockenheitsliebende Art auf steinigen Steppen und in Buschsäumen des pannonischen Florengebietes. Blütezeit: März bis April.

Schmetterlingsblüten geöffnet hat. Die frühblühende Form *(Lathyrus pannonicus subsp. collinus)* ist an trockene, grasige Stellen der unteren Bergregion gebunden und findet sich gerne in Gesellschaft des **Rotblauen Steinsamens** *(Buglossoides purpurocaeruleum).* Die feuchtigkeitsliebende Form dieser Platterbse *(Lathyrus pannonicus subsp. pannonicus)* blüht erst Ende Juni, anfangs Juli. Sie war vor der großen Manie des Trockenlegens ein gar

Die bunten Nester der Zwerg-Schwertlilien entfalten sich am prächtigsten in lückigen Trockenrasen.

Blick vom blühenden Heberlberg auf die Weingarten-Landschaft am Fuß der Thermenalpen.

Die frühblühende Form der Pannonischen Platterbse an grasigen Stellen der unteren Bergregion kommt nur selten vor und gilt nach der Roten Liste als stark gefährdet.

nicht seltener Bewohner feuchter bis versumpfter Wiesen in den Ebenen des südlichen Wiener Beckens. Nur noch in allerletzten „Restbiotopen" blüht sie südwestlich von Wr. Neustadt vereint mit der ebenfalls im Aussterben begriffenen **Sibirischen Schwertlilie*** *(Iris sibirica).*

Nach dem Verlassen des Heferlberges kommt man abwärts gehend wieder durch Weingärten, in denen die ersten Frühjahrsarbeiten verrichtet werden. Vereinzelt stehen in den Rebzeilen blühende Pfirsichbäume. Seit der Einführung der Hochkultur mußten praktisch alle die maschinelle Arbeit behindernden Bäume aus dem Weingarten weichen. Selbst der „verunkrautete" Weingarten gewährt noch ästhetische Reize. Unzählige Stöcke des **Gewöhnlichen Löwenzahns*** und der **Roten Taubnessel*** stehen gerade in Blüte und färben den Boden zwischen den Stöcken mit dem saftigen Goldgelb der Körbchen und dem Rotviolett der Lippenblüten. Es versetzt den Betrachter in Staunen, daß diese Arten allen Bekämpfungsmethoden trotzen. Ihrem guten Aussehen nach dürften sie daraus besondere Kraft zum Überleben schöpfen. Auch die seltsamen **Osterluzei***-Pflanzen *(Aristolochia clematitis)* finden im Weingarten immer wieder ein Plätzchen, wo sie ihre eiförmigen Früchte zur Reife bringen. Sie finden auch im angrenzenden Ödland Lebensmöglichkeiten, von wo sie immer wieder die Rückkehr in den offenen Boden von Kulturflächen vornehmen. Wenn man sich der Mühe unterzieht, den kahlen Boden des Weingartens abzusuchen, entdeckt man hie und da die kaum 15 cm hohen Pflanzen des **Acker-Gelbsterns*** *(Gagea villosa)* mit doldentraubigen Blütenständen, deren lehmgelbe Perigone sich kaum von der Farbe des Bodens abheben. Auch diese Art ist durch die Methoden der modernen Agrar-Technik bedroht, ihre Existenz im nordöstlichen Vorland der Alpen gefährdet.

Selbst die „verunkrauteten" Weingärten gewähren dem Naturfreund noch ästhetische Reize: Löwenzahn und Taubnessel beherrschen die Strategie des Überlebens.

Landschaft zwischen Heferlberg und Glaslauterriegel: Naturbelassene Rasen, die von Flaumeichen, Steinweichseln und Schwarzföhren gesäumt werden. Aufnahme April 1992.

In der zweiten Oktoberhälfte beginnt sich das Laub am Ostabfall der Thermenalpen zu verfärben. Die Mannigfaltigkeit und Schönheit des „pannonischen“ Waldes erreicht den letzten Höhepunkt des Jahres.

Wir suchen den Heferlberg zur Zeit der Laubverfärbung im letzten Drittel des Monats Oktober wieder auf. Gelbe und rötliche Farbtöne bestimmen jetzt das Antlitz der Landschaft. Die Blätter der Felsenbirne sind flammend rot, bevor sie trocken und lederig werden. Man muß den Zeitpunkt der intensiven Laubfärbung wählen, um die ganze Mannigfältigkeit und Schönheit des Waldes hier am äußersten Ostrand des Alpenbogens zu erkennen. Es ist traurig und bedenklich, daß der Mensch große Teile dieses Waldes gerodet hat, um Weingärten anzulegen, von denen es ohnehin viel zu viele gibt. Es ist bedauerlich, daß es nur winzige Abschnitte sind, die bisher zum Naturschutzgebiet erklärt worden sind. Um Straßen zu bauen, wurde oft genug schon Land enteignet, zur Rettung unverfälschter Natur wird dies von den zuständigen Stellen kaum als notwendig empfunden. Große Teile der Thermenalpen verdienten es, unter Biotopschutz gestellt zu werden. Im Mittelalter war die Waldrodung bittere Lebensnotwendigkeit, in der Gegenwart ist das Ausweiten menschlicher Zivilisation (Siedeln und Umwandlung in Kulturflächen) auf Kosten des Waldes ein barbarischer Akt. Wie lange noch wird die Allgemeinheit tatenlos zusehen, wie einzelne Privilegierte ungestraft unsere Heimat in Zivilisationssteppe verwandeln!?

Sommerlicher Flaumeichenwald zwischen Heferlberg und Glaslauterriegel bei Gumpoldskirchen, 1970.

Die Orchideenwiese

Auch die schönste, mit unzähligen Blumen übersäte Wiese ist in Wirklichkeit keine natürliche Lebensgemeinschaft. Wiesen verdanken ihre Existenz der pfleglichen Hand des Menschen, der sie entweder regelmäßig einer Mahd oder einer zeitlich begrenzten Beweidung unterzieht. Überläßt man eine Wiese durch längere Zeit sich selbst, beginnt sich allmählich ihr Antlitz zu verändern. Die Sträucher und Bäume würden alsbald die krautigen Pflanzen überwuchern und verdrängen. Waldfrei bleiben nur solche Böden, die ein Aufkommen von Gehölzen nicht zulassen, z. B. Trockenhänge, Schotter- und Felsgründe, Feuchtwiesen oder Moore. Durch die großen Veränderungen in der Viehhaltung und Viehfütterung ist es auch um Pflege und Erhalt der Wiesen und Weiden schlecht bestellt. Sie werden entweder überdüngt oder umgepflügt. Die Überdüngung führt früher oder später zu einem überhöhten Anteil an Gräsern und zu einem Verlust an Kräutern. Reine Futterwiesen sind allein schon an ihrer giftgrünen Farbe und am Fehlen bunter von blühenden Kräutern herrührenden Kleckse zu erkennen. Grünlandexperten warnen aber vor derartigen Futterwiesen. „Hohe Erträge von gutem Rauhfutter liefern nur Wiesenbestände, in denen Klee-Arten, Kräuter und Gräser in einem ausgewogenen Mengenverhältnis vertreten sind. Wiesen und Weiden mit einer ausgewogenen botanischen Zusammensetzung liefern nicht nur mehr und besseres Futter, sondern auch Futter, das sich leichter konservieren und beweiden läßt" (Dietl 1977). Magerwiesen z. B., wie wir sie in den Hutweiden vor uns haben, sind großenteils am Ostsaum der Alpen und im Tiefland des Wiener Beckens verschwunden. Geringe Erträge bewirkten ihre Umwandlung in Acker- oder Bauland. Hutweiden sind durch Rodung von Wald oder einfach aus flachgründigen Magerrasen entstanden. Jahrhundertelang haben sie, zumeist in nächster Umgebung der Siedlungen gelegen, als Viehweiden gedient. Strauchwerk und Gras wurden vom Weidevieh kurz gehalten. Hutweiden wurden in der Regel auch nicht gedüngt, sie düngten bestenfalls sich selbst. Solche „Magerwiesen" liefern nicht gerade ein üppiges Futter, sie sind weder „fett" noch feucht. Sie haben in Extremfällen zwei Ruheperioden im Jahr, eine durch Winterkälte und eine durch die Sommerdürre erzwungene (W. Holzner, Österreichischer Trockenrasen-Katalog, S. 68).

Eine gut erhaltene Hutweide im südlichen Wienerwald-Gebiet wollen wir aufsuchen, um ihren bereits zur Legende gewordenen Orchideen-

Wiese mit einem reichen Bestand von Holunder-Fingerknabenkraut, das rot oder gelb blüht.

Bestand in Augenschein zu nehmen. Etwa 3 Jahrzehnte ist es her, daß mich Freunde auf diese Wiese mit dem unübersehbaren Bestand an Orchideen aufmerksam gemacht haben. Der Höhepunkt des Blühens liegt in der 1. Maihälfte. Ein schmaler Fahrweg, mäßig bergauf führend, geleitet uns zunächst durch ein Waldstück, dessen Laubdach sich gerade zu schließen beginnt. Im Halbschatten des offenen Waldbodens begegnen wir der ersten Orchideen-Art dieser Wanderung. Ein halbes Dutzend verstreut blühender Exemplare des **Stattlichen** oder **Manns-Knabenkrautes** *(Orchis mascula)* säumen bald linker, dann wieder rechter Hand den Weg. Der 50 cm hohe Stengel endet in einer etwa 10 cm langen, lockerblütigen Traube. Die purpurnen Blüten werden von violett überlaufenen Tragblättern gestützt. Von den lanzettlichen Blütenblättern sind die 2 seitlichen abstehend bis zurückgeschlagen. Die in Lappen geteilte Lippe hat dunkle Flecken und ist am Rand grob gezähnt; oft ist sie länger als der dicke, keulenförmige, leicht aufwärts gekrümmte Sporn. Die lanzettlichen Laubblätter am Grunde tendieren zu rosettenartiger Ausbreitung, die oberen umfassen scheidig den Stengel. Diese hübsche Orchidee, die auch in Halbtrockenrasen vorkommt, ist im pannonischen Gebiet stark gefährdet und verdient unseren besonderen Schutz.

Sobald man das Waldstück durchschritten hat, wird der Blick frei auf einen stark geneigten Wiesenhang. Wenige Schritte genügen, und man er-

Das Holunder-Knabenkraut, dessen Blüten zart nach Holunder duften, hat die Laubblätter am 10–30 cm hohen Stengel verteilt.

Das Bleiche Knabenkraut hat eine ähnliche Farbe wie die gelbe Variante des Holunder-Knabenkrautes. Seine Laubblätter sind zu einer Grundrosette zusammengefaßt.

blickt an der unteren Kante des Hanges die ersten gelben und purpurnen Farbkleckse. Sie künden davon, daß man den richtigen Zeitpunkt der Orchideenblüte gewählt hat. Je größer das Wiesenstück wird, das man zu überblicken vermag, umso mehr blühende Knabenkräuter beleben den noch mäßig hohen Rasen. Dieses farbenprächtige Bild verdankt die Wiese den unzähligen Blütenähren des **Holunder-Fingerknabenkrautes*** *(Dactylorhiza sambucina)*. Der Lebensraum dieser Art hat sich in den letzten Jahrzehnten kaum verändert, wenn man von der Vermehrung des Strauchwerkes im Wiesenraum absieht. Noch ist erkennbar, daß der Wiesengrund als Hutweide genutzt wird, womit der Fortbestand der Orchideen-Massenblüte gesichert erscheint.

Die Holunder-Orchis verdankt ihren Namen einem zarten Holunderduft, den die Blüten gelegentlich verströmen. Der 20 bis 30 cm hohe Stengel ist bis zur Hälfte von üppigen Blättern umstanden. Die Blütenähren der jungen Pflanzen sind zunächst kugelig gedrungen, erst nach mehreren Blühtagen strecken sie sich, bleiben aber bei ständigem Wachsen der Einzelblüten dicht- und reichblütig. Die hellgelbe Farbe des Holunder-Fingerknabenkrautes wirkt immerhin noch intensiver als das Blaßgelb der Blüten vom **Bleichen Knabenkraut*** *(Orchis pallens)*, mit dem es vielleicht bei flüchtiger Betrachtung verwechselt werden könnte. Außerdem erscheint die ungeteilte, abwärts gebogene Lippe der Sambucine noch kräftiger gelb als die benachbarten Blütenblätter, gelegentlich trägt sie sogar purpurne Punkte und Striche von saftmalartigem Charakter. Neben der **gelben Form** treten fast ebenso häufig die **sattpurpurnen** bis lachsfarbenen Formen auf. Die sattorange Farbe von Blüten vereinzelter Stöcke könnte durch Bastardierung der reinen Formen gedeutet werden. Im Bau stimmen die verschiedenfarbenen Blüten völlig überein. Jede Einzelblüte entspringt mit dem Fruchtknoten einem kräftigen Stützblatt. Wenn schon der genaue Bauplan einer Orchideenblüte am besten an Hand einer wirklichen Blüte studiert werden soll, bedarf deren äußerst raffinierte Anpassung an die Bestäuber doch noch einer Würdigung. Diese Anpassung wird am augenfälligsten bei der Verfrachtung des Pollens von Blüte zu Blüte. Zumeist sind es Hummeln, die auf der Lippe landen, um in der Tiefe des lang ausgezogenen Blütensporns nach Nektar zu schürfen. Während ihres geschäftigen Treibens lädt ihnen die Blüte mit einer ihr eigenen „Intelligenz" das zu einem Keulchen geformte Pollenpaket auf. Das „gehörnte" Insekt sucht nichtsahnend die nächste Blüte auf. Noch während des Fluges verliert das Pollenpaket seine steife Haltung und neigt sich infolge des Pollengewichtes schlaff nach vorn. Und nur in dieser Stellung gelangt das „Keulchen" auf die Narbe der nächsten Blüte. Wer könnte dieser von der Natur inszenierten, bis ins letzte Detail ausgeklügelten Blütenbestäubung seine Bewunderung versagen? Übrigens läßt sich dieses Experiment unter Verwendung einer Bleistiftspitze mit einigem Geschick leicht nachmachen. Der Blütenmechanismus reagiert auch auf den Reiz eines leblosen Körpers, wesentlich für das Gelingen ist nur, daß der Reiz an der richtigen Stelle ausgeübt wird.

In der Menge der Holunder-Orchideen gehen andere Arten fast unter. So wird man erst durch ein rein weiß blühendes Exemplar des **Kleinen Knabenkrautes*** *(Orchis morio)*, auch **Salep-Knabenkraut** *(Salep = Knolle)* genannt, auf das Vorkommen anderer Arten aufmerksam. Es sind gar nicht wenig Salep-Knabenkräuter, die sich unter die Sambucinen gemischt haben. Sie erreichen durchschnittlich die Höhe von 20 cm und haben durchwegs kürzere, meist lockere und wenigblütige Ähren. Die „normale" Farbe

Das Kleine Knabenkraut hat sich in mehreren Varianten unter die Sambucinen gemischt. Die „Normalform" (li. ob.) mit dunkelpurpurnen Blüten ist vorherrschend, die weißblühende Form (ob. Mitte) schon seltener. Die beiden anderen Formen (re. ob., darunter) sind armblütiger und auch in der Form variabel, vermutlich Mutationen o. Bastarde (Hohlzunge?)

der Perigone ist dunkelrotviolett und damit sehr deutlich vom Purpur der Holunder-Orchis verschieden. Aber auch rosa und weiß, selbst gelblich blühende Exemplare können bei ausdauernder Suche ausgemacht werden. Ihre Lippe ist breiter als lang, dreilappig mit breiten abgerundeten Seitenlappen (manchmal gezähnt), die breiter sind als der gestutzte Mittellappen. Das anspruchslose Salep-Knabenkraut kommt auch noch auf Trockenrasen der Ebene vor, besonders auf Hutweiden des südlichen Wiener Beckens war es ein häufiger und lieblicher Mitbewohner, der vom Weidevieh nicht belästigt wurde.

Zwischen den leuchtenden Ähren der erwähnten Orchideen-Arten ist die kleine, gerade in Entfaltung begriffene Ähre mit den (gelb-) grünen, oft

Die vielen Blüten des Knöllchen-Steinbrechs sind eng beisammenstehend unter den Kronen der hohen Wildobstbäume versammelt.

Die Grüne Hohlzunge hat gelbgrüne Blüten, die oft rot überlaufen sind. Die Perigonblätter neigen helmförmig zusammen. Der 5–20 cm hohe Stengel hat die Laubblätter nahe dem Stengelgrund schräg aufgerichtet. Ihre Standorte finden sich hauptsächlich auf Magerwiesen über saurem Boden.

braunrot überlaufenen Blüten der **Hohlzunge*** *(Coeloglossum viride)* kaum wahrzunehmen. Es sind gar nicht wenige Hohlzungen, die man nach und nach im kurzen Gras entdeckt. In der Formgebung ihrer Blütenteile kann sie sich gut mit anderen Arten messen, nur farblich gibt sie sich sehr bescheiden. Ihre Lippe, bis 10 mm lang, ist vorn verbreitert und in 3 Lappen geteilt. Die Seitenlappen überragen den zahnförmigen Mittellappen. Der sackförmige Sporn ist nur 3 mm lang. Diese Art bevorzugt Magerrasen aller Art mit deutlicher Vorliebe für saure Böden, sie steigt bis in die alpine Region auf. Abschließend sollen auch die vielen weißen 5-teiligen Blüten des **Knöllchen-Steinbrechs*** *(Saxifraga granulata)* Erwähnung finden, die dicht beisammen stehend, sich unter den hohen Kronen der Wildobstbäume versammelt haben. Die Knöllchen, die der Pflanze den Namen geben, sind vegetative Vermehrungsorgane, die sich als schuppige Brutzwiebelchen zu erkennen geben. Sie finden sich unterhalb der grundständigen Blattrosetten und in den Achseln der Stengelblättchen. Aus diesen Brutknöllchen entwickelt sich auf vegetative Art der eine Teil der Nachkommenschaft, ein anderer Teil geht aus den Samen hervor, die in den wandspaltigen Kapseln heranreifen und durch den Wind ausgeschüttelt werden. Der 40 cm hohe, aufrechte Stengel bietet für diese Art der Samenausstreuung beste Voraussetzungen. Die 2-fache Möglichkeit der Vermehrung wäre nach menschlichem Ermessen gar nicht notwendig. Die auffälligen Blüten erfreuen sich dank ihres reichlichen Nektarvorrates regen Insektenbesuches, der ziemlich sicher zur Femdbestäubung führt.

Wir suchen oft Erholung und Entspannung in weiter Ferne und nehmen dafür große Strapazen auf uns. Wir übersehen, daß die heimatliche Landschaft mit ihren Naturschätzen immer noch am geeignetsten ist, alle unsere Wünsche zu erfüllen – vorausgesetzt natürlich, daß wir die angeborene Fähigkeit, mit der Natur guten Umgang zu pflegen, nicht bereits eingebüßt haben.

Frühling auf dem Engelsberg (Fischauer Berge)

Der Engelsberg ist einer jener sieben Berge, welche wie Glieder einer Kette die Neue Welt vom Wiener Neustädter Steinfeld trennen. Von je her werden sie die Fischauer (Vor-) Berge bezeichnet, obwohl sie „hinter“ dem Ort Bad Fischau – von der Ebene aus gesehen – liegen. Die Silbe „Vor“ bezieht sich natürlich auf die Hohe Wand und die höheren Berge des Alpen-Ostsaumes. Diese Vorberge, nur wenige hundert Meter hoch, sind durch zahlreiche Wanderwege erschlossen, die von den nahe wohnenden Stadtmenschen gerne benützt werden und sich großer Beliebtheit erfreuen. Eigentlich ist es schade, daß dieser in sich geschlossene Landschaftsteil, der dank seiner vertikalen Struktur bisher jeglicher Zersiedelung widerstanden hat, noch nicht zum Naturschutzgebiet erklärt worden ist. Er besäße alle Voraussetzungen hiefür. Hier finden sich eine ganze Reihe von naturkundlichen Besonderheiten, die zumeist nur dem genauen Kenner und Liebhaber bekannt sind.

Auf markierten schlichten Wanderwegen gelangt man z. B. von Winzendorf bis Wöllersdorf, wobei verschiedene Vegetationsmuster bis 600 m Seehöhe in Augenschein genommen werden können. Die waldbedeckten Osthänge und vornehmlich vom Fels geprägten Partien sind von Schwarzföhren besiedelt, wobei bizarre und seltsame Wuchsformen zu beobachten sind. Auf den schmalen Hochflächen und den Westhängen ist die Fichte vorherrschend. Natürlich gibt es immer wieder stimmungsvolle Einsprengungen von Laubgehölzen (Rot- und Weißbuche, Flaum- und Zerreiche) und Sträuchern aller Art. Ein vielstimmiges und differenziertes Vogelstimmen-Konzert während der Frühlingsmonate gibt von einer reichhaltigen Vogelfauna Kunde. Eine harzduftige Luft, von keinerlei Industrieabgasen belastet, schafft günstige Wanderbedingungen vor allem für ältere Menschen. Manche Wege geleiten zu schönen Aussichtspunkten, die interessante Einblicke in den Bau des Alpenostrandes ermöglichen. Der Rundblick von der Höhe des Schloßberges oberhalb der Ruine Emmerberg zur Hohen Wand, in die Neue Welt und zum Schneeberg ist einer der eindrucksvollsten am Nordostrand der Alpen.

Fast nicht vorstellbar ist es, daß das Talbecken der Neuen Welt während der Kreidezeit im Erdzeitmittelalter noch gar nicht existent war. Ein gewal-

Der Steinbruch auf dem Engelsberg ist von Winzendorf oder Muthmannsdorf aus gut erreichbar. Der rote Stein wird der Gruppe der Hallstätter Kalke zugerechnet.

tiges Meer, das sogenannte Gosaumeer, hatte damals das Land überflutet, eingeebnet und verschiedene Materialien (Sandsteine, Mergel) schichtenweise abgelagert und damit das Becken der Neuen Welt und das von Grünbach am Schneeberg aufgefüllt.

Schon mehrere hundert Millionen Jahre vorher waren im Tethys-Meer (Erdzeitalter Trias), in der Frühzeit des Erdmittelalters, die Riffkalke und diverse andere Gesteine – hervorgegangen aus den abgestorbenen Gehäusen unzähliger kleiner Meerestiere – abgelagert worden. Die Gesteine von Schneeberg und Rax, Dürre Wand, Mandling und Hohe Wand verdanken den Lebewesen dieses Meeres ihre Existenz. Erst während der Erdneuzeit, im Tertiär, kam es durch gewaltige Kräfte des Erdinnern zur Auffaltung der Alpen und die Berge nahmen in unendlich langen Zeiträumen die Formen an, wie wir sie heute kennen. Noch vor der Auffaltung der Alpen kam es zum Einbruch des Wiener Beckens und zur mehrmaligen Überflutung des Einbruchbeckens. In der jüngsten Stufe des Teritiärs, im Pliozän gab es die letzte, und zugleich auch die höchste Meeresbedeckung im Wiener Becken (Pontisches Meer oder Pontische See). In dieser erdgeschichtlichen Periode räumte der Prossetfluß die Gosauschichten der Neuen Welt aus, um sie ins Pontische Meer zu transportieren und auf seinem Grunde abzulagern. Hohe Wand und Vorberge, aus härteren Kalken aufgebaut, widerstanden der abtragenden Tätigkeit des Prossetflusses. Seine Einmündung ins Wiener Becken war nur möglich, weil im geschlossenen Stock der Vorberge eine Bruchspalte entstanden war, durch die er seinen Weg zum Meer bahnte. Ursprünglich war auch diese Bruchspalte mit Gosau-Material angefüllt gewesen. Sie wurde freigelegt und vertieft und dadurch zu jener Schlucht, durch die auch heute noch die Gewässer der Neuen Welt ins Steinfeld fließen. Auch Schwarza, Piesting und Triesting bauten in diesem Zeitraum mächtige Deltas hinaus ins Pontische Meer auf, das schließlich aussüßte, zu einem See ohne Ausfluß wurde und verlandete. Diese gewaltige Landschaftsgestaltung ging unendlich lange vor dem ersten Auftreten des Menschen auf der Erde vor sich.

Nach diesem Ausflug in die Vergangenheit kehren wir wieder auf den Engelsberg zurück. Er kann aus jeder Himmelsrichtung begangen werden. Der bequemste Weg führt von Muthmannsdorf hinauf. Trotz Verbotstafel wird er regelmäßig von Autos befahren. Grund dafür sind die 2 Steinbrüche im oberen Drittel des 559 m hohen Berges. Der erste Steinbruch zeigt wunderschön rot gefärbten Kalkstein, der der Gruppe der Hallstätter Kalke zugerechnet wird. Er gleicht ganz dem Material, das in Winzendorf am Eingang in die Prossetschlucht abgebaut wurde. Der Hauptsteinbruch liegt am Ende des Fahrweges knapp unterhalb der Bergkuppe. Er liefert den sogenannten Engelsberger Marmor, einen dichten, rot und weiß gemusterten Liaskalk.

Dieser Steinbruch läßt professionelle Arbeitsmethoden beim Abbau des Gesteins erkennen. Das zeigt sich an den hohen und glatten Schnittflächen und an den fachgerecht zugeschnittenen Quadern, die zerstreut umherliegen. Die Quader stammen aus der Zeit zwischen den Jahren 1940 und 1944, in der italienische Steinmetze das Material aus dem Berg gewonnen haben. Derartige Quader haben bei diversen Bauten in Deutschland Verwendung gefunden. Im Sommer der letzten Jahre wurden die vorhandenen Quader durch Künstler oder Kunststudenten handwerklich bearbeitet.

Der Engelsberger Marmor eignet sich gut für Innenverkleidungen und Stufen. Die Stiegen im Amtsgebäude der Bezirkshauptmannschaft Wr. Neustadt und die Platten des Fußbodens der Pfarrkirche St. Peter am Moos in Muthmannsdorf sind aus dem Marmorbruch des Engelsberges gefertigt. Ein Erinnerungsstein unterhalb des 1. Steinbruches weist darauf hin, daß schon während und nach dem 1. Weltkrieg italienische Steinbrucharbeiter hier beschäftigt gewesen waren.

Wenden wir uns dem botanischen Phänomen „Engelsberg“ zu. Hier haben sich alle pflanzlichen Kostbarkeiten versammelt, die den Reichtum der pannonisch-illyrischen Flora ausmachen. Pflanzen der flachgründigen Böden der Schwarzföhrenwälder, der Felstrockenrasen und der Saumgesellschaften stehen kunterbunt gemischt durcheinander, um mit den Farben und der Anzahl ihrer Blüten wettzustreiten.

Das optisch vorherrschende „Substrat“ ist der lichtgraue, zerklüftete Kalkfels. Nur vereinzelt krallen sich die armdicken Wurzeln der Schwarzföhren in die Rinnen und Spalten der Felsen. Keines Menschen Hand hat sie gesetzt, der Wind hat ihre Samen hierher vertragen. Ihre schirmförmigen Kronen, ihre geringe Stammdicke und die nur mäßige Höhe sind deutliche Merkmale für die harten Lebensbedingungen in dieser exponierten Lage. Außer den Schwarzföhren haben es sich auch noch andere Pflanzen im Felsgelände mehr oder weniger bequem eingerichtet. Die geringe Härte des Kalksteins setzt den Witterungseinflüssen nur wenig Widerstand entgegen. Seine rauhe Oberfläche ist von unzähligen Rinnen, Rissen und Spalten durchzogen, die Voraussetzungen für Ansammlungen von Humus schaffen, die wieder günstige Lebensbedingungen für Pflanzen aller Art bieten, vorausgesetzt daß sie Licht und Wärme vertragen. Der Fels wird durch den ungehinderten Einfall der Sonnenstrahlen zu einem sehr warmen Pflanzenstandort. Die günstigen Wärmeleitungsverhältnisse des Karbonatgesteins lassen die Wärme tief ins Innere eindringen.

Die relativ geringe Wärmeabstrahlung während der Nachtstunden schafft gute Voraussetzungen für das Gedeihen wärmeliebender Pflanzen. Als extrem kalt erweisen sich die Felsenstandorte während des Winters, da ihr Ausgesetztsein und die Neigung der Flächen den Bestand einer wärmeisolierenden Schneedecke nicht ermöglicht. Die tiefen Temperaturen halten gründliche Auslese unter den Bewohnern der Felsen. Nur jene pflanzlichen Zusiedler, die auf dem neuen Standort ein zuträgliches Kleinklima antreffen, haben Aussicht, unbeschadet Sommer und Winter zu überdauern. Neben den Licht- und Wärmeverhältnissen spielen auch die chemischen Eigenschaften des Bodens eine wesentliche Rolle. Der Kalk allein trifft bereits eine Auslese. Nur kalkholde oder solche Arten, die sich um die chemische Beschaffenheit des Untergrundes nicht kümmern (bodenvage Pflanzen), treffen wir auf unserem Berge an. Die Flora der Kalkfelsen ist bedeutend artenreicher als die auf Urgestein. Der Kalk ist für viele Pflanzen ein unentbehrlicher Nährstoff, der nur nicht in unbegrenzten Mengen von allen Pflanzen vertragen wird. Jedenfalls wirkt er sich auf den Wasserhaushalt einer Pflanze, auf deren Eiweißbildung und Kohlehydratstoffwechsel entscheidend aus. Schließlich ist der Kalk auch ein vorzüglicher Bodenverbesserer, seine Anwesenheit führt zur schnelleren Zersetzung der Humusstoffe, zur rascheren Umwandlung des Ammoniaks in Salpetersäure und zur Beseitigung schädlicher Säuren. Was vielleicht am wichtigsten ist, Kalk verleiht dem Boden eine größtmögliche Durchlässigkeit für Wasser und Luft.

Eine geschlossene Pflanzendecke ist hier in der Gipfelregion des Engelsberges und ähnlicher niedriger Vorberge nicht vorhanden. Jede Art steht für sich als Stock, Horst oder Gruppe. Die wenigen Grasarten, Horste der **Aufrechten Trespe**, des **Blaugrases**, des **Federgrases**, des **Wimper-Perlgrases** und der **Erd-Segge**, geben in dieser Pflanzengesellschaft nicht den Ton an.

Um Einblick in die bunte Pracht zu bekommen, verlassen wir auf einem schmalen Pfad das Arbeitsplateau der Steinmetze, schreiten an jener Bergkante entlang, über die seit Bestehen des Steinbruches das „taube" Material gekippt worden ist und finden uns nach wenigen Metern auf einer Felskanzel, auf der wir Rast halten. Zunächst genießen wir die prachtvolle Aussicht in das südliche Wiener Becken, auf die ausgedehnten Schwarzföhren-Forste zwischen Wr. Neustadt und Neunkirchen. Vor einigen Jahren wurde diese Aussicht durch einige wenige niedrige Schwarzföhren behindert. Doch haben es die „Nutznießer" des Steinbruchs verstanden, diesen „lästigen" Bäumen und Sträuchern, die im Wege standen, den Garaus zu machen. Zum Glück hat die niedrige Bodenflora diese Leute nicht gestört, sie hat den barbarischen Akt gut überstanden. Von einem einzigen Standpunkt aus erfassen wir im Umkreis von ca. 20 m folgende Arten (14. Mai 1990):

*Grauer Löwenzahn**	–	*Leontodon incanus*
*Wilder Schöterich**	–	*Erysimum sylvestre*
Berg-Steinkraut	–	*Alyssum montanum*
*Österreichische Schwarzwurz**	–	*Scorzonera austriaca*
*Herzblättrige Kugelblume**	–	*Globularia cordifolia*
Graues Sonnenröschen	–	*Helianthemum canum*
*Dalmatinische Lotwurz**	–	*Onosma visianii*
*Strauchkronwicke**	–	*Hippocrepis emerus*
*Berg-Kronwicke**	–	*Coronilla coronata*
Österreichischer Ehrenpreis	–	*Veronica austriaca*
*Blutroter Storchschnabel**	–	*Geranium sanguineum*
*Vielfärbige Wolfsmilch**	–	*Euphorbia polychroma*
*Alpen-Steinquendel**	–	*Satureja alpina*
Trugdolden-Habichtskraut	–	*Hieracium cymosum*
Wald-Habichtskraut	–	*Hieracium murorum*
Ginster-Leinkraut	–	*Linaria genistifolia*
*Diptam, Spechtwurz**	–	*Dictamnus albus*
*Bunte Flockenblume**	–	*Centaurea triumfetti*
*Lauch-Scheibenschötchen**	–	*Peltaria alliacaea*
*Bisamdistel**	–	*Jurinea mollis*
*Heide-Ginster**	–	*Genista pilosa*
*Schopf-Traubenhyazinthe**	–	*Muscari comosum*
Früh-Quendel	–	*Thymus praecox*
*Seidenhaar-Backenklee**	–	*Dorycnium germanicum*
*Schmalblatt-Lein**	–	*Linum tenuifolium*

Sehr früh blüht zwischen den verdorrten Vegetationsresten die Erd-Segge, ein Sauergras, das oft durch seine ringförmige Horstbildung auffällt.

Der Felsen- oder Wilde Schöterich siedelt hier auf sonnigen, warmen Felspartien. Die aufrechten bis aufsteigenden Stengel enden in einer Traube leuchtender Kreuzblüten.

Die Strauch-Kronenwicke wird ein bis 2 m hoher Strauch, dessen langgestielte Schmetterlingsblüten (2 bis 7) zu Dolden zusammengefaßt sind.

Die Vielfarbige Wolfsmilch (li. ob.) ist eine dekorative wärmeliebende Trockenpflanze, deren Blütenstände vor allem durch die zur Blütezeit orange gefärbten Hüllblätter bunt wirken.
Schwarzföhren auf felsigen Standorten neigen zur Ausbildung einer schirmförmigen Krone (ob., Mitte).
Diptam im extremen Fels auf dem Engelsberg (re. ob.).

Der Diptam oder die Spechtwurz ist eine der schönsten Wildpflanzen auf Trocken- und Felssteppen der pannonischen Flora. Sie steht unter vollständigem Naturschutz.

Die Laubblätter der Dalmatinischen Lotwurz bilden im 1. Lebensjahr eine eindrucksvolle Rosette. Sie tragen einen dichten Besatz von rauhen Haaren, die einen vorzüglichen Verdunstungsschutz bieten.

Die roten Köpfe der Bisamdistel verströmen einen angenehmen Duft (li.).
Schopfige Traubenhyazinthe und Feinblatt-Lein sind auf trocken-warmen Böden häufig vergesellschaftet (Mitte).
Das Scheiben-Schötchen, in Südosteuropa beheimatet, gedeiht hier auf extremem Felsgelände (re.).

Blick auf den Ostsaum der Vorberge zwischen Brunn–Bad Fischau und Winzendorf, eine Landschaft von milder Schönheit; sie lädt zum Wandern und Radfahren ein.

Das Ergebnis der Bestandsaufnahme vom 14. Mai 1990 wurde im Jahr 1991 überprüft. Erst am 9. Juni, also gute 3 Wochen später als im Vorjahr, wurde der vergleichbare Blühstatus am gleichen Ort beobachtet. Das außergewöhnlich kühle und feuchte Frühjahr hat diese Blühverzögerung bewirkt. Doch hat die Intensität des Blühens keinesfalls darunter gelitten. Der ins Auge gefaßte Pflanzenstandort ist vom Sonnenaufgang bis ca. 15 Uhr in der vollen Sonne, der spärliche Schatten, der von einigen niedrigen und flachkronigen Schwarzföhren gebildet wird, fällt kaum ins Gewicht. Angesichts der nahezu idealen Verteilung der **Diptam*-Pflanzen** über das gebotene Gelände fragt man sich, mit welcher Raffinesse sie ihre Samen zu den kleinen Erdfleckchen befördern. Wenn man den Mechanismus der reifen Früchte kennt, ist die Frage leicht zu beantworten.

In der heißen Sommersonne reifen die Fruchtkapseln sehr rasch. Sie platzen an ihrer Bauchnaht deutlich hörbar auf und schleudern ihre Samen meterweit weg. Die Wahrscheinlichkeit, daß der Same fliegend oder am Boden kollernd einen Erdspalt erreicht, ist gar nicht so gering. Die **Scheibenschötchen**-Samen dürften dank ihres Flugorgans noch bessere Fortbewegungsmöglichkeit haben. Die völlig flachen, kreisrundlichen Früchte hängen an dünnen Stielen. Zur Reifezeit lösen sich die dürren Fruchtblätter mit den anhaftenden 1–3 Samen von ihrer Halterung los, um vom Wind

Der junge Eichelhäher läßt sich während seiner ersten Flugversuche durch nichts und niemandem von seinem Vorhaben abbringen.

Schöne „Neue Welt" zwischen den Vorbergen und der Hohen Wand.
Die Unberührtheit der Vorberge sollte Grund genug sein, sie zu einem Landschafts- und Naturschutzgebiet zu erklären.

vertragen zu werden. Der Reifeprozeß kann jedoch je nach Standort bis in den Spätherbst hinein dauern.

Der **Wilde Schöterich***, ein gelbblühender Kreuzblüter, hat eine gewisse Ähnlichkeit mit dem Duft-Schöterich, eine 1 bis 2-jährige Pflanze, die 60 bis 80 cm hoch werden kann. Der im Fels vor uns blühende Wilde Schöterich ist eine ausdauernde Pflanze und wird nur 10 bis 30 cm hoch. Seine meist in Gruppen stehenden Sprosse wirken kompakter, sind aufrecht und verzweigt und enden oft in gestielten Blattrosetten. Die leuchtend-gelben Kronblätter sind 16–20 mm lang, wovon allerdings der in die Blüte ragende Nagel allein 12 mm mißt. In seiner Gesellschaft blüht die **Lotwurz**, beide Pflanzen sind illyrischer Herkunft und finden auf der extrem heißen Felsbank ideale Lebensbedingungen. Die Lotwurz imponiert vor allem durch ihre ästethisch wirkenden Blattrosetten, die im 1. Lebensjahr nur zum Kräftesammeln angelegt werden. Ihr dichter und langer Rauhhaarbesatz sorgt auch in der heißesten Sommerzeit für geeigneten Verdunstungsschutz. Wenn im darauffolgenden Jahr der Blüten- und Fruchtstand gebildet wird, ist von der hübschen Blattrosette nichts mehr zu sehen.

Nicht zu übersehen sind die kugelrunden roten Blütenköpfe der **Silberscharte*** oder **Bisamdistel**, die auf meterhohen nackten Stengeln sich ständig im Wind bewegen. Nur am Grunde finden sich fiederspaltige Blätter, die unterseits einen weißfilzigen Besatz erkennen lassen. Auf Felsfluren scheint die Art zwar ungefährdet, in den Trockenrasen der Hügel und Ebenen ist sie jedoch arg gefährdet. Man muß schon ein großer Optimist sein, wenn man glaubt, der allgemeinen Zerstörung von „Ödlandflächen“ – als solche gelten nämlich die Trockenrasen – könnte Einhalt geboten werden. Noch stärker in der Existenz gefährdet ist die **Schopf-Traubenhyazinthe***, die sich mit 2 Exemplaren eingefunden hat. Ein wenig fremdartig und verloren wirkt diese Art hier im Fels, umgeben von großen und leuchtenden Blüten. Sie sind gerade beim Aufblühen. Taube und fruchtbare Blüten stehen noch dicht beisammen, der ganze Sproß keine 15 cm hoch.

Rundgang auf dem Eichkogel, dem Blumenberg an der Weinstraße

Mit der geringen Höhe von 367 m ist der Eichkogel nur als Hügel anzusprechen. Südlich von Mödling gelegen, gelangt man am besten über die Weinstraße auf den Sattel, der den Anninger mit dem Eichkogel verbindet. Trotz seiner geringen relativen Höhe hat man von ihm eine wundervolle Aussicht in die Weite des Wiener Beckens, und zwar von Norden über Ost nach Südost. Er ist dem geschlossenen Zug der Thermenalpen, die mit dem Anninger 674 m Höhe erreichen, deutlich vorgelagert, er ragt in das Tiefland des Beckens hinein. Seine markante Erhebung ist schon aus großer Entfernung erkennbar. Der Anninger gehört geographisch-geologisch dem kalkalpinen Teil des Wiener Waldes an. Der Eichkogel ist jüngeren Datums und besteht aus einer Reihe von übereinanderliegenden Schichten, deren unterste aus Sanden und Tegeln bestehen, die aus der Zeit der letzten Meeresbedeckung des Wiener Beckens stammen. Bedeckt sind sie mit zwei mächtigen Platten von Süßwasserkalken aus der letzten Phase des Pannons (Oberpannon). Sie haben die darunterliegenden

Frühling auf dem Eichkogel: Die Adonisröschen stehen in Blüte. Sie zählen zu den Pflanzenschätzen der pannonischen Flora. Sie sind absolut ungeeignet für die Blumenvase, sehr giftig und stehen in Niederösterreich unter Naturschutz.

weichen Schichten vor einer Ausräumung bewahrt, wie sie dem übrigen Material des Beckens widerfahren ist.

Eine der phytogenen (= aus Pflanzen stammend) Kalkplatten bildet die Gipfelpartie des Eichkogels, die andere hat Anteil an der Ausformung der nordseitig vorgelagerten Terrassen. Die Hänge des Eichkogels sind (viel zu) weit hinauf mit Feldern und Weingärten bestanden, nur die bewaldete Kuppenregion, die Nordterrasse und einige wenige Flanken tragen noch ursprüngliche Vegetation mit bemerkenswerten Kleinbiotopen und Pflanzenarten. Die flacheren Hänge zwischen Gipfel und Nordrampe sind längst auch dem Feldbau gewidmet. Bei der Bearbeitung der Felder und Weingärten ist es unvermeidlich, daß bei nur sanften Luftbewegungen fein versprühte Pflanzenschutzmittel in die ursprüngliche Vegetation hineingeweht werden. Die Schädigungen der Wildflora können auch vom Laien erkannt werden. Ein großer Teil des Eichkogels ist (erst) seit dem Jahr 1961 Naturschutzgebiet. Im Österreichischen Trockenrasenkatalog wird der Eichkogel als Gebiet von internationaler Bedeutung bezeichnet. Seit 1961 ist die Öffentlichkeit im zunehmenden Maße für die Belange des Natur- und Umweltschutzes sensibilisiert worden. Selbst in der hohen Politik hat man begriffen, daß der Erhalt der Natur auch Schutz des Menschen und Bewahrung seiner Lebensqualität bedeutet. Doch scheint auf dem Eichkogel und seinen landwirtschaftlichen Nutznießern dieses Problem nicht zu existieren, obwohl von vielen Seiten ein wirkungsvollerer Schutz angestrebt wird. Als einer der eifrigsten Verfechter des Naturschutzes auf dem Eichkogel gilt seit Jahrzehnten Prof. Walter Redl aus Mödling. Wann immer man während der schönen Jahreszeit den Berg begeht, wird man auf ihn stoßen. Er ist auch immer bereit, die Besonderheiten „seines" Berges und sein Naturverständnis mit Worten oder in der Tat aufzuzeigen. Die Besucher des Eichkogels dürften seit den 60-er Jahren einiges dazugelernt haben. Damals hat man es oft erleben müssen, daß „Blumenpflücker" ungestraft mit Riesensträußen von Diptam den Eichkogel verlassen haben. Heute stört es, daß viel zu viele Leute auf „eigenen" Pfaden die blühenden Rasen begehen und damit den normalen Lebensablauf der Pflanzen beeinträchtigen

Außer den harten Gräsern sind es nur wenige Pflanzen, denen das „Betretenwerden" nichts ausmacht. Der **Spätblühende Löwenzahn** *(Taraxacum serotinum)*, der **Finger-Steinbrech** *(Saxifraga tridactylites)*, der **Österreichische Tragant** *(Astragalus austriacus)* und die **Thymian**-Arten nehmen es nicht übel, wenn ein menschlicher Schuh sie niederdrückt. Hochwerdende Pflanzen sind einer derartigen Beanspruchung nicht gewachsen. Das Lagern und Anfachen von Lagerfeuern – wie es gelegentlich beobachtet werden kann – müßten unterbunden werden, hier ließen sich

Die Zwerg-Weichsel ist ein 1 m hoch werdender Kleinstrauch, der sich durch Wurzelbrut sehr rasch vermehrt. Sein sich kreisförmig ausbreitendes Buschdickicht erobert allmählich die freien Wiesenflächen.

von Naturschutz-Stellen einprägsame Gebotstafeln gestalten. An mehreren Stellen plaziert, würden sie auch vergeßlichen Menschen in Erinnerung bringen, daß sie sich in einem Naturschutzgebiet bewegen. Massenfeiern (private Sonnwendfeiern) haben auf naturgeschützten Flächen keine Berechtigung. Der Eichkogel ist ein Juwel der Natur, das allen Menschen gehört, für das aber auch alle Besucher Verantwortung übernehmen sollten.

Eine neue Gefahr droht der Natur von den Mountain-bike-Fahrern, die erst mit Hilfe eines Fahrrades ihre Liebe zur Natur entdeckt haben. Ein generelles Fahrverbot für Fahrräder müßte eingeführt und auch überwacht werden. Die auf den Pfaden „verkehrenden" Smaragdeidechsen, Blindschleichen und sonstiges Kleingetier fallen den überraschend schnell auftauchenden Rädern ebenso zum Opfer wie die Igel auf der Landstraße. Man muß es bedauernd und resignierend zur Kenntnis nehmen: Der Beunruhigung der Natur sind nirgends mehr Grenzen gesetzt. – Beträchtlichen Schaden richten an den Pflanzenschätzen die Fotographen an, die beim Aufnehmen eines floralen Objekts dieses zwar ungeschoren lassen, die Umgebung aber mit ihren Tritten zertrampeln. Das **Brandkraut*** *(Phlomis tuberosa)* auf dem Eichkogel erfreut sich bei photographierenden Fachleuten (Botanikern) eines besonderen Interesses. Wer zu seiner Blütezeit die rundum zertretenen Flächen sieht, muß sich wundern, daß Pflanzenphotographen so viel weniger sensibel im Umgang mit ihren Geschöpfen sind als

Das Brandkraut erfreut sich bei photographierenden Botanikern eines besonderen Interesses. Es bevorzugt als Standort trocken-warme Waldsäume, kommt selten vor und ist in seiner Existenz stark gefährdet.

z. B. Wildtier- (Vogel-) Photographen. Wer nicht Distanz halten kann, d. h. wer schlecht ausgerüstet ist, sollte das Photographieren bleiben lassen.

Um die Höhepunkte des Blühens auf dem Eichkogel zu erleben, muß man vom Frühlingsbeginn an in Abständen von 2 bis 3 Wochen einen Rundgang unternehmen. Nicht jedes Jahr bringt Höhepunkte im Blühen. Im letzten Jahrzehnt war die Vegetation des Jahres 1989 die schönste und üppigste, die die Naturflächen des Eichkogels hervorgebracht haben; das Jahr 1991 war das „schwächste" Blumenjahr seit Menschengedenken. Natürlich ist diese subjektive Beobachtung weder berechenbar noch beweisbar.

Die bunten Wiesen- und Rasenflächen, Buschsäume und Waldlichtungen des Eichkogels sind mehr als nur eine Augenweide für empfängliche Menschen. Folgen wir den Gedankengängen von W. Holzner (Österreichischer Trockenrasen-Katalog, 1986, S. 76):

„Bunte Wiesen prägen das Bild einer Landschaft und schaffen einen harmonischen Kontrast zu den Wäldern, mit denen sie durch Buschsäume zumeist verbunden sind. Sie bringen mit ihrer Mannigfaltigkeit an Formen und Farben bunte, duftende, flatternde und summende Natur in die unmittelbare Umgebung des Menschen und verleihen einer Landschaft besonderen Erlebnis- und Erholungswert. Dies wird schon dadurch deutlich, daß auf Fremdenverkehrsprospekten häufig bunte Wiesen abgebildet sind, um

Die Zwerg-Weichsel, auch Zwergkirsche genannt, hat ihre lieblichen Blüten zu 2 bis 5 in meist ungestielten Dolden oder Trauben an den Enden der wenig beblätterten Kurztriebe angeordnet. Ihre Verbreitung reicht vom Alpenostrand bis in den Kaukasus und bis Sibirien.

Die Große Kuhschelle beginnt vor der Entwicklung ihrer gefiederten und behaarten Blätter zu blühen. Die zuerst glockigen Blüten breiten sich im Sonnenlicht aus und imponieren besonders durch ihre satte Farbgebung und ihren zottigen Außenpelz.

Der Steppen-Spitzkiel gehört zu den Charakterpflanzen des Eichkogels. Von den Steppen jenseits des Urals kommend, hat er hier ein letztes Refugium erhalten. Der bemerkenswerte Schmetterlingsblütler ist dicht mit weißen Wollhaaren „eingekleidet".

Der Große Wiesen-Bocksbart hat sich hier dank guter Voraussetzungen zu einem üppig blühenden „Bäumchen" entwickelt. Als „Spätaufsteher" öffnet er erst um ca. 11 Uhr seine ansehnlichen Blütenkörbe.

den Erholungswert einer Landschaft zu illustrieren. Die Erhaltung bunter Wiesen wäre auch aus kulturhistorischen Gründen erstrebenswert, handelt es sich doch um Vegetationstypen, die seit Jahrtausenden die Umwelt des Menschen geprägt haben. Sollen unsere Kinder diese Landschaft nur mehr aus Bilderbüchern kennenlernen?"

Der Eichkogel mit seinem Schutzgebiet gehört Gottseidank noch nicht zu jenen Landschaften, die vom eintönigen Grün beherrscht werden. In der Folge wird der Versuch unternommen, an Hand einiger Momentaufnahmen die Einmaligkeit der Naturlandschaft „Eichkogel" zu dokumentieren.

10. Juni 1987, Vormittag:

Nachdem man einen schmalen Streifen Ödland zwischen einem Acker mit noch jungen Sonnenblumen-Pflanzen und der Umzäunung des Wasserreservoirs durchschritten hat, gelangt man auf einem Pfad (in Wirklichkeit sind es mehrere, die parallel in Abständen von mehreren Metern um die Gipfelkuppe führen) zu einer Hangwiese, von der man einen guten Ausblick auf den Anninger hat. Zunächst passiert man noch ein schmales Geländestück, das von jungen Schwarzföhren und einem dichten und verfilzten Strauchwerk, aus **Zwerg-Weichseln*** *(Prunus fruticosa)* gebildet, durchsetzt ist. Nach nur wenigen Schritten im offenen Gelände hat man einen farbenprächtigen Wiesenteppich vor sich, der trotz seiner geringen Ausdehnung den Blumenreichtum des Eichkogels vergangener Zeiten erahnen läßt. Da leuchten z. B. die gelben Körbe des **Großen Wiesen-Bocksbartes*** *(Tragopogon orientalis),* dessen Hauptsproß mehrere Verzweigungen aufweist und dadurch zu einem kleinen Bocksbart-Bäumchen wird. Prächtig entwickelt sind die Karthäuser-Nelken, ihnen scheint der kalkreiche, etwas mit Löß durchsetzte Boden besonders zu behagen. Die violetten Köpfe der Silberscharte baumeln zu Hunderten auf dem schmalen Stück Steppenrasen. Aufrechter Ziest und Blutroter Storchschnabel leiten mit unzähligen Blüten von der Wiese zur Strauchzone im Vorfeld des Schwarzföhren-Bestandes über. Die Vogelwicke durchwirkt jene Stellen, die weniger dicht mit Rasenfilz bedeckt sind; ihr sattes, aber dennoch freundliches Violett steigert die Attraktivität des Wiesengrundes. Wer wagt es da noch, diese farbenprächtige Pflanze als Universalisten und „gemeinen" Wiesenbewohner zu bezeichnen!? Schon ein wenig im Schutz des Waldes und der Saumsträucher stehend: der **Diptam***, der Schönling unter den einheimischen Staudenpflanzen, zu Hunderten auf engstem Raum beisammen.

Unter den vielen gut bekannten Blütenpflanzen fällt ein Fremdling auf: eine Staude mit wenig verzweigten Sprossen, mehr grau als grün erscheinend, und bis 10 cm lang unpaarig gefiederten Laubblättern, deren 5–15 Blättchenpaare der Hauptrippe direkt aufsitzen. Ihre hellgelben Schmetterlingsblüten sind zu kugeligen Köpfen vereint, die sich erst beim Abblühen zu strecken beginnen. Alle Pflanzenteile, Stengel, Laubblätter, Trag- und Kelchblätter haben einen dichten Besatz aus weißen, meist abstehenen Wollhaaren. Am Schiffchen, das in eine lange schmale Spitze endigt, gibt sich die Pflanze als **Steppen-** oder **Wolliger Spitzkiel*** *(Oxytropis pilosa)* zu erkennen, eine dem Eichkogel charakteristische Art. Im weiten Umkreis nicht mehr vorkommend, hat dieser Spitzkiel hier ein letztes Refugium gefunden. Seine Heimat liegt in den Steppen jenseits des Ural, sein mitteleuropäisches Vorkommen ist auf wenige Plätze der kontinentalen Trockengebiete beschränkt. In Österreich gilt er als gefährdet.

Der Blutrote Storchschnabel liebt zwar die Sonne, hat es aber gern, gelegentlich in den Schatten.einzutauchen. Die leuchtenden Blüten stehen an buschig verzweigten Stengeln. Seine kreisrunden Blätter, in mehrere Abschnitte zerteilt, enden meist mit 3 länglichen Zipfeln.

14. Juli 1987, Vormittag:

Ein Rundgang beweist, daß das Blühen in den Trocken- und Halbtrockenrasen unentwegt fortdauert, es gibt keinerlei Anzeichen für eine sommerliche Ruhepause. Diese enorme Fruchtbarkeit ist nicht zuletzt eine Folge des Lösses, der während der Eiszeit hierher verfrachtet worden ist. Andernorts im Wiener Becken, z. B. im Steinfeld, sind die Reste von Trockenrasen in diesem Zeitpunkt längst dürr geworden. Auch der verfestigte Löß, wie er uns im Weinviertel entgegentritt, ist ein so weiches Material, daß man ihn mit der bloßen Hand abschaben kann. Jeder Regen vermag den Löß aufzuschließen. Löß läßt die Niederschläge mehr oder weniger rasch in den Boden eindringen und macht winzige Partikelchen für die Ernährung der Pflanzen frei; außerdem kommt sein Wasserspeicher-Vermögen den Pflanzenwurzeln zugute. Nur so ist es zu erklären, daß sich der Sommeraspekt der Eichkogel-Wiesen zwar in weniger Arten, aber in einer umso größeren Anzahl von Blüten manifestiert. Es sind zum Großteil Arten, die sich durch unter- und oberirdische Kriechtriebe ausbreiten können, woraus sich das herdenweise Auftreten erklären läßt. Sie vermögen die vorhandenen Ressourcen am besten auszunützen. Besser genutzt heißt in der Biologie, eine möglichst hohe Zahl von lebensfähigen Nachkommen hervorzubringen. Um dies zu erreichen, muß die betreffende Art eine biologische Nische ausmachen, was weniger einen Ort als viel-

Einer der vielen Wege, die auf dem Eichkogel durch blühende Trockenrasen führen.
Das tonangebende Violett stammt vom Esparsetten-Tragant.
Die weitere Vermehrung der Schwarzföhren auf der Westseite wird allmählich
zum Untergang der bunten Trockenrasen führen.

mehr die Art und Weise bedeutet, die für ihren Lebensunterhalt wichtig ist. Folgende Arten finden in dieser hochsommerlichen Phase optimale Lebensbedingungen vor: So können die blühenden Flächen des **Esparsetten-Tragants** *(Astragalus onobrychis)*, des **Kicher-Tragants** *(Astragalus cicer)* und **des Österreichischen Tragants** *(Astragalus austriacus)* in Quadratmetern gemessen werden. **Schwert-Alant*** und **Christusauge*** *(Inula oculus christi)* sind pflanzliche Augenweiden im Nahbereich der Buschsäume und auf den Lichtungen des Schwarzföhrenschopfes.

Als Massenpflanzen erweisen sich der **Schmalblatt-Lein*** *(Linum tenuifolium)*, der **Gelb-Lein*** *(Linum flavum)*, der **Trauben-Geißklee*** *(Lembotropis nigricans)*, der **Färber-Ginster*** *(Genista tinctoria)*, die **Strauß-Margerite*** *(Tanacetum corymbosum)*, das **Knollen-Mädesüß*** *(Filipendula hexapetala)*, die **Aufrechte Waldrebe** *(Clematis recta)* und noch viele andere. Natürlich darf die elegant wirkende **Ästige Graslilie** *(Anthericum ramosum)* nicht fehlen, ihre unzähligen weißen Lilien-Blütchen durchwirken regelmäßig den ganzen Blumenteppich. Beim Anblick der blühenden Trocken- bis Halbtrockenrasen drängt sich die Frage auf, warum gerade trockenheitsliebende Pflanzen so auffallend schöne Blüten haben. E. Hohenberger meint dazu: „Wenn es um die Fortpflanzung geht, setzen diese Überlebenskünstler alles auf eine Karte. In allen Farben, Formen und Düften werden weithin sichtbare und riechbare Reklameschilder für Insekten

Der Ausdauernde Rapsdotter ist ein derb wirkender Kreuzblütler. Sein rundlicher Körper wird nach dem Verfaulen seines Wurzelhalses zum Steppenläufer, der seine Samen dabei zum Ausstreuen bringt.

ausgehängt, auf denen es sinngemäß heißt: Besuche mich und meinesgleichen, wir haben viel schmackhafteren Nektar und viel besseren Blütenstaub als alle anderen." (Trockengebiete, O. Maier, Ravensburg 1990, S. 118)

Eine seltene Blume auf dem Eichkogel und überhaupt am Alpenostsaum ist die **Filz-Glockenblume** *(Campanula bononiensis)* geworden. Nur vereinzelt kann der bis 1 m hohe Stengel ausgemacht werden. Er trägt eine pyramidenförmige, dichte Traube aus violett-blauen, fest sitzenden Blüten. Die herz-eiförmigen Laubblätter sind oberseits kurzhaarig, unterseits graufilzig (Name!). Becks Flora von Niederösterreich enthält Angaben über ein reichliches Vorkommen dieser Glockenblume im Gebiet der pannonischen Flora – damit scheint es endgültig vorbei zu sein. In der Roten Liste wird sie als gefährdet angeführt.

An diesem Tag sollte es mir vergönnt sein, im Rasen der Nordterrasse eine Art zu entdecken, die bisher am Eichkogel entweder nicht beheimatet oder übersehen worden war. Zunächst verweilte ich einen Augenblick, um die etwas fremdartig aussehende „Flockenblume" genauer zu betrachten. Am Ende des einfachen, etwa 80 cm langen Stengels war nur ein einziger Korb. Die untersten Laubblätter waren gestielt, ihre unteren Ränder eingeschnitten gezähnt; die oberen, sitzenden Blätter waren leierförmig gefiedert mit scharf gezähnten und spitzen Mittelabschnitten. Die dachig angeordne-

Der Gelbe Lein ist eine aufrechte, mehrfach verzweigte Pflanze mit verholztem Grund und großen gelben Blüten. Beim Anblick der ausgedehnten Bestände in den Trockenrasen glaubt man es nicht, eine stark gefährdete Pflanze vor sich zu haben.

Unter den Alant-Arten ist das Christusauge dank seiner filzigen Behaarung gegen die sommerliche Trockenheit am besten geschützt.

ten Hüllblätter liefen in eine kurze Dornenspitze aus. Die Merkmale reichten aus, um das Inkognito der Pflanze zu lüften. Es war die **Einkopf-** oder die **Wolfsfuß-Scharte** *(Serratula lycopifolia)*, die sich hier angesiedelt hatte oder einfach übersehen worden war. Ihre Vorliebe für sumpfige Wiesen, wie in der Literatur angegeben, scheint sie auf dem Eichkogel aufgegeben zu haben. Außer in Niederösterreich kommt sie in Ungarn, Mähren, Kroatien und im südlichen Frankreich vor. Sie gilt als stark gefährdet.

22. Juli 1987:

Als letzte Alant-Art beginnt soeben der **Deutsche Alant** *(Inula germanica)* zu blühen (Hinweis von Prof. Redl). Seine Standorte liegen teils im sonnigen Magerrasen, teils im halbschattigen Gebüschsaum. Seine Kriech-

Das Knollen-Mädesüß ist ein zartes Rosengewächs mit einer Fülle weißer, meist 4-zähliger Kronen. Knospen und Blüten sind außen rot angehaucht. Zieht man im Spätsommer den roten Stengel aus der Erde, hängen stärkehältige Knollen daran (Name!). Im Gebiet der pannonischen Flora häufig, kaum gefährdet.

triebe zeigen eine Vorliebe für kalkreiche Lehm- und Lößböden. Seine Höhe schwankt zwischen 30 und 60 cm. Die Laubblätter sitzen entweder mit abgerundetem Grund oder halbumfassend am Stengel. Der deutliche Unterschied gegenüber anderen heimischen Alant-Arten besteht bei den Zungenblüten, sie sind nur wenig länger als die Scheibenblüten und der Durchmesser der Körbe beträgt nur 10 mm. Alle Körbchen sind am Stengelende zu einer dichten Doldenrispe zusammengefaßt. Die Früchte tragen einen 6–7 mm langen Pappus aus Borsten, die fast so lang wie Scheibenblüten sind. Die seltene Art kommt südlich des Eichkogels in Niederösterreich nicht mehr vor, auch sie ist stark gefährdet.

In der Nachbarschaft des Deutschen Alants stehen zumeist ebenso viele Gruppen von Bastarden mit dem **Schwert-Alant*** *(Inula ensifolia x I. germanica),* der zur gleichen Zeit blüht. Der Bastard hat deutlich längere Zungenblüten und einen größeren Korbdurchmesser als der Deutsche Alant.

In den benachbarten, extrem steilen und damit trockenen Hängen setzt der **Gelb-Lauch** *(Allium flavum)* zum Blühen an. Beherrscht aber wird der ganze Hang vom hochstengeligen **Bunten Bergfenchel** *(Seseli pallasii),* dessen rötliche Stengel im Sonnenlicht glänzen. Seine rinnigen Blattstengel sind wie geschaffen zum Auffangen und Weiterleiten des in diesen Wochen spärlich fallenden Regenwassers. Voll geöffnet haben an diesem herrlichen Sommer-Vormittag die „Pappelrosen" der **Thüringer Strauchpappel** *(Lavatera thuringiaca).* Den zarten rosaroten Blütenblättern ist trotz ihrer Größe nicht anzumerken, daß sie noch vor wenigen Stunden in winzig kleinen Knospen zusammengefaltet waren. Auf Standorten fern von Wegen und Weingärten lassen sie eine ungestörte Entwicklung erkennen.

Auf dem Rückweg zur Weinstraße passieren wir nochmals das **Sonnen-**

Der Färber-Ginster erweist sich als Zierde der trocken-warmen Hänge. Seine dornenlosen Stengel, bis oben beblättert, tragen eine endständige Blütentraube. Seine jungen Blütenzweige dienten einst zum „Gilben" der Wäsche.

blumenfeld*. Die großen Körbe sind jetzt weit geöffnet und neigen sich der Sonne zu. Auch Kulturpflanzen haben ihre Reize. Ein unvergeßlich schönes und erheiterndes Sommerbild drängt sich auf, dessen Leuchtkraft noch lange Zeit der Erinnerung anhaftet.

10. April 1989:

Adonisröschen und Zwergschwertlilien, Raritäten auf den immer spärlicher werdenden Steppenheiden Ostösterreichs, stehen jetzt in **Vollblüte**. Vereinsamt nehmen sich die blütenüberladenen Stöcke aus, rundum noch alles mit dürren, harten Gräsern und Kräuterresten des Vorjahres bedeckt. Es ist schier ein Wunder, daß dieser trist wirkende Boden, gezeichnet vom Frost und von der Last des Schnees, soviel junges kräftiges Leben hervorzubringen vermag. Die goldglänzende Pracht der Adonisröschen läßt alle Stadien des „Erwachsenwerdens" erkennen: Hier im Schattenraum einer Strauchgruppe viele kleine „Sonnen", die scheinbar stengellos dem Stock aufsitzen; ihre Knospen haben erst gestern mittag, als die Sonne am wärmsten war, den Boden durchbrochen. Dort auf der Sonnseite des Hügels einige hohe Büsche mit zartgefiederten Blättern, deren Stengel die gelben Blüten schon 2–3 dm hoch über den Boden heben. Ein wahrer „Blumenfürst" ist dieses Adonisröschen, das unseren ganz besonderen Schutz verdient.

Auch den aus der Erde ragenden Knollen der **Zwergschwertlilie*** merkt man es nicht an, welch farbenprächtige Blüten sie Tag für Tag aufs neue hervorzaubern. Kaum hat eine Blüte geschlossen, öffnet sich schon die nächste. An sonnigen Tagen sind es große Nester voller Blüten, die sich gleichzeitig wie von Zauberhand öffnen. Man kann sich nicht sattsehen an

Die Vogel-Wicke ist unter den schön blühenden Wicken-Arten die bekannteste. Aus den blauvioletten Schmetterlingsblüten, die zu langen Trauben zusammengefaßt sind, gehen Hülsen hervor, deren Samen gerne von Wildtauben verspeist werden. Ihre schlaffen, kantigen Stengel vermögen sich an geeigneten Stücken über 1 m hoch emporzuranken.

diesen freundlichen Blumengesichtern in der noch unwirtlichen Steppe. Beide Arten sind Pioniere in jeder Hinsicht. Sie stehen hier am Eichkogel, auf dem Steinfeld oder in den Vorbergen am Südwestrand des Wiener Beckens an der Grenze ihres vom Osten nach Österreich hereinragenden Verbreitungsgebietes.

Weniger auffällig geht das Blühen des **Steppen-Veilchens** *(Viola ambigua)* vor sich. Seine lebhaft rötlichen Blüten sind kaum länger gestielt als die rosettigen Laubblätter. Wie es sich für eine Steppenpflanze gehört, sind alle Triebe kurz behaart. Der Trockenrasen und der dürftige Waldboden, auf dem es sich vorfindet, zwingen zu dieser Form des Verdunstungsschutzes. Die derben, herzförmigen Blätter haben einen regelmäßig gekerbten Rand. An den lanzettlichen Nebenblättern fallen die langen und gewimperten Fransen auf. Das Steppen-Veilchen ist im östlichen Europa beheimatet.

Eindrucksvolles Blühen demonstriert ein Wildapfelbäumchen von 1,50 m Höhe. Mit seiner gelbroten Rinde erinnert es an die Felsenbirne, die zur Zeit auch in Blüte steht. Ungewöhnlich für den Apfel ist die frühe Blütezeit, die Kulturapfelbäume beginnen erst 3 Wochen später zu blühen.

Unzählige Blattrosetten und frischgrüne winzige Sproße zeigen sich in den Rasenlücken und auf den Geländeteilen, die Narben aus der Zeit des letzten Krieges tragen. Ein blütenreicher Frühling kündigt sich an.

Blick vom Eichkogel nach Nordwesten zur Blütezeit der Felsenbirne.

18. Juni 1989:

Wiesen, Waldränder, Buschsäume und selbst Feldränder stehen jetzt in Blüte. Im Zeitpunkt der Hochblüte läßt sich kaum eine Leitpflanze feststellen, bunt sind alle Flächen, keine Pflanze nimmt in diesem Milieu eine Sonderstellung ein. Natürlich gibt es Arten, die mit ihrem breiten, runden Korpus viel Platz beanspruchen, andere schlank gewachsene gleichen durch Höhenwachstum ihr Platzmanquo aus. Diese von Blumen überquellenden Flächen sind nicht gedüngt, die Pflanzen schaffen die „Hochzeit" ihres Lebensrhythmus' ganz ohne Zutun des Menschen. Düngung würde gerade das Gegenteil bewirken, sie schafft Auslese und Reduzierung auf wenige Arten, die damit fertig werden. Der klimatische Einfluß des Waldes und der ansehnlichen Buschgruppen kommt den Gräsern und Kräutern in ihren Bedürfnissen sehr entgegen. Sie wirken wie schützende Mäntel für die Säume und Wiesen, die sie begleiten. Sie regulieren die Einflüsse von Wind und Wetter, bewirken höhere Luftfeuchtigkeit, gleichen hohe Temperaturunterschiede aus und sorgen damit für einen geregelten Wärmehaushalt. Großblättrige Formen müßten austrocknen, wenn nicht die höheren Gewächse durch gelegentlichen Schattenwurf Verdunstungsschutz gewähren. Je weiter Trockenwiesen von Busch und Baum entfernt sind, umso härter wird der Lebenskampf ihrer pflanzlichen Siedler. Sie sind gezwungen, durch eigene Einrichtungen Nährstoffe zu erschließen. Man denke nur an die Knöllchenbakterien der Schmetterlingsblütler, mit deren Hilfe sie den Stickstoffhaushalt regulieren. Es sind gar nicht wenige Pflanzen im Wiesenverband, die das können: Ginster-, Klee-, Wicken-, Tragant- und Platterbsen-Arten sind in der Lage, aus der Bodenluft Stickstoff aufzunehmen, der nicht nur ihnen selbst zugute kommt.

Aus der Überfülle der derzeit blühenden Pflanzen des Eichkogels, die im Viertel unter dem Wiener Wald nur eine geringe Verbreitung aufweisen, werden einige wenige vorgestellt: Der **Ausdauernde Rapsdotter*** *(Rapistrum perenne)*, ein Kreuzblütler der östlichen Teile Österreichs, gehört zur Gruppe der Steppenläufer. Wenn im Herbst der Wurzelhals der Pflanze verfault und der Wind den rundlichen Busch über die Steppe weht, werden die Samen aus den sich öffnenden Schoten geschleudert. Von allen derzeit blühenden Pflanzen ist sie eine der kräftigsten. Sie entwickelt innerhalb weniger Wochen 60 bis 80 cm hohe und auch ebenso breite Büsche. Schon im unteren Teil des Sprosses setzt eine reichhaltige Verzweigung ein, die unterhalb der Mitte durch abwärts gerichtete Borsten rauh ist. Die 4 bis 7 mm langen Kronblätter sind gelb und dunkel geadert, etwa doppelt so lang wie die hellen Kelchblätter. Die unteren Laubblätter werden 10 bis 15 cm lang, sind lang behaart, gefiedert oder fiederspaltig bis auch nur gezähnt. Die oberen kahlen Blätter sitzen am Stengel und sind am wenigsten stark geteilt. Gewiß war der Rapsdotter ursprünglich nur Ackerwildpflanze und Siedler auf Altbrachen, jetzt ist er ebenso in Trockenrasen und Buschsäumen zu Hause. Färber-Ginster und Gelber Lein sind dann seine Partner. Die Einkopf-Scharte hat sich in den beiden letzten Jahren stark vermehrt, ihre rötlichen Körbe dominieren bereits auf dem Geländestück zwischen Trockenrasen und Buschwerk.

An der Böschung eines Bombentrichters blüht ein einzelner großer Salbei mit weißen Blüten, der **Mohren-Salbei*** *(Salvia aethiopis)*. Dieses Prunkstück blüht heuer zum ersten Mal auf dem Eichkogel, irgend jemand muß ihn hier „angesalbt“ haben. Man erkennt ihn an seinen reinweißen Lippenblüten, die in großen, reich verzweigten pyramidenförmigen Blütenständen angeordnet sind. Markant sind seine grünlichen, breiten und rundlichen Tragblätter. Besonders hübsch macht sich die Pflanze, deren Korpus 1 m hoch und ebenso breit werden kann, wenn die silbrige Behaarung im Sonnenlicht glänzt. Der Mohren-Salbei ist in Süd- und Südost-Europa beheimatet, vor 2–3 Jahrzehnten war er in den Ebenen des pannonischen Tieflandes relativ häufig anzutreffen. In der Roten Liste wird er unter „stark gefährdet“ geführt.

Mit einem weiteren sehr seltenen Lippenblütler beschließen wir den sommerlichen Rundgang auf dem Eichkogel. Das **Knollige Brandkraut***

Sonnenblumen-Feld am Westhang des Eichkogels.

(Phlomis tuberosa), am Wald- oder Buschrand in kleinen Gruppen stehend, hat aufrechte, wenig verzweigte Stengel von 60 bis 80 cm Höhe. Die rotvioletten Blüten stehen oben in gedrängten, unten in voneinander entfernteren Scheinquirlen beisammen. An einigen Organen sind verdunstungshemmende Einrichtungen: lange Haare in der Oberlippe der Krone, rauhe Wimpern an den Kelchzähnen und Härchen an den linealen Tragblättern. Die Spreite der dreieckig-herzförmigen Blätter leidet stark unter dem Befall einer Mehltau-Art, welche die Pflanze nach wiederholten „Regenfällen bei Sonnenschein“ unansehnlich werden läßt. In den südlichen Ländern, wo es mehrere Arten Phlomis gibt, hat man einst die Blätter als Lampendochte benützt (Name!). Der kleine Bestand des Eichkogels ist stark gefährdet.

Eine blühende Landschaft, wie sie gerade in diesem Zeitpunkt auf dem Eichkogel vor uns liegt, wird auf jeden Menschen Eindruck machen und positive, gefühlsbetonte Grundhaltungen hervorrufen. Vielleicht machen die Vertreter der Behörden den Fehler, die Schutzwürdigkeit derartiger Flächen immer nur mit sachlichen Argumenten zu begründen und an die Vernunft zu appellieren. Entscheidungen über die Schutzbedürftigkeit einer Landschaft werden vermutlich stets in geschlossenen Räumen fern von der Natur, womöglich von September bis Februar getroffen. Hier an diesem Ort, zu dieser Stunde müßten Fragen des Naturschutzes entschieden

Man wundert sich, daß sich die Blüten der Karthäusernelken stets zu Köpfchen zusammendrängen. Gewiß ist dies auch ein Schutz gegen die sengenden Sonnenstrahlen ihrer Standorte.

werden. Unter dem Eindruck einer so prächtigen Naturlandschaft würden Naturschutzprobleme wohlwollender und effektiver gelöst werden.

9. April 1992:

Sträucher und Bäume sind noch unbelaubt, Knospen und teils auch schon Blüten kündigen die baldige Ankunft des Vollfrühlings an. Nur die silbrigen Blattunterseiten der Mehlbeere leuchten schon weit in die Landschaft und täuschen einen kerzenartigen Blütenstand vor. Die **Steinweichsel*** *(Prunus mahaleb),* der bereits bekannte Strauch warmer Hänge am Ostabfall der Alpen, trägt großenteils schon ihren reichen Blütensegen in Weiß. Auch die Schlehen bedecken ihr sparriges Geäst mit einem dichten weißen Blütenschleier. Woher die unzähligen **Vogelkirschen**-Bäumchen *(Prunus avium)* kommen, erkennt man erst, wenn man den dichten, fast undurchdringlichen Pulk der jungen Stämme durchbricht und auf die alten, dicken Stämme der „Samenbäume“ stößt. Die Vogelkirsche ist ein Pioniergehölz auf aufgelassenen Kulturflächen und unbewirtschafteten Wiesen und Weiden.

Wenn man auf dem Eichkogel ihrer Massenvermehrung nicht vehement Einhalt gebietet, werden die Trockenrasen bald verschwinden. Noch schlimmer „treiben“ es die Sträucher der **Zwergweichsel*** *(Prunus fruticosa).* In großen Kreisen wachsend (ihr Durchmesser erreicht 20 bis 30 m)

Der Alpenostrand von der Südkante des Eichkogels aus gesehen.
Gumpoldskirchen inmitten seiner Weingärten.

schieben sich ihre 1 m hohen Büsche unmerklich immer tiefer in die freien Wiesenflächen hinein. Ihr dichter Strauchfilz bringt alle anderen Pflanzen zum Erliegen. Irgendwann müßte man diesem „Platzräuber“ energisch entgegentreten, wenn nicht die einzigartige Trockenrasenflora des Eichkogels vernichtet werden soll.

Wenden wir unsere Aufmerksamkeit den Blumen zu. Einen überaus erfreulichen Anblick bieten die unzähligen **Schlüsselblumen*** *(Primula veris)* in den trockenen Resten der Wiesen. Am attraktivsten sind die Trupps von 10 bis 12 Stöcken auf engstem Raum, wenn die Blätter der Rosetten steil gestellt werden müssen, um nicht von der Nachbarrosette bedeckt zu werden. Kinder und Kindeskinder müssen erlernen, sich gegen die Platzansprüche der älteren und kräftigeren Pflanzen durchzusetzen. Die **Große Kuhschelle*** *(Pulsatilla grandis)* ist in dieser Zeit vielfach schon verblüht; aber immer noch schicken sich Nachzügler an, ihre großen Glocken zu öffnen. Die dunklen, silbrig bepelzten Glocken der **Schwärzlichen Kuhschelle** *(Pulsatilla pratensis subsp. nigricans)* sind zur Zeit weniger vertreten, sie stecken noch tief in den übermäßig hohen Grasresten des Vorjahres. Wenigstens einmal im Jahr sollten die freien Wiesenflächen auf der Nordterrasse und den Osthängen gemäht werden, um wieviel schöner und besser könnten sich die Kräuter vom nächsten Frühling an entfalten! Überraschend viele **Veilchen-Stöcke** *(Viola collina)* setzen sich gegen das dürre

Grasdickicht durch. Das unverwüstliche Hügel-Veilchen kommt mit dem Lößboden, der die Nordostflanke bedeckt, gut zurecht. Daß man bei der Suche nach Frühlingsblumen in der Trockenwiese plötzlich auf junge gesetzte Schwarzföhren stößt, ist in vieler Hinsicht enttäuschend. Und der Schrebergärtner, der justament inmitten der Kuhschellen-Steppe Salat und Radieschen ziehen wollte, konnte ebenfalls von niemandem eingebremst werden. Für Parksünder gibt es kein Pardon, Naturschänder können ungestraft ihren „Liebhabereien" nachgehen.

Auch im Steinfeld blühen Blumen

Das Steinfeld liegt im südlichen Teil des Wiener Beckens. Es geht auf Schotterablagerungen der Flüsse Piesting und Schwarza in der Zwischeneiszeit (Würmeiszeit) zurück. Sie brachten dank ihrer starken Wasserführung große Mengen von Schotter (Gerölle und Geschiebe) mit, die sie auf den verlandeten Teilen des südlichen Wiener Einbruchbeckens absetzten. Das Material kam auf jene Schichten zu liegen, welche die letzte Meeresbedeckung zurückgelassen hatte. Den größten Schotterkegel, den sogenannten Wöllersdorfer Schotterfächer, baute die Piesting auf. Er bedeckt eine Fläche von etwa 80 km^2 und erstreckt sich von Wöllersdorf angefangen über Wr. Neustadt nach Eggendorf bis Oberwaltersdorf nach Norden. Nördlich von Sollenau hat auch die Triesting Anteil an der Gestaltung des Bodenprofils. Auf dem Schwarza-Schotterkegel liegen zum Beispiel die Trasse der Südbahn, der Triester Bundesstraße und die Altstadt von

Abgeerntetes Getreidefeld am Nordrand des Steinfeldes, 1960; im Vordergrund Uferflora eines Wiesenbächleins; heute Siedlungsgebiet.

Wr. Neustadt. Er ist etwa 60 km² groß, seine Ausläufer reichen im Westen bis Bad Fischau, im Osten bis Katzelsdorf. Die Gesteinszusammensetzung des Steinfeldes entspricht dem Einzugsgebiet der beiden Flüsse, in der Hauptsache sind es alpine Kalke, die durch den Transport zu Grobsanden, Kies und Schotter geworden sind. Diese Materialien machen auch den Reichtum des Steinfeldes aus, das beweisen die unzähligen Kies- und Schotterentnahmestellen rings um Wr. Neustadt. Die dem Schotter aufliegende Humusdecke ist etwa 10 bis 30 cm dick und zusätzlich mit dem Gesteinsmaterial durchsetzt. Die Großlandschaft des Steinfeldes war vermutlich jahrtausendlang nur von Trockenrasen und Trockenwiesen bedeckt. Sie war völlig baumlos, wenn man von den Auwaldstreifen längs der Flüsse absieht. Gräser und Zwergsträucher dominieren auf den flachgründigen Böden (Rendzinen).

Erst der Tätigkeit des Menschen in den letzten Jahrhunderten war es vorbehalten, den natürlichen Steppenrasen in Weideland, Wiesen, Äcker und Wald umzuwandeln. Die Landwirtschaft, besonders der Ackerbau, war auf dem Steinfeld nie von Bedeutung gewesen. Die spärliche Ackerkrume ist auf den freien Flächen durch die Gewalt der Winde ständigen Verlusten ausgesetzt. In der Regel fällt im Zentrum dieser Landschaft zu wenig Niederschlag, der überdies vom Boden nicht gebunden werden kann und rasch versickert.

Die trockenen Heideflächen nordöstlich von Wr. Neustadt dienen schon seit den Zeiten Maria Theresias ärarischen Zwecken. Die Ebene zwischen Sollenau, Haschendorf und Eggendorf wurde zum Truppenübungsplatz und Artillerieschießplatz, denen im Randbereich noch Rüstungsbetriebe und Pulverfabriken folgten. Deren Ruinen sind heute zum Großteil verschwunden. Verblieben ist der Schießversuch Groß-Mittel, dessen Name auf den mittleren von insgesamt sieben ehemaligen Schieß-Beobachtungsposten zurückgeht. Zum Antlitz des Steinfeldes gehören auch die mehr oder minder großen Schwarzföhrenpflanzungen. Im 15. Jahrhundert hat man schon mit der Anlage des Föhrenwaldes südlich von Wr. Neustadt begonnen. Ursprünglich war das Vorkommen der Schwarzföhre nur über Kalk- und Dolomitsubstrat auf trockenen und flachgründigen Böden der Bergregion zwischen 400 und 1000 m Seehöhe zu finden. Die Aufforstungen im Bereich von Groß-Mittel sind erst in diesem Jahrhundert erfolgt. Es sind großenteils zu dicht gepflanzte Monokulturen, denen jegliches Unterholz fehlt. Der Erholungswert derart dicht wachsender Bäume, deren Kronen kaum Licht durchlassen, ist gering. Nicht selten geraten in Hitzeperioden solche Forste aus welchen Gründen auch immer in Brand, der sie restlos vernichtet.

Die Pflanzen der „Schottersteppe“ sind durchwegs Arten, wie sie ty-

Kuhschellensteppe auf der Groß-Mittel-Heide, 1960.

pisch für die Steppenheiden östlich des Alpenostsaumes sind. Der größte Teil liegt auf militärischem Sperrgebiet und darf nicht betreten werden. Einige Hektar Trockenrasen zwischen Theresienfeld und Eggendorf, östlich des Wr. Neustädter Kanals wurden zum Naturschutzgebiet erklärt. Aber gerade dieses ist artenarm und eintönig. Die einstmals schönsten Pflanzenvorkommen lagen innerhalb der Sperrzone. Man konnte um 1960 das Gebiet durchwandern und die blumenreiche Landschaft in Augenschein nehmen. Ich erinnere mich z. B. an die Blüte der beiden **Kuhschellen-Arten*** im April. Sie standen so dicht, daß ihre federig behaarten Fruchtschöpfe die Kargheit des Boden vergessen ließen. An anderen Stellen der Neurißhofer Heide durchwirkten die bunten, kreisrunden Teppiche der **Zwergschwertlilien*** das kurze Gras, das sich nach Steppenbränden wieder vollständig regenerierte. Die kurzstengeligen Schwertlilien in den Farben Gelb, Weiß, Blau, Hell- und Dunkelviolett bildeten ein Farbmosaik, dessen Schönheit mit Worten nicht ausgedrückt werden kann. Sie gediehen dort am besten, wo der Rasen lückenhaft war und die nackte Erde zum Vorschein kam. Sie alle sind militärischen Zweckbauten zum Opfer gefallen. Sie sind die an-

Blüte der Zwergschwertlilien vor ihrer Vernichtung auf der Groß-Mittel-Schottersteppe, 1960.

spruchslosesten Pflanzen, die man sich vorstellen kann; das Wegschieben ihrer Knollen samt dem Substrat bedeutete eine vollständige Vernichtung des Biotops. Zu Tausenden lagen sie zusammengeschoben auf großen Erdhaufen und trockneten im ersten Sommer ein. Vielleicht geht von den wenigen verbliebenen Stöcken eine neue Besitznahme der Steppe aus. Unverändert schön ist die Heide zur Zeit der **Federgrasblüte*** *(Stipa pennata).* Besonders wenn die weißen Federgrannen morgens und abends das Licht der Sonne reflektieren, wird eine Wanderung durch die Wogen des „silbrigglänzenden Meeres“ zum unvergeßlichen Erlebnis.

Im Sommer schmücken die hellen Ährenrispen und Fruchtstände des **Wimper-Perlgrases** *(Melica ciliata)* die trockenen Heideflächen, Altbrachen und vor allem die Dämme aus Erde-Schottergemisch, welche die neuen Schottergruben säumen. Es erinnert durch sein massiertes Auftreten an die optische Wirkung des Federgrases. Mit dem **Wolligen Fingerhut*** *(Digitalis lanata)* hat die Steppe nordöstlich von Wr. Neustadt eine floristische Kostbarkeit, die erst 1961 vom Verfasser entdeckt worden war. Seit Ende des vorigen Jahrhunderts hat er als verschollen gegolten. Das jetzige

Die Zwerg-Schwertlilien beleben mit ihren bunten Blütennestern kahle Trockenrasen und auch felsige Plätze. Die Art strahlt aus den Steppen des Ostens bis nach Österreich ein und erreicht am Ostsaum der Alpen ihre westliche Verbreitungsgrenze.

Die Zwerg-Schwertlilie ist eine niedrige, 1-blütige Pflanze mit großer blauvioletter bis gelblicher Blüte. Der Blütenschaft ist kürzer als die grundständigen Laubblätter.

Fruchtendes Federgras oder auch „Pfingsthaar", „Frauenhaar" genannt, verleiht den Schottersteppen der Groß-Mittel-Ebene ein einzigartiges Aussehen.

Vorkommen ist vermutlich auf einen Arzneipflanzenanbau während des 2. Weltkrieges zurückzuführen. Noch in den 60-er Jahren war dieser Rachenblütler mit großen Beständen vorhanden. Der Bau einer Erdgasleitung und die darauffolgende Aufforstung mit Schwarzföhren hat den Bestand zwar arg reduziert, nicht aber in seiner Existenz vernichtet.

Als Perle am Rand der Steinfeld-Landschaft erweist sich jener idyllische Platz, wo aus der Tiefe des Schotters das kristallklare Wasser der Fischa-Dagnitz unweit vom Ort Haschendorf zutage tritt. Ein Ortsunkundiger denkt gewiß nicht daran, eine Quelle vor sich zu haben: Mitten in der Ebene nimmt unvermittelt ein zweieinhalb Meter breiter Wasserarm seinen Anfang. Unermüdlich perlt lautlos vom Boden des Bettes das Grundwasser hervor. Nach Vereinigung mit einem zweiten Quellbach entsteht ein ruhig dahinfließender Bach, dem nicht anzumerken ist, daß sein Ursprung keine 100 m weit entfernt liegt. Vom Ursprung an wird dieser seltsame Bach, der sein Wasser auf geheimnisvollen unterirdischen Wegen vom Schneeberg erhalten soll, von einem stattlichen Auwald begleitet. Bedauerlich ist, daß dieses einzigartige Quellgebiet nicht mehr jene Pflege erhält wie noch vor drei Jahrzehnten und daß das einst saubere Wasser durch die giftigen Sprühregen, die auf die unmittelbar in der Nähe liegenden Felder niedergehen, ganz gewiß nicht mehr Trinkwasserqualität hat.

Noch ein Wort zu den unzähligen Schotterentnahmestellen im Steinfeld.

Ausschnitt aus dem Blütenstand des Wolligen Fingerhutes, der einmal feldmäßig auf dem Gelände bei der Quelle der Fischa-Dagnitz gebaut worden ist.

Einer der beiden Quellarme der Fischa-Dagnitz im guten pfleglichen Zustand im Jahr 1960.

Seit 1970 hat sich ihre Zahl vervielfacht, ganz besonders im Raum südlich des Sperrgebietes. Der Wunsch der Experten, man möge keine weiteren Schottergruben mehr eröffnen, wird nicht erfüllt. Die Intensität des Abbaus hat in den letzten 5 Jahren enorm zugenommen. Die neuen Sandgruben sind größer und tiefer als je zuvor. Wer die tiefen Wunden der Landschaft sieht, muß sich Sorgen um die Reinerhaltung der Grundwasservorräte in der Tiefe des Schotters machen. Vielfach assoziiert man mit dem Begriff „Schottergrube“ auch eine wilde Mülldeponie.

Auch Siedlungshäuser rund um Schotterteiche sind in Mode gekommen. Nicht unproblematisch ist die landwirtschaftliche Nutzung des neu humifizierten Bodens am Grunde der tiefen Schottergruben. Ob hier in gefährlicher Nähe des Grundwasserstromes nicht allzu sorglos mit Kunstdünger, Gülle und Schädlingsbekämpfungsmitteln umgegangen wird, wäre einer genauen Beobachtung und Überprüfung wert.

Eine Vielzahl der Schottergruben wird von Dämmen gesäumt, die aus dem Erde-Schotter-Material bestehen, das am Beginn der Grabarbeiten die Schubraupen angehäuft haben. Falls dieses zum Teil recht grobe Material längere Zeit unbewegt liegen bleibt, stellt sich eine mannigfältige Segetalflora (lat. *seges, segetis, segetalis* = zwischen der Saat wachsend) ein. Der

Frühlingsflora an einem Wiesenbächlein, welches den Wiener Neustädter Kanal mit dem Schönauer Teich verbindet, Aufnahme 1956.

Großteil der Arten siedelt aus Feldern und Steppenheiden zu. Man ist stets aufs neue beeindruckt, in welch kurzer Zeit eine kahle Schotterhalde zu einem Garten blühender Feldblumen wird. Alle diese Flächen sind in der Regel unbeschattet und unterliegen keinerlei Bearbeitung. Die ökologische Bedeutung dieser bewachsenen Schotterstreifen ist unverkennbar. Sie sind Anflug- und Sammelstelle für die Samen der gesamten Landschaft. Von ihnen gehen laufend neuerliche Besiedlungswellen aus. Alle Pflanzen auf diesen Schotterwällen sind Überlebenskünstler. Wenn die extreme Sommerhitze auf sie niederbrennt, haben sie bereits ihr Lebenswerk abgeschlossen und ausgesamt. Eine Pflanze, die schon jahrzehntelang im Steinfeld nicht beobachtet worden war, hat sich in den letzten Jahren in diesem Schottermilieu ausgebreitet. Es ist der **Silberblatt-Salbei**[*] oder **Ungarische Salbei** *(Salvia aethiopis),* der dieser wüsten Landschaft seine besondere Note verleiht. Sein weißwollig-filziger Korpus sitzt mit einer kräftigen und tiefreichenden Pfahlwurzel im nackten Schotter. Seine Blattrosetten mit silbrig schimmernder Oberfläche können schon im September in Augenschein genommen werden. Als 2-jährige Pflanze entwickelt sie im nächsten Frühjahr den Blühsproß, wobei die Blütenstände allseitig verzweigt, fast kugelig sind. Die unzähligen weißen Lippenblüten sitzen ungestielt am Stengel und erfreuen sich regen Hummelbesuchs. Nach dem Reifen der Früchte stirbt die Pflanze ab und gibt ihr Leben nur in Form von Samen weiter. Die Neubesiedlung dieses Landschaftsteiles muß als besonderer botanischer Glücksfall gewertet werden. Heimat des stark gefährdeten Ungarischen Salbeis sind die östlichen Mittelmeerländer und die Steppen nördlich des Schwarzen Meeres.

Flora verbliebener Trockenrasen-Reste

Das Antlitz des Steinfeldes und der angrenzenden Landschaften hat sich in den letzten Jahrzehnten vielerorts gundlegend geändert. Es wurde mehr gebaut als in den letzten Jahrhunderten. Natürlich hat man auf unproduktive Flächen, auf Steppenrasen und steinige Äcker, die billiges Bauland abgeben, gebaut. Trockene Wiesenflächen werden bis heute nicht sonderlich geschätzt. Für Auwälder und ihre ökologische Bedeutung wurde die öffentliche Meinung bereits sensibilisiert, für den Umgang mit Steppenheiden, Trocken- und Magerwiesen fehlt eine derartige Sensibilisierung. Grundlage hiefür könnte das hervorragend konzipierte Werk „Österreichischer Trockenrasen-Katalog" sein, der 1986 in der Grünen Reihe des Bundesministeriums für Umweltschutz erschienen ist.

Wolfgang Holzner, der das Projekt geleitet hat, tritt dafür ein, daß die Reste von Trockenrasen, die da und dort noch existieren, unbedingt geschützt werden müßten. Diese Restbiotope zu erhalten, wäre eigentlich die Pflicht aller Menschen, die sich noch ein wenig Naturempfinden bewahrt haben. Wörtlich heißt es: „Diese winzigen Wildnisflecken, die niemandem schaden, müssen nicht nur unangetastet bleiben, sondern sollten sogar bewußt geschützt werden, indem man darauf achtet, daß mit Pestiziden oder Dünger ein Sicherheitsabstand von ihnen eingehalten wird" (ÖTK., S. 81). Jeder Naturrasen stirbt ab, wenn Müll, Bauschutt, Straßenbelagsreste und alte Gerätschaften auf ihm abgelagert werden. Daß bei dieser harmlosen Handlung ein wertvoller Wildpflanzenbestand zugedeckt und damit ausgelöscht wird, kommt kaum jemandem in den Sinn. Beispiele für intakt gebliebene Trockenrasen-Reste:

Der Bestand des Wolligen Fingerhutes war im Jahr 1961 über ein Brachgelände von 1 km Länge und 100 m Breite unweit von Haschendorf verbreitet. Föhrenpflanzungen um 1970 haben den Bestand bis auf einen minimalen Rest reduziert.

Der Ungarische Salbei hat in den letzten Jahren (um 1990) auf den Schotterflächen nordöstlich von Wr. Neustadt eine neue Heimstatt gefunden. Durchmesser und Höhe dieses Exemplars betragen 1 m.

1. Zwischen zwei Getreidefeldern liegt ein etwa 2 m breiter Rain, spärlich mit Gras bewachsen. Er wird nicht gepflügt, weil er von Konglomeratsteinen durchsetzt ist, sie wurden im Lauf der Zeit aus den Feldern geklaubt. Ein Wegschaffen des groben Materials wäre zu aufwendig.

Weil der Zustand des Rains nicht verändert worden ist, hat sich darauf ein bescheidener Trockenrasen eingestellt, der für einige prächtige **Adonis-Stöcke*** Heimstatt geworden ist. Wie lange noch wird das uneingeschränkte Wachstum vor sich gehen können?

2. Zwischen einem großen Getreidefeld und einem mäßig hohen Schwarzföhrenforst verblieb ein mehrere Meter breiter Reststeppenrasen. Wo Rasen und Acker in der gleichen Ebene liegen, sind die Steppenpflanzen durch eingewehte Herbizidwolken entartet und eingegangen. Wo aber der Rasen 2 bis 3 m hoch über dem Feldniveau liegt, gibt es eine Reihe gut entwickelter Pflanzen. Hier siedelt der **Heide-Ehrenpreis*** *(Pseudolysimachion spicata)*, der seit dem Verschwinden der Hutweiden immer stärker zurückgeht. Seine blauen Ehrenpreisblüten stehen dicht aneinander gedrängt am 20 bis 30 cm hohen Stiel. Sie werden von großen und schweren Hummeln besucht, die bei der Nektarsuche die zarten Stengel ins Wanken bringen. Der **Milde Mauerpfeffer** *(Sedum sexangulare)* und der **Erdbeerspinat*** *(Chenopodium foliosum)* teilen sich die Plätze, wo der dünne Rasenfilz aufhört und Kaninchen ihre Spuren hinterlassen haben. Letzterer ist

Der Silberblatt-Salbei ist die stattlichste Salbei-Art des Ostalpensaumes.

Die zarten Blüten des Ohrlöffel-Leimkrautes sind in Form von quirlartigen Teilblütenständen angeordnet.

Den 1-häusigen Blüten des Kleinen Wiesenknopfes ist die Zugehörigkeit zu den Rosengewächsen nicht anzumerken.

Der Kleine Faserschirm entfaltet vom Grund her seine doldentragenden Ästchen.

Das Nelkenköpfchen schiebt Tag für Tag ein winziges Blütchen aus einem der vielen Stützblättchen.

Dem Kugellauch behagen die trocken-warmen Standorte der Steppe.

eine ehemalige Gemüsepflanze, die immer wieder in diesem Raum anzutreffen ist. Auf frischen, stickstoffhältigen Erdaufrissen nimmt er eine beachtliche Dimension an. Die hiesigen Pflänzchen sind von schlankem Wuchs, kaum verästelt und nur 2 dm hoch.

Wo der zwischen Föhrenwald und Feld verbliebene Trockenrasenstreifen schmäler wird, sinkt das Ackergelände tiefer ab, so daß die Dammhöhe zunimmt und ein größerer Lebensraum für wärmeliebende Pflanzen entsteht, der allerdings von der Grabarbeit der Kaninchen stark zerwühlt ist. Auf Dammkrone und Hang geht ein ungestörtes Blühen interessanter Pflanzen vor sich:

Das Steppen-Greiskraut im Trockenrasen der Groß-Mittel-Heide.

Der Acker-Wachtelweizen erhält vor allem durch seine roten Deckblätter sein auffälliges Aussehen.

Die Heide-Schnirkelschnecken ziehen sich beim Sommerschlaf in luftige Höhen zurück.

Der Erdbeer-Spinat, eine ehemalige Gemüsepflanze, taucht als Stickstoffzeiger vereinzelt immer wieder im Gebiet auf.

Der Klatsch-Mohn erobert zu allererst die Dämme der Schottergruben, von denen es im Steinfeld rund um Wiener Neustadt allzu viele gibt.

Das Heide- oder Nadelröschen ist ein Zwergsträuchlein auf trockenen Schotterböden; seine Blüten öffnen sich gegen Mittag. Allzu rasch werden die zarten Blumenblätter abgeworfen.

Die Buntkronwicke bedeckt mit langen Stengeln und gefiederten Laubblättern die kargsten Stellen des Bodens. „Bunt" sind vor allem die als „Feenkronen" zusammengefaßten Schmetterlingsblüten.

Der Gekielte Lauch ist ein Besiedler von wechseltrockenen Magerwiesen kalkreicher und humoser Böden. Seine grünen Brutzwiebeln tragen im hohen Maß zum truppweisen Auftreten der Pflanze bei.

Die **Traurige Nachtviole*** *(Hesperis tristis)* gibt sich bei Tageslicht sehr bescheiden, ihre trüb-braungrünen Kreuzblüten heben sich vom Untergrund kaum ab. Das **Steppen-Greiskraut*** *(Senecio integrifolius)* ist hier der einzige Vertreter aus dem Geschlecht der Korbblütler. Die **Karthäuser-Nelke*** *(Dianthus carthusianorum)* erreicht auf diesem kargen Boden nicht ihr gewohntes Aussehen; die Stiele bleiben niedrig und der Blütendurchmesser ist kaum 1 cm. Die **Hochstiel-Kugelblume** *(Globularia punctata)* trägt ihre blauen „Rockerln" auf einem bis oben hin beblätterten Stengel. Das **Ohrlöffel-Leimkraut*** *(Silene otites)* kann wohl kaum mit seinen Blüten prunken, zu unscheinbar wirken sie auf den hohen Stielen. Wer sieht es der Pflanze schon an, daß sie eingeschlechtig ist! Wir entdecken auch den **Kleinen Wiesenknopf*** *(Sanguisorba minor)*, ein Rosengewächs mit einhäusigen Blüten. Die „Männchen" lassen ihre Staubbeutel an langen Fäden im Wind baumeln, die „Weibchen" warten mit roten Narbenästchen auf den Pollen, der als Luftfracht daherschwebt. Beim **Kleinen Faserschirm*** *(Trinia glauca)* weiß man nie ganz genau, ob er sich trotz seines reichästigen Stengels schon zur Gänze entfaltet hat oder ob er teilweise im Boden stecken geblieben ist. Seine beiden Geschlechter wohnen in getrennten „Häusern", wobei die männlichen Stöcke etwas schwächer als die weiblichen sind. Dieses selten gewordene Doldengewächs stirbt nach der Fruchtreife ab. Die unscheinbarste Pflanze am Platze ist das zierliche **Nelkenköpfchen*** *(Petrorhagia prolifera)*. Schon der Name drückt es aus: unaufhörlich schieben sich aus den Achseln der häutigen und lederigen Stützblätter die winzigen Nelken mit lila gefärbten Blumenblättern. Als Einjährige der Feldlandschaft ist sie besonders der Gefahr der Ausrottung ausgesetzt. Dem hochstengeligen **Kugel-Lauch*** *(Allium sphaerocephalon)*

Der Ähren-Blauweiderich, früher auch Ähriger Ehrenpreis genannt, ist ein häufiger Gast auf Trockenrasen mit kalkhältigem Untergrund. Die blauen „Ehrenpreis"-Blüten sitzen sehr dicht am zumeist unverzweigten, aufrechten Stengel. Eine Gefährdung dieser Art geht mit der Vernichtung der Trockenrasen einher.

scheint der extrem heiße Standort besonders zu behagen. Seine Blütenkugeln von tiefschwarzpurpurner Farbe und der zahlreiche Nachwuchs sind sichere Anzeichen hiefür.

4. Beispiel: Zwischen zwei Feldern liegt eine nach Süden geneigte Trockenwiese. Die Neigung des Hanges ist so stark, daß eine maschinelle Bearbeitung nicht möglich ist, der Bauer gibt sich mit einer Mahd im Jahr zufrieden.

Das bunteste Blütenkleid trägt die Hangwiese im Frühsommer. Da steht der **Acker-Wachtelweizen*** *(Melampyrum arvense)* voll in Blüte. Seine aparte Erscheinung kommt dadurch zustande, daß die rotgelben Rachenblüten von großen flammend-roten Deckblättern gestützt werden. Die wörtliche Übersetzung des griechischen Namens bedeutet so viel wie „Schwarzer Weizen". Die Griechen (Dioskurides) hatten angenommen, der Acker-Wachtelweizen wäre ein Umwandlungsprodukt der Weizenpflanze in feuchten Jahren. Wie alle Wachtelweizen-Arten ist er ein Halbschmarotzer, als Wirt kommen im vorliegenden Fall nur die Wurzeln von Wiesengräsern in Frage. Er war ursprünglich nur eine Pflanze der Getreidefelder und Brachen. Die moderne Unkrautbekämpfung ließ ihn auf Trockenwiesen, Wegränder und Buschsäume ausweichen.

Auf diesem Hang kommen eng vergesellschaftet **Echte Betonie*** *(Betonica officinalis)* und **Weidenblättriges Rindsauge*** *(Buphthalmum salicifolium)* vor. Die Betonie, mit dem Ziest nahe verwandt, ist auf sonnigen und trockenen Waldwiesen verbreitet. Ihr vierkantiger Stengel, bis 60 cm hoch, entspringt einer dicken und tiefreichenden Wurzel, die auch in Trockenzeiten noch Feuchtigkeit aus der Tiefe pumpt. Die lang gestielten Grundblätter von eirundlicher Form haben einen herzförmigen Grund und sägeartig

Diese idyllische Quellwanne der Fischa-Dagnitz wird allseitig von Ackerland umschlossen. Entlang des Flußlaufes existiert eine an Bäumen und Sträuchern reiche Au.

Einer der beiden Quellbäche der Fischa-Dagnitz, die am Ostrand des Piestingschotter-Kegels unweit von Haschendorf entspringt.

Die Schottergruben nordöstlich von Wiener Neustadt, am südlichen Rand des militärischen Sperrgebietes, nehmen beängstigende Ausmaße an.

Dieser vielzählige Blütenflor stammt von einem einzigen Stock der Berg-Aster (Aster amellus), der auf einem winzigen Flecken Trockenrasen die Chance seines Lebens wahrnimmt.

Die weißen Doldenschirme der Hirschwurz geben im August und September auf diesem Trockenrasenrest nördlich von Sollenau den Ton an. Die aufkommenden Strauchgehölze werden diesen Trockenrasenrest schließlich zum Erliegen bringen.

Betonie und Weidenblättriges Rindsauge sind die aspektbildenden Arten dieser Trockenwiese, in deren Nähe Buschwerk und Nadelhölzer stehen.

Blüten- und artenreiche Flora der Trockenrasenreste auf dem Steinfeld unweit von der Quelle Fischa-Dagnitz. (Wolliger Fingerhut, Schafgarbe u. Natternkopf)

Die Trockenrasen des Steinfeldes sind vielfachen Eingriffen ausgesetzt. Schubraupen schieben den kargen Boden aus nicht immer erkennbaren Gründen zusammen und schon finden Strauchgehölze und Bäume Lebensbedingungen vor.

Der Blütenkorb des Großen Bocksbartes (Tragopogon dubius) – im Bild links – ist keineswegs „groß". Die gelben Blüten werden sogar von den Hüllblättern überragt. Typisch für die Art sind die stark keulig verdickten Kopfstiele und die auffallend großen Fruchtköpfe.

Die großen Fruchtstände des zweijährigen Großen Bocksbartes finden sich mit Vorliebe auf Trockenrasen-Resten des Steinfeldes. Mit deren Vernichtung werden auch die „Bocksbärte" immer seltener.

„Steinreiche" Äcker charakterisieren die Landschaft, die durch die Aufschüttung eiszeitlicher Schotter zwischen Wr. Neustadt, Wöllersdorf, Sollenau u. Eggendorf entstanden sind.

Der Wiener Neustädter Kanal, 1795–1803 als Schiffahrtskanal erbaut, bereichert die herbe Steinfeldlandschaft und bietet Pflanzen und Tieren Lebensmöglichkeiten.

Das Tiroler Bacherl bringt seit Maria Theresias Zeiten Wasser des Piestingflusses in die Obst- und Gemüsegärten von Theresienfeld inmitten des Steinfeldes.

gekerbte Ränder. Die purpurenen Lippenblüten stehen in genäherten Quirlen zusammen. Die Blütezeit der Betonie ist begrenzt: nach dem Abblühen des obersten Quirls erfolgt nur mehr das Reifen und Ausstreuen der Samen. Das Rindsauge versteht es hingegen, immer neue Triebe zu bilden und bis in den Herbst hinein weiterzublühen. Der goldgelb blühende Korbblütler gilt als Pionier-Pflanze, die auf Kalkböden aller Art von der Hügel- bis in die Latschenregion Lebensbedingungen vorfindet.

Außer vielen Flockenblumen, Witwenblumen und Klee-Arten hat sich auch eine Lauch-Art eingefunden, die in größeren Gruppen am Fuße der Hangwiese die Szene beherrscht. Sie ist ca. 50 cm hoch, besitzt rosarote Blüten mit herausragenden Staubbeuteln. Sie sind zu einer Dolde zusammengefaßt, die am Grunde der kurzen Blütenstielchen eine Ansammlung grünlicher Brutzwiebelchen vorrätig hat. Die Dolde wird von einigen Blättern gestützt, die deutlich länger als der Blütenstand sind. Mit diesen Eigenschaften gibt sich die Art als **Gekielter Lauch*** *(Allium carinatum)* zu erkennen, der sein Auslangen auf wechseltrockenen Magerwiesen kalkreicher und humoser Böden findet. Sein ungehemmtes Wachstum, es zeigt sich an den großen hellpurpurnen Gruppen im Wiesenverband, dürfte hier auf das Fehlen jeglichen Schnittes zurückzuführen sein.

Dieser prächtige Stock des Frühlings-Adonisröschens auf dem Feldrain kann auf eine lange, ungestörte Entwicklung zurückblicken. Trotz voller Laubentwicklung werden immer noch neue Blüten geöffnet.

Zwischen zwei Feldern liegt ein 2 m breiter Rain. Er ist mit Steinen und Konglomerattrümmern bedeckt, die aus den Feldern ausgeklaubt worden sind. Hier hat sich eine bescheidene Trockenrasen-Flora entwickelt, vorherrschend das Frühlings-Adonisröschen.

5. Am Nordrand des Steinfeldes findet sich in einem Weingartengelände ein Abhang, der so steil ist, daß er für eine landwirtschaftliche Nutzung keinen Anreiz bildet. Die Fläche ist etwa 10 Ar groß und trägt einen beispielhaften Steppenrasen, auf dem alle pannonischen Pflanzen beheimatet sind, die im weiten Umkreis längst der Landwirtschaft zum Opfer gefallen sind. Alle sind sie da, von den Kuhschellen im Frühling bis zu den Goldschopf-Astern im Spätsommer. Nur einige wenige, die typisch für den jeweiligen Monat sind, werden vorgestellt:

Im Juni ist es die **Buntkronenwicke**[*] *(Securigera varia)*, eine der anmutigsten Blumen auf kargem Boden. Die niederliegenden bis aufsteigenden Stengel tragen lang-gefiederte Laubblätter und zu runden Dolden vereinte Blüten, im Volksmund gelegentlich als „Feenkronen" bezeichnet. Ihre Farbe schwankt zwischen Weiß, Rosen- und Purpurrot, von ihnen geht ein dezenter und angenehmer Geruch aus. Die Buntkronwicke gehört zu den Schmetterlingsblütlern, ihre Frucht ist eine gegliederte Hülse; jeder Same hat sein eigenes Fach, was schon an den äußeren Einschnürungen erkennbar ist.

Im Juli blüht das **Heide-** oder **Nadelröschen**[*] *(Fumana procumbens)*, dem besonders extrem warme Standorte behagen. Das niederliegende verholzte Sträuchlein wird keine 5 cm hoch und trägt kaum 1 mm breite Blättchen. Aus den Laubblattachseln entspringen kleine Büschel beblätterter Kurztriebe. Die gelben Blüten vom Typus der Ziestrosengewächse ähneln sehr stark denen der verwandten Sonnenröschen, sie sind äußerst hinfällig und können nur vormittags in Augenschein genommen werden.

Im August und in den ersten Septemberwochen dominieren die **Hirschwurz**[*] *(Peucedanum cervaria)* und die **Berg-Aster**[*] *(Aster amellus)*. Mit ihrem Erscheinen geht auch schon wieder der Sommer zu Ende. Die violettgelben Körbe, zu Dolden-Rispen zusammengefaßt, sind echte Blumenschönheiten auf denkbar kargem Boden. Ringsum ist die Vegetation schon bräunlich-fahl verfärbt, die frischen Farben der Körbe und das kräftige Grün der Laubblätter bringen zum letzten Mal im Jahr eine bunte Note in den Rasen. Ein „Stockwerk" höher geben die unzähligen Blütenschirme der Hirschwurz den Ton an, ohne jedoch die Farbwirkung der Bergaster zu erreichen. Nirgends im weiten Umkreis gibt es noch einen so eindrucksvollen Bestand an wärmeliebenden Pflanzen. Dieser Hügel wäre es wert, unter Naturschutz gestellt zu werden. Er beherbergt als ideale Zufluchtstätte alle tierischen Bewohner der umgebenden Kultursteppe. Die Jagdhütte, die man vor Jahren dem Hügel aufgedrängt hat, bringt erwiesenermaßen nur Unruhe in das Biotop.

Sommerliches Blühen auf der Hohen Wand

An einem der letzten Junitage unternehmen wir eine Wanderung auf die Hohe Wand, einem der Hausberge der Wiener in den niederösterreichischen Voralpen. Der mächtige Kalkstock, der mit dem Großen Placklesberg eine Höhe von 1132 m erreicht, hat eine Hochfläche von 10 bis 12 km^2. Wer an einem Sonntag von der Neuen Welt kommend sich bei der Maut in die Hohe Wand-Straße einfädelt, um am Fuße des Berges sein Fahrzeug abzustellen, ist von der großen Anzahl der Menschen überrascht, welche einem der vielen Steige zustreben, die auf das Plateau hinaufführen. Die eigentliche „Hohe Wand“ ist der mauerartige Abbruch des Kalkstockes, der trotz seiner geringen Höhe hochalpinen Charakter hat. Von den Menschen, denen die Hohe Wand etwas bedeutet, wird sie liebevoll als „Ziguriberg“ bezeichnet, also eine Art (Kaffee-) Ersatzberg, an dem das Klettern so gemächlich vor sich geht, daß einem dabei das Gras in die Nase wachsen kann. Die Kletterwände der Hohen Wand bestehen aus massivem Hallstätter Kalk, der im Erdmittelalter den zentralen Bereich eines Kalkriffs darstellte. Eigentlich wäre der Name „Lange Wand“ noch zutreffender, weil die Felsmauer viel eher noch durch ihre Längenausdehnung als durch ihre Höhe ins Auge fällt. Der nahezu 8 km lange Steilabfall, seine Höhe schwankt etwa zwischen 200 m und 50 m, ist in Pfeiler und Schluchten aufgelöst, die sich im besonderen Maße für die Anlage von Steigen aller Schwierigkeitsgrade eignen. Das Gebiet der Hohen Wand ist jedenfalls so sehr „erschlossen“, daß jedermann zu seinem Wandergenuß kommen kann. Neben Klettersteigen und -routen stehen auf dem Plateau ausgedehnte Höhenwege zur Verfügung, die dank der zahlreichen Schutzhütten ohne jegliche Gefahr benützt werden können.

Die Neigung des Kalkgesteins zur Bildung von Klüften, Rinnen und Rissen begünstigt einerseits den Pflanzenwuchs, andererseits führt diese Eigenschaft zu einem Wassermangel auf der Hochfläche, weshalb man die bewaldete Hochfläche, auf der alle Niederschläge prompt in die Tiefe versickern, als „Grünkarst“ anspricht. Der „Grünanteil“ wird durch Nadelmischwald geprägt, der sich aus Fichten, Tannen und auch noch Schwarzföhren zusammensetzt. Die ursprünglich vorhandenen Buchenbestände wurden durch waldbauliche Maßnahmen stark reduziert. Zu erwähnen wäre noch, daß die Erschließung der Hohen Wand durch einen bergsteigenden Domprälaten, Dr. Alois Wildenauer, erfolgt ist.

Viele Wege und Steige führen von der Neuen Welt aus auf das langgestreckte Plateau der Hohen Wand.

Die der Wand vorgelagerte große Mulde der Neuen Welt war im Erdmittelalter vom Kreidemeer erfüllt, die Hohe Wand ragte als Insel heraus. Zeugen für diese Meeresbedeckung sind die Strandkonglomerate entlang der ehemaligen Küstenlandschaft.

In der Brandung dieses Meeres lebten dickschalige Schnecken (z. B. *Hippuriten* und *Actaeonellen),* deren versteinerte Gehäuse noch heute vielerorts gefunden werden können. Das sogenannte „Schneckengartel“ beim Zugang zum Drobilsteig von Dreistetten her war bis vor kurzem eine ergiebige Fundstelle derartiger Fossilien, leider wurde durch den Ausbau von Wirtschaftswegen manche Kostbarkeit verschüttet. Beim Überfluten der neuen Welt und der im Süden gelegenen Grünbacher Mulde sind tropische Wälder versunken und von Schuttmassen des Hohen Wand-Stockes zugedeckt worden. Aus deren Holz hat sich im Laufe von Jahrmillionen die Grünbacher Steinkohle entwickelt, die bis in jüngster Zeit ein wichtiger Energielieferant für ganz Österreich gewesen, heute aber nicht mehr abbauwürdig ist.

Doch nicht nach versunkenen Pflanzen der Kreidezeit wollen wir forschen; auf den Abraumhalden des Bergwerkes war dies bis in die 60-er Jahre möglich... Vielmehr ist es die gegenwärtige liebliche frühsommerliche Pflanzenwelt, die unsere Aufmerksamkeit erregt.

Wir wählen den Steig über die „Völlerin“, einem landschaftlich sehr

Das Berg-Laserkraut mit seinen unzähligen weißen Doldenschirmen nützt die sonnigen und warmen Felsnischen für ein ungehemmtes Wachstum.

Der Berg-Gamander ist ein niederliegender Zwergstrauch mit stark verzweigten Ästen. Die deformierten Lippenblüten sind in 1–3blütigen dichten, endständigen Köpfen angeordnet. An trockenen Felsen und auf ruhendem Kalkschutt findet er ihm zusagende Lebensbedingungen.

Die Berg-Kronwicke, eine kräftige, blaugrüne, mehrjährige Pflanze, ist in der niederen Bergregion des Alpenostrandes relativ häufig vertreten. Der ansehnliche Busch mit gefiederten Blättern und langestielten Blütendolden ist eine Kostbarkeit der heimischen Flora.

Die Scheiden-Kronwicke ist der oberen Art nahe verwandt, nur bedeutend niedriger. Die etwas fleischigen Blättchen haben einen durchscheinenden Knorpelrand. Die weißhäutigen Nebenblätter sind am Grund verwachsen.

Der Hufeisenklee, der Scheiden-Kronwicke ähnlich, bildet niedrige Büsche aus zahlreichen verzweigten Stengeln und gefiederten Blättern (Blättchen nicht fleischig, Nebenblätter nicht miteinander verwachsen). Die Blüten sind zu Doldenbüscheln vereint.

Das Niedrige Habichtskraut wächst in den Spalten der besonnten Felspartien. Der niedrige Korbblütler ist gut an seinen tief eingeschnittenen und gezähnten Blättern zu erkennen. Jeder Stengel ist reichlich behaart und trägt nur 1–3 Blütenkörbe.

Die Auffallende Glockenblume aus der großen Gruppe der Rundblättrigen Glockenblumen besitzt mehr Glöckchen, als es die Festigkeit der verzweigten Stengel erlaubt. Neben den stengelständigen schmalen Blättchen sind am Grund noch kleine rundliche vorhanden.

schönen und auch interessanten Anstieg mit herrlichen Ausblicken und Rückblicken in die Riesenmulde der Neuen Welt, zu den Fischauer Vorbergen und in das Wiener Neustädter Steinfeld. Dieser Steig wurde schon 1897 vom Österreichischen Touristenklub angelegt und zählt zu den anmutigsten Aufstiegen zur Hochfläche. Die Felswände, durch die er hindurchgeleitet, bilden keine geschlossene Formation; sie lassen Durchbrüche, Stufen, Geröllhalden und Rinnen erkennen, die eine solide und sichere Höherführung des Steiges zulassen. Ausblicke auf kühn aufstrebende Felswände zu beiden Seiten des gut gesicherten Steiges und das Durchqueren einer klammartigen Schlucht lassen den Aufstieg zu einer eindrucksvollen Begegnung mit dem Berg werden. Wie schon erwähnt, vergesse man nicht auf die Rückblicke in die Landschaft der Neuen Welt. Die sumpfigen Wiesen inmitten der breiten Talmulde, die einst eine bunte Welt seltener Feuchtpflanzen beheimatete, mußten allerdings einer öden Feldlandschaft weichen, die wirtschaftlich ertragreicher ist als feuchte Wiesen.

Beim Aufstieg durch das unterste steile Wiesenstück erkennen wir sogleich, daß alle Pflanzen dieses nach Osten geneigten Geländes wärmeliebende Pflanzen sein müssen, um bei dieser extrem starken Sonneneinstrahlung bestehen zu können. Sie gedeihen hier in teils geschlossenen Trockenrasen, die dem alten Kalkschutt aufliegen, teils aber auch auf Felsbänken oder in Felsritzen mit geringen Humusvorräten.

Beim Aufwärtsschreiten fällt zunächst ein großes, weiß blühendes Doldengewächs auf, das beim weiteren Anstieg immer häufiger in Erscheinung tritt. Unterhalb des Plateaurandes wird der Bestand am dichtesten. Wir haben den **Eigentlichen Bergkümmel***, auch **Berg-Laserkraut** *(Laserpitium siler)* genannt, vor uns, der hier seine Vorliebe für kalkhältigen Untergrund

Die Schwalbenwurz hat unverzweigte Stengel mit gegenständigen Blättern, die an Fliederblätter erinnern. Die kleinen Blüten sind zu knäuelartigen Teilblütenständen zusammengefaßt und sitzen in den oberen Blattachseln.

Der Schmalblättrige Wachtelweizen gehört zur Sippe des Hain-Wachtelweizens. Er fällt durch farbenprächtige Blütenstände auf: die gelbe, relativ kleine Blumenkrone ist von amethystblauen Deckblättern umgeben. Die geringe Breite der Laubblätter gab dieser Kleinart den Namen.

Der Alpen-Steinquendel ist ein dealpines Element. Seine wohlgeformten Lippenblüten entspringen in mehreren „Stockwerken" dem behaarten Stengel.

unter Beweis stellt. Jede noch so steile Hanglage wird genützt, wenn nur genügend Humus und Licht vorhanden sind. In ihm zusagenden Ökonischen hat der Bergkümmel alle übrigen Pflanzen verdrängt, hier werden seine unzähligen weißen Doldenschirme vom Aufwind ständig in Bewegung gehalten. Die seegrünen Grund- und Stengelblätter sind bis 1 m lang und 40–50 cm breit. Die Spreite ist 3 bis 4-fach gefiedert, die linealisch-lanzettlichen Blättchen greifen sich wie dünnes Leder an. Der spärlich fallende Niederschlag, der sonst rasch in den Klüften versickert, wird in den weitverzweigten Adernetzen der Spreiten gespeichert und je nach Beschaffenheit der Luft wohl dosiert abgegeben. Die Dolden, aus 25 bis 30 Strahlen zusammengesetzt, tragen weiß blühende Döldchen, die von Insekten aller Art belagert werden. Die „Kümmelfrüchte", mit schmalen Hautflügeln ausgerüstet, bieten für den Windtransport gute Angriffsflächen. Zwar haben die Früchte einen scharfen und bitteren Geschmack, mit unserem Kümmelgewürz haben sie jedoch keine Ähnlichkeit. In alten Volksarzneibüchern wurde der „Geißfenchel" als probates Mittel gegen Leib- und Magenschmerzen empfohlen. Das aromatische Laserkraut wird zwar gerne vom Weidevieh angenommen, allerdings geht es durch Beweidung zugrunde.

Wenn wir in dieser Jahreszeit die gut markierten Wege und Steige des Hohen Wand-Abfalls benützen, wähnt man sich in einem weiträumigen

Die Gewöhnliche Straußmargerite, eine Zierde der Edellaubwälder, kommt im Gebiet der Hohen Wand auch in reinen Nadelholzbeständen vor; Voraussetzung hiefür ist ausreichendes Sonnenlicht.

Steingarten, in dem alle seine Gewächse in Blüte stehen. Alle Blumenschönheiten dieser Landschaft sind hier versammelt und geben Kunde vom ungestörtem Wachstum der Pflanzen am Ostsaum der Alpen. Hier scheint alles beim alten zu sein, hier kann menschliches Handeln kaum ernsthaften Schaden anrichten. Es blühen z. B. Blutroter Storchschnabel, Wald-Schöterich, Steinnelke, Hornklee, Löwenzahn, Kronenwicke, Gamander, Schwalbenwurz, Leimkraut, Ziest und in Überfülle der Trauben-Geißklee. Erwähnung verdienen einige Pflanzen, die sich bei der Wahl ihres Standortes als ausgeprägte Spezialisten erweisen. Aus den Spalten steiler Hänge leuchten die ansehnlichen Köpfchen eines Korbblütlers entgegen, der bei flüchtigem Hinsehen einem Löwenzahn gleicht. Die genaue Betrachtung zeigt, daß wir das **Niedrige Habichtskraut*** *(Hieracium humile)* vor uns haben. Obwohl es viele, nur schwer unterscheidbare Arten von Habichtskräutern gibt, ist diese Art gut zu erkennen. Sie wird 2 bis 3 dm hoch und hat nur wenig verzweigte Stengel. Die Blätter am Grund und Stengelanfang haben elliptische bis ovale Form, ihr Rand ist tief eingeschnitten und gezähnt, am Grunde fast fiederspaltig. Jeder Stengel trägt nur 1 bis 3 Blütenkörbe, die saftig-gelbe Zungenblüten enthalten. Mit der reichlichen Behaarung steht der Pflanze ein wirksamer Verdunstungsschutz zur Verfügung. Zum Gelb des Habichtskrautes gesellt sich mancherorts das zarte Blauviolett zweier Glockenblumen-Arten. Es sind die filigranen Sprosse der **Auffallenden Glockenblume*** *(Campanula praesignis)* und der **Zierlichen Glockenblume** *(Campanula cochlearifolia).* Erstere besitzt reichlich verzweigte Stengel, die mehr Blüten tragen, als es ihre Festigkeit zu erlauben scheint. Ihre Sprosse neigen sich waagrecht aus den Felsritzen, in denen die Wurzeln verankert sind. Die zahlreichen Glocken sind über das obere Drittel der

Das Blütenantlitz der Straußmargerite: die Strahlblüten des Randes sind doppelt so lang wie die Scheibenblüten. Ihre Stengel von 50–100 cm Länge enden in einer lockeren Schirmtraube. Sie gehören zum frühsommerlichen Aspekt des Ostalpensaumes.

Die Margerite oder Gewöhnliche Wucherblume tritt wohl auf allen Wiesen Europas, in verschiedenen Höhenstufen in Erscheinung. Je nach ökologischem Milieu werden daher etliche Varietäten unterschieden.

Das Eiblatt-Bingelkraut trägt an seinen unverzweigten Stengeln rundliche Blätter und Fruchtkapseln, die zwei zusammengepreßten Tennisbällen ähneln.

Der Türkenbund, eine der prächtigsten Waldpflanzen. Kein Besucher der Hohen Wand könnte diese edle und seltene Lilie brechen, ohne ein schlechtes Gewissen zu haben.

Der Alpen-Ziest kommt nur selten und zerstreut auf Waldlichtungen und Streuwiesen vor.

Stengel verteilt. Ihrem Namen wird diese Pflanze nicht gerecht: die Blüten wirken an den überhängenden Stengeln vor dem Hintergrund des Felsens eher unansehnlich. Auffällig hingegen sind die Blütenpolster der **Zierlichen Glockenblume**. Sie hat viel kürzere Stengel (5–15 cm), siedelt auch in Felsspalten und tendiert zur Bildung oft großer, dichter Rasen, dessen Blühtriebe das Grün der Blätter verdecken. Nur die untersten Grundblätter tragen an einem langen Stiel eine ovale Spreite mit gezähnten Rändern. Die oberen Blättchen von linealischer Form sind nur kurz gestielt. Die

Der Kleb-Salbei bildet im Mischwald geschlossene Bestände. Seine Stengel und Kelche sind von gestielten Drüsen klebrig.

Die Scheinquirln enthalten nur 2 bis 6 große Lippenblüten; die Unterlippe hat eine rotbraune Zeichnung, die als Wegweiser für das nektarsuchende Insekt aufgefaßt werden könnte.

Der südliche Teil der Neuen Welt vom Schloßberg (584 m) aus gesehen. Zwischen dem Südostabfall der Hohen Wand und dem Kienberg ist der Schneeberg erkennbar.

Die Steilhänge der Hohen Wand bieten vielen Pionierpflanzen des Kalkgesteins ein ungestörtes Dasein. Selbst die Schwarzföhre vermag sich in den Spalten und Rissen festzukrallen, wodurch ihre Wuchsformen stark variieren.

Der Helm des Bunten Eisenhutes (bläuliche Grundfarbe mit weißlichen Schlieren) ist etwa doppelt so hoch wie breit.

Der Bunte Eisenhut ist ein Element der Hochstaudenfluren. Die mehrtriebigen Stengel tragen die „Sturmhüte" in Form einer lockeren Traube. Er ist stark giftig.

Der Feinblatt-Eisenhut kommt speziell nur im Gebiet der Hohen Wand und der Vorberge vor. Der Helm hat eine halbkugelige Form und ist etwa so hoch wie breit. Diese Art ist potentiell gefährdet.

hell-blaulila Glöckchen stehen zumeist einzeln, manchmal auch in Fom kurzer Trauben zusammen. Die mit Glocken übersäten Pölster sind eine wahre Augenweide, wir begegnen ihnen von der Bergregion bis ins Hochgebirge.

Weiße niedrige Pflanzenpolster, von denen ein köstlicher Nektarduft ausgeht, stammen vom **Österreichischen Labkraut** *(Galium austriacum)*, einer Pflanzensippe mit Refugialcharakter. Man nimmt an, daß die Art hier am Alpenostrand die lebensfeindliche Eiszeit überdauert hat. Die Stengel dieses nur 2 dm hoch werdenden Labkrautes entspringen einem engmaschigen Wurzelgeflecht, das die Rasenbildung begünstigt. Die unzähligen kleinen weißen Blüten (3 mm breit) stehen an kurzen Ständen, die durch das Entsenden langer Seitenäste pyramiden- bis schirmförmiges Aussehen erlangen, wodurch auch der kompakte Blumenpolster zustande kommt. Auf jungfräulichem Boden erreichen sie Durchmesser von 1 m, im felsigen Milieu, wo der Ausdehnungstendenz Grenzen gesetzt sind, führt das Österreichische Labkraut oft nur ein Kümmerdasein.

Der **Schmalblättrige Wachtelweizen*** *(Melampyrum angustissimum)* entstammt einer Sippe des Hain-Wachtelweizens, der in mehreren Kleinarten über Mittel- und Osteuropa verbreitet ist. Auch von ihm wird behauptet, er wäre ein Endemit am Alpenostrand. Wir begegnen seiner farbenprächtigen Erscheinung in der oberen Bergstufe. Wie einige seiner Verwandten hat auch er einen zweifarbigen Blütenstand: Die goldgelbe Blumenkrone ist von amethystblauen Deckblättern umgeben. Der Blütenrachen ist weit geöffnet, die Deckblätter haben einen spießförmigen Grund mit langen Zähnen. Blüten und Deckblätter überragen als Schopf die deutlich abgesetzten Stengelblätter, deren geringe Breite dieser Kleinart den Namen gegeben hat. Alle Wachtelweizen-Arten sind Halbschmarotzer, d. h. daß sie auf Wirtspflanzen angewiesen sind, die ihnen die Ernährung sichern helfen. Das Bodenwasser mit den gelösten Nährsalzen wird den Leitungsbahnen der Wirtspflanze entnommen. Das überaus schnelle Verwelken des gepflückten Wachtelweizens ist ein Indiz für die Abhängigkeit der Pflanze von fremden Ernährern.

In der Flora der Hohen Wand fehlt es auch nicht an alpinen und dealpinen (= von den Alpen herabgestiegen) Elementen, wie sie überhaupt auch in helleren Partien des Föhrenwaldes anzutreffen sind. Dazu gehören z. B. **Alpen-Steinquendel*** *(Acinos alpinus)* und **Schopfiger Hufeisenklee** *(Hippocrepis comosa)*. Der Steinquendel ist ein Lippenblütler von 2 bis 3 dm Höhe. Seine lebhaft blauvioletten Blüten entspringen in mehreren Stockwerken dem behaarten Stengel. Die kurz gestielten Blätter haben eine eiförmige Spreite, deren Rand an der Spitze gesägt ist.

Die Blüten verströmen einen aromatischen, an Pfefferminze erinnernden

Das Fuchs-Greiskraut ist eine bestandsbildene Art des Bergwaldes und von Holzschlägen. Der Name „Greis" bezieht sich auf die weißen Haarkelche (Pappus) der Früchte. Die violettbraunen hohen Stengel sind bis hin zu den korbreichen Sträußen beblättert.

Duft. Bienen und Hummeln zählen zu ihren wichtigsten Bestäubern. Sie finden auf getrennten Stöcken nicht nur großblumige Zwitterblüten sondern auch kleinblütige rein weibliche Blüten vor. Der Steinquendel liebt besonders offene Böden mit vollem Sonnenlicht.

Mit halbschattigen Plätzen gibt sich sein naher Verwandter, der **Wirbeldost*** *(Clinopodium vulgare)* zufrieden, der hauptsächlich nur in der Bergregion heimisch ist. Dem waagrecht kriechenden Wurzelstock entspringen 30 bis 50 cm hohe Blütenstengel, deren Blütenquirl durch lange Stengelstücke voneinander getrennt sind. Aus der Nähe betrachtet, fallen die vielen borstenartigen Hochblätter auf, die an den Stielen der hellpurpurnen Einzelblüten sitzen. Der Wirbeldost ist eine häufig vorkommende Pflanze, die in ganz Europa heimisch ist. Bei ungestörter Entwicklung bedecken seine Blühsprosse quadratmetergroße Flächen. Der schon erwähnte Hufeisenklee ist ein Langzeitblüher im Felsgelände und in Trockenwiesen von der Hügelregion bis ins Hochgebirge. Die kurz gestielten Schmetterlingsblüten sind zu langgestielten Dolden zusammengefaßt. Auch die unpaarig gefiederten Blätter sind lang gestielt, haben aber 3 bis 7 Paar fast ungestielter Seitenblättchen. Die nahezu kahle Pflanze liegt entweder dem Boden an oder besitzt aufstrebende Ästchen, die am Grunde verholzt sein können. Hufeisenklee wäre ein gutes Schaffutter, bisher hat man es versäumt, ihn als Nutzpflanze zu kultivieren.

Schon vom Mai an blüht auf den felsigen und verbuschten Hängen des Südostabfalls die schönste und auffälligste der Wolfsmilch-Arten, die **Vielfärbige Wolfsmilch*** *(Euphorbia polychroma).* Die zumeist truppenförmig zusammenstehenden Stengel sind dicht behaart und tragen eine Vielzahl ovaler Blätter, die im oberen Bereich kaum gestielt sind. Jeder Stengel endet mit einer 3 bis 5-strahligen Scheindolde.

Die merkwürdig geformten Blüten werden von hell- bis goldgelben Blättern gestützt (Hüllchenblätter), sie erhöhen den Reiz dieser ungewöhnlichen Pflanze. Die Fruchtkapseln, sie reifen im Frühsommer heran, sind mit gekrümmten, orangefarbenen Warzen versehen. Diese hübsche Wolfsmilch-Art strahlt aus dem Osten bei uns ein und ist in den westlichen Bundesländern nicht vertreten.

Die **Mandelblättrige Wolfsmilch*** *(Euphorbia amygdaloides)* zieht schattige Standorte an Waldrändern, im lichten Föhrenwald und in Edellaubwäldern vor. Sie braucht nährstoffreichen Boden und zeigt an, wo der Boden lehmhältig ist. Obwohl sie ein Frühblüher ist, fällt sie uns während des ganzen Jahres auf. Man erkennt sie an den verholzten Stengeln, die teils fruchtbar, teils unfruchtbar sind und in ihrer Gesamtheit an ein immergrünes Rasenstück erinnern. Die unfruchtbaren Triebe sind beblättert und dienen als Assimilationsorgane. Die fruchtbaren Triebe sind unten blattlos, in der Mitte jedoch rosettig, weiter oben abwechselnd beblättert. Die Hochblätter sind paarweise zu einem rundlichen Blatt verwachsen und von gelblich-grüner Farbe. An den merkwürdig gebauten Blüten fallen besonders die halbmondförmigen Honigdrüsen auf.

Wenn im Juni ihre Fruchtkapseln reifen, springen 2 Klappen auf, um die eingeschlossenen Samen mit hörbarem Geräusch herauszuschleudern. Am besten kann dieser „Knall“ bei der Spring-Wolfsmilch, einer in Gärten gezogenen südlichen Art, gehört werden. Die Blätter des unfruchtbaren Stengels überwintern, um im nächsten Frühjahr als Rosettenblätter des blühenden Stengels zu erscheinen. Überwinterungsblätter sind dunkelgrün und von lederiger Beschaffenheit.

Eine pflanzliche Rarität an sonnigen Plätzen des Ostalpenrandes ist das **Eiblatt-Bingelkraut*** *(Mercurialis ovata)* mit unverzweigten Stengeln, rundlichen Blättern und Fruchtkapseln, die zwei zusammengepreßten Tennisbällen ähneln.

Auf bodensauren felsigen Hanglagen nistet sich vereinzelt der **Kopf-Zwergginster** *(Chamaecytisus supinus)* ein. Der verholzte Busch von 40 bis 70 cm Höhe hat niederliegende bis aufsteigende Zweige. Die Schmetterlingsblüten sind zu endständigen Köpfen vereint. Von den 2 bis 3 cm langen gelben Kronblättern ist die Fahne braun gefleckt. Der zweilippige Kelch ist mit langen, dichten Haaren bedeckt. Die Blühdauer reicht vom Juni bis Ende des Sommers. Diese hübsche, wärmeliebende Art ist von allen „Ginster“-Arten am weitesten verbreitet und zwar vom südlichen Frankreich bis zum Schwarzen Meer.

Das **Lauch-Scheibenschötchen*** *(Peltaria alliacea)* ist ein markantes Pflanzenelement des Hohen-Wand-Gebietes. Wir sind ihm schon am Engelsberg begegnet. Die zahlreichen weißen Kreuzblüten stehen zu traubigen Ständen zusammen. Die 60 bis 80 cm hohen Blühsprosse treten zumeist in Trupps auf und verleihen den in Besitz genommenen Flächen ein freundliches Aussehen. Seine Hauptblüte ist während des Monats Mai. Im Juni sind bereits die kreisrunden Früchte, die Scheibenschötchen, voll entwickelt; sie baumeln an langen Stielen und sind daher für eine Windverbreitung der Samen prädestiniert. Die Hauptverbreitung des Scheibenschötchens liegt auf dem Balkan, wovon das hiesige (endemische) Vorkommen als nordwestlicher Ausläufer zu betrachten ist.

Sommerpflanzen der Hohen Wand

Die Waldbedeckung des Plateaus ist lückenhaft, doch für ein touristisch gut erschlossenes Gebiet immer noch ansehnlich groß. Reine Nadelholzbestände sind zumeist aus Föhre, Fichte und Tanne zusammengesetzt. Je nach Beschaffenheit des Geländes finden sich immer wieder Mischbestände aus Nadel- und Laubhölzern vor. Auch naturnah gepflegte Wiesen mit schönem Bestand an Blumen sind noch vorhanden. Natürlich haben Wege- und Siedlungsbau das Pflanzenkleid verändert und auch reduziert. Ungestörtes Wachstum kann z. B. am südöstlichen Felsensaum und am nordwestlichen Bergrand mit seiner klobigen Waldmauer und den Schluchteinrissen vor sich gehen. Auch am Plateau selbst entdeckt man ab und zu eine Türkenbundlilie, die von blumensüchtigen Sonntagsausflüglern übersehen worden ist. Es gibt noch genügend unzugängliche Plätze, die sich einer menschlichen Nutzung entziehen. Wer Zeit und Muße hat, kann auf der Hohen Wand während des ganzen Sommers Blumen und Blüten entdecken. Folgende Hochstauden kommen vor:

Türkenbund-Lilie* *(Lilium martagon):* Der Name ist auf die Ähnlichkeit der Blüte mit einem Turban zurückzuführen. Der 50 bis 100 cm hohe Stengel trägt 5 bis 8 cm große rote Blüten, die mit ihrem süßlichen Duft Schmetterlinge, abends besonders Schwärmer anlocken. Die Staubbeutel hängen beweglich an den Staubfäden, so daß sich die flatternden Blütenbesucher mit dem klebrigen Pollen beladen können. Beim Besuch der nächsten Blüte wird er auf die Narbe des gekrümmten Griffels abgeladen. Der Türkenbund ist eine der prächtigsten Waldpflanzen, die gesetzlich vollkommen geschützt ist.

Wald-Ziest, Waldnessel *(Stachys sylvatica):* Aus unterirdischen Sprossen entspringen zahlreiche Blattrosetten und 40 bis 80 cm hohe Blütenstengel mit gegenständigen Blättern von eiförmiger Spreite. Die dunkelroten Lippenblüten sitzen im obersten Stengeldrittel, das deshalb blattlos erscheint, weil die Hochblätter die einzelnen Blütenquirl nicht überragen. Der unan-

Die Wollkopf-Kratzdistel ist die schönste und dekorativste der heimischen Disteln.
Erst im 2. Jahr wachsen aus den Rosetten der stacheligen und gefiederten Grundblätter
die 1 m hohen Stengel hervor.

So sieht der „junge Wollkopf" aus, wenn seine ersten purpurnen Blüten das Licht der Welt erblicken.
Schutz bieten ihnen die dornigen Hüllblätter, die außerdem durch einen spinnwebig-wolligen
Filz für aufkriechende „Besucher" unpassierbar sind.

Der Wasserdost ist ein anspruchsloser Korbblütler mit kräftigen roten Stengeln und schirmförmig zusammengesetzten Doldentrauben. Da sie in einer Ebene stehen, ergeben sie einen von Insekten gern besuchten „Schauapparat".

genehme Geruch des Wald-Ziests rührt von den ätherischen Ölen her. An der Blüte ist die große Unterlippe mit ihrer weißen Strichzeichnung bemerkenswert. Falls eine Fremdbestäubung ausbleibt, können auch durch spontane Selbstbestäubung Früchte produziert werden. Auf schattigen Standorten mit feuchten und nährstoffreichen Böden können oft größere Bestände des Wald-Ziestes beobachtet werden.

Der **Alpen-Ziest*** *(Stachys alpina)* kommt viel seltener als die vorhin erwähnte Art vor. Er meidet den Schatten und bevorzugt Waldlichtungen und einmähdige Wiesen. Seine kräftigen, 40 bis 100 cm hohen Stengel sind selten verzweigt, abstehend behaart, im oberen Teil drüsenhaarig. Die breit-eiförmigen Laubblätter sind am unteren Stengel langgestielt, oben fast sitzend. Sie überragen die in den Blattachseln stehenden hellpurpurnen Blüten, wodurch er sich gut vom Wald-Ziest unterscheiden läßt. Er blüht von Juli bis September, kommt im ganzen Alpengebiet vor, sofern der Untergrund kalkhältig ist.

Der **Kleb-Salbei*** *(Saliva glutinosa)* ist eine der häufigsten Pflanzen des Plateaus. Die 50 bis 100 cm hohe Staude bildet geschlossene Bestände, wenn der Laubwald genügend Licht bis zum Boden vordringen läßt. Stengel und Kelch sind von gestielten Drüsen überaus klebrig. Die gegenständigen, dreieckig-spießförmigen Laubblätter sind im unteren Stengelbereich lang gestielt. Die Scheinquirln enthalten nur 2 bis 6 der großen gelben Lippenblüten, die Unterlippe ist rotbraun gezeichnet. Der Bestäubungsmechanismus ist ähnlich dem des Wiesen-Salbeis. Bei Blütenbesuch löst der Insektenkopf einen Hebelmechanismus aus, der bewirkt, daß die Staubbeutel ihren Pollen auf den Rücken des Insekts tupfen. Die Klebdrüsen spielen bei der Samenverbreitung eine Rolle. Der klebrige Kelch bleibt am Tier-

Der Wasserdost hat während seiner Hochblüte Besuch bekommen. Der Russische Bär tummelte sich im Sommer 1986 in unzähligen Exemplaren auf dieser Art.

körper haften, die eingeschlossenen Früchte streuen in der Folge die reifen Samen aus. Der Kleb-Salbei dringt in Niederösterreich vom Alpengebiet nur bis zur Donau vor.

Der **Bunte Eisenhut*** *(Aconitum variegatum)* kommt sehr selten in Hochstaudenfluren feuchter und lichter Waldstellen vor. Vereinzelt steht er auf den Westhängen, vermehrt im Gebiet der Dürren Wand. Die mehrtriebigen, ausgebreiteten Stengel tragen in Form einer lockeren Traube bläuliche „Sturmhüte" mit weißen Schlieren. Der Helm ist etwa doppelt so hoch wie breit. Viel häufiger kommt der **Wolfs-Eisenhut** *(Acontium lycoctonium)* im Gebiet vor. Die aufrechten Sprosse werden 50–100 cm hoch und neigen zur Verzweigung der Blütenstände. Die blaßgelben Blüten entspringen in den Achseln lanzettlicher Tragblätter. Der walzliche Blütenhelm ist ungefähr 3 mal so hoch wie breit und birgt die Nektarien, deren Sporn schneckenhausartig eingerollt ist. Die normalen Stengelblätter sind handförmig in 3 bis 7 Abschnitte geteilt, jeder Abschnitt ist nochmals 3-geteilt und tief gezähnt. Die lange Blütenröhre macht den Nektar vom Blüteneingang her schwer zugänglich. Um zum Nektar zu gelangen, wird der Helm von oben oder von der Seite her von kleinen Hummeln aufgebissen. Bei Honigraub unterbleibt eine Bestäubung, was Unfruchtbarkeit zur Folge hat. Alle Eisenhut-Arten enthalten sehr giftige Alkaloide. Die Namen weisen darauf hin, daß die Pflanze in früheren Zeiten für Giftköder von

Noch ein Bild von der südöstlichen Neuen Welt; im Vordergrund die Ruine Emmerberg, rechts im Hintergrund der Kienberg (650 m)

Raubwild verwendet worden ist: gr. *lykoktonos* bedeutet „Wölfe tötend" von *lykos* (Wolf) und *ktonos* (Mord). Den Wolfs-Eisenhut findet man in Hochstaudenfluren lichter Wälder, an Waldrändern und selbst in Naturwiesen.

Äußerst selten kommt auf der Hohen Wand und in den Fischauer Vorbergen der **Feinblatt-Eisenhut*** oder **Giftheil** *(Aconitum anthora)* vor. Seine Standorte finden sich auf steinigem Buschland der Bergregion. Sein blaßgelber Helm hat halbkugelige Form und ist etwa so hoch wie breit. Charakteristisch sind auch die weichhaarigen Kelchblätter, die nach der Blüte nicht abfallen. Seine 40 bis 80 cm hohen und fast nie geteilten Sprosse sind dicht mit sehr fein zerteilten Laubblättern besetzt. Sein Blühbeginn ist Ende August oder Anfang September. In allzu lang dauernden Trockenperioden kommt der Giftheil nicht zur Blüte. Die Pflanze enthält die giftigen Alkaloide Aconitin und Anthorin. Der Giftgehalt der unterirdischen Knollen ist größer als der der Blätter. Den Samen hingegen fehlt er. Blumenpflücker seien gewarnt: Das Aconitin kann schon beim Abreißen der Stengel in die Haut eindringen und Hautentzündungen hervorrufen. Dieser Giftheil ist in seiner Existenz potentiell gefährdet.

Das **Fuchs-Greiskraut*** oder **Kahle Hain-Greiskraut** *(Senecio ovatus)* ist ein stattliches Gewächs des Bergwaldes, dessen 1 m hohe Stengel unzählige gelbe Blütenkörbe tragen, die zu Scheindolden und Rispen zusammen-

Der Wirbeldost (Clinopodium vulgare) ist ein hübscher Lippenblütler, der fast immer in größeren Trupps auftritt. Er fällt durch die vielen borstenartigen Hochblätter auf, die an den Stielen der Einzelblüten sitzen.

gefaßt sind. Der Name „Greiskraut" rührt von den Fruchtkörben her, die mit ihren weißen Haarkelchen (Pappus) an ein weißhaariges Greisenhaupt erinnern. Jeder Korb beinhaltet 5 weibliche Strahlblüten und etwa 8 bis 14 zwittrige Röhrenblüten in der Mitte. Die violettbraunen Stengel tragen zahlreiche länglich-lanzettliche Laubblätter, die beiderseits kahl sind und kurze, schmal geflügelte Stiele haben. Auf frischen, nährstoffreichen Böden, auch auf Waldschlägen, gibt es oft ausgedehnte Bestände.

Die **Wollkopf-Kratzdistel*** *(Cirsium eriophorum)* ist die schönste aller heimischen Disteln. Erst ab der Sommermitte findet man sie voll erblüht auf steinigen Plätzen in lichten Gehölzen und auf Schlägen. Als 2-jährige Pflanze bildet sie im 1. Jahr eine große Rosette aus dornig steifhaarigen und unterseits graufilzigen Fiederblättern. Die großen Köpfe (ihr Durchmesser beträgt 5–8 cm) stehen einzeln an der Spitze der 1 m hohen und auch verästelten Stengel. Die Hüllblätter, welche den Schopf der purpurnen Röhrenblüten umschließen, laufen in eine Dornenspitze aus. Ein weißer spinnwebiger Haarfilz schließt die gesamte Hülle ein. Selbst die Fruchtstände sind im Zeitpunkt des Öffnens der weißen Federschöpfe eine wahre Augenweide. Am schönsten ist die Pflanze, wenn der große blühende Hauptkopf zuweilen von einer Anzahl kleinerer, jüngerer, noch nicht die purpurnen Blüten zeigenden „Kugeln" umgeben ist.

Abschließend sei noch der **Wasserdost*** *(Eupatoria cannabinum)* erwähnt, eine wenig beachtete Pflanze, der man aber auf Schritt und Tritt begegnet. Er wächst auf Waldwiesen, Schlägen und selbst auch auf ruderal beeinflußten Böden. Sein Vorkommen wird als Anzeichen für Feuchtigkeit und Stickstoff gewertet. Er besitzt 1 m hohe kräftige, rote Stengel und Äste, die mit gegenständigen Blättern ausgerüstet sind. Die kleinen röhrigen Blüten von rosaroter oder weißer Farbe sitzen in dichten, schirmförmig zusammengesetzten Doldentrauben am Ende des Stengels und der Seitenäste. Alle Doldentrauben der Gipfelregion stehen in einer Ebene und ergeben einen eindrucksvollen Schauapparat. Besonderes Kennzeichen des Wasserdostes sind seine weit aus den Kronen ragenden Griffel, die in keulenförmigen Narben endigen. Im Sommer 1986 wurden hierorts die Blütenstände des Wasserdostes von einem hübschen Schmetterling, dem **Russischen Bären*** *(Panaxia quadripunctaria)* umschwärmt. Die Blütenstände eines einzigen Stockes wurden oft von einem Dutzend dieser farbenprächtigen Schwärmer belagert.

Wer mit offenen Augen das Gebiet der Hohen Wand durchwandert, wird von der Fülle blühender Blumen während des ganzen Sommers überrascht sein. Die vorgestellten Arten stellen nur eine Auswahl dar. Alle Blumen und Blüten sind schützenswert, sie erfüllen den ihnen von der Schöpfung zugedachten Plan.

Alpenblumen-Zauber: Blumenschönheiten des Hochalpengebietes Schneeberg–Rax–Schneealpe

Dort, wo der mächtige Bogen der Alpen allmählich an Höhe verliert, um in seinem nördlichen Teil in die Ebene des Wiener Beckens überzugehen, erheben sich mächtige Plateaugebirge. Der Schneeberg, die höchste Erhebung Niederösterreichs, der letzte große Eckpfeiler am Nordostsaum der Alpen, ist eine breite, massige Pyramide, die aus drei markanten Gipfeln besteht, dem Klosterwappen, 2075 m, dem Kaiserstein, 2061 m und dem Waxriegel, 1880 m. Durch die Furche des Großen Höllentals getrennt, erhebt sich südlich bis südwestlich die Raxalpe, ein ausgedehntes Plateaugebirge, das mit der Heukuppe an seiner Südrampe eine Höhe von 2007 m erreicht. Nachbarin der Rax ist die südwestlich gelegene Schneealpe, deren Gipfel, der Windberg, eine Höhe von 1903 m hat. Durch den Naßkamm, 1210 m, sind sie beide miteinander verbunden. Entstanden sind sie alle während der Trias im Erdmittelalter, als der Alpenraum noch vom großen Urmeer bedeckt war. Sie sind die Überreste der unzähligen kalkbildenden Kleinlebewesen, die im Urmeer gelebt haben. An Gesteinsformationen finden sich z. B. der graue dichte Wettersteinkalk, der Hauptdolomit, der helle Dachsteinkalk, der dunkle Gutensteiner Kalk und die grauen oder rötlichen Werfener Schiefer vor. Die Berge der nördlichen Kalkalpen, dazu gehören die Plateauberge, sind nicht dort entstanden, wo sie sich heute erheben. Ihre Formationen lagen südlich der Alpenhauptkette, sie wurden bei der Emporhebung, bei der Auffaltung der Alpen nach Norden verschoben, übereinandergeschoben und auch in Bruchstücke zerteilt. Wer z. B. die Rax vom Norden in südlicher Richtung durchwandert, hat nicht den Eindruck, sich auf einem Plateau zu bewegen. Den Plateaucharakter demonstriert am eindrucksvollsten die Schneealpe. Der Blick von der Höhe des Windberges in nördliche und nordöstliche Richtung läßt am allerbesten den Charakter dieser zauberhaften Alpenlandschaft erkennen: So weit der Blick reicht, dehnen sich die grünen Wiesen- und Weidematten aus, immer wieder durchsetzt von den dunkelgrünen, oft kreisrunden Beständen von Legföhren oder Latschen. Am Horizont türmen sich die schroffen Südwände der Heukuppe und die stumpfe Pyramide des Schnee-

Sommerliche Wiese auf dem Raxplateau.

berges auf, der nach Westen in den niedrigeren Kuhschneeberg übergeht. Das Bergerlebnis ist ein unvergleichlich schöneres und vielfältigeres, wenn man um sich auch die Welt der Alpenblumen wahrnimmt. Für den Menschen der Ebene bedeuten die Blumen der Berge schon immer etwas Ungewöhnliches und Begehrenswertes. Der Wanderer, der sie kennenlernen will, hat viele Möglichkeiten zum Erreichen der alpinen Region. Schneeberg und Rax, die „Hausberge der Wiener", sind schon lange für den alltäglichen Tourismus erschlossen. Der Schneeberg wurde schon im Jahr 1897 mit einer Zahnradbahn für den Massentourismus zugänglich gemacht. Das Land Niederösterreich, nur an den Ausläufern der Hochalpen gelegen, hatte somit die höchstführende Zahnradbahn Österreichs erhalten.

Der Erbauer der Bahn, Ingenieur Leo Arnoldi, liegt am Ortsfriedhof von Puchberg begraben. Um den Betrieb zu fördern, baute die Aspangbahn, welche die Betriebsführung seit 1899 inne hatte, eine 6 km lange Verbindungslinie zwischen ihrer Stammstrecke und der Schneebergbahn, also zwischen Sollenau und der Station Feuerwerksanstalt. Die Strecke, im Jahr 1900 konzessioniert, wurde zwischen den beiden Weltkriegen wieder stillgelegt.

Der schönste Teil der Zahnradbahn ist jene Strecke, die mit der Station Baumgartner in 1397 m Höhe ihren Anfang nimmt. Der Übergang von der Waldregion in die Region der Legföhren macht auf den Besucher den größten Eindruck. In Serpentinen werden zwei Tunnels durchfahren – angeb-

Die „Felsen"-Aurikel mit ihren großen, aromatisch duftenden gelben Blüten und den dicklichen, mehlig bestäubten Rosettenblättern gehört zu den streng geschützten Alpenblumen.

Gleich nach der Schneeschmelze öffnen sich unzählige Blüten der Clusius-Primel und verleihen damit den flachgründigen Böden einen karminroten Anflug. Endemit der nordöstl. Kalkalpen.

Die Dunkle Glockenblume mit unterirdischen Ausläufern tritt gerne in kleineren Trupps auf. Die weitglockigen Blüten, lang gestielt und stets nickend, können während des ganzen Bergsommers beobachtet werden.

Am Trauben-Steinbrech imponieren die immergrünen Grundblätter, die zu hauswurzähnlichen Rosetten zusammengefaßt sind. Sie erbringen mit ihren weißen Kalkschüppchen den Beweis, daß die in Felsspalten eindringenden Wurzeln „den Stein brechen".

Das Sternhaar-Felsenblümchen bewohnt felsige Habitate und ist eine nahe Verwandte des gelb blühenden Immergrünen Felsenblümchens. Endemit der nordöstlichen Kalkalpen.

Der Berg-Spitzkiel ist eine rasenbildende Halbrosettenstaude mit langgestielten Trauben von Schmetterlingsblüten. Er besiedelt gerne Schutthalden und windexponierte Grate.

Das Zottige Habichtskraut, hier auf einem trockenen Felsstandort, ist in all seinen Teilen über und über mit weißen Wollhaaren bedeckt – eine wichtige Einrichtung für das Ausharren in der Augustsonne.

Der Echte Eisenhut hat im Volk eine ganze Reihe von Namen bekommen, die auf sein Aussehen und seine Giftigkeit Bezug nehmen: Sturmhut, Pantoffelblume, Giftkraut, Teufelswurz und Hundstod. Trotzdem eine prachtvolle Pflanze, die unseres Schutzes bedarf.

Die Alpen-Nelke ist eine rasenbildende Pflanze, aus grundständigen Blattrosetten zusammengesetzt. Aus ihnen entspringen die 1–2blütigen Sprosse. Die Blüten sind ungewöhnlich groß und von eindrucksvoller Schönheit.

Diese prächtige Strauß-Glockenblume ist oft nicht sogleich als Glockenblume erkennbar. Sie ist die einzige gelbblühende, 2jährige Art unter den alpinen Glockenblumen.

lich die ersten größeren Tunnelbauten im Alpenraum – zwischendurch hat man einen Prachtausblick auf die Rax, den Krummbachstein und die Schneealpe.

Auf die Raxalpe führt seit dem Jahr 1926 eine leistungsfähige Seilbahn, die innerhalb von 8 Minuten bei einer Länge von 2160 m einen Höhenunterschied von 1017 m überwindet. Die Bergstation liegt bereits im Mischungsbereich des Hochwaldes mit dem Krummholz. Auf dem Weg zum Otto-Haus wird der mächtige Stock des Schneeberges sichtbar.

Auf die in der Steiermark liegende Schneealpe ist im Jahr 1963 lediglich eine schmale, kühn trassierte Fahrstraße angelegt worden, die auf einem Parkplatz in 1480 m Seehöhe endet. Das Straßenstück, das bis hinauf zu den Windberghütten und dem Schneealpenhaus führt, dient nur für den Güterverkehr der Almwirtschaft. Natürlich sind alle Berge durch gut markierte Wege für Bergsteiger und Wanderer erschlossen. Auf allen Plateaus sind Schutzhäuser und -hütten, die jedem Verpflegung und Unterkunft bieten.

Die Namen der Berge, wie Schneeberg und Schneealpe, deuten auf den Schneereichtum hin, der fast ein halbes Jahr gegenwärtig ist. Ohne Zweifel hängt der Schneereichtum mit der vielfältig ausgestalteten Oberfläche zusammen, die durch Steil- und Schutthänge, durch Hochtäler und Dolinen charakterisiert wird.

Dolinen sind trichter- und muldenförmige Bodenvertiefungen mit elliptischem oder kreisförmigem Rand. Sie gehen auf Lösungsvorgänge des Kalksteins zurück. Das Niederschlagswasser, das auf dem Weg durch die Luft mit Kohlensäure angereichert wird, löst den Kalkstein auf. Der als „Korrosion“ bezeichnete Vorgang prägt entscheidend des Antlitz des Berges mit. Wenn örtlich ein intensiver Lösungsvorgang eintritt, entsteht durch das Nachsacken oder Einstürzen die Vertiefung in der Oberfläche, die als Doline bezeichnet wird. Eine Folge dieses Prozesses ist die Zerklüftung des Gesteins und somit eine Verkarstung der Oberfläche, wie sie an vielen Stellen der Plateaugebirge beobachtet werden kann. Dolinen können Durchmesser bis 100 m haben und ebenso tief sein. Sie bewahren auf den der Sonne abgewandten Seiten und in ihrer Tiefe große Schneemengen bis in die Sommermonate auf. Auf ihrer Sonnenseite schmilzt der Schnee am frühesten dahin, hier beginnt sich schon von Ende April an pflanzliches Leben zu regen. Die ersten Frühblüher, wie Soldanellen, Primeln und Anemonen öffnen noch im vom Schmelzwasser durchfeuchteten Boden ihre farbenprächtigen Blüten.

Jedem Bergwanderer, der beim Aufstieg die Baumgrenze hinter sich läßt und die blütenreichen Matten in der Krummholzregion betritt, drängt sich die Frage auf, warum dieses intensive und artenreiche Blühen in einer Region vor sich geht, die klimatisch weit weniger begünstigt ist als das Tal und die Ebene. Seltsamerweise trägt gerade das Exponiertsein der Alpenpflanzen auf hohen, von Wind und Wetter umtobten Felsklippen zur Entfaltung ihres anmutigen Aussehens bei. Da wäre zunächst das „Lichtklima“ zu erwähnen, das auf das Wachstum der Alpenpflanzen eine besondere Wirkung ausübt. Das Licht besitzt auf den Höhen der Berge einen großen Anteil von ultravioletten Strahlen, was einerseits die Leuchtkraft der Blüten erhöht, andererseits aber die Hemmung des Längen- und Streckenwachstums von Zellen und Organen zur Folge hat. Es ist daher kein Zufall, daß die oberirdischen Teile der alpinen Gewächse kleiner sind als die ihrer Verwandten in der Ebene. Alle Arten von Wuchsstauungen treten auf, so z. B. als Blattrosetten, als Flach- oder Kugelpolster oder als Horste. Auch die Verkleinerung der Blattflächen, die Verdickung der Blattoberhaut und eine

Ein „Alpinum", ausschließlich von der Natur selbst angelegt und ohne menschliche Mitwirkung auf das beste gepflegt. (Alpen-Sonnenröschen und -Steinquendel) Alle alpinen Pflanzen, die vom Berg ins Tal übertragen wurden, entarten und gehen früher oder später ein.

Das Clusius-Fingerkraut (Potentilla clusiana) ist eine 5–10 cm hohe Halbrosettenstaude, die sich breitflächig auszubreiten vermag. Die hübsche Farbwirkung des Rosengewächses wird von den gelblichweißen Blumenblättern und den rot überlaufenen Kelchblättern, Staubfäden und Griffeln hervorgerufen.

Wer kennt es nicht, das zierliche Echte Alpenglöckchen (Soldanella alpina), das während der Schneeschmelze blüht!

Das Durchblätterte Läusekraut ist wie alle seine Verwandten ein Halbschmarotzer, der mit Saugorganen benachbarten Wirtspflanzen einen Teil ihrer Nahrung entzieht.

Das Zweiblüten-Läusekraut (Pedicularis portenschlagii) wird nur wenige cm hoch und ist im mageren Felsrasen kaum erkennbar. Endemisch in den östlichen Zentral- u. Nord-Alpen.

Trotz der geringen Höhe von ca. 10 cm hat diese Alpen-Glockenblume eine reichblütige Traube entwickelt. Die Glocken sitzen an relativ langen Stielen, scheinen sich aber trotzdem gegenseitig im Wege zu stehen.

Das Edelweiß, die am meisten begehrte und beliebte Alpenblume, hat den Gattungsnamen „Leontopodium". Mit diesem Namen haben die Griechen die in Trugdolden zusammenstehenden Blütenköpfchen mit einer Löwenpfote verglichen (Plinius).

Die Alpen-Grasnelke hat rosettig gehäufte, grasartige Blätter und rosarote Einzelblüten, die zu kugeligen Köpfchen vereint sind. Der deutsche Name ist irreführend: Als Bleiwurzgewächs ist sie weder mit Gras noch mit Nelken verwandt.

Die prächtig blühende Alpen-Aster wächst häufig mit dem Edelweiß zusammen. Der auffällige Farbkontrast zwischen den violetten Strahl- und den goldgelben Scheibenblüten erhöht für nahrungssuchende Insekten den Anreiz zum Blütenbesuch.

vermehrte Behaarung sind durchwegs Anpassungen der Alpenpflanzen an das Lichtklima oberhalb der Baumgrenze. Auch das Absinken der Temperatur mit zunehmender Seehöhe nimmt Einfluß auf das Leben alpiner Gewächse. Gegen tiefe Temperaturen sind sie mit einer Reihe von morphologischen und physiologischen Eigenheiten ausgestattet. So vermögen die Pflanzen unter einer luft- und lichtdurchlässigen Schneedecke ihre Lebenstätigkeiten fortzusetzen. Bei sehr tiefen Temperaturen wird der Assimilationsvorgang umgestellt: Zucker wird nicht in Stärke umgewandelt, wodurch der Gefrierpunkt des zuckerhältigen Zellsaftes sinkt und die Resistenz gegen tiefe Temperaturen steigt. Auch der Wind wirkt entscheidend bei der Formung des Pflanzenkörpers mit. Er entreißt dem Boden und allen Pflanzen das Wasser und ruft trotz der hohen Niederschläge im Gebirge ein ausgesprochen trockenes Klima hervor. Mit schneidender Schärfe streicht er dicht über den Boden und merzt alles aus, was über das normale Maß der Alpenpflanzen hinausgeht. Die flachen Polster und Rosetten stellen eine ideale Anpassung an das Windklima dar.

Das Verlangen des Bergwanderers, einige der kostbaren Alpenblumen zu pflücken oder auszugraben für das Zuhause in der Ebene, ist immer schon groß gewesen. Deshalb ist auch die Gefahr der Dezimierung und Ausrottung der kostbarsten unter den Alpenpflanzen gegeben. Jedes Land sucht durch geeignete Schutzbestimmungen das ursprüngliche Vegetationskleid zu erhalten. Der wahre Freund der Natur wird prinzipiell auf jegliches Abreißen oder Ausgraben verzichten. Pflanzen, die ihrem ursprünglichen Lebenskreis entrissen worden sind, gehen auf jeden Fall zugrunde. Die Farbfotografie gibt jedermann die Möglichkeit, das Selbsterlebte und Selbsterschaute für immer festzuhalten. Jedes Bild ist langlebiger als das heimlich mitgenommene Edelweiß. In der Folge werden einige Alpenblumen, wie sie auf den Plateaubergen vorkommen, in Wort und Bild vorgestellt:

Aurikel* *(Primula auricula):* Eine der schönsten Primel-Arten des Berglandes. Laubblätter in Form einer grundständigen Rosette. Blüten aus einer Kronröhre und einem Trichtersaum bestehend, goldgelb und duftend. Blütezeit von April bis Juli, je nach Seehöhe und Lage. Standort: Felsspalten, Felsschutt und offene Rasen. Stets auf Kalkböden und zumeist in Herden vorkommend.

Clusius-Primel* *(Primula clusiana)*: Die Schäfte mit den rosaroten Blüten sind niedriger als bei der Aurikel; Kronzipfel tief eingeschnitten. Frühblüher, der mit Vorliebe die schwindenden Schneeflecken und Dolinenränder bis in den Sommer umsäumt und den flachgründigen Böden einen karminroten Anflug verleiht. Der Name geht auf Charles de L'Ecluse (lat. Clusius) zurück, der 1574 erstmalig den Schneeberg bestiegen hat, eine bravouröse Leistung für die damalige Zeit. Endemit der nordöstlichen Kalkalpen.

Sternhaar-Felsenblümchen* *(Draba stellata):* Ein nur 10 cm hoher Kreuzblütler. Kronblätter verkehrt eiförmig, 5–8 mm lang und weiß. Grundblätter in Rosetten, Stengelblätter, am Stengelgrunde höchstens 5. Blütezeit von Mai bis Juli. Standort: Felsspalten, Felsschutt. Endemit der nordöstlichen Kalkalpen.

Echtes Alpenglöckchen* *(Soldanella alpina):* Zierliche Pflanze, die während der Schneeschmelze blüht, 10–15 cm hoch wird und einen Schaft mit 2–3 Blüten entwickelt. Die violetten Trichterblütchen sind bis zur Mitte zerschlitzt. Rosettenblätter mit rundlich-nierenförmiger Spreite. Blütezeit von April bis Juni. Standort: Auf Dolinenhängen, in Mulden und Senken, die gut durchfeuchtet sind. Soldanellen vertragen extrem lange Schneebedeckung und Perioden sommerlicher Trockenheit.

Alpen-Nelke* *(Dianthus alpinus)*: Stengel 3 bis 15 cm hoch, mit einer großen radförmigen Blüte und mehreren Blattpaaren; die Stengel entspringen eng zusammenstehenden Blattrosetten, die lockere Rasen bilden. Die unregelmäßig gezähnten Blumenblätter haben auf dem tiefpurpurnen Grund eine weiße Sprenkelung. Blütezeit: Ende Juni bis August. Standort: Felsrasen über Kalk. Die prächtigste aller Nelken ist ein Endemit der nordöstlichen Kalkalpen.

Alpen-Glockenblume* *(Campanula alpina):* Trotz der geringen Höhe von 5 bis 15 cm wird eine reichblütige Traube entwickelt, die man als Miniatur-Glockenbäumchen bezeichnen könnte. Die blauen Glocken sitzen an langen Stielen. Die lanzettlichen Laubblätter und die langzipfeligen Kelchblätter sind wollig-zottig behaart. Blütezeit: Juni bis August. Standort: Im kalkfreien Rasen des Legföhrenbereichs, auf sauer-humosen Lehmböden im Zwergstrauchgestrüpp. Gar nicht selten, jedoch unauffällig.

Dunkle Glockenblume* *(Campanula pulla):* Stengel 5 bis 15 cm hoch, mit nur einer dunkel-violetten nickenden Blüte. Laubblätter mit elliptischer Spreite, kurz in den Stiel verschmälert. Blütezeit: Juni bis August. Standort: Feuchte Fels- und Schuttfluren, Schneeböden, selbst im groben Felsschutt. Endemit zwischen Schneeberg und Tennengebirge.

Strauß-Glockenblume* *(Campanula thyrsoides):* Am 20 bis 30 cm hohen Stengel sitzt ein Strauß ährenförmig angeordneter Blüten, blaßgelb und aufgerichtet, an den Zipfeln kraushaarig. Eine der wenigen 2-jährigen Alpenpflanzen: Rosette im 1. Jahr, Grundblätter länglich, in den Stiel verschmälert. Im 2. Jahr Blühsproß, nur im unteren Teil sitzen lineallanzettliche Blätter. Blütezeit: Juli bis August. Standort: In tiefgründigen, lehmhältigen Rasenböden, vom Tal bis ins Krummholz. Die Pflanze mit dem interessanten Habitus ist selten geworden, potentiell gefährdet.

Der Schneeberg vom südlich gelegenen Krummbachstein (1602 m) aus gesehen. Rechts zwischen den Nebelschwaden das Elisabethkirchlein.

Otto-Haus und Jakobskogel (1737 m) vom Norden her gesehen. Beeindruckend ist der regelmäßige Bewuchs mit der Legföhre. Sie wird eines Tages alle nicht mehr beweideten Matten mit ihrem Krummholz bedecken und der bunten Alpenflora den Lebensraum entziehen.

Motiv auf der Rax: Blick vom Niederösterr. Landes-Rund-Wanderweg im Grünschacher zu den Lechnermauern.

Blick von der Höhe des Windberges in nordöstlicher Richtung. Der Plateaucharakter der Schneealpenlandschaft ist von diesem Punkt aus besonders gut erkennbar. Im Hintergrund der Schneeberg u. ein Teil der Rax-Südhänge.

Zweiblüten-Läusekraut* *(Pedicularis portenschlagii):* 2 bis 8 cm hohe, wenigbeblätterte Sprosse. Grundständige Laubblätter lanzettlich und kammförmig gefiedert. Die rosaroten Rachenblüten sitzen in den Achseln fiederspaltiger Tragblätter. Die Oberlippe endet in einem kurzen abgestutzten Schnabel, die Unterlippe ist 3-lappig. Blütezeit: Juni bis Juli. Standort: Im Felsrasen, Schutt, auf Kalk- und auf Urgestein. Selten auf der Rax, endemisch in den östlichen Zentral- und Nord-Alpen.

Durchblättertes Läusekraut* *(Pedicularis foliosa):* Das gelbblühende Läusekraut wird 20 bis 50 cm hoch. Der flaumige, unverzweigte Stengel ist am Grund locker, im Blütenbereich dicht beblättert. Grundständige Laubblätter doppelt gefiedert mit stachelspitzig gezähnten Fiedern. Stengelblätter einfach gefiedert, oben lanzettlich. Oberlippe der schwefelgelben Krone abgerundet und stumpf. Blütezeit: Juni, Juli. Standort: Grasige Schutthalden, feuchte Alpenwiesen, im Gebiet selten.

Clusius-Fingerkraut* *(Potentilla clusiana):* Der 5 bis 10 cm hohe Stengel ist angedrückt behaart und trägt 1 bis 3 gelblich-weiße Blüten (Rosentypus) mit purpurn überlaufenen Griffeln und Kelchbättern. Grundblätter 5-zählig gefingert (Name!), vorne gestutzt und gezähnt, unterseits schief abstehend behaart. Blütezeit: Juli, August. Standort: Kalkfelsspalten, Schutt. Vermag mit Hilfe eines kräftigen Erdstockes und zahlreicher Triebe lockere Rasen zu bilden, die als Schuttstauer fungieren. Nordöstliche und südöstliche Kalkalpen.

Gold-Fingerkraut *(Potentilla aurea):* Eine aspektbildende Massenpflanze mit 5 bis 15 cm hohen Stengeln, aufsteigend bis liegend, wenige goldgelbe Blüten tragend; Blütenblätter am Grund orange, oben ausgerandet. Gegenüber anderen Fingerkräutern unterscheidet sich das Gold-Fingerkraut durch seine silberhaarig umsäumten Blättchen. Flächendeckend durch zahlreiche, am Grunde wurzelnde Ästchen. Blütezeit: Juni bis August. Standort: Auf steinigen Weiden, kurzrasigen Wiesen; auf kalkarmen Böden, keineswegs nur auf sauren Lehmböden, weit verbreitet.

Berg-Spitzkiel* *(Oxytropis montana):* Bis 20 cm hoher Schmetterlingsblütler. Blätter unpaarig gefiedert, mit 25 bis 41 lanzettlichen, sitzenden Blättchen. Die blauvioletten Blüten, zu dichten und vielzähligen Trauben vereint, stecken in kurzzähnigen Kelchen. Der Name „Spitzkiel" geht auf das zahnartige Gebilde am Schiffchen der Blüte zurück. Blütezeit: Juni bis August. Standort: Felsschutt; stets auf Kalk, massenhaft auf frischen Erdumrissen. Wird vom Weidevieh gemieden.

Zottiges Habichtskraut* *(Hieracium villosum):* 10 bis 25 cm hohe, gedrungene Pflanze, all ihre Teile mit langen weißen Haaren bedeckt. Der beblätterte, dickliche Stengel ist zumeist mehrkörbig (Korbblütler). Die zahlreichen hellgelben Zungenblüten sind von einer kugeligen Hülle um-

Das Große Höllental, von Kloben- und Loswand gebildet, von der Rax-Aussicht gesehen. Die reizvollen Touren vom Tal aus herauf zum Plateau sind anstrengend und nur Geübten zu empfehlen.

geben. Hüllblätter abstehend mit reichlicher weicher Behaarung. Blütezeit: Juli bis August. Standort: Wärmeverträgliche Art auf steinigen, grasigen Abhängen, nur auf kalkhältigem Gestein. Das dichte Haarkleid setzt die Verdunstung herab, eine Anpassung an den heißen, vom Felsen aufgeheizten Standort.

Trauben-Steinbrech* *(Saxifraga paniculata):* Eine 10 bis 30 cm hohe, immergrüne Rosettenpflanze, deren Grundblätter hauswurzähnlich zu halbkugeligen Körpern vereinigt und vortrefflich an die extremen Bedingungen im Fels angepaßt sind. Der Stengel, nur wenig verzweigt, trägt gelblich-weiße Blüten. Die Wurzeln der Pflanze nehmen Kalk auf, um ihn dem eigenen Körper einzuverleiben. Der mineralische Überschuß tritt am Rande der dicken, gesägten Rosettenblätter zu Tage, wo er in Form weißer Schüppchen beobachtet werden kann. Die „steinbrechende“ Tätigkeit dient einerseits dem Stoffwechsel der Pflanze, andererseits zerstört die Pflanze ihren eigenen Lebensraum. Die Spalten und Risse, wo der Steinbrech siedelt, werden durch die Tätigkeit von Eis und Schmelzwasser größer und weiter. Die Steinbrechpolster nach der Sprengung und Auswaschung des Felsens ihre Lebenstätte und stürzen in die Tiefe. Kommt eine entwurzelte Rosette wieder auf Humus zu liegen, fassen die Wurzeln neuerlich Fuß und sichern damit den Fortbestand der Art. Blütezeit: Juli bis August. Viele Steinbrech-Arten sind über die ganzen Alpen verbreitet.

Alpen-Aster* *(Aster alpinus):* 5 bis 15 cm hoher Korbblütler, dessen einköpfiger Stiel einer Rosette entspringt, deren Blätter eine spatelig, stumpfe Spreite besitzen; der ansehnliche Korb kann bis 5 cm Durchmesser aufweisen: violette Zungenblüten umgeben das Rondeau der gelben Scheibenblüten. Blütezeit: Juli bis August. Standort: Gesellig auf sonnigen, trocke-

Blick von der Gegend des „Pratersterns" (1623 m) über das Raxplateau zum Hochschneeberg.

nen Felsrasen, auf kalkhältigem bis schwach saurem Untergrund. Alpen-Astern sind eine Augenweide, eine Zierde der Alpenmatten.

Alpen-Grasnelke* *(Armeria alpina):* Auf dem 10 bis 30 cm hohen blattlosen Stengel sitzen die kugeligen Köpfchen, die sich aus rosaroten Blüten zusammensetzen. Sie werden von bräunlich-rötlichen Hüllblättern umgeben. Von den grasartigen, borstigen Blättern, die am Grund zu einer Rosette vereinigt sind, bezieht die liebliche Pflanze ihren Namen. Dem Blütenbau nach gehört sie zu den Bleiwurzgewächsen. Blütezeit: Juli bis September. Standort: Rasen- und Schuttpflanze; sowohl in einzelnen Stöcken als auch aspektbildend. Eine bodenvage Pflanze, die in ihren Bodenansprüchen sehr variabel ist.

Edelweiß* *(Leontopodium alpinum):* Wer kennt es nicht, das 5 bis 20 cm hohe Edelweiß, das so leidenschaftlich gerne von den „Blumenfreunden" gepflückt wird. Die weißfilzigen Stengel und Blätter greifen sich samtig an und lassen sich gut pressen und trocknen ohne Einbuße ihres Aussehens. Der apart wirkende Blütenstern ist eine Scheinblüte: Die eigentliche Blüte ist eine winzige Röhrenblüte. Unzählige dieser Winzlinge sind zu 3 bis 6 gelbgrünen Körbchen vereinigt. Die Zacken des Sterns sind Hochblätter, die das fremdartige Gebilde schützend einhüllen. Blütezeit: Juli bis September. Standort: Auf den verschiedensten Böden, auf mageren trockenen Wiesen ebenso wie im extremen Fels. Auf gut zugänglichen Stellen ist das

Der westliche Teil des Ameisbühels (1828 m), noch zum Schneealpenplateau gehörend. Gut erkennbar ist der Übergang der Waldregion in die Region der Latschen, grünen Matten und zu karstartigen Felspartien.

Edelweiß fast ausgerottet. Der Roten Liste nach ist es potentiell gefährdet.

Echter Eisenhut* *(Aconitum napellus)* und **Ostalpen-Enzian** *(Gentiana pannonica)* sind die letzten Alpenpflanzen des zu Ende gehenden Sommers. Der Enzian fällt durch seine schwarzrote Punktierung der purpurnen Blüten auf. Der giftige Eisenhut mit seinen zu langen Ähren zusammengefaßten Sturmhüten ist allen Bergwanderern kein Unbekannter.

Diese kurze Auswahl an Alpenblumen von Schneeberg und Rax sollte genügen, um im Leser und Betrachter der Bilder die Lust zu wecken, wieder einmal selbst das Blühen auf diesen Bergen zu erleben. Jede Wanderung auf einem unserer so nahen und leicht zu erreichenden Plateauberge wird zu einem denkwürdigen Erlebnis, an das man sich während des langen Winters gerne erinnert. Im Grunde genommen ist es gar nicht so wichtig, wie die einzelnen Pflanzen heißen und wie sie sich voneinander unterscheiden. Wichtig für uns Menschen ist es, daß wir das biologische Geschehen zu erahnen versuchen, das uns die Schöpfung besonders deutlich und eindrucksvoll auf hohen Bergen vor Augen führt. Jede Bergfahrt entrückt uns für kurze Zeit dem Alltag und öffnet uns Geist und Sinn für das wundervolle Leben auf unserer Erde.

Blüteninsel im Schwarzföhrenwald

Die Schwarzföhre am Nordostrand der Alpen

Die **Schwarzföhre** oder **Schwarzkiefer*** *(Pinus nigra)* ist ein in Mitteleuropa seltener und wenig bekannter Baum. Größere Bestände bildet sie am Nordostsaum der Alpen, wo sie zum Landschaftsgestalter besonderer Art wird. Die geschlossenen Bestände, die sich von den südwestlichen Vororten Wiens über eine schmale Zone sanfter, hie und da steiler und felsiger Bergketten bis zu den Hängen des Schneeberg-Rax-Gebietes erstrecken, gehören zu den Ausläufern größerer Vorkommen in Südosteuropa und Kleinasien. Die Schwarzföhre gedeiht mit Vorliebe auf Kalk- und Dolomitgestein, ist wärmeliebend und in ihren Ansprüchen an den Standort sehr genügsam und anpassungsfähig. Ihre Anspruchslosigkeit hinsichtlich Boden- und Luftfeuchtigkeit und ihre Widerstandsfähigkeit gegen Hitze und Kälte erlaubt es ihr, auf den magersten und trockensten Standorten zu gedeihen. Auf extrem trockenen Standorten über Dolomit vermag sie als einzige Holzart hochzukommen und ist vor allem imstande, diesen Boden auch nährstoffmäßig aufzuschließen.

Von diesen Primärstandorten aus hat sich die Schwarzföhre unter Mitwirkung des Menschen auch auf ehemalige Laubholzstandorte ausgebreitet. Sie ist auf Böden, die durch Kahlschlag und Brandrodung gewonnen wurden, völlig eingebürgert und es ist ihr auf keinem ihrer Standorte anzusehen, daß sie eigentlich ein Fremdling in der mitteleuropäischen Flora ist. Ein auffallender Zusammenhang besteht zwischen der Form der Krone und der Ausbreitung des Wurzelsystems. Wo tiefgründiger Boden die Ausbildung eines tiefer gehenden Wurzelsystems ermöglicht, entwickelt die Schwarzföhre eine pyramidale bis eiförmige Krone. Wo aber anstehender Fels den Baum zur Ausbildung oberflächlich flachstreichender Wurzeln zwingt, zeigt die Krone eine eigenartige schirmförmige Form, bedingt durch ein bevorzugtes Wachstum der unteren Seitenäste auf Kosten des Höhenwachstums. In dieser „Parapluie"-Form (= altes Wort für Regenschirm) erinnert die Schwarzföhre an das Aussehen einer Pinie. Jedenfalls hat ein in der Nähe Wiens liegender Ausflugsberg namens „Parapluie-Berg" seinen Namen von dieser Wuchsform der Schwarzföhre erhalten.

Die Hochfläche „Auf dem Hart" zwischen Piesting- und Triestingtal ist mit ausgedehnten typischen Sekundärbeständen der Schwarzföhre bewachsen. Es sind von Menschen in den letzten Jahrhunderten angelegte Monokulturen. Diese Reinbestände im Raum Piesting-Hernstein waren wirtschaftlich äußerst ertragreich. Jahrhundertelang wurden die Stämme der Schwarzföhre durch „Anpechen" zur Harzgewinnung genutzt.

Im Schwarzföhrenwald von Enzesfeld (Bez. Baden) – typische Landschaft am Alpenostsaum, 1960. Das Anpechen der Stämme wird nur mehr vereinzelt vorgenommen.

Am Neujahrstag 1984 brach in einem dieser Forste ein Brand aus. Begünstigt wurde er von einem heftigen Nordweststurm. Trotz Winterbeginn war noch kein Schnee gefallen, auch Regenfälle hatte es in den letzten Monaten nicht gegeben. Der Boden war vollständig ausgetrocknet und die Vegetationsreste des letzten Sommers waren dürr wie in den Monaten Juli–August. Innerhalb von wenigen Stunden stand ein 40 ha großes Waldstück in Flammen. Durch den Großeinsatz von Feuerwehren gelang es, den Brand zu lokalisieren. Das Nachlassen des Windes bei Einbruch der Nacht hatte es möglich gemacht. An und für sich ist die Schwarzföhre gegenüber Waldbränden sehr widerstandsfähig. Rasch hinwegeilendes Bodenfeuer hinterläßt lediglich angekohlte Borke, wodurch der Transport des Saftstro-

Der Steinklee nahm den „jungfräulichen" Waldboden, der durch die Aschensubstanz wieder fruchtbar geworden war, in stürmischen Besitz.

Steinklee und Breitblättrige Platterbse wuchsen in enger Gemeinschaft auf: die steifen Stengel des Steinklees wurden von den langen Trieben der Platterbse als Stütze benutzt.

Die vom verbrannten Holz gesäuberten Flächen begannen sich mit unzähligen jungen Pflanzen der Zypressen-Wolfsmilch zu bedecken.

Die Zypressen-Wolfsmilch ist Erstsiedler auf dem noch schwarzen Boden.
Ihr schnelles Besitzergreifen des Boden läßt darauf schließen, daß große Samenvorräte ungenützt vorhanden waren.

mes nicht beeinträchtigt wird. Wenn aber das Wipfel- und Astholz gefällter Bäume unkontrolliert liegenbleibt, bilden sich hier Glutnester, die sehr wohl den ganzen Stamm und somit auch die Kronen entzünden. Ein Kronenfeuer vernichtet den gesamten Bestand, woran der unpflegliche Eingriff des Menschen mitschuldig ist.

Keine Rettung im Brandfalle gibt es für einen nicht ausgelichteten Jungwald. Wenn die Jungföhren ein Alter von 10 Jahren erreicht haben, sind sie gegen Witterungseinflüsse unempfindlich, nicht aber gegen Feuer. Das Bodenfeuer dringt in das verfilzte Astwerk ein, bekommt zu wenig Sauerstoff und schwelt unter Rauchgasentwicklung so lange weiter, bis das stickige Holzgas sich einmal selbst entzündet. Explosionsartig werden die brennenden Reisigteile hunderte Meter weitergeschleudert. Das pflegliche Durchforsten eines Jungwaldes könnte derartige Katastrophen mildern. Die unterirdischen Teile der Pflanzen haben im vorliegenden Brand kaum Schaden genommen. Von der Reaktion der krautigen Pflanzen auf den über sie hinwegeilenden Brand soll hier nach eingehenden Beobachtungen berichtet werden.

Beobachtungen im 1. Jahr nach dem Brand

In den ersten Monaten nach dem Brand fanden zunächst umfangreiche Rodungs- und Aufräumungsarbeiten statt. Das Interesse galt der Abschätzung des Schadens, den die Natur und die Besitzer des Waldes erlitten hatten. Da es ein reiner Nadelholzbestand gewesen, der hier vernichtet worden war, drängt sich die Frage auf, ob ein Mischwald ebenso anfällig gewesen wäre.

Die lockere Nadelstreu, die überdies sehr harzreich ist, und das sperrige Totholz am Boden von Kiefernwäldern begünstigen die Zündung und Ausbreitung von Feuern in Dürreperioden. Je mehr Laubhölzer den Nadelhölzern beigemengt sind, desto geringer wird die Brandgefahr. Der Einwand, der magere Boden über Fels und Schotterablagerungen sei für Laubhölzer ungeeignet, trifft nicht zu. Schließlich sind im Schwarzföhrenbereich immer wieder Feld- und Bergahorn, Flaumeiche, Elsbeere, Mehlbeere, Birken und Wildobst-Arten eingesprengt.

Die Birke ist beispielsweise ein gut geeigneter Flammenschutz. Das Birkenholz brennt zwar im frischen Zustand, es brennt aber im außen liegenden Bast so langsam, daß Zeit für den Schutz des dahinter liegenden Waldes gewonnen werden kann. Die Birke wird daher in brandgefährdeten Nadelwäldern oft als Feuerschutzstreifen entlang der Verkehrswege eingebracht.

Im Zentrum des Schwarzföhren-Brandes waren die Bäume bis zu den

Durch die Schlägerung und dem Abtransport der verkohlten Stämme war ein ausgedehnter Kahlschlag entstanden, auf dem die gelben Körbe des Grauen Leuenzahns tonangebend wurden.

Der Graue Leuenzahn (Löwenzahn), vor dem Brand hin und wieder vorkommend, wurde zu einer aspektbildenden Massenpflanze. Der Einzelstock bekam kräftigere Blattrosetten und brachte oft Dutzend Körbe hervor.

Eine Kugel-Teufelskralle mit einer lauernden Krabbenspinne.

Der Duft-Schöterich, ein kräftiger Kreuzblütler, wurde zur tonangebenden Art während des ganzen Sommers.

Die Bunt- oder Filz-Flockenblume (Centaurea triumfetti) fühlte sich auf den frisch mineralisierten Waldböden besonders wohl.

Eine nahezu explosionsartige Vermehrung erfuhr die Kugel-Teufelskralle, im Volksmund „Rapunzel“ genannt.

Der Färber-Meier (Asperula tinctoria), ein Bewohner trockener Waldsäume, bringt eine Fülle dreizackiger Blüten hervor. Seine Wurzeln wurden einst zum Rotfärben verwendet.

Das Bild zeigt, wie umsichtig die Natur bemüht ist, jedes Fleckchen Boden auszunützen. Grauer Löwenzahn und Alpen-Steinquendel besiedeln zuerst den kahlen Boden. Eines Tages müssen die Erstbesiedler anderen, noch stärkeren Pflanzen weichen – es sind in der Regel Sträucher und Bäume.

Wipfeln verbrannt. Hier mußten die verkohlten Stämme gefällt und beseitigt werden. Bei den angekohlten Stämmen der Randzone des Feuers verhielt man sich abwartend. Mancher für tot geglaubte Baum erwachte im Laufe des Frühlings wieder zu neuem Leben. Auf den schwarzen Flächen des Randbereiches, wo die Flammen vom Wind getrieben, rasch über den Boden hinwegeilten, begann es bald zu grünen. Hier gab es lediglich nur oberflächliches Bodenfeuer; die Humusdecke war intakt geblieben und nur stellenweise wurde der darunterliegende Mineralboden freigelegt. Natürlich wurde der Boden mit mehr oder weniger großen Mengen Aschensubstanz der verbrannten Organismen (Grasstengel, Nadeln, Zapfen, Rinde, Blätter) angereichert, verjüngt und fruchtbarer. Auf baum- und strauchfreien Flächen, also auf Trockenrasen und Ödland, war die Hitze-Einwirkung auf den Bewuchs am geringsten, eine nachhaltige Schädigung des Bodens blieb aus, auch der Aschenrückstand war geringfügig. Hier setzte schon im ersten Frühling ein vermehrtes Wachstum und Grünen ein. Als Pioniere unter den neu siedelnden Pflanzen fielen 3 Arten auf: Der **Steinklee*** *(Melilotus officinalis)*, die **Breitblättrige Platterbse*** *(Lathyrus latifolius)* und das **Landschilf** oder **Land-Reitgras** *(Calamagrostis epigejos)*.

Die beiden Schmetterlingsblütler bildeten an manchen Plätzen ein undurchdringliches Dickicht von 1 m Höhe. Die steifen Stengel des Steinklees wurden von den langen Trieben der Platterbse als Stütze benützt, von allen Seiten umschlungen und dadurch wieder selbst gestützt. Es überraschte nicht so sehr die stürmische Besitzergreifung des jungfräulichen Bodens – beide Pflanzen sind Rohbodenpioniere – vielmehr verblüffte das enge gemeinschaftliche Aufwachsen. Doch schon im nächsten Jahr war es mit dem trauten Zusammensein vorüber. Das schnelle Verebben an Nährstoffen führte wieder zur Entflechtung der beiden Arten. Hingegen hielt die Expansionskraft des Landschilfs unvermindert an. Dieses robuste Gras hat alle Voraussetzungen für eine erfolgreiche Neubesiedlung von Böden. Seine Konkurrenzkraft ist unabhängig von den Bodeneigenschaften. Feuchtigkeit und Säuregrad können beträchtlich variieren, wenn nur im Frühling genügend Wasser zur Verfügung steht und der Feuchte-Horizont im Laufe des Sommers nicht allzu tief absinkt.

Frühjahr und Sommer 1984 herrschte auf den vom Brand gezeichneten Flächen große Unruhe. Das großflächige Abholzen der verkohlten Stämme und ihr Abtransport durch Fuhrwerke aller Art ließen zunächst keinen Gedanken für die pflanzliche Neubesiedlung aufkommen. Die kahlgeschlagenen Hänge mit ihrer düsteren Bodenfärbung hinterließen im Betrachter eine allgemeine Traurigkeit – basieren doch die meisten derartigen Katastrophen auf Gedankenlosigkeit und Gleichgültigkeit des Menschen.

Im Zentrum des Feuers, wo die Bäume bis zum Wipfel verbrannt waren,

Das Nordische Labkraut (Galium boreale) vermehrt sich von Jahr zu Jahr und verdrängt andere Blütenpflanzen, die auf Dauer den mageren Untergrund nicht vertragen. Die dichten, pyramidalen Blütenstände werden im Juli zum prägenden Element der weiten Flächen.

Der Trauben-, auch Schwärzlicher Geißklee genannt, wird unter günstigen Bedingungen ein etwa 50 cm hoher und ausladender Strauch. Er war einer der schnellsten Besiedler dunkler Bodenteile, eine Vorliebe für Kalk kann ihm nicht abgesprochen werden. Im Winter friert der Strauch fast immer zurück.

gab es in der Folge einen völligen Kahlschlag. Auch der Humus war stellenweise in Mitleidenschaft gezogen, besonders dort, wo alte Reisighaufen von früheren Schlägerungen gelegen waren. Geringer war seine Schädigung, wo er von einer dicken Nadelschicht bedeckt war. Mit dieser Nadelschicht und der Fruchtbarkeit des Waldbodens hat es eine besondere Bewandtnis. Der jährliche Zuwachs an Nadeln leitet eine Versäuerung des Bodens ein, die zur Verarmung an Nährstoffen führt, was wieder das Entstehen einer geschlossenen Pflanzendecke verhindert. Nur wenige Pflanzen finden hier das Auslangen. Als Beispiel sei der **Wald-Wachtelweizen** *(Melampyrum sylvaticum)* angeführt. Er parasitiert im modrigen Nadelsubstrat von saurer Beschaffenheit und gilt als Säurezeiger. Als Flachwurzler kommt er mit dem kalkreichen Untergrund gar nicht in Kontakt. – Der Brand schuf hier einen radikalen Wandel der Bodenverhältnisse und damit bessere Lebensbedingungen für Neusiedler. Die organisch gebundenen Nährstoffe wurden durch das Feuer mineralisiert und die entstandene Holzasche besaß eine hohe Konzentration von lebenswichtigen Elementen.

Alles wird wieder grün

Auf dem vom Brand gezeichneten Gelände gab es im 2. Jahr danach (1985) großflächige Kahlschläge und helle, ausgelichtete Waldpartien an ihren Rändern. Alles Strauchwerk war oberirdisch vernichtet worden; aus den alten Wurzelstöcken waren schon im vorigen Sommer erste zarte Triebe geschossen. Auf den kahlen Flächen brach nun neues Leben aus. Die unversehrt gebliebenen Wurzelstöcke ausdauernder Pflanzen erstarkten, wurden zwei- und mehrköpfig, um mit einer vermehrten Blütenpracht aufzuwarten. An den Stirnseiten der Kahlhänge setzte eine sich von Jahr zu Jahr steigernde Vermehrung der **Großen Kuhschelle*** *(Pulsatilla grandis)* ein. Schon in den ersten warmen Märztagen öffnete sie die hellvioletten Blütenglocken. Zwei Wochen später setzt die **Schwärzliche Kuhschelle** *(Pulsatilla pratensis subsp. nigricans)* den Blütenreigen fort. Gleichzeitig beginnt sich die Fläche mit den unzähligen gelbgrünen Blütenständen der **Zypressen-Wolfsmilch*** *(Euphorbia cyparissias)* zu schmücken. Als kleines Wunder muß es bezeichnet werden, daß der kahle Grund – vor 2 Jahren noch von Föhrenbäumen bestanden und voriges Jahr nichts als verbrannte Erde – schon so viele Wolfsmilch-Stöcke trägt. Die Frage nach der Ursache dieser Expansionskraft dieser Pflanze drängt sich auf. Woher sind die vielen Samen gekommen? Waren sie schon jahre- oder jahrzehntelang im Boden gelegen, um auf den Zeitpunkt des Keimens zu warten? Der Lebenslauf unserer Wolfsmilch könnte vielleicht manche Frage beantworten. Sie

Die Alant-Arten sehen sich sehr ähnlich. Die Blätter des Rauhen Alants fassen sich derb an und sind wie die Stengel borstig-rauh behaart.

Der Schwert-Alant hat schmälere Blätter von lineallanzettlicher Form und nur an ihrem Rande macht sich eine kurze Bewimperung bemerkbar. Beide Arten treten stets in größeren Trupps in Erscheinung.

ist eine Pflanze mit großer Anpassungsfähigkeit und geringen Ansprüchen an die Bodengüte. Sie wechselt ihr variables Aussehen mit der Jahreszeit, mit der Luftfeuchtigkeit, mit dem Alter und mit dem Mineralgehalt des Bodens. Für das Ertragen von Trockenheit ist sie bestens gerüstet: Schmale Blätter minimieren die Verdunstung; auch vermag der Milchsaft in all ihren Teilen das Wasser in den Geweben zu binden und damit die Verdunstung zu drosseln. Ein weitverzweigtes und feinmaschiges Wurzelgeflecht entnimmt auch dem trocken anmutenden Boden genügend Feuchtigkeit. Ein kräftiger Erdstock mit der Anlage für zahlreiche Erneuerungsknospen treibt Sprosse in alle Himmelsrichtungen aus, woraus sich das herdenweise Auftreten der Zypressen-Wolfsmilch erklärt. Auch die Art der Samenverbreitung trägt zur schnellen und weiträumigen Besiedlung des offenen Bodens bei. Die aus der reifen Fruchtkapsel weggeschleuderten Samen besitzen ein eiweißhältiges Anhängsel, das gerne von Ameisen verschleppt und verspeist wird.

Vom Mai an gehen wahre „Blühwellen“ über das Gelände hinweg und man kann es beim Anblick der grünen und bunter werdenden Flächen nicht begreifen, wie schnell die Natur das Antlitz der Landschaft verändert. Das Goldgelb der **Grauen „Leuenzahn“**[*]-Körbe *(Leontodon incanus)* wird für die sonnigen Hänge in den nächsten Wochen tonangebend. Vereinzelt wächst er schon immer auf dem kärglichen Boden der Föhrenwaldränder. Seine Vermehrungs-Explosion in so kurzer Zeit ist selbst für den interessierten Laien eine Sensation. Seine Ausrüstung mit tiefreichenden Wurzeln und graufilzigen Rosettenblättern ist für die Regulierung des Wasserhaushaltes auf diesem warmen Boden bestens geeignet. Die flächendeckende Ausbreitung ist für die mit Flugschirm (Pappus) ausgerüsteten Löwenzahnfrüchte ein gut lösbares Problem.

Zwischen den gelben Körben beginnen zunächst vereinzelt, bald aber in großen Mengen die **Kugel-Teufelskrallen**[*] *(Phyteuma orbiculare)* zu blühen. Wo sie in enger Nachbarschaft stehen, kommt es zu wunderschönen Farbkontrasten. Für gewöhnlich steht die „Rapunzel“, wie sie im Volksmund heißt, vereinzelt und bescheiden an lichten Waldstellen des Berglandes. Hier auf dem verbrannten Waldboden stehen sie zu Tausenden, ein dunkelblaues Blütenmeer. Sie dringen auch in die Tiefe des Waldes ein, gerade so weit, wie die Zungen des Feuers das Waldgras verbrannt haben. Die winzigen und federleichten Samen der Teufelskralle werden schon beim leisesten Wind verweht.

Es ist inzwischen Juni geworden und das Blühen nimmt an Intensität zu. Bei diesem stürmischen Blühverlauf fühlt man sich an die Blumenvielfalt mittelmeerischer Landschaften erinnert. Man ist fasziniert von der Blühorgie, die man diesem kargen Boden eines eintönigen Schwarzföhrenwal-

Der Echte Alant (Inula helenium) ist der nahe Verwandte von den vorhin gezeigten Alant-Arten. Seine Körbe werden bis 7 cm breit, seine Blätter 40–80 cm (!) lang. Als alte Kulturpflanze verwildert er nur vorübergehend.

Der Berg-Lauch (Allium senescens subsp. montanum) steht auf sehr warmen Standorten, auf Felsrasen oder flachgründigen Trockenrasen. Seine schmalen Laubblätter vermögen an heißen Sommertagen in einen „Sommerschlaf" zu verfallen, bis ein Regenguß sie wieder aufleben läßt.

Die Wald-Glockenblume ist vom Juni an die edelste und stattlichste Art ihres Geschlechtes.

Die hohen Sträuße des Jakobs-Greiskrautes bilden einen Höhepunkt des sommerlichen Blühens.

des nicht zugetraut hätte. Günstige Witterungsverhältnisse ließen in diesem Jahr die üppige Entwicklung der Pflanzen fördern.

In regelmäßigen Abständen gab es ausgiebige Regenfälle, die dem entblößten Boden trotz der immer stärker werdenden Sonneneinstrahlung genügend Feuchtigkeit verschafften. In dieser Phase zeigten sich die Kräuter den Gräsern überlegen. Die Waldgräser, die in der Kühle des Waldschattens aufwachsen, waren den gründlich geänderten Lebensbedingungen nicht gewachsen. Nur vereinzelt kamen die kompakten Horste des **Blaugrases** *(Sesleria albicans)* und der **Erd-Segge*** *(Carex humilis)* zum Vorschein.

Unter den Zweikeimblättrigen wird der **Duft-Schöterich*** *(Erysimum odoratum)* zur aspektbildenden Pflanze. Sein Blühen beginnt mit dem Öffnen einzelner goldgelber Kreuzblüten auf kurzer und gestauchter Traube. Es endet mit dem Entfalten kleiner Blüten am Ende langer Blütenstände. Das Blühen währt bis tief in den Sommer hinein. Noch während des Fruchtens sprießen laufend junge Pflanzen, der Samenvorrat des Schöterichs scheint unerschöpflich zu sein. Trotz dieser Überproduktion wird die Art in den folgenden Jahren nicht mehr dominieren. Nach dem Ausstreuen des Samens stirbt die Pflanze ab und überläßt die Arterhaltung ausschließlich den Samen. Die ausdauernden Pflanzen erweisen sich im Besiedeln der neuen Flächen erfolgreicher als Zweijährige.

Noch weitere Arten beginnen im Juni zu blühen. Ein buntgewirkter Blumenteppich deckt bereits den verkohlten Boden zu, wenngleich keine Art die Dominanz des Schotendotters oder der Teufelskralle erreicht. Große Stöcke der **Karthäuser-Nelke*** *(Dianthus carthusianorum)* mit einem Dutzend roter Sterne stehen inmitten kleiner Gruppen der **Bunten**

Die Buchs-Kreuzblume, ein robustes Zwergsträuchlein, hat alle offenen Kahlstellen des Waldbodens besetzt. Im Laufe des Monats Mai ist plötzlich der kahle Föhrenwald von den unzähligen gelben Kreuzblumen bedeckt.

Das Sand-Fingerkraut ist eine lichtliebende Steppenrasenpflanze; ihre Blüten gleichen kleinen Sonnen, die schon ab April die Oberfläche der weit ausgreifenden Flachpolster bedecken.

Das „Steinröserl" oder der Duft-Seidelbast bedeckt großflächig den kahlen Boden der Schlaglichtung im Föhrenwald. Ein zarter, fliederähnlicher Duft schwebt während des ganzen Monats Mai über den Hängen der Lichtung.

Das „Steinröserl" ist zweifellos das lieblichste pflanzliche Geschöpf auf diesem ausgebrannten Boden. Das Zwergsträuchlein ist mit einem dem Boden anliegenden Geäst ausgerüstet, dessen schmale grüne Blätter wärme- und kältebeständig sind. Die grazilen Blüten überstehen schadlos die eventuellen Spätfröste der Eisheiligen.

Flockenblume* *(Centaurea triumfetti)* mit violetten radförmigen Körben. Der **Berg-Klee** und der **Voralpen-Klee** *(Trifolium montanum und T. alpestre)* wachsen friedlich vereinigt ohne Konkurrenzdruck nebeneinander. Ganz in Weiß geben sich der fast 1 m hohe **Färber-Meister*** *(Asperula tinctoria)* und das **Nordische Labkraut*** *(Galium boreale)*, das nur 20 cm hoch wird.

Im Juli setzen einige stattliche Hochstauden den Blütenreigen fort. Das Weiß mit gelber Korbmitte stammt von der **Strauß-Margerite*** *(Tanacetum corymbosum)*; es harmoniert wunderbar mit dem Himmelblau der **Wald-Glockenblume*** *(Campanula persicifolia)*. Die **Berg-Kronwicke*** *(Coronilla coronata)*, eine pflanzliche Kostbarkeit, tritt in großen Pulks auf den Plan. Sie scheint das Terrain aufholen zu wollen, das ihr in den letzten Jahren durch die allzu starke Versauerung des Waldbodens verlorengegangen ist. Auch die verwandte **Scheiden-Kronwicke*** *(Coronilla vaginalis)* siedelt in der Nähe, jedoch auf flachgründigem, feinerdearmen Boden und in der prallen Sonne. Zum Verwechseln ähnlich sieht ihm der **Schopfige Hufeisenklee*** *(Hippocrepis comosa)*, der mit ihm eng vergesellschaftet ist und in flachen Polstern den Boden unter sich feucht zu halten versucht. Eine Sonderstellung unter den gelben Schmetterlingsblütlern nimmt der **Trauben-Geißklee*** *(Cytisus nigricans)* dank seiner Größe und Wuchsform ein. Am Waldsaum und auch auf tiefgründigeren Sonnenhängen hat er sich mit seinen verholzenden Zweigen festgesetzt. In den folgenden Jahren wird sich der attraktive Kleinstrauch ungehemmt ausbreiten und stellenweise andere Pflanzen verdrängen. Tiefe Temperaturen lassen seine dünnen holzigen Zweige bis zum Erdstock zurückfrieren. Am hübschesten sind seine rutenförmigen Zweige, wenn sie sich dicht mit Blüten und Blütenknospen – die an helle Perlen erinnern – zu schmücken beginnen.

Im Juli 1985 werden wiederholt Temperaturen bis 30 Grad C gemessen, trotzdem gibt es an den Pflanzen des neubesetzten Bodens keine Trockenschäden. Fast wöchentlich fallen ausgiebige kurze Niederschläge, sodaß selbst die nach Süden geneigten Hänge nur oberflächlich abtrocknen. Das Frühlingsgrün ist einem satteren Ton gewichen. Warme, gelb-braune Farbtöne bilden den Grundton, von dem sich die Blüten des Sommers abheben. Nicht eine Vielzahl von Arten steht in Blüte, großflächige Bestände ein und derselben Art sorgen vielmehr für den optischen Reiz. Zwei Alant-Arten sind es, die mit großen gelben Blütenkörben die Hänge in ein goldenes Licht tauchen. Obwohl sich ihre „Korbgesichter" fast gleichen, sind sie an ihren Blättern gut zu unterscheiden. Die des **Rauhen Alants*** *(Inula hirta)* fassen sich derb an und sind wie die Stengel borstig-rauh behaart. Der **Schwert-Alant*** *(Inula ensifolia)* hat schmälere Blätter, die nur am Rand kurz bewimpert sind. Die flächenmäßige Ausdehnung der Bestände wird sich von Jahr zu Jahr steigern, sie ist das Ergebnis eines stark verzweigten und weithin kriechenden Wurzelstocks. Der Alant-Aspekt prägt durch mehrere Wochen hindurch das Antlitz der neubesiedelten Flächen.

Das **Weidenblättrige Rindsauge*** *(Buphthalmum salicifolium)* verstärkt noch auf unserem Areal den durch Gelb geprägten Sommeraspekt. Dieser Korbblütler ist wohl der ausdauernste und fleißigste Blüher. Vom 1-körbigen Stengel des Frühsommers bis zum vielkörbigen Stock des Sommerausgangs wird unaufhörlich gewachsen, geblüht und gefruchtet. Als „Universalist" findet er vom Tiefland bis in Hochlagen sein Auslangen. Der Blütenstrauß des **Jakobs-Greiskrautes*** *(Senecio jacobaea)* beugt sich unter der Last der vielen gelben Körbe. Wer um sein bescheidenes Dasein auf Trockenrasen und Kalkschotterböden weiß, würde beim Anblick dieser hohen und weit ausladenden Stöcke an eine Hybride unbekannter Korbblütler denken. Greiskräuter sind dafür bekannt, daß sich ihre Früchte dank eines Flugorgans rasch verbreiten und somit auch bevorzugte Plätze auf Neuland gewinnen.

Die letzte große Blühwelle setzt nach dem Verebben der ärgsten Sommerhitze ein. Einige Doldengewächse haben sich eingefunden, sie haben bisher auf Straßenrändern, Böschungen und in aufgelassenen Schottergruben ein unbeachtetes Dasein geführt. Auf dem neuen „offenen" Boden finden sie unbehindert viel Platz für ihre Ausbreitung. Die **Heilwurz** *(Seseli libanotis)* mit 2 m hohen Stengeln, mehrfach gefiederten Blättern und kompakten weißen Blütendolden ist die stattlichste Erscheinung am Platz. Als 2-jähriges Gewächs hat es nur eine begrenzte Lebensdauer und wird schon in den nächsten Jahren die neu eroberten Standorte nicht halten können.

In der Gesellschaft der Heilwurz hat sich die ebenfalls weißblühende **Hirschwurz*** *(Peucedanum cervaria)* breitgemacht. Als ausdauernde Pflanze der Waldränder und der verbuschten Trockenwiesen ergreift sie vehement Besitz vom Neuland und wird sich auch in den nächsten Jahren vermehren. Auch für das gelbblühende **Sichelblatt-Hasenohr** *(Bupleurum falcatum)* ist eine günstige Zeit für Vermehrung und Ausbreitung angebrochen. Schon im nächsten Jahr wird der Mutterstock mittels Samen Dutzende junger Stöcke um sich scharen und mehrere Quadratmeter des dunklen Bodens beanspruchen.

Wo die Humusauflage besonders spärlich ist, hat sich der **Berg-Lauch*** *(Allium montanum)* auf den heißesten Standorten festgesetzt. Diese Pionierpflanze sieht man sonst nur vereinzelt, hier aber hat sie in diesem Sommer große Flächen mit Beschlag belegt. Selbst Felsritzen, die spärlich mit Humus gefüllt sind, genügen dem Lebenskünstler. Wenn es ihm zu trocken wird, verfällt er in eine Art „Sommerschlaf", um erst wieder beim nächsten Regenguß aufzuwachen. Der letzte farbliche Höhepunkt auf den bereits

Purpurlila-Schwarzwurz: Laubblätter rinnenförmig, Stengel einfach bis wenig verzweigt, 1–4 Körbe; gefährdet!

Waldsteppen-Windröschen: 5 Perigonblätter, Laubblätter handförmig, 3–5teilig; gefährdet!

Großblütige Brunelle mit violettbraun überlaufenen Blütenständen.

Blütenstand der Breitblatt-Platterbse, auch „Bukett-Wicke“ genannt.

Besonders üppiger Blütenstand des Immenblattes.

Heide-Günsel oder Zottiger Günsel: zottig behaarter Lippenblütler.

fahl gewordenen Flächen stammt von den Körben der **Bergaster*** *(Aster amellus).* Nirgendwo blühen in der weiten Umgebung so viele ihrer farbenprächtigen Körbe wie hier auf den Flächen, die zur selben Zeit des Vorjahres noch vegetationslos gewesen sind. Mit der goldgelben Scheibe aus Röhrenblüten und den violetten Strahlen der Randblüten ist sie eine der schönsten einheimischen Astern.

Beobachtung in den folgenden Jahren

Der letzte Schnee im Jahr 1986 fiel zwar erst am 12. April, doch holte der Frühling in kurzer Zeit nach, was er bisher schuldig geblieben war. Das große Blühen des Vorjahres sollte eine Fortsetzung und Ausweitung erfahren. Verbliebene Kahlstellen im Gelände wurden neu besiedelt. Manche brandgeschädigte Art, die sich im Vorjahr mühsam erholt hatte, gelangte heuer zu besonders üppiger Entfaltung. Ein gutes Beispiel hiefür liefert die **Buchs-Kreuzblume*** *(Polygala chamaebuxus).* Dieses robuste Zwergsträuchlein ist soeben dabei, auf allen offenen kahlen Flächen seine gelben, seltener auch purpurnen Blüten zu öffnen. In der Tracht erinnert es an einen Buchs, der sich fest dem Boden anschmiegt, um gleichermaßen mit Sonne, Wind und Kälte zurechtzukommen.

Es fällt schwer, die stürmische Inbesitznahme der kahlen Flächen, die Rückkehr des Lebens auf die verbrannten Flächen mit Worten zu beschreiben. Man ist bei jedem Besuch von der sich ständig veränderten Blütenpracht aufs neue beeindruckt. Schon die erste Begehung der vorjährigen Blühfläche läßt einen neuerlichen Vegetationsschub erkennen. Die Zahl der Kuhschellenstöcke hat sich nicht nur vermehrt, auch ihre Durchmesser sind ansehnlicher geworden. Die ersten Schaftlosen Primeln öffnen in der einstigen Strauchzone ihre hellgelben Blütenräder. Kleine Gruppen von Frühlings-Adonisröschen haben sich neu eingefunden. Die Horste des Blaugrases stehen bereits überall in Blüte. Auf einer sonnigen „Bergterrasse" schicken sich die flachen Polster des **Sand-Fingerkrautes*** *(Potentilla arenaria)* zum Blühen an. Diese lichtliebende Steppenrasenpflanze öffnet zuerst die Randblüten des weit ausgreifenden Polsters, um einige Tage später die ganze Oberfläche mit kleinen „Sonnen" zu bedecken. **Regensburger Zwerggeißklee** *(Chamaecytisus ratisbonensis)* und **Heide-Ginster*** *(Genista pilosa),* zwei gelbblühende Schmetterlingsblütler, haben mit ihren flachen und unregelmäßig-langen Zweigen sonnige Plätzchen okkupiert. Der frei verfügbare Raum wird bereits deutlich enger. Das eindrucksvollste Schauspiel unter den „Bodendeckern" bietet der **Duft-Seidelbast***, kurz auch als **„Steinröserl"** *(Daphne cneorum)* bezeichnet. In der 1. Maihälfte ist es die tonangebende Art auf den Hängen und Waldrändern. Seine Zweiglein

Ein blühfreudiger Stock der Österreichischen Schwarzwurz. Der Großteil ihrer Blütenkörbe bricht schon vor der Entwicklung der grasartigen Laubblätter auf; Stengel 1körbig; gefährdet!

Am Fuße eines Schwarzföhrenstammes hat sich ein niederliegender Zwergstrauch eingefunden, dessen Kronblätter seidig behaart sind: es ist der Heide-Ginster, der mit bescheidenen Bodenverhältnissen zurechtkommt.

Diese dekorative Schwarzföhre steht am Weg von Alkersdorf auf die Mandling-Berge. Sie ist ca. 200 Jahre alt. Ihre Wuchsform läßt ein ungestörtes Wachstum erkennen.

sind zur Gänze mit den rosaroten Blüten bedeckt, von denen ein zarter fliederähnlicher Duft ausgeht. Von allen Kleinsträuchern zeigen sie die stärkste Ausdehnungstendenz, sie werden in den folgenden Jahren manch andere Pflanze verdrängen. Am besten scheinen sie noch mit den Stöcken der **Österreichischen Schwarzwurz*** *(Scorzonera austriaca)* zu harmonieren. Deren gelbe Korbblüten brechen schon vor der Entwicklung der grasartigen Blätter auf.

Einige lichthungrige Sträucher öffnen in den warmen Maitagen ihre Blüten: Die **Felsenbirne*** *(Amelanchier ovalis)* ist eine Zierde des Föhrenwaldes und steiniger Felsrücken mit geringer Humusauflage. Ihre weißen Blüten und die jungen Blätter tragen einen silbrig-glänzenden Woll-Besatz, was entfernt an die Edelweißblüte erinnert (Volksname: „Edelweiß-Strauch"). Auch die **Steinmispel** *(Cotoneaster integerrimus)* hat sich so weit erholt, daß sie ihre Bündel rosafarbener Blüten aufstecken kann. Daß Grauer Löwenzahn und Teufelskralle ihre Blühfreudigkeit in diesen Maitagen besonders unter Beweis stellen, dürfte an dem günstigen „Wachswetter" liegen. Damit haben beide Pflanzen ihren Höhepunkt erreicht, die Teufelskralle ging in den nächsten Jahren auf ihre normale Bestandsstärke zurück. Eine wundersame Vermehrung von diesem Jahr an erfahren die **Steppen-Windröschen*** *(Anemone sylvestris).* Aus ihren nickenden Blütenknospen werden große, weithin leuchtende Blumenräder. Ihr geselliges Beisammenstehen geht auf die Fähigkeit zurück, Wurzelbrut zu bilden. Bis zum Frühling 1992 haben sich die lieblichen Anemonengruppen um ein Vielfaches vermehrt. Natürlich haben auch die kleinen ovalen Früchte mitgewirkt, die dank ihrer weißwolligen Behaarung für eine Windverbreitung bestens geeignet sind.

Das Echte Labkraut wurde nur vorübergehend zu einer eindrucksvollen Massenpflanze. Sein Honigduft gehört zum Geruchserlebnis einer Sommerwanderung. Das „Liebfrauenstroh" erfreute sich auch bei unseren Vorfahren großer Beliebtheit.

Der lichtdurchflutete Schwarzföhrenwald prägt im besonderen Maße die Landschaft des Alpenostsaumes und gibt ihm südliches Gepräge. Seine Bodenflora in den Monaten Mai und Juni enthält submediterrane und illyrische Elemente.

Die Gewöhnliche Händelwurz (Gymnadenia conopea) ist eine besonders robuste Orchideen-Art. Auf völlig kahlen Plätzen traten einzelne Exemplare von 75 cm Höhe auf. Mit dem Anwachsen junger Föhren verschwanden die prachtvollen Blütenstengel ebenso schnell, wie sie nach dem Brand empor geschossen waren.

Im Juni und Juli übernehmen vielfach einige Arten Labkräuter die Vorherrschaft. Zuerst erscheint das niedrige weißblühende **Nordische Labkraut*** *(Galium boreale)*. Es durchdringt mit seinem weitreichenden Wurzelgeflecht auch jene Böden, wo früher Teufelskrallen, Kreuzblumen und Fingerkräuter gestanden sind. Ein stiller und vom Beobachter kaum zu bemerkender Konkurrenzkampf hat bereits eingesetzt. Das **Echte Labkraut*** *(Galium verum)* war voriges Jahr noch mit wenigen Stöcken vertreten. Heuer sind daraus „Teppiche" im Ausmaß von Dutzenden Quadratmetern geworden. Die zitronengelben Blüten, stark nach Honig duftend, ziehen ein Heer von Bienen an, die Luft ist erfüllt vom Gesumm dieser „Hochleistungsgesellschaft". Wenn man die kleinen 4-zipfeligen Blüten des Labkrautes betrachtet, ahnt man nicht, welch großen Vorrat an Nektar sie bergen. Es ist die Vielzahl von Blüten, die den Anflug für die Bienen so attraktiv machen. Der süße, schwere Duft der Labkräuter gehört zum Geruchserlebnis eines Sommerspazierganges. Woher die Labkräuter ihren Namen haben? Griechische Hirten haben aus deren Stengeln eine Art Sieb gemacht, durch das sie die Milch gegossen haben, um ihr Gerinnen zu fördern. Deshalb auch der vom griechischen Wort *„gala"*, was „Milch" heißt, hergeleitete wissenschaftliche Name *„Galium"*. Auch im Mittelalter hatte das Volk Interesse für Labkräuter. Es ging die Sage um, daß die Gottesmutter Maria dem Jesukind das weiche Labkraut in die Wiege gelegt hätte. Das „Liebfrauenstroh", auch „Marien-Bettstroh" genannt, wurde von Malern gerne auf Mariendarstellungen verwendet.

Nicht so farbenprächtig und geruchsbetont gibt sich die **Dürrwurz** *(Innula conyza)*, eine Alant-Art, die sich im Vorjahr durch regelmäßig geformte Blattrosetten angekündigt hat. Sie sind auch während des Winters

Der Seidenhaar-Backenklee ist ein sommerlicher Dauerblüher. Seine verholzten Zwerggebüsche werden durch reichlichen Besatz mit seidig behaarten Blättern zu „sommerharten" Pflanzen.

Einst war der Hügel-Meier auf diesem Platz ein Kümmerling, den man kaum wahrgenommen hat. Auf dem mineralisierten Boden hat er einen neuen Lebensimpuls erhalten und besiedelt in Kranzform eine Fläche von 75 cm Durchmesser.

nicht eingegangen, im grünen Zustand haben sie unter der Schneedecke ausgeharrt. Nach der Regeneration im Frühling kommt der Blühsproß zur Ausbildung. Zur Hauptblütezeit im Sommer ist die Rosette verschwunden. Ihre trübgelben, herb nach Moschus duftenden Körbchen haben kaum 1 cm Durchmesser. Die Zungen der Randblüten sind so kurz geraten, daß sie nicht einmal den äußeren Hüllkelch überragen. Der Wasserhaushalt der Dürrwurz ist gut reguliert. In trockenen Sommern bleibt ihr sparriger Korpus niedrig und wenigästig. In feuchten Sommern hingegen werden meterhohe, weit verzweigte Doldenrispen mit hunderten Körben entwickelt. Selbst im vollen Saft stehend, macht die Pflanze eher einen „dürren" Eindruck (Name!), der von den lederigen Hüllblättern noch verstärkt wird.

Unentwegt blühen in diesen Sommertagen die beiden Gamander-Arten: Der **Edel-Gamander** *(Teucrium chamaedrys)* mit einseitswendigen Blütentrauben in Hellrosa und der **Berg-Gamander**[*] *(Teucrium montanum)* mit endständigen Köpfchen von weißen Blüten. Die Lippenblüten dieser Arten sehen „verstümmelt" aus, weil der Mittelzipfel der Oberlippe bogenförmig aus- oder abgeschnitten erscheint. Für Bienen und Hummeln wird dadurch der Bestäubungsvorgang zu einem sicheren Unternehmen.

Das **Immenblatt**[*] *(Melittis melissophyllum)* ist in diesem lichtdurchfluteten Teil des Föhrenwaldes der schönste Lippenblütler. Die großen, sich weich anfühlenden Laubblätter deuten eher auf eine Schatten- als auf eine Lichtpflanze hin. Hier aber verhält sich das Immenblatt anders, es hat die Umstellung der Lichtverhältnisse meisterhaft bewältigt. Mehrere, selbst verzweigte Stengel mit 4 bis 6 Blüten im Quirl entspringen dem ausdauernden Wurzelstock. Leuchtendes Purpur ziert die Mittelzipfel der Unterlippe, aber auch die anderen Blütenteile tendieren zur Buntheit, nur die Rückseiten tragen das gewohnte Weiß. Seine durchschnittliche Höhe beträgt 40 bis 50 cm. Bevorzugt werden in der Regel Kalk- oder Lößböden in trockenen Laubmischwäldern und zwischen Gebüschen. Auch hier sucht das Immenblatt den Freiraum zwischen den wieder erstarkenden Gebüschen auf.

Der auf Föhrenwaldlichtungen heimische **Steppen-Günsel**, auch **Heide-** oder **Genfer-Günsel**[*] *(Ajuga genevensis)* hat auf den trockenen Kalkböden eine ihm zusagende Heimstatt gefunden. Er hat hier auf einem mit Erde durchmischten Geröllsteinhaufen Fuß gefaßt. Fleißige Hände haben vor mehr als hundert Jahren die Steine in den Gemüsefeldern aufgelesen und damit niedrige Dämme aufgeschüttet. Sie stammen aus einer Zeit, in der die Südhänge des Hochplateaus „Auf dem Hart" noch nicht mit Schwarzföhren bepflanzt worden waren. Der wärmeliebende Genfer Günsel vermag diesen lockeren groben Schüttboden gut und rasch zu durchwurzeln. Als ausdauernde Pflanze hat er eine kräftige Hauptwurzel, die Wurzelausläufer bildet, an denen Adventivknospen angelegt werden. Mit dem Ab-

Die Blüteninsel (siehe Pfeil!) im Schwarzföhrenwald oberhalb des zu Waldegg gehörenden Ortsteils „Ober-Piesting", Aufn. 1990.

sterben des Mutterstockes treiben sie aus und bringen kleine sterile Rosetten hervor, die den ganzen Sommer über Aufbaustoffe für das nächstjährige Blühen sammeln. Dieser Wuchsform ist es zu danken, daß der Heide-Günsel zumeist in größeren Gruppen auftritt. Die Blüten sind hell- bis dunkelblau und stehen in Scheinquirlen, gestützt von 3-lappigen Deckblättern. Die undeutlich 2-lippige Blüte hat eine sehr kurze Oberlippe und eine 3-spaltige Unterlippe. Während der Vollblüte ist der Stengel von zottigen Haaren dicht besetzt, wodurch ein wirksamer Verdunstungsschutz gewährleistet ist. In Verein mit den himmelblau überlaufenen Deckblättern erweist sich der Blütenstand als eine für Großschmetterlinge willkommene Einkehrstätte.

Noch zwei Lippenblütler sollen Erwähnung finden, die immer häufiger diese Föhrenlichtung besiedeln. Der auffälligere ist ohne Zweifel die **Großblütige Brunelle*** *(Prunella grandiflora)*, zumal sie zumeist in größeren Gruppen beisammen steht. Sie zeichnet sich durch eine große kopfförmig gestauchte Blütentraube aus. Die einzelnen blauvioletten Blüten entspringen in den Achseln der herzförmig zugespitzten Deckblätter. Die Blüten haben im Gegensatz zu den Günsel- und Gamanderblüten eine wohlausgebildete Oberlippe. Der bräunliche Farbton ist in Wirklichkeit ein tief violetter mit einem Anflug von Braun. Die kleinere Schwester, die **Gewöhnliche Brunelle** *(Prunella vulgaris)* wurde nicht ohne Grund von unseren Vorfahren als das „braune“ Blümlein bezeichnet. In den Braunellen vermutete man, wahrscheinlich nur der bräunlich-violetten Blütenfarbe wegen, ein Mittel gegen die „Bräune“ (= alte Bezeichnung für Diphterie) und Halsentzündung („Braunheil“).

Die **Weiße** oder **Schlitzblatt-Brunelle** *(Prunella laciniata)* mit gelblich-weißen Blüten paßt in ihren Ansprüchen gut in die trockene und steinige Lokalität.

Sie ist unscheinbar und kann zwischen spärlichen Gras- und sonstigen Pflanzenhorsten kaum gesehen werden. Sie wurde nach ihren Blättern benannt, die zu schmalen Zipfeln zerteilt sind. Der Blütenstand nimmt ein Viertel der Stengelhöhe ein, das oberste Stengelblatt-Paar umgibt den gesamten Blütenstand. Die Großblütige und die Weiße Brunelle gelten als gefährdet.

Die sonst im Föhrenwald heimischen Orchideen haben sich im Randbereich des inselartigen Kahlschlages alle wieder eingefunden, es sind dies die Waldhyazinthe, das Schwertblatt-Waldvöglein und die Mücken-Händelwurz.

Als Dauerblüher, der von Jahr zu Jahr immer größere Flächen bedeckt, erweist sich der **Seidenhaar-Backenklee*** *(Dorycnium germanicum)*. Seine verholzten Zwerggebüsche sind reichlich mit seidig behaarten Blättchen besetzt, wodurch sie zu „sommerharten“ Pflanzen mit geringen Feuchtigkeitsbedarf werden. Ihre weißen, ein wenig bläulich schimmernden Schmetterlingsblüten geben sich mit der schwarzvioletten Schiffchenspitze gut zu erkennen.

Zum Abschluß sei noch ein Hinweis auf ein liebliches Pflänzchen erlaubt, das sich dem Anschein nach sehr bescheiden zeigt. Es handelt sich um den **Hügel-Meier*** *(Asperula cynanchica)*, ein kalkliebendes Krapp-Gewächs. Der lateinische Name „Asperula“ bezeichnet ein „rauhes Pflänzlein“, weil er sich selbst und auch seine Verwandten in Blättern und Früchten rauh anfühlen. Einst war dieses Pflänzlein hier ein Kümmerling im sauren Nadelsubstrat gewesen. Durch den Übergang in ein alkalisches Substrat hat die Pflanze einen gewaltigen Lebensimpuls erhalten, der zu einer Kreisbildung von 75 cm Durchmesser geführt hat. Das gebeugte Stengelchen trägt Quirl aus 4 schmalen Blättchen und weiße, außen rötlich überhauchte Sternblüten. Daß es vor langer Zeit als „Bräunekraut“ ein Volksheilmittel gegen die schon vorhin erwähnte „Bräune“ gegolten hat, ist längst in Vergessenheit geraten.

Ausklang: Nach wie vor blühen mehr Blumen auf der ehemaligen Brandstelle im Föhrenwald als irgendwo anders. Der Überschwang des Blühens ist allerdings vorüber. Wenn genügend Niederschläge fallen, werden für kurze Zeit die Erinnerungen an das großartige Blühen in den Jahren von 1985 bis 1989 wach. Junge Schwarzföhren, aus dem Samen der rundum stehenden alten Bäume hervorgegangen, geben bereits den Ton an. In weiteren 10 Jahren wird ein Jungföhrenwald die Stelle der Blumeninsel einnehmen.

Brachen als Erholungszentren der Ackerwildkräuter

Mit der Domestizierung von Wildpflanzen durch den Menschen kam es zur Anlage von Kulturflächen und damit begann die **Geschichte des Landbaues**. Vor etwa 10 000 Jahren haben Menschen in Vorderasien damit begonnen, Urformen der Getreidegräser und andere Wildpflanzen als „Hauspflanzen" zu sammeln und anzubauen. Aus der anfänglich primitiven Feldwirtschaft hat sich bis in unsere Zeit eine hochtechnisierte Landwirtschaft entwickelt, die das Antlitz unserer Erde tiefgreifend umgestaltet hat. Die stärksten Veränderungen der einstigen Naturlandschaften waren, bedingt durch die rasante Vermehrung der Menschheit und die daraus resultierende Vergrößerung der Anbauflächen, unserem Jahrhundert vorbehalten.

Einen grundlegenden Wandel erfuhr die Bodenbearbeitung mit der **motortechnischen Handhabung der Pflugschar**. Der Pflug, der ursprünglich nur mühsam mit der Muskelkraft von Mensch und Tier seine Furchen in die Erde zog, wurde in unserem Zeitalter zu einem technisch hochentwickelten Instrument, das zur grundlegenden Veränderung der Naturlandschaften, zur „Urbarmachung" des Bodens in kürzesten Zeiträumen eingesetzt wurde. Die Aufbereitung des Bodens für den systematischen Anbau von gleichartigen Kulturpflanzen brachte es mit sich, daß auch Wildpflanzen die Chance nutzten und in den aufgeschlossenen Böden, die der Mensch ausschließlich seinen Nahrungspflanzen bereitet hatte, Fuß faßten. Sie waren und sind es noch immer für den Landwirt: die unerwünschten Gegenspieler der Nutzpflanzen, die wir in unserer Sprache schon immer als **„Unkraut"** bezeichneten. Viele von ihnen stammen aus der Urheimat unserer Kulturpflanzen. Sie haben die jahrtausendelange Wanderung der Kulturpflanzen vom wärmeren Süden nach unserem rauheren Norden als unliebsame „Mitesser" begleitet, sie wurden als Kulturfolger in unseren Breiten ebenso heimisch wie die Kulturpflanzen selbst. Es hat der Mensch wohl in jeder Epoche versucht, das Auftreten der „Unkräuter" zu bekämpfen. Wie untauglich die Mittel dazu waren, läßt sich an der Art und Weise erkennen, wie man noch im Jahre 1940 in mittelgroßen landwirtschaftlichen Betrieben auf niederösterreichischen Äckern die Ackerkratzdistel, ein Wurzelausläuferunkraut bekämpfte: Mittels eines Distelstechers wurden die wenigen Dezimeter langen Sprosse samt eines kurzen Wurzelstockes abgeschnitten. Je öfter aber die oberirdischen Triebe entfernt wurden, umso zahlreicher entwickelten sich die Neuaustriebe der Ausläufer.

Noch vor wenigen Jahrzehnten gab es in jedem Getreidefeld eine bunte Vielfalt von allerlei Blumen, die jedermanns Auge und Herz erfreute. Ein Feldblumenstrauß aus blauen Kornblumen, roten Blüten des Feldmohns, weißen Körben der Hundskamillen und den violetten Kornraden war für den Städter schon immer das schönste Mitbringsel von einer Landpartie gewesen. Doch die bunten Kleckse in den Getreidefeldern sind verschwunden. Der modern arbeitende Landwirt hat mit den Erzeugnissen der Agrochemie dem bunten Zauber ein jähes Ende bereitet. Nach der Beseitigung der ungeliebten „Mitesser" und der Zugabe großer mineralischer Düngermengen sind die Hektarerträge gestiegen. Wer einmal dem Landwirt dabei zugesehen hat, mit welch großer Flut an Herbiziden er die Felder überschwemmt, wundert sich, daß die Ackerwildkräuter da und dort noch immer ihr Leben fristen. Die Ausrottung der „Unkräuter" scheint nur eine Frage der Zeit zu sein. Daß die bunten Blumen des Feldes dennoch nicht ausgestorben sind, ist fast als ein Wunder zu betrachten. Es überrascht den Beobachter außerordentlich, daß solche Parzellen, die nur ein halbes Jahr von Herbiziden verschont wurden, schon nach wenigen Monaten üppige Bestände von Ackerwildkräutern aufzuweisen haben. Selbst wenn ein Acker über mehrere Jahre hindurch intensiv mit Vertilgungsmitteln behandelt worden ist, tauchen eines Tages doch wieder – Gottseidank! – die Unkräuter auf. In der Ackerkrume vermag doch ein beträchtlicher Samenvorrat keimfähig zu bleiben, der laufend durch die wenigen zur Fruchtreife gelangten Einzelpflänzchen ergänzt wird. Auch eine gewisse Zähigkeit und Widerstandskraft scheint diesen Pflanzen innezuwohnen, mit der sie der Verfolgung begegnen. So weichen sie auf Plätze außerhalb der Felder, auf Raine, in Gräben und auf Erdaufrisse jeglicher Art aus. Bei günstigeren Verhältnissen kehren sie wieder in die Ackerkrume zurück, aus der sie vielleicht schon vor Jahren „vertrieben" worden waren. Um den einstigen Feldblumenbestand wieder herzustellen, würde es genügen, wenn der Landwirt veranlaßt werden könnte, auf das Aussprühen von Giften im Randbereich seiner Felder (Streifen von 2–4 m Breite) zu verzichten. Versuche in dieser Richtung mit aufgeschlossenen Landwirten sind auch schon in Niederösterreich mit Erfolg angelaufen. Noch günstiger wäre es, einen geringen Prozentsatz jener Flächen, die im letzten Jahrzehnt unter den Pflug gekommen sind – überflüssigerweise, wie die Überproduktion erkennen läßt – für die Neubesiedelung des Ackerlandes mit Wildkräutern zur Verfügung zu stellen. Allzuviel Ödland, Hutweiden, saure Wiesen, Steppenheiden u. ä. wurden zu unrecht in den letzten Jahren in Ackerland umgewandelt. Allzu leicht wurde es jenen Landwirten gemacht, die allein um des Profites willen mit radikalen Maßnahmen uralte Naturlandschaften in eintönige Kultursteppe umwandelten. Ein trauriges Beispiel hiefür bieten die einstigen Feuchtwiesen in der Neuen Welt zwischen Hoher Wand und Fischauer Vorbergen. Das Zerstören dieser kostbaren Feuchtbiotope hält bis in die Gegenwart unvermindert an.

Die **Brachen** waren bis zum Ende des vorigen Jahrhunderts durch die Dreifelderwirtschaft gekennzeichnet. Weil man damals weniger intensiv wirtschaftete (kein Mineraldünger!) als in der Gegenwart, ließ man den Boden ein Jahr lang ruhen. Heute kommt diese Form der Agrarwirtschaft nur mehr in Ausnahmefällen in Betracht. So läßt man z. B. schwere Böden zunächst brach liegen, um sie intensiv bearbeiten und kulturreif machen zu können. Auch zur wirksameren Bekämpfung des „Unkrautes“ bleibt gelegentlich ein Acker brach liegen. Jedenfalls findet man heute zwischen den bebauten Äckern selten brachliegende Flächen. Entdeckt man aber ab und zu dennoch ein mit bunten Blumen übersätes Feld, dann haben wir gewiß einen Brachacker vor uns. Man steht dann fassungslos vor dieser bunten Pracht und kann es nicht glauben, daß im Zeitalter der Herbizide ein so uneingeschränktes Blühen und Fruchten der Ackerwildkräuter noch möglich ist. Es hat den Anschein, als nützten sie in Vorahnung der kommenden Vernichtungswelle die Ruhepause zu einem gewaltigen Vermehrungsschub aus, dessen Ausmaß alle landläufigen Vorstellungen vom bescheidenen Dasein der feldbewohnenden Blumen bei weitem übersteigt. Irgendwo im Wiener Becken war am Rande einer dorflichen Siedlung ein großes Stück Ackerland in Bauland umgewidmet worden. Zwischen Parzellierung und Baubeginn waren mehrere Jahre vergangen. Der gute Ackerboden blieb brach liegen, und die bisher verdrängten und verfolgten Ackerwildkräuter hatten auf ihre Weise den Boden erobert. Am 6. Juni 1986 leuchtete dem Betrachter ein Blütenmeer in Weiß und Gelb entgegen, das vereinzelt immer wieder von roten und blauen Klecksen unterbrochen war. Auch leuchtende Brauntöne waren in den bunten Teppich eingewebt, sie rührten von den reifenden Früchten selten gewordener Blumen her.

Die Sorge einzelner Fachleute, daß von derartig brachgefallenen Kulturflächen Gefahren für den Boden oder für das noch genutzte angrenzende Kulturland entstehen könnten, sind unbegründet. Sollte es Brachen geben, die tatsächlich auf Dauer sich selbst überlassen blieben, dann käme es zur Entstehung von Busch- oder Waldland, zur Ablöse der Kräuter durch diverse Holzpflanzen. Diese Umwandlung würde lange Zeit benötigen, sodaß die dem Verdrängen ausgesetzten Kräuter ausgiebige Samenvorräte schaffen könnten. Die entstehenden Gehölzinseln inmitten der großflächigen Kultursteppen würden zu Naturinseln werden, die der arg dezimierten Tierwelt Wohn- und Heimstatt bieten könnten. Noch vor weniger als

Dieser Brachacker, unweit von Weigelsdorf 1986 aufgenommen, wurde durch das ungestörte Wachstum der Österreichischen Hundskamille in eine blühende Feldlandschaft verwandelt. Bei den vereinzelt stehenden Stöcken im Vordergrund ist der Konkurrenzdruck noch nicht so groß wie bei den im Hintergrund wachsenden Pflanzen, die schon im Vorjahr von der Brache Besitz ergriffen haben.

Die Blütenkörbe der Österreichischen Hundskamille sehen den Margeriten ähnlich, die Pflanzen unterscheiden sich aber wesentlich in der Wuchsform. Die Margerite ist eine mehrjährige Pflanze mit ungeteilten Blättern, die Hundskamille ist einjährig und hat kammartig gefiederte Blätter. Nach dem Aussamen verwelkt der halbkugelige Körper der Kamille und verrottet dort, wo ihn der Wind hingerollt hat.

50 Jahren war es durchaus möglich, daß sich aus Ackerbrachen sogenannte Hutweiden im Osten Niederösterreichs entwickelten. Da aber bei der heutigen Viehwirtschaft eine regelmäßige Beweidung derartiger Flächen nicht möglich ist, unterbleibt das Entstehen der Hutweiden. Über das gänzliche Verschwinden dieser herbschönen Flächen aus unserer heimatlichen Landschaft wird an anderer Stelle berichtet.

An Hand von 4 ausgewählten Brachäckern soll die Zusammensetzung der jeweiligen Pflanzengesellschaft dargestellt werden. Je nach den Umweltgegebenheiten und dem Pflegezustand der Fläche beim Beginn der Brache verläuft das Zusammentreffen der Ackerwildkräuter nahezu unwillkürlich, keiner bestimmten Gesetzmäßigkeit folgend. In allen Fällen war zu beobachten, daß jeweils eine Pflanzenart dominierte und damit der gesamten Fläche ihren Farbton aufprägte.

1. Beispiel, aufgenommen am 4. Juni 1986 bei Weigelsdorf: Die **Österreichische Hundskamille*** *(Anthemis austriaca)* beherrscht mit hunderttausenden Blütenkörben die zu Bauland umgewidmeten Ackerflächen. Sie siedelt auf den älteren Brachen in dichten und geschlossenen Beständen, die kaum eine andere Art aufkommen lassen. Auf jüngeren Brachen tritt unsere Hundskamille, die vom Aussehen her ganz an Margeriten erinnert, in Form kreisrunder, halbkugeliger Büsche in Erscheinung, die einen Durchmesser von 70 cm und eine Höhe von 60 cm erreichen. Sie sind die pflanzlichen Prunkstücke dieser verwilderten Feldlandschaft, ihr eine ungeahnte Dimension an Eigenwilligkeit und Schönheit verleihend. Die beigegebenen Bilder vermögen die Einmaligkeit dieses so flüchtigen Blumenparadieses kaum wiederzugeben. Die Österreichische Hundskamille ist eine einjährige Pflanze, deren Korpus nach dem Aussamen zugrundegeht. Ihr aufrechter Stengel verzweigt sich sehr stark und regelmäßig mit schräg aufwärts strebenden Ästen, sodaß alle Blütenkörbe genau an der Peripherie der „Halbkugel" sitzen, voll in den Genuß des Sonnenlichtes kommen und sich dabei in keiner Weise gegenseitig im Wege stehen. Die Blätter sind kammartig gefiedert, wollig langhaarig und beim Zerreiben bitter aromatisch duftend. Die Blütenkörbe erreichen einen Durchmesser von 35 mm; die gelben, winzig kleinen Röhrenblüten sind zu kleinen Köpfen vereint, die von weißen Zungenblüten strahlend umstellt sind. Sie erst bewirken die Auffälligkeit des gesamten Blütenstandes. In der Unzahl von Normalexemplaren finden sich einige wenige Büsche dieser Pflanze von geringerer Höhe, die nur aus kopfig vereinten Röhrenblüten bestehen und der weißen Randblüten entbehren. Diese Form der Österreichischen Hundskamille *(Anthemis austriaca forma cephaloides)* verdient allein schon deswegen Erwähnung, weil sie in der einschlägigen Literatur noch nicht beschrieben wurde.

Die Dorn-Gänsedistel hat sattgelbe Körbchen, die von Juni an bis in den Herbst hinein entwickelt werden. Der Name rührt von den stechend-dornig gezähnten Laubblättern her, die im oberen Bereich den Stengel schneckenartig umfassen. Die 1-jährige Pflanze vermag bis zu 5000 Samen zu produzieren.

Der Feld-Rittersporn fällt durch seine großen blauvioletten bis rosaroten Blüten auf. Sie haben verwachsene Honigblätter und einen langen, leicht nach oben gebogenen Sporn. Er liebt warme und lockere Kalksteinböden. Noch ist er im südl. Wiener Becken nicht gefährdet.

In der Zone des Brachlandes, in der die Büsche der Hundskamillen deutlich voneinander getrennt sind, wachsen eine Reihe anderer bekannter Ackerwildkräuter: der **Blasse Leindotter** *(Camelina rumelica)*, die **Rauhe** oder **Dorn-Gänsedistel*** *(Sonchus asper)*, die **Acker-Gänsedistel** *(Sonchus arvensis)*, der **Feld-Rittersporn*** *(Consolida regalis)*, der **Brachen-Schöterich** *(Erysimum repandum)*, das **Acker-Veilchen** *(Viola arvensis)*, das **Quendel-Sandkraut** *(Arenaria serpyllifolia)*, das **Rundblättrige Hasenohr*** *(Bupleurum rotundifolium)*, das **Hunds-Kerbel** *(Anthriscus caucalis)* und der **Acker-Mannsschild*** *(Androsace maxima)*. Letztgenannte Art gehört zur Familie der Schlüsselblumengewächse. Obwohl die ursprünglich über ganz Europa verbreitete Pflanze heute sehr selten geworden ist, tritt sie hier in

Das Rundblättrige Hasenohr, besser vielleicht als Acker-Hasenohr bezeichnet, ist sehr selten geworden. Die unscheinbaren Blüten sind zu 5- bis 10strahligen Dolden vereint. Von anderen Doldenblütlern unterscheidet er sich vor allem durch die mittleren und oberen Blätter, die in ihrer rundlichen Form den Stengel vollständig umwachsen. Einjähriger Pflanze, stark gefährdet!

großen Beständen auf. Bis vor wenigen Jahrzehnten war dieses zarte, weiß blühende Gewächs noch ein häufiger Gast in der Frühlingsflur des Wintergetreides.

Der Große- oder Acker-Mannsschild liebt jene Standorte, sie sich infolge ihres steinigen, trockenen und kalkhältigen Untergrundes rasch erwärmen. Auch auf sonnigen Hängen und Bahndämmen kann er gelegentlich sein Auslangen finden. Gelangt er wieder in ein Getreidefeld, vermag er nicht eine Giftkur zu überstehen. Sein hiesiges Vorkommen zwischen den Büschen der Hundskamille ist ein unübersehbares, auch er scheint in den letzten Jahren genügend Ruhe zur intensiven Verbreitung gehabt zu haben. In Deutschland wird diese Art bereits in eigenen Zuchtanstalten für Wildpflanzen gehegt und gepflegt, um sie vor dem Aussterben zu retten. Anfangs Juni sind alle Stöcke unseres Mannsschildes verblüht und setzen reichlich Frucht an. An doldenartig entspringenden Stielchen sitzen die mit Samen prall gefüllten Früchte, sorgsam von großen Hüllblättern schützend umschlossen. Ihr rötlich-brauner Farbton ist neben dem Weiß der Hundskamillen die zweite tonangebende Farbe des Feldes. Die übrigen Arten von Ackerwildkräutern traten mehr oder wenig bescheiden hinter diesen beiden beherrschenden Arten zurück. Für die Hundskamille besteht in der Zukunft kaum die Gefahr der gänzlichen Ausrottung, für den Großen Mannsschild kann dies nicht ausgeschlossen werden. Er müßte besonderen Schutz genießen, vor allem durch Erhalt seiner bevorzugten Lebensräume (Biotope).

2. Beispiel: Brachacker am Steinfeld bei Bad Fischau, aufgenommen am 16. Juni 1986: Als Hauptpflanze dieses Brachfeldes tritt die **Sandwicke**

Draufsicht auf einen reichlichen Bestand des Großen Mannsschild, einer fast schon verschollenen Ackerpflanze, die nur mehr spontan da und dort auftritt. Sie ist vor langer Zeit aus den Mittelmeerländern bei uns eingewandert oder eingeschleppt worden. Auf gutem Ackerboden wird das seltsame Primelgewächs bis 20 cm hoch, im lückigen Trockenrasen gerade noch 10 cm.

oder **Zottelwicke** *(Vicia villosa)* mit purpurnen bis blauvioletten Trauben von Schmetterlingsblüten in Erscheinung. Diese 1 bis 2-jährige Pflanze wurde früher oft als Futterpflanze kultiviert, weshalb ich auch zunächst angenommen hatte, es könnte ein normal bebautes Feld sein. Doch kam ich einige Tage später gerade zurecht, als ein Landwirt alle Pflanzen mit seiner tödlichen Brühe niederspritzte. Gleich neben dem Feld befindet sich die Niederlassung einer großen Baufirma. Die Fenster der Arbeitsbaracke waren an diesem schönen Frühsommertag weit geöffnet. Sicher hat man in den Arbeitsräumen den widerlichen Herbicidgeruch ebenso gerochen wie ich, der mit Bedauern am Feldrand stehend den Vorgang beobachtete. Es ist unglaublich, was man sich an Umweltsünden alles erlauben kann, ohne daß jemand Einspruch erhebt.

Der 30–70 cm lange Stengel der Zottelwicke kann ästig verzweigt sein und die Tendenz zum Klettern besitzen. Die Blütentrauben, je nach Bodengüte aus wenigen bis 30 Blüten zusammengesetzt, sind lang gestielt, einseitswendig und länger gestielt als das zugehörige Tragblatt. Sie wächst auch außerhalb von Ackerflächen; auch in Wiesen, zwischen Gebüsch und auf Halbtrockenrasen findet sie ihr Auslangen. Sie ist der **Vogelwicke*** *(Vicia cracca)* sehr ähnlich, ist aber allein schon durch ihre dichte Behaarung deutlich von ihr verschieden.

Zwischen den Büschen der Zottelwicke finden sich auch noch andere

Das Sommer-Teufelsauge, mit dem Frühlings-Adonisröschen nahe verwandt, ist eine 1-jährige Ackerwildpflanze. Die Sommer-Adonis wächst am liebsten im Getreide auf steinigen, trockenwarmen Äckern. Die starke Düngung und das dichter stehende Getreide machen dem „Blutströpfchen" – so heißt die Pflanze im Volksmund – das Leben schwer. In der Roten Liste wird die Pflanze als gefährdet bezeichnet.

Ein Klatsch-Mohnfeld am Eingang in das Piestingtal. Der Klatsch-Mohn zählt zu den bekanntesten und attraktivsten Ackerwildkräutern der Getreide- und Rapsfelder. Er ist Erstsiedler auf kalkhältigen und nährstoffreichen lehmigen Äckern. Nur kurze Zeit dauert das überschwengliche Blühen. Sobald die Blüten verwelken, findet die Pflanze keine Beachtung mehr. Gerade in diesem Stadium vollzieht sich das Wunder der Samenbildung.

Dieses Feld hat der Klatsch-Mohn nicht während der Zeit der Brache besiedelt! Er hat vielmehr dem gebauten Raps den Rang abgelaufen und ist allein zur tonangebenden Art geworden. In der Bildmitte, die Raingrenze markierend, eine Nickende Distel (Corduus nutans).

Ackerwildkräuter. So fällt zum Beispiel die **Möhren-Haftdolde** *(Caucalis platycarpos)* mit ihren unscheinbaren weißen Doldenblüten kaum auf. Von alters her ist sie aber ein regelmäßiger Besiedler von Getreidefeldern. Ihre Urheimat sind die östlichen Mittelmeerländer.

Sie zählt zu den Archaeophyten, d. h. zu jenen „Unkräutern", die schon in prähistorischer Zeit bei uns eingewandert sind. Mit ihren Klettfrüchten, als „Acker-" oder „Hauerläuse" bezeichnet, besitzt sie wirksame Verbreitungsorgane. Inmitten des Bestandes der Sandwicke finden sich, wenn auch vereinzelt, eine Reihe anderer Ackerwildpflanzen, z. B. der **Acker-Steinsame** (Lithospermum arvense), das **Sommer-Teufelsauge*** *(Adonis aestivalis)*, das **Ackernüßchen** *(Neslia paniculata)* und die **Sonnen-Wolfsmilch** *(Euphorbia helioscopia)*. Leider ist gerade die schönste Art, das mennigrote Sommer-Teufelsauge, sehr selten geworden und vom Aussterben bedroht.

Alle vorgefundenen Pflanzen sind kalkliebend, zeigen eine gewisse Toleranz gegenüber Trockenheit und haben einen größeren Bedarf an Wärme.

3. Beispiel: Brachacker in Wöllersdorf, aufgenommen am 21. Juni 1986: Der **Feldmohn*** *(Papaver rhoeas)* beherrscht die Brache, mit seiner nicht zu übersehenden Farbenpracht verzaubert er die ganze Weite des Tales. Je nach Sonnenstand und Bewölkung bringt dieses großfläche Rot Landschaftsstimmungen hervor, die vom Freundlich-Hellen bis zum Schwermütig-Düsteren reichen. Hier wird selbst der naturentfremdete Zeitgenosse zum stillen Bewunderer. Jedenfalls hat hier der Klatschmohn einen überzeugenden Sieg im ewigen Kampf gegen die Nachstellungen durch den Menschen davongetragen. Diese Blumenpracht ist schon im ver-

Der Wiesen-Alant blüht hier auf einem Brachacker, ein Beweis für die große ökologische Toleranz dieser Art. Sonst zeigt er eine Vorliebe für durchfeuchtete Wiesen.

gangenen Herbst vorbereitet worden. Aus den vorjährigen Samen der vereinzelt blühenden Mohnpflanzen entwickelten sich noch im Spätsommer und Herbst kleine Blattrosetten, die Kraft für das gegenwärtige Blühen sammelten. Im Frühling streckten sich die unzähligen grünen Sprosse unbehindert empor, kein Getreidehalm nahm ihnen Licht und Nahrung weg. Und jede Blüte wird tausendfältige Frucht tragen.

Die Kleinheit des Mohnsamens und sein geringes Gewicht (1 Körnchen wiegt 0,0001 g!) sind Voraussetzungen für eine so rasche und dichte Besiedlung des Brachackers. Die gefächerte Fruchtkapsel am Ende des hohen Stengels ist bestens für die Windverbreitung geeignet. Unter dem Kapseldeckel, der an der Oberseite radförmig verlaufende Narbenstrahlen erkennen läßt, öffnen sich zur Reifezeit kleine Löcher.

Zieht man den langen elastischen Stiel zur Seite, um ihn dann plötzlich loszulassen, dann werden die Samen wie aus einem Salzstreuer hinausgeschleudert. Der Wind vermag diese Bewegung des Stieles fortgesetzt nachzuvollziehen. Für ihn ist es ein leichtes Spiel, die winzigen Samen nach allen Seiten hin flächendeckend auszustreuen.

Alles, was sonst noch zwischen den Stengeln des Klatschmohns an Ackerwildpflanzen vorkam, war unbedeutend und unansehnlich. Auf diesem Feld hatte er alle übrigen Arten unterdrückt, hier hatten ihn günstige Umweltbedingungen und vermutlich auch der für ihn richtige Beginn der

Nur am Vormittag öffnet der Binsen-Knorpellattich seine kleinen Blütenkörbe. Am Nachmittag wird man die Staude mit ihren rutenförmigen Ästen und reich verzweigten sparrigen Stengel leicht übersehen. Nicht übersehen wird die Pflanze von Feldhasen und Wildkaninchen, was die kurzgebissenen Stengel erkennen lassen.

Brachenzeit zum „Alleinherrscher“ gemacht. Kurze Zeit später haben die prächtigen „Schauapparate“ der Feldmohnblumen ihre Schuldigkeit getan. Die Blütenblätter sind verwelkt und eintönig gelbgrün ist das Antlitz des Feldes geworden. Und gerade in dieser Phase der Unansehnlichkeit vollenden die Pflanzen ihr Lebenswerk. Die Biologie des Reifens ist mindestens ebenso interessant wie die Zeit der Entwicklung und Vorbereitung des Blühens. Doch gehen wir Menschen an einem Feld, wo Tausende Mohnpflanzen der Vollendung ihres Lebenswerkes entgegengehen, achtlos vorüber.

4. Beispiel: Brachacker bei Schönau a. d. Triesting, 9. August 1987: An Hand der vorhandenen Ackerwildkräuter war zu erkennen, daß der Boden schon lange Zeit nicht umgebrochen worden war; vermutlich war es ein „übersehener“ Acker von geringer Ertragserwartung. Der Acker streicht in nordsüdlicher Richtung und hat eine geringfügige Neigung. Das südliche Viertel des Feldes liegt etwas tiefer und besitzt mehr Bodenfeuchtigkeit als der größere nach Norden verlaufende Teil. Die Sonneneinstrahlung ist für das ganze Feld die gleiche. Es muß am höheren Grundwasserhorizont liegen, daß im tieferen Teil feuchtigkeitsliebende Pflanzen dominieren. Es war der **Wiesen-Alant*** *(Inula britannica)* der hier trotz sommerlicher Trockenheit in voller Blüte stand. Der Name deutet es an, daß er eher eine Wiesenpflanze ist. Doch findet man die Art auf verschiedenen Standorten. Der Wiesen-Alant weist eine erhebliche ökologische Toleranz auf. Er steht mit Vorliebe auf durchnäßten Wiesen und ist auch salzverträglich. Hier war er aber zur Ackerwildpflanze („Feldunkraut“) geworden. Die 30 bis 50 cm hohen Stengel sind über der Hälfte verzweigt, seidig bis zottig lang be-

Der Frauen- oder Venusspiegel, der trotz seiner radförmigen Blüten zu den Glockenblumen-Gewächsen gehört, bedeckt bei ungestörtem Wachstum ansehnlich große Flächen zwischen Acker- und Wegrand. Das dichte Nebeneinander der Blüten kommt durch viele end- und seitenständige trugdoldige Blütenstände zustande. Die Pflanze ist einjährig und in ihrer Existenz gefährdet.

Der Acker-Günsel, Gelbe Günsel oder auch „Schlagkräutlein" genannt, ist eine 1- bis 2-jährige Pflanze, die ebenfalls im mediterranen Gebiet beheimatet ist. Sein Sproß, meist nicht viel höher als 10 cm, ist stark verästelt und liegt dem Boden an. In den Achseln der dicht behaarten Blätter sitzen die wenigen, aber kräftig leuchtenden Lippenblüten; eine ebenfalls in ihrer Existenz gefährdete Pflanze.

Die Kleine Wachsblume (Cerinthe minor) gehört auf Grund ihres Blütenbaues zu den Rauhblattgewächsen; sie hat aber glatte, bläulich bereifte Blätter. Ihre stark von unten an verzweigten Stengel werden 50 cm hoch und sind reichlich mit dicht beblätterten Blütenwickeln ausgestattet. Bevorzugt werden kalkreiche, steinige Böden von Kleeäckern.

Der Acker-Schwarzkümmel mit seinem seltsamen Blütenbau ist sehr selten geworden. Er hat mit seiner Schwester im Garten, der „Jungfer im Grünen" (Nigella damascena) große Ähnlichkeit, nur hat er keine aufrechten Stengel und auch die feinzerschlitzte Hülle fehlt ihm. Als 1jährige Pflanze ist er stark gefährdet.

Die Rapunzel-Reseda, ein wärmeliebendes Pflänzlein steiniger Äcker, stammt aus den Mittelmeerländern. In früheren Zeiten war die Pflanze ein häufiges „Unkraut" in Blattfruchtäckern. Heute ist die Einjährige sehr selten geworden und vegetiert zurückgezogen auf Altbrachen, Rainen und Schotterrunsen, die einige Jahre unverändert bleiben. Gefährdet!

haart. Ebenso behaart und reichlich mit Drüsen versehen ist die Unterseite der ovalen Laubblätter. Der hübsche Blütenkorb wird aus goldgelben Röhren- und sehr schmalen Zungenblüten gebildet. Hunderte Stöcke erblühen hier auf einer Fläche, die nicht größer als eine Ar ist. Die kriechenden Wurzeln, die zur reichlichen Bildung von Wurzelsprossen tendieren, bilden eine wichtige Voraussetzung für diesen dichten Blumenflor in einer sonst eintönigen Feldlandschaft.

Dem nördlichen trockenen Teil des Ackers war es anzusehen, daß es schon längere Zeit nicht geregnet hatte. Hier war zweifellos der **Binsen-Knorpellattich*** *(Chondrilla juncea)* , ein ausdauerndes Gewächs, die dominierende Pflanze. Trotz seiner beachtlichen Höhe (1,20 m) fällt er mit seinen kleinen Blüten, seinen dünnen Verästelungen und seinem spärlichen Blattbesatz nicht auf und kann vom menschlichen Auge übersehen werden. Nicht übersehen wird er von Feldhasen und Kaninchen, die großen Geschmack an ihm finden. Die meisten Pflanzen waren nämlich abgeweidet. Die Körbchen sind aus wenigen gelben Zungenblüten gebildet und können sich mit der Auffälligkeit einer Alant-Blüte nicht messen. Sie öffnen ihre Blüten von Juni bis Oktober, es können daher auf jeder Staude gleichzeitig Blütenkörbe und Fruchtköpfe beobachtet werden. Die 8 mm langen Früchtchen sind zu einem gerieften Schnabel ausgezogen, der in einem Krönchen endigt. Der schneeweiße Pappus, aus mehreren Reihen von Borsten bestehend, gibt ein vorzügliches Flugorgan ab.

Andere Bewohner dieser Brache waren der **Acker-Steinquendel** *(Acinos arvensis)*, die **Rapunzel-Reseda*** *(Reseda phyteuma)*, der **Frauenspiegel*** *(Specularia speculum-veneris)* und der **Acker-Schwarzkümmel*** *(Nigella arvensis)*. Der Steinquendel ist eine 1-jährige Pflanze, die bei ungestörtem

Diese brach liegenden Flächen stellen nur ein Zwischenstadium dar: Vor kurzer Zeit gab es hier noch intakte Sumpfwiesen, jetzt sind es wüste Umbruchsflächen, auf denen der Acker-Senf (Sinapis arvensis) dominiert. Heute nimmt ein Karpfenzuchtteich die Stelle der Sumpfwiesen ein. Sumpfwiesen sind und bleiben mißhandelte Landschaftsteile.

Wachstum auch mehrjährig werden kann. Das unscheinbare Pflänzchen ist von unten an verzweigt, erreicht kaum 20 cm Höhe bei einer Blütenlänge von 6 bis 8 mm. Die hellrosavioletten Lippenblüten sind zu dreien in einem Scheinquirl vereinigt und stehen in mehreren Stockwerken übereinander. Im Duft erinnert das Kräutlein an den einer Pfefferminz.

Die Rapunzel-Reseda ist ebenso unscheinbar, kaum 30 cm hoch. Die vom Grund auf verzweigten Stengel sind teils aufrecht, teils ausgebreitet niederliegend. Die wenigen Blütchen, zu einer Traube zusammengefaßt, setzen sich aus 6 grünweißen Kronblättern zusammen, die zahlreiche Staubblätter und den Fruchtknoten umschließen. Die Kronblätter stecken mit einem kurzen Nagel im Blütenboden und endigen mit einer gefiederten Platte. Die keulenförmige Fruchtkapsel ist bis zur Reife mit den 6 Kelchblättern verbunden. Das trockenheitsliebende Gewächs stammt aus den Ländern des Mittelmeeres.

Der Frauenspiegel hat leuchtend violette Blüten, ihr Durchmesser beträgt 20 bis 25 mm. Weil die endständigen Trugdolden auch noch von seitenständigen umgeben sind, ergeben sich ausgedehnte Bündel von Blüten in gleicher Ebene. Das zarte Glockenblumengewächs ist als einjährige Pflanze des Ackerlandes in seiner Existenz bedroht und gefährdet.

Der Acker-Schwarzkümmel kann zwar mit einem sehr interessanten Bau seiner Blüten aufwarten, doch auch er kann sich mit der prunkenden

Schönheit des benachbarten Alants nicht vergleichen. Die radförmigen bläulich-weißen Blüten sind in der Feldlandschaft schon recht selten geworden. Das Fehlen einer Hochblatthülle und die große Zahl der Staubblätter weisen ihn als Hahnenfußgewächs aus. Die 2 bis 3-fach gefiederten Laubblätter sitzen verstreut am Stengel. Als ehemalige Steppenpflanze kommt der Schwarzkümmel mit bescheidenen Bodenverhältnissen und langen Trockenperioden zurecht. Im Steinfeld steht er ausschließlich auf warmen und kalkhältigen Steinböden. Im Notfall vermag er vom Acker auf den benachbarten lückigen Trockenrasen zu übersiedeln.

Brachen haben nur eine beschränkte Lebensdauer. Sie sind für die Wiederherstellung der Bodenfruchtbarkeit von größter Wichtigkeit. Brachflächen haben eine genau bemessene Lebenszeit, wenn die Stillegung der Drosselung der landwirtschaftlichen Überproduktion dient. Die Belange der Natur scheinen dabei keine allzu große Rolle zu spielen. Man sieht z. B. geförderte Brachflächen, die überhaupt keinen Bestand an Ackerwildpflanzen aufweisen. Wo die Natur ungehindert walten darf, wird stillgelegtes Ackerland zu einem Paradies für Pflanzen und Tiere. Brachflächen sind oft die letzte Zuflucht für Kleinsäuger und Rebhühner.

Noch gibt es einheimische Orchideen

Die Orchideen nehmen durch ihre Schönheit und ihre Besonderheit in Bau und Leben unter den Pflanzen einen bevorzugten Platz ein. Hinzu kommt bei fast allen Arten der Reiz der Seltenheit, weshalb das Aufsuchen ihrer Fundplätze zu den eindrucksvollsten Erlebnissen eines Freundes der Natur gehört. Die meisten Orchideen-Arten sind in den tropischen Gebieten der Erde beheimatet. Sie erreichen in den feucht-heißen Klimazonen von Asien, Afrika und Amerika ihre vollkommenste Ausbildung. Sie besitzen zum größten Teil Blüten mit auffälligen Farben und ungewöhnlichen Formen. In den Tropen wachsen zahlreiche Orchideen als Überpflanzen (Epiphyten) auf den Zweigen der Bäume oder in hohlen Stämmen, wo sie Halt und Stütze suchen, ohne jedoch Parasiten zu sein. Die einheimischen Orchideen sind ausschließlich bodenbewohnende Arten. Es gibt keine Pflanzenfamilie, deren Blütenformen so außerordentlich verschieden sind wie die der Orchideen. Deshalb verlangen auch die Blüten bei der Bestäubung ein ganz bestimmtes, der Blütenkonstruktion angepaßtes Insekt.

Bienen, Hummeln, Wespen, Fliegen und Schmetterlinge mit langen Rüsseln kommen hiefür in Frage. Nach dem Vollzug der Befruchtung beginnt der Fruchtknoten zu schwellen und benötigt Monate, die winzigen Samen zur Reife zu bringen. Ein frühzeitiges Abmähen, wie es im Rahmen einer landwirtschaftlichen Nutzung manchmal notwendig ist, verhindert eine Nachkommenschaft der Orchideen mittels Samen. Für die Verbreitung der reifen Samen sorgen das Heer der Insekten, wiesenbewohnende Vogelarten und bei hochstengeligen Arten besonders der Wind. Damit ist auch das gelegentlich gesellige Vorkommen mancher Arten zu erklären. Der Orchideensucher hat die Erfahrung gemacht, daß beim Vorhandensein einer Pflanze meistens mehrere derselben Art in näherer Umgebung wachsen. Nur dort, wo der Samen mit mikroskopisch kleinen Pilzen, den Mykorrhizen, zusammentrifft, kann er auch keimen. Diese dringen in den gequollenen Samen (Feuchtigkeit erforderlich!) ein und sind unerläßliche Helfer für die Nährstoffversorgung der jungen Pflanzen. Fehlt die „Pilzgesellschaft", so vermag sich die Orchideenart auch nicht zu entwickeln. Deshalb sollte auch das meist sinnlose Ausgraben durch Gartenliebhaber unterbleiben, eine Orchidee läßt sich nicht, wie z. B. eine Primel, versetzen .

Orchideensamen besitzen einen gewissen Fettgehalt, der sie vor Fäulnis bewahrt und befähigt, lange Zeit im Boden zu liegen, ohne zugrunde zu gehen. So können noch nach vielen Jahren an Orchideenstandorten, die für erloschen gehalten wurden, mit einem Male wieder die vermißten Arten erscheinen, vorausgesetzt, daß der Mensch die Bodenverhältnisse nicht zu ungunsten der Orchideen und ihrer Wurzelpilze verändert.

Orchideen sind ausdauernde Gewächse. Einige Arten, z. B. die Waldvöglein- und die Stendelwurz-Arten überdauern mit Wurzelstöcken. Die meisten einheimischen Arten besitzen aber unterirdische Knollen als Speicherorgan. Bei der blühenden Pflanze sind in der Regel 2 Knollen vorhanden. Eine von diesen ist schlaff und dunkel, die andere prall und hell. Die dunkle Knolle versorgt den jetzigen Blütenstengel und erschöpft sich mit seiner Ausbildung, die helle Knolle sorgt für den Blütensproß des kommenden Jahres. Allgemein bekannt ist es, daß die Knollen der Erdorchideen schon immer die Phantasie des Volkes beschäftigt haben. Unsere Ahnen wurden beim Anblick der beiden Knollen an die männlichen Keimdrüsen (Hoden) erinnert. Der Name „Knabenkraut" bezieht sich ebenso hierauf wie die wissenschaftliche Bezeichnung „*Orchis*". Im Altertum glaubte man, die größeren hellen Knollen hätten eine potenzsteigernde Wirkung, die kleineren dunklen bewirkten aber das Gegenteil. Die Verwendung als Aphrodisiakum hat lediglich der Volksaberglaube genährt, eine ernstzunehmende wissenschaftliche Begründung gibt es hiefür nicht. Als Inhaltsstoffe der Knollen wurden Schleimstoffe, Stärke, Eiweißstoffe und Fettsubstanzen festgestellt. In älterer Literatur wird angegeben, daß der in den Knollen enthaltene Schleim geeignet sei, Haut und Schleimhäute gegen mechanische und chemische Reize zu schützen. Die einstige Bedeutung als Heilpflanze fällt heute weg, weil andere gleichwertige Schleimdrogen zur Verfügung stehen. Außerdem sind alle Orchideen durch das Naturschutzgesetz geschützt. Dieser Schutz bezieht sich auf die ganze Pflanze: Orchideen dürfen weder gepflückt noch mitsamt den Knollen versetzt werden.

Die heimischen Arten sind in den letzten Jahrzehnten stark zurückgegangen, manche Art ist in ihrer Existenz überhaupt bedroht. Unbewußt hat fast jeder Mensch dazu beigetragen. Orchideen bedürfen dringend unseres Schutzes. Unter allen Wildpflanzen sind sie am empfindlichsten gegenüber Änderungen der Boden-, Luft- und Wasserverhältnisse. Das Versprühen von Schädlingsbekämpfungsmitteln beeinträchtigt das Leben der Pilzpartner der Orchideen und auch das der bestäubenden Insekten. Orchideen sind düngungsfliehend! Mit dem Schützen der einzelnen Arten wird heute nur wenig erreicht. Viel wichtiger wäre der Schutz des Lebensraumes und der Lebensansprüche dieser hochempfindlichen Pflanzen. Manches wertvolle Biotop, das jahrhundertelang Heimstatt der Orchideen gewesen ist, wurde in unserer Zeit zerstört. Diese Zerstörung geht seit mehreren Jahrzehnten laufend auf direktem und indirektem Weg vor sich. Die Ausweitung der landwirtschaftlichen Nutzflächen, die Ausdehnung der Wohnsiedlungen, die Schaffung von Verkehrsflächen jeglicher Art und die vielfältigen Wirtschaftsaktivitäten des Menschen treffen direkt die von Orchideen bevorzugten Grünflächen (Aufforstung, Entwässerung).

Die indirekte und unbewußte Zerstörung der urtümlichen Pflanzenwuchsgebiete geht schleichend und unbemerkt vor sich, wenn der Landwirt uralte Gepflogenheiten aufgibt.

Wenn er seine Viehwirtschaft auf die modern gewordene Stallfütterung umstellt und in der Folge das Mähen und Abweiden der Wiesen unterbleibt, dann weicht der niedrige Rasen oder die feuchtkühlen Wiesen, in welchen die Orchideen so prächtig gedeihen konnten, allmählich den vordringenden Sträuchern, die alle kleinwüchsigen Pflanzen zum Ersticken bringen. Innerhalb von 2 bis 3 Jahrzehnten verwandelt sich jede ungenutzte Wiese in eine undurchdringliche Heckenlandschaft oder Jungwald. Die sogenannten Remisen – Heckenlandschaften mit gepflegten dazwischen liegenden Rasenstücken – sind aus Mangel an Pflege in den letzten Jahrzehnten vollkommen verwildert. Die Kottingbrunner Remise war noch bis zum Jahr 1965 ein kleines Paradies für Orchideenliebhaber, heute sind alle Rasenflächen zugewachsen und die Orchideen zur Gänze verschwunden. Nur dort, wo der ursprüngliche Charakter der Landschaft unverändert geblieben ist, haben sich auch die vorhandenen Orchideen bis in die Gegenwart gut erhalten. Orchideenschutz heute bedeutet daher neben Artenschutz vor allem Lebensraumschutz (Biotopschutz).

Die in der Folge angeführten Arten sind am Alpenostrand mit Einschluß des südlichen Wiener Beckens noch beheimatet. Als Lebensräume kommen für diese in Frage: nasse Wiesen und Moore, aufgelassene Schottergruben, deren Böden wieder begrast sind; Felsrasen, Trockenrasen, Magerwiesen und Hutweiden; lichte, wärmebegünstigte Laub- oder Mischwälder, vor allem auch Schwarzföhrenwälder. Genaue Standortsangaben müssen aus begreiflichen Gründen unterbleiben.

Bau der Orchideenblüte

Sie besteht aus 3 Kelch- (Sepalen), 3 Blumenkronblättern *(Petalen)* und der Griffelsäule *(Gynostenium)*. Sie können ähnlich, aber auch verschieden gefärbt sein. Das oberste Kelchblatt ist zumeist das größte, es kann sich auch farblich von den beiden anderen unterscheiden. Von den Blütenblättern ist das unterste das auffälligste, es prägt von allen am stärksten das Aussehen der Orchideenblüte. Es ragt aus der Blüte hervor und bildet die

Lippe *(Labellum)*, die in mehrere Lappen geteilt sein kann. Der hintere Abschnitt der Lippe wird als Hypochil, der vordere als Epichil bezeichnet. Die nach hinten verlängerte Lippe bildet den Sporn.

Der hintere Teil der 3 Fruchtblätter ist zum unterständigen Fruchtknoten verwachsen, der vordere Teil bildet die Säule, an deren Aufbau Griffel mit Narbe und Staubblätter beteiligt sind. Die unzähligen Pollenkörner eines Staubblattes sind zu einem Paket verklebt, das als „*Pollinium*" bezeichnet wird. Dieses besitzt einen kurzen Stiel, die *Caudicula.* Die Basis der Caudicula ist bei vielen Orchideen zu einer klebrigen Scheibe ausgebildet, die das Pollinium am Insektenkörper festhält. Die Narbe ist zwar 3-teilig angelegt, im reifen Zustand zumeist eine einheitliche Fläche. Der in der Mitte liegende obere Narbenlappen ist das sogenannte *Rostellum.* Sein vorderer Abschnitt birgt eine oder zwei Klebdrüsen. Sie liefern den Klebstoff bei jenen Orchideenblüten, deren Pollinien mit keiner eigenen Klebscheibe ausgestattet sind.

Der Bursikel (eine taschenförmige Hülle) umgibt schützend die Klebdrüsen.

Blüten-Frontansicht

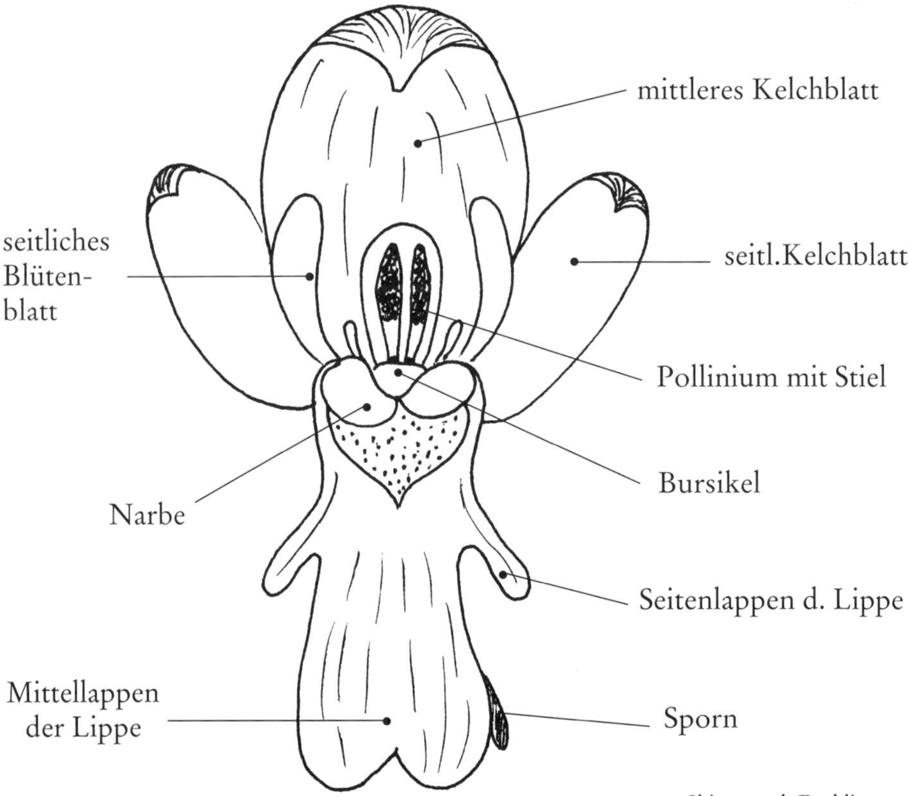

Skizze nach Duddington

Breitblättriger Waldstendel

Braunroter Waldstendel

Die Samenanlage sitzt unter der Blüte, ist langgestreckt und nur schwer vom Blütenstiel zu unterscheiden. Um an den Nektar zu kommen, steckt das Insekt den Kopf in die Öffnung des Sporns. Dabei werden die Pollinien dem oberen Kopfteil des Insekts aufgesetzt, mittels der klebrigen Scheibe bleiben sie auch haften.

1. *Breitblättriger Waldstendel* (Epipactis helleborine):* Eine sehr vielgestaltige Art, von der es mehrere schwer zu unterscheidende Formen gibt. Die grünlichen, oft rotvioletten Blüten haben eine becherförmige Lippe. Das dreieckige Epichil (= vorderer Abschnitt der Lippe) ist mit 2 Höckern versehen, die den anfliegenden Bestäubern (zumeist Wespen) das Landen erleichtern. Der bis 60 cm hoch werdende Stengel trägt breit-eiförmige Laubblätter von 15 cm Länge und 5–8 cm Breite. Die zuerst überhängenden Blütenstände beginnen sich erst im Juli zu strecken, die Blütezeit währt bis in den August hinein – wenn die anderen Orchideen-Arten längst verblüht sind. Standort: Nadel- und Mischwälder, Buschland; auch im Schatten gedeihend, gesellig und relativ häufig vorkommend. Gefährdet durch „Herbarianer“, die auf spezielle „neue“ Formen erpicht sind.

2. *Braunroter Waldstendel* (Epipactis atrorubens):* Zierlicher als die erstgenannte Art. Laubblätter schmal bis breit eiförmig, bis 5 cm lang und 3 cm breit. Blüten zahlreich, ziemlich gedrängt und einseitswendig am Stengel sitzend. Die (braun)purpurnen Blüten verströmen zarten Vanille-Duft. Das rundliche Epichil ist breiter als lang und ebenfalls 2-höckerig. Standort: Auf steinigen Trockenrasen, in Nadelwäldern; sonnige Plätze über Kalk, geringe Ansprüche an die Bodenfeuchtigkeit, häufig, sehr widerstandsfähig. Blütezeit: Juni bis August.

Rotes Waldvöglein

Rotes Kohlröserl

3. *Sumpfstendel* (Epipactis palustris):* siehe Seite 282, 283 (Bild).

4. *Rotes Waldvöglein* (Cephalanthera rubra):* Der Stengel, 20 bis 60 cm hoch, ist oben dicht drüsig behaart. Die lanzettlichen, zugespitzten Laubblätter werden 6 bis 12 cm lang. Die rosa bis purpurnen Blüten sind zu lockeren Ähren vereinigt. Die geöffnete Blüte ähnelt einem Vöglein, das mit gebreiteten Schwingen sein Schnäblein öffnet. Vor dem Aufblühen neigen sich die Blütenblätter glockenförmig zusammen, wobei die Lippe verdeckt wird. Das Epichil endet in einer violetten Spitze und ist von gekräuselten gelblichen Längsleisten gezeichnet. Standort: Laub-, Fichten- und Föhrenwald, mit Vorliebe im Halbschatten. Am Ostsaum der Alpen manchmal noch in größeren Trupps anzutreffen. Dennoch sollte der Wanderer wissen, daß er eine pflanzliche Kostbarkeit vor sich hat, die dringend unseres umfassenden Schutzes bedarf. Blütezeit: Ende Juni bis Mitte Juli.

5. *Breitblatt-Waldvöglein (Cephalanthera damasonium):* Die Spreite der eiförmigen Laubblätter ist flächig ausgebreitet, vorne zugespitzt, bis 10 cm lang und 4 cm breit. Die gelblichweißen Blütenblätter neigen in der Regel glockenförmig zusammen. Die 2-gliedrige Lippe hat keinen Sporn. Das dreieckig-herzförmige Epichil hat leicht aufgebogene Ränder, seine Spitze ist herabgebogen. Standort: Buchen- und Kiefernmischwälder, kalk- und wärmeliebend, Halbschattenpflanze. Die Ausbreitungstendenz wird durch den Wind gefördert. Die leichten Samen (0,002 mg) gelangen auch in waldnahen Gärten zum Keimen. Blütezeit: Juni bis Juli.

6. *Schwertblatt-Waldvöglein* (Cephalanthera longifolia):* Die Spreite der lanzettlichen Laubblätter ist mäßig gefaltet, 2-zeilig am Stengel angeordnet,

Schwertblatt-Waldvöglein

Frauenschuh

Violetter Dingel

bis 15 cm lang und 2 cm breit. Die rein weißen Blüten ähneln sehr stark jenen der vorher erwähnten Art und sind ebenso die längste Zeit des Tages geschlossen. Standort: In Laub- und Mischwäldern, häufiger als vor 1 bis 2 Jahrzehnten im Schwarzföhrenwald anzutreffen; Neigung zur Bildung von „Nestern“ (2 bis 6 Blühsprosse auf engstem Raum). Blütezeit: Mai bis Ende Juni.

7. Frauenschuh (Cypripedium calceolus):* Die größte und prächtigste einheimische Orchideen-Art ist vielerorts selten geworden. Am Nordostsaum der Alpen kann in den beiden letzten Jahrzehnten ein arger Rückgang von Standorten beobachtet werden. Die bauchig aufgeblasene Lippe von gelber Farbe ist 3 bis 4 cm lang. Die äußeren, etwas gedrehten Blütenhüllblätter kontrastieren dazu in sattem Rotbraun. Die breit-elliptischen Laubblätter von 15 bis 50 cm Länge sind seicht längsgefaltet und stengelumfassend. Halbschatten-Pflanze und Bienen-Fallenblume. Standort: Lichte Gras- und krautreiche Laub- und Nadelwälder; von der Ebene bis in mittlere Gebirgslagen.

8. Violetter Dingel (Limodorum abortivum):* Die blauviolette Pflanze enthält wenig Chlorophyll. Die Blattspreiten sind stark reduziert und las-

Vogelnestwurz

Weiße Waldhyazinthe

Grünliche Waldhyazinthe

sen auf sonnigen Standorten auch grünliche Farbtöne erkennen. Der Dingel ist in seiner Entwicklung auf dem Wege zum Parasitismus. Er ist auf das Zusammenleben mit Wurzelpilzen angewiesen, die ihm bei der Erschließung des Kohlenstoffes der Luft und des Stickstoffes des Bodens behilflich sind. Die violetten Blüten sind aufgerichtet und weit geöffnet, in lockerer 4 bis 12-zähliger Ähre. Der abwärts gerichtete Sporn wird bis 20 mm lang. Das 10 bis 15 mm lange Epichil besitzt hochgebogene, wellige Ränder. Standort: Flaumeichen-, Kiefern- und Buchenwälder; wärmeliebend, selten, jedoch auch geselliges Vorkommen. Im Schwarzföhrenwald noch relativ häufig im sauren Nadelsubstrat mit einer gewissen Vorliebe für Schatten. Es gibt aber auch ausgesprochen sonnige Habitate im dichten Rasenwuchs und mehreren Dutzend blühender Exemplare auf engstem Raum. Blütezeit: Juni bis Mitte Juli.

9. Großes Zweiblatt (Listera ovata): Eine unscheinbare Orchidee mit grünlichen Blüten (einem Spielzeugmännchen nicht unähnlich). Deren Lippe, 7–15 mm lang, ist tief in 2 stumpfe Lappen geteilt. Am Hypochil findet sich das Nektarium, das von 2 Leisten begrenzt wird und nach vorn in eine Furche längs der Lippenmitte übergeht. Die Bestäubung erfolgt durch kleine Insekten. Beim Naschen am Nektar berühren sie den Rand des Rostellums (ein vorspringender Teil direkt unter dem Staubblatt). Sogleich spritzt aus diesem eine klebrige Flüssigkeit, wodurch die Pollinien (Staubbeutel-Paket) am Kopf oder Rücken des Insekts haften bleiben. Beim Besuch der nächsten Blüte werden die Pollinien, die sich inzwischen nach vorn geneigt haben, auf den Narben abgestreift, womit der Befruchtungsvorgang eingeleitet ist. Der schlanke Stengel des Zweiblattes, 20 bis 70 cm hoch, trägt knapp über dem Grund 2 ovale, fast gegenständige Laubblätter, 5 bis 13 cm lang und 3–8 cm breit. Der Blühverlauf währt mehrere Wochen lang, weil bis 80 Blüten angelegt werden können. Trotz ihrer ansehnlichen Größe kann die Pflanze leicht übersehen werden, weil sie auch im dichten Bewuchs zusagende Lebensbedingungen vorfindet. Standort: Tiefgründige, basenreiche und feuchte Böden in Wäldern, auf Wiesen und in Flachmooren; ziemlich häufig vorkommend. Blütezeit: Juni, Juli.

10. Vogelnestwurz (Neottia nidus-avis):* Gelblich-braune Pflanze, fast blattgrünfrei. Ein Parasit, der sich mit Hilfe von Bodenpilzen von zersetzenden organischen Stoffen ernährt. Die dicht stehenden Blüten von brauner Farbe besitzen eine 2-lappige Lippe, die etwas länger als die übrigen Blütenhüllblätter ist. Die Stengel entspringen einem kräftigen Wurzelstock, dessen fleischigen Äste an ein Vogelnest (Name!) erinnern. Die Art kann sich auch ungeschlechtlich vermehren: freiwerdende Wurzelstücke verblühter Stöcke können zu neuen Erdstöcken heranwachsen, woraus sich das dichte Beisammenstehen der Sprosse erklären läßt. Standort: Schattige, modrige Stellen des Schwarzföhrenwaldes, aber auch in Mischwäldern; eine mäßig häufige Pflanze, die von Mai bis Juli blüht.

11. Kriechstendel, Netzblatt (Goodyera repens): Eine kleinwüchsige Orchidee (10 bis 20 cm hoch) mit im Moos kriechendem, verzweigtem Wurzelstock, ohne Knollen. Die unteren Laubblätter von herz- bis eiförmigem Umriß sind kurz, breit gestielt und netznervig.

Die kleinen cremeweißen Blüten, nickend und leicht spiralig am Stiel sitzend, sind wohlriechend. Die Lippe ist nur 2–4 mm lang und 2-gliedrig. Das Hypochil ist halbkugelig ausgehöhlt, das Epichil ist dreieckig-flach, die Lippe ist kurz ausgesackt. Die neuen Blattrosetten wachsen bis zum Herbst heran und überwintern. Standort: Moosreiche Nadelwälder, zumeist den Halbschatten suchend. Wird im Schwarzföhrenwald mäßig häufig beobachtet, wegen des unscheinbaren Aussehens leicht zu übersehen. Die helle Netzaderung der Blätter macht sich besonders im Herbst bemerkbar. Blütezeit: Juni bis September.

Duft-Händelwurz

Geflecktes Fingerknabenkraut

Breitblatt-Fingerknabenkraut

12. Weiße Waldhyazinthe (Platanthera bifolia):* Die hellweißen Blüten tragen einen langen fädeligen Sporn und verströmen einen hyazinthenähnlichen Duft (Name!). Die traubig angeordneten Blüten haben eine herabhängende, ungeteilte Lippe und einen langen fädeligen, abwärtsgebogenen Sporn. Seitliche Kelchblätter flach bis kaum merklich gedreht; Staubbeutelfächer parallel und nahe beieinander. Die grazil wirkende Pflanze ist auch durch das grundständige Paar ovaler und glänzender Laubblätter charakterisiert. Diese Art scheint eine der robustesten Orchideen-Arten zu sein. Standort: In lichten Laub- und Nadelwäldern; im Schwarzföhrenwald können Horden bis zu 50 Stück auf kleinem Raum ausgemacht werden. Blütezeit: Ende Mai bis Anfang Juli.

13. Grünliche Waldhyazinthe (Platanthera chlorantha):* Blüten grünlichweiß bis gelblich, duftlos, mit kürzerem und nach hinten zu dickerem Sporn. Seitliche Kelchblätter schief eiförmig und gedreht, mit etwas welligem Rand. Staubbeutelfächer zueinander schräg stehend. Der Blütenstand wird bis 25 cm lang und wirkt gedrungener als bei der vorigen Art. Die 2 oder 3 großen Laubblätter stehen nahe dem Boden. Die auf Feuchtigkeit angewiesene Pflanze kommt weitaus seltener vor als ihre Verwandte, ist auch in ihrer Existenz stärker bedroht. Standort: Feuchte, lichte Wälder;

quelliger bis mooriger Wiesengrund. Als Wiesenbewohner ist sie durch zu frühe Mahd stark gefährdet. Blütezeit: Ende Mai bis Juli.

14. Hohlzunge * *(Coeloglossum viride):* siehe Seite 82, 82*.

15. Höswurz, Weißzüngel (Pseudorchis albida): Eine kleinwüchsige, weißblühende Orchidee der oberen Bergregion. Die Blütenblätter neigen helmförmig zusammen. Das vordere Drittel der Lippe ist in drei gleichlange Lappen geteilt, der kurze Sporn am Ende erweitert. Die schlanke, dichtblütige Ähre kann 3 bis 10 cm lang werden. Standort: Auf Bergwiesen und Felstriften ab 1000 m Seehöhe. Bevorzugt werden kalkfreie und saure Böden, gemieden werden allzu feuchte Böden. Blütezeit: Ende Mai bis Juli.

16. Mücken-Händelwurz, Nacktdrüse (Gymnadenia conopsea):* Eine überaus stattliche Orchidee, die je nach Standort 30 bis 80 cm hoch werden kann. Sie zeichnet sich durch ihre walzenförmigen Trauben aus dichtstehenden rotlila Blüten aus, von denen nur ein schwacher Duft ausgeht. Die Lippe ist etwa 3 bis 6 mm lang und in 3 Lappen geteilt. Der bis 20 mm lange und schlanke Sporn ist nach unten gebogen. Die beiden Klebdrüsen, bei anderen Orchideen in Falten des Rostellums eingesenkt, stehen frei für die unmittelbare Berührung der Insektenstirn *(Gymnadenia* = Nacktdrüse). Die schmalen Stengelblätter erinnern an breite Grasblätter von hellgrüner Farbe. Standort: Auf Feucht- und Naßwiesen, ebenso auf Magerwiesen und mehr oder minder trockenen Böden des Schwarzföhrenwaldes. Blütezeit: Ende Mai bis Juli.

17. Duft-Händelwurz (Gymnadenia odoratissima):* Schlankwüchsig, bis 40 cm hoch werdend. Der Blütenstand ist anfangs kegelig, später dicht walzig. Die hellrosa bis weißlichen Blüten duften intensiv nach Vanille, ihr Sporn ist nur 4–6 mm lang, kürzer als der Fruchtknoten. Standort: Feuchte Magerwiesen, Fichten- und Föhrenwälder, von der Ebene bis in die Latschenregion. Das bedeutendste Vorkommen nordwestlich von Wr. Neustadt (Hölleser Wiese) existiert seit dem Bau der Südautobahn nicht mehr. Blütezeit: Ende Mai bis Juli.

18. Rotes Kohlröserl (Nigritella rubra):* Eine im Volk besonders bekannte und beliebte Orchidee, was auf ihr liebliches Aussehen und auf ihren würzigen Vanilleduft zurückzuführen ist. Der 10 bis 20 cm hohe kantige Stengel trägt einige grasartige Blätter und einen sehr dichten kegeligen Blütenstand, zusammengesetzt aus rubinroten Einzelblüten mit kurzer Lippe und noch kürzerem Sporn. Vermehrung geschieht ungeschlechtlich. Eine nahe

Verwandte ist das Schwarze Kohlröserl *(N. nigra)*, mit dem es auch gerne bastardiert. Standort: Montane und alpine Kalkmagerrasen, in den Vor- und Hochalpen schon ab 1000 m Seehöhe. Das düngerfeindliche Pflanzen-Kleinod ist existentiell gefährdet, stellenweise schon ausgerottet. Auf Wiesenlandschaften im Schneeberg-Gebiet jedoch noch vorhanden. Blütezeit: Juni bis August.

Von den als „Knabenkräuter" bezeichneten Pflanzen werden 2 Gattungen unterschieden:

a) Gattung *„Dactylorhiza":* Handförmig geteilte Wurzelknollen (Fingerknabenkraut). Stengel mit normal ausgebildeten Laubblättern. Die krautigen Hochblätter (Stützblätter der Blüten) sind netznervig und deutlich länger als der Fruchtknoten.

b) Gattung: *„Orchis":* Kugelige Wurzelknollen und Stengel ohne Laubblätter, meist sind nur Blattscheiden vorhanden. Die häutigen Hochblätter sind selten länger als der Fruchtknoten.

19. Holunder-Fingerknabenkraut (Dactylorhiza sambucina):* siehe Seite 79, 79*.

20. Breitblättriges Fingerknabenkraut (Dactylorhiza majalis):* Der Stengel, 20 bis 50 cm hoch, trägt mehrere Laubblätter von länglich-eiförmiger Spreite, die häufig (nicht immer) mit trübpurpurnen Flecken gezeichnet ist. Länge und Breite der Blätter sehr schwankend. Die anfangs pyramidenförmige, später walzliche Ähre setzt sich aus dicht stehenden Blüten zusammen, die von den Tragblättern überragt werden. Die dreilappige Lippe hat einen vorgezogenen Mittelteil und flache bis leicht herabgebogene Seitenlappen. Die mittleren Abschnitte der Lippe sind hell gemustert. Der ansehnliche lilarote Blütenstand macht dieses Knabenkraut zu einer der auffälligsten Pflanzen der Sumpfwiese. Standort: Naßwiesen und Quellsümpfe, Anzeiger von nährstoffreichen Böden, von der Ebene bis ins Gebirge. Es werden davon etliche Form- und Farbvarianten unterschieden. Was man vor 2 bis 3 Jahrzehnten sich nicht vorstellen konnte: daß dieses einst alltägliche Knabenkraut der Feuchtwiesen nicht nur selten geworden, sondern im südlichen Wiener Becken vom Aussterben bedroht ist. Blütezeit: Mai bis Juli.

21. Geflecktes Fingerknabenkraut (Dactylorhiza maculata):* Bis 50 cm hohe Pflanze mit lanzettlichen und spatelförmigen Blättern, die unteren rosettig gehäuft, alle mit dunklen Flecken gezeichnet (selten ungefleckt). Der

Brand-Knabenkraut

Dreizähniges Knabenkraut

Helm-Knabenkraut

anfänglich pyramidenförmige Blütenstand nimmt zuletzt Walzenform an. Die Hochblätter erreichen kaum die Länge der hellrosa bis weißlichen Blüten. Ihre 3-teilige Lippe trägt eine markante Musterung aus Schleifen und Punkten; der Sporn ist etwa 1 cm lang. Standort: Feuchte Magerrasen sowohl auf sauren als auch auf basischen Böden, lichte Wälder (auch im Schwarzföhrenwald) von den Vorbergen bis in die praealpine Region; kommt relativ noch häufig vor. Blütezeit: Je nach Höhenlage Juni bis August.

22. *Wanzen-Knabenkraut (Orchis coriophora):* Kleinwüchsig, 15 bis 40 cm hoch. Von der dichten Ähre, die aus braunroten Blüten zusammengesetzt ist, geht ein Geruch nach Wanzen aus. Alle Blütenblätter neigen zu einem geschnäbelten Helm zusammen, an dem nur die Lippe nicht beteiligt ist. Diese ist 3-lappig, 6–8 mm lang; der Mittellappen ist länger als die gezähnten Seitenlappen. Der kaum 1 cm lange Sporn ist nach unten gebogen. Am Stengel finden sich außer den 3–7 lineallanzettlichen Vollblättern auch einige scheidige Blätter. Standort: Magerwiesen, lichte Wälder und selten auch Feuchtwiesen. Die Art ist stark im Rückgang begriffen. Die Bautätigkeit hat dieser Art, deren Siedlungsraum gerne an Ortschaften grenzte, den Fortbestand erschwert. Noch um 1960 gab es etliche Vorkommen auf dem

Boden begraster Schottergruben im südlichen Wiener Becken. Da diese alle mit Bauschutt und Müll aufgefüllt worden sind, gingen sie verloren. Blütezeit: Mai bis Juni.

23. Brand-Knabenkraut (Orchis ustulata):* Kleinwüchsig, von geringer Auffälligkeit, 10 bis 30 cm hoch. Blütenstand kurz kegelförmig-gedrungen bis walzlich. Die helmförmig zusammenneigenden Blütenblätter sind auf der Außenseite rot-schwarz gefärbt. Die jungen Knospen an der Sproßspitze wirken durch ihre dunkle Farbe wie angebrannt, woraus sich der Name erklärt. Die weiße Lippe ist rot punktiert, der Mittellappen 2-spaltig, die beiden Seitenlappen sind ungeteilt. Der Sporn wird nur 1 bis 2 mm lang. Standort: Auf Kalk-Trockenwiesen bis ins Gebirge, im Föhren- und Fichtenwald. In Trockenrasen-Resten beiderseits des Wr. Neustädter Kanals manchmal noch in ansehnlichen Kolonien anzutreffen. Durch die Vernichtung der Hutweiden im Wr. Becken ist auch diese Art sehr gefährdet. Blütezeit: Mai bis Juli.

24. Kleines Knabenkraut, Frühes Knabenkraut (Orchis morio):* Sein Blühen setzt schon Ende April ein, es ist der Frühlingskünder unter den Orchideen. Es erhebt seine purpurnen, wenigblütigen Ähren über die noch niedrige Graslandschaft der Heiden und Trockenwiesen, obwohl es mit seiner geringen Höhe von 15 bis 25 cm zu den kleinwüchsigen gehört. An seiner Blütenlippe fällt auf, daß sie breiter als lang ist und mit 3 gleichlangen Lappen endet. Sein fast waagrecht abstehender Sporn ist kürzer als der Fruchtknoten. Über seine Farbvariationen siehe Seite 80, 81*.

25. Dreizähniges Knabenkraut (Orchis tridendata):* Selten gewordene Orchidee mit variabler Blütenfarbe, hellrot, rosa, violett oder fliederfarben. Lippe etwa so lang wie breit (7–12 mm), tief 3-lappig und gezähnt. Der abwärts gerichtete Sporn wird bis 1 cm lang. Durch die Form der karminrot punktierten Lippen erinnert es an das Brand-Knabenkraut, mit dem es auch gerne bastardiert. Der 20 bis 40 cm hohe Stengel ist mit lanzettlichen, bläulich-grünen, ungefleckten Laubblättern besetzt. Im jugendlichen Zustand erinnert der kugelige Blütenstand an den der Kugelorchis *(Traunsteinera globosa)*. Standort: Magerwiesen, Buschsäume, lichte Waldstellen. Auf Bergwiesen, die unregelmäßig gemäht werden, gibt es noch größere Bestände. Besondere Gefährdung durch die Umwandlung von „wenig ertragreichen“ Wiesen in Ackerland. Blütezeit: Mai bis Juni.

26. Helm-Knabenkraut (Orchis militaris):* Im geeigneten „Milieu“ erreicht es eine Höhe von 60 cm. Der zuerst dichte Blütenstand wird bei älte-

Pyramiden-Stendel

Bleiches Knabenkraut

Adria-Riemenzunge

ren Pflanzen lockerer. Die den „Helm“ bildenden Blütenblätter sind außen blaßrosa, innen mit purpurroten Nerven und Flecken gezeichnet. Die rotgefärbte Lippe mit hellem Zentrum und purpurnen Flecken ist in 4 Zipfel geteilt. Die mittleren, abgerundeten Zipfel sind breiter als die seitlichen und etwas einwärts gebogenen. Der abwärts gebogene Sporn wird 5–7 mm lang. Die ungefleckten Laubblätter sind nahezu rosettig angeordnet. Standort: Trockenwiesen, Buschsäume und lichte Wälder; im Schwarzföhrenwald noch häufig anzutreffen. An die Güte des Bodens werden keine besonderen Ansprüche gestellt, eine gewisse Vorliebe für mäßig trockene Kalkböden ist erkennbar. Mit dem Dreizähnigen Knabenkraut bildet es häufig Bastarde.

27. Purpur-Knabenkraut (Orchis purpurea): Mit 70 bis 80 cm Höhe die stattlichste Orchidee unserer Heimat. Die breit-lanzettlichen Laubblätter entspringen knapp über dem Boden, sind glänzend grün, ungefleckt und ca. 15 bis 25 cm lang. Der „Helm“ ist außen braunrot, die Lippe weißlich, geziert mit braunroten Haarbüscheln. Die Lippe, tief 3-lappig mit sehr breitem und 2 cm langem, geteiltem Mittellappen. Standort: Im Flaumeichen- und Mischwald und in Remisen; eine wärmeliebende Halbschattenpflanze, die am Alpenostrand nur mehr wenige, individuenarme Standorte hat. Blütezeit: Mai bis Juni.

28. Stattliches, Manns-Knabenkraut (Orchis mascula): siehe Seite 78.

29. Bleiches Knabenkraut, (Orchis pallens):* Schon Ende April öffnen sich die ersten Blüten und verströmen Holunderduft. Der kräftige, 20 bis 50 cm hohe Stengel entspringt einer ansehnlichen Blattrosette, der Stengel selbst trägt nur in der unteren Hälfte einige Scheidenblätter. Die 3-lappige Lippe der Blüten hat einen vorgezogenen Mittellappen. Der stumpfe Sporn von 10 bis 15 mm Länge ist leicht aufwärts gebogen. Standort: Mäßig feuchte Wiesen, Buschland, Waldlichtungen. Helle Standorte, die nicht ständig der Sonne ausgesetzt sind, werden bevorzugt. Auf verbuschten Wiesen des Weingebirges noch ab und zu anzutreffen. Die Abbildung stammt von einer Kolonie auf einem nordseitigen Hang, dem ein mit Wein bebauter Sonnenhang gegenüberliegt. Leider ist auch dieser Bestand bereits gefährdet, weil mittendurch ein Drahtzaun errichtet worden ist. Vermutlich hat der Grundbesitzer die Anlage eines „idyllischen" Schrebergartens vor Augen, in dem er nach Vernichtung der natürlichen Vegetation Stiefmütterchen, Rockerl und Astern aussetzen wird – wie einfältig die Naturentfremdung die Menschen werden läßt.

30. Pyramidenstendel (Anacamptis pyramidalis):* Eines Tages stand sie plötzlich da, mit kurzem Stengel und etwas verkümmertem Blütenstand. Der Samen mußte eine weite Luftreise hinter sich haben, denn im weiten Umkreis wurde noch nie eine Pyramidenorchis gefunden. Sie stand auf einem trockenen Waldstück, dessen Boden vom letzten Brand noch schwarz verkohlt war. Sie war die einzige rotblühende Art am Platz, rundum gab es nur Gelbblühende: den Trauben-Geißklee, die Berg-Kronenwicke, den Rauhen Alant und das Wald-Habichtskraut. – Im nächsten Jahr war sie bereits zu einer kräftigen Pflanze von 60 cm Höhe herangewachsen. Der eiförmige Blütenstand überstrahlte mit seinem kräftigen Rot alle anderen Blumen.

Mehrere Wochen lang sah ich sie im Vorübergehen, eine überraschend lange Blütezeit für eine Orchidee. Das allgemeine Verblühen setzt erst ein, wenn alle 120 Blüten des Blütenstandes offen sind. Ursprünglich eine Pyramide, verlängert er sich ständig, um als verlängerte „Walze" endgültig ins Fruchtstadium überzugehen. Vom nächsten Jahr an waren es 2 rote Pyramiden nebeneinander, die dem Betrachter Freude und Glücksgefühl vermittelten. Am 18. 6. 1994 blühten dicht nebeneinander 3 Exemplare *Anacamptis.* Standort: Im Kalkmagerrasen, an Rainen und auf Böschungen, auf mäßig trockenen, kalkreichen Böden. Blütezeit: Juni bis Juli. Seltenes, fluktuierendes Auftreten.

31. Kugelorchis, Kugelstendel (Traunsteinera globosa):* Eine attraktive Orchidee auf Gebirgs- und Alpenwiesen, 20–50 cm hoch. Der Stengel trägt langscheidige, unterseits blaugrüne Laubblätter und einige braune Scheidenblättchen am Grund. Die juvenile Blütenähre hat Pyramidenform, wird zunehmend halbkugelig bis kugelig. Ihre Farbe ist ein freundliches Rosenrot, das jedem Wiesenverband zur Zierde gereicht. Zuerst neigen die Blütenhüllblätter helmartig zusammen, um beim Altern der Blüte abzustehen. Die keilförmige Lippe ist in 3 Lappen aufgeteilt und mit dunklen Punkten gezeichnet. Der Sporn wird nur 2–3 mm lang. Standort: Mager- und Fettwiesen, Hochstaudenfluren von der Bergregion bis ins Hochgebirge. Im Schneeberg-Gebiet (Kaltwasser-Wiese) noch relativ häufig. Blütezeit: Juni bis Juli.

32. Widerbart, Ohnblatt (Epipogium aphyllum): Diese laubblattlose Orchidee bekommt man nur selten zu Gesicht. Sie enthält kein Chlorophyll, lebt daher parasitisch. Anstelle der Knollen versorgt sie ein korallenartig verzweigtes Rhizom mit Nährstoffen, die von Bodenpilzen bereitet werden. Typisch für die Erscheinungsform der Pflanze ist das Auftreten in kleinen Trupps (Rhizom-Ausläufer!). Der einzelne, braune Stengel hat an der Basis braune Schuppenblättchen, an der Spitze öffnen sich in zeitlicher Abfolge bis 1 Dutzend Blüten. Weil dem Blütenstiel die sonst übliche Drehung fehlt, ist die Lippe nach oben orientiert. Die gelblich bis rötlichen Kelch- und seitlichen Kronblätter sind fast gleich lang. Die weißliche, 2-teilige Lippe mißt 6–9 mm, ihr Epichil ist herzförmig und gebogen. Der charakteristische Habitus läßt kaum eine Verwechslung mit einer anderen Orchidee zu. Standort: Schattige Laubwälder der Bergregion (Dürre Wand), auf nährstoffreichen und basischen Böden. Blütezeit: Juli bis August.

Wie alle Orchideen ist auch das Ohnblatt in seiner Existenz gefährdet.

33. Zwergstendel (Chamorchis alpina): Eine alpine Pflanze des Schneeberg- und Raxgebietes, die kaum 15 cm hoch wird und im dichten Gras- und Kräuterfilz der Almwiesen seinen Lebensraum hat. Die zahlreichen grasartigen Grundblätter der Zwergorchis sind rosettig angeordnet und überragen fast den Blütenstand. An der gelbgrünen, manchmal purpurn überlaufenen Blüte vermißt man den Sporn. Die zungenförmige Lippe läßt 2 zahnartige Seitenlappen erkennen. Für Blütenbesucher dürfte sie nur kurze Zeit „geöffnet“ sein, zumeist findet der Fotograf das Blütenhaus geschlossen vor. Die Pflanze vermag auch zusätzliche Tochterknollen und

Ausläufer zu bilden, was das enge Beisammenstehen mehrerer Blühsprosse erklärt. Standort: Steinige Felsrasen, Vorliebe für Plätze, die im Winter ohne Schneebedeckung bleiben und für kalkhältige Böden. Blütezeit: Juli bis August.

34. Adriatische Riemenzunge (Himantoglossum adriaticum):* Sie gehört zu den merkwürdigsten Orchideengestalten der heimischen Flora. Sie wächst zerstreut auf sonnigen Wiesen, Grashängen und im lichten Gebüsch. Als Vertreter der südlichen Flora ist sie kälteempfindlich und bleibt nach strengeren Wintern jahrelang aus.

Im letzten Jahrzehnt hatte ich vergeblich jene Plätze aufgesucht, auf denen ich in den 60-er Jahren häufig die Riemenzunge angetroffen hatte. – Dutzende Male bin ich in jedem Frühling der letzten Jahre den schmalen Pfad zwischen Buschsaum und Steppenrasen bei B. entlang geschritten. Stets hatte ich das Gelände genau nach Orchideen abgesucht. Der besonnte Rasen war meiner Meinung nach wie geschaffen als Habitat für kleinwüchsige Orchideen, wie z. B. Salep- oder Brand-Knabenkraut. Dieses Mal, es war am trüben Vormittag des 11. Juni 1992, sollte meine Suche nicht vergeblich gewesen sein. Am Rand des Weges steht eine seltsam blaß wirkende Orchidee, schon ein wenig von unachtsamen Wanderern niedergetreten. Bei genauer Betrachtung des Rasens entdecke ich mehrere Riemenzungen.

Je besser sich die Augen auf die weißliche bis rosarote Farbe der Blütenblätter einstellen, umso mehr blühende Orchideen werden erkennbar.

Etwa 100 Exemplare zähle ich auf engem Raum, ehe ich eine Einzelblüte der Adriatischen Riemenzunge genau unter die Lupe nehme. In der Vergangenheit war diese Art längste Zeit für die Bocks-Riemenzunge gehalten worden. Der Blütenstand der Adriatischen Riemenzunge ist jedoch deutlich locker- und wenigblütiger als jener der Bocks-Riemenzunge. Erstere kann mit 30 bis 50 Blüten, letztere mit über 100 Einzelblüten je Stand aufwarten. Der Name „Riemenzunge“ rührt von der dreilappigen Lippe her, deren Mittellappen 35 bis 60 mm lang, an der Spitze zweigabelig und von riemenartiger Beschaffenheit sind. Selbst die linealen Seitenlappen werden noch bis 25 mm lang. Der kegelförmige, etwas dickliche Sporn erreicht hingegen nur eine Länge von 3 mm. Die Farbe wechselt von weiß über braun bis rosa; doch ist es vor allem die abenteuerlich wirkende Form, die den Betrachter fasziniert. Die Riemenzunge wächst in der Regel nicht isoliert, kommt vielmehr zwischen anderen hochstengeligen Pflanzen vor, so daß sie sich nur wenig vom Grundton der Wiese abhebt.

Es ist fast ein Wunder, daß es von dieser äußerst gefährdeten Orchideen-Art noch solch individuenreiche Vorkommen am Ostsaum der Alpen gibt.

35. Ragwurz, Kerfstendel (Ophrys): Die Ragwurz-Arten haben ihre Hauptverbreitung in den Ländern des Mittelmeerraumes. Nur 4 Arten sind bis nach Mitteleuropa vorgedrungen. Sie wachsen auf sonnigen Trockenrasenflächen, Triften und lichten Waldpartien. Gerade am Ostalpen-Abfall gibt es noch verstreut liegende Biotope, wo sie ihnen zusagende Lebensbedingungen vorfinden. Ein gemeinsames, herausragendes morphologisches Merkmal der *Ophrys*-Blüten ist die Lippe *(Labellum),* die ja schon bei der Charakterisierung des Frauenschuhs und der anderen Orchideen eine wichtige Rolle gespielt hat. Sie ist mechanisch stabil, konvex gewölbt, oberseits behaart, dunkelpurpurn bis braun gefärbt und mit Zeichnungen versehen. Von der Lippe geht auch der starke Duft der *Ophrys*-Blüten aus, zumeist sind die kleinen Duftdrüsen auf dem Vorderrand der Lippe konzentriert. Anstelle eines Sporns ist bestenfalls eine undeutliche sackartige Vertiefung vorhanden. Die Lippe erinnert nicht zuletzt wegen ihrer samtenen Beschaffenheit an den Leib von Insekten oder Spinnen. Man bezeichnet sie deshalb nach jenen Tieren, mit denen man sie vergleichen könnte: z. B. Hummel-, Fliegen-, Bienen- und Spinnen-Ragwurz.

Die sonderbare Blütengestalt hat schon früher Anlaß zur Vermutung gegeben, daß diese Tierähnlichkeit mit der Bestäubung etwas zu tun haben könnte. Allerdings blieb rätselhaft, wieso eine scheinbar „besetzte" Blüte für potentielle Besucher attraktiv wirken sollte. Erst vor wenigen Jahrzehnten hat ein schwedischer Forscher namens B. Kullenberg nach eingehenden Versuchen die Bestäubungsbiologie von den Ragwurzblüten aufgedeckt. So hat er zum Beispiel festgestellt, daß die typischen Bestäuber der Fliegen-Ragwurz nicht Fliegen, sondern Grabwespen sind.

Es handelt sich um sogenannte Sexualtäuschblumen, d. h., diese Orchideen nützen nicht, wie sonst üblich, den Nahrungstrieb der Insekten aus, um sie für den Bestäubungsakt anzulocken, sondern deren Geschlechtstrieb. Mittels optischer (Gestalt der Lippe) und vor allem ganz spezifischer chemischer Reize, nämlich der Weibchendüfte bestimmter Wespenarten, werden die Wespenmännchen angelockt. Auf dem Suchflug nach begattungswilligen Weibchen – die in diesem Zeitpunkt noch gar nicht geschlüpft sind – setzen sie sich mit dem Kopf nach oben auf die Lippe. In dem Glauben, ein Weibchen vor sich zu haben, vollführen sie die Bewegungen, die denen der Kopulation sehr ähnlich sind. Dabei heften sich die Pollinien am Kopf fest. Beim Besuch der nächsten Blüte wiederholt sich die Täuschung, wobei aber die mitgebrachten Pollinien an der Narbe abgestreift werden. Für diesen Bestäubungsakt erbringt die Ragwurzblüte keine Gegenleistung, weder Nektar noch Pollen. Im Gegensatz zu fast allen anderen Blumen wird der Geschlechtstrieb dieser Tiere – menschlich gesehen auf recht hinterlistige Weise – zur Fremdbestäubung ausgenützt.

Die verschiedenen Ragwurz-Arten sind auf ganz bestimmte Hautflügler spezialisiert. Für die Fliegen-Ragwurz sind die schon erwähnten Grabwespen die geeigneten Bestäuber. Für die Spinnen-Ragwurz kommen mehrere Arten von Erdbienen in Frage; bei der Hummel-Ragwurz kann nur mit Sicherheit angegeben werden, daß die Honiglippe **nicht** von Hummeln angeflogen wird. Der Prozentsatz von Ragwurzblüten, der überhaupt von Insekten angeflogen wird, ist sehr gering, er liegt weit unter 10 %. Der Rest muß entweder auf vegetative Vermehrung oder auf Selbstbestäubung angewiesen sein. Ein gutes Beispiel für Selbstbestäubung bietet die Bienen-Ragwurz. Sie ist hauptsächlich im Mittelmeergebiet verbreitet, wo sich genügend Bestäuber einfinden. In Mitteleuropa vermag sie keine Langhornbienen anzulocken, weil sie hier einfach fehlen. Die Selbstbestäubung scheint die Regel für das Ausharren in unseren Breiten zu sein. Kurze Zeit nach dem Öffnen der Blüte neigen sich die Pollinien kopfüber, hängen nach unten und bleiben an der eigenen Narbe kleben, wenn sich der Blütenstengel nur leicht im Winde bewegt. Abschließend kann zur Bestäubung der Ragwurzblüten gesagt werden, daß der Duft der wichtigste Faktor bei der Anlockung der Bestäuber ist und nicht – wie lange geglaubt – die optische Ähnlichkeit zwischen Blüten und Insektenweibchen. Ohne Anlockung durch den Duft hätten die Ragwurzblüten keine potentiellen Bestäuber. Welchen Einfluß die merkwürdigen Lippenformen überhaupt auf den Bestäubungsakt haben, ist bis heute nicht geklärt. Schließlich haben sie kaum Ähnlichkeit mit den Hautflüglerweibchen, die von den Männchen aufgesucht werden.

36. Fliegen-Ragwurz (Ophrys muscifera): Der 20 bis 50 cm hohe Stengel trägt in seiner unteren Hälfte mehrere länglich-lanzettliche Laubblätter (10 cm lang und 2 cm breit). Die Tragblätter sind länger als der Fruchtknoten. Die braun getönte, flache Lippe ist tief 3-lappig, wobei der Mittellappen auch eingeschnitten ist. Die Lippe ähnelt entfernt einer bunten Fliege, die mit gestreckten Fühlern in einer grünen Blüte sitzt, die von den Kelchblättern repräsentiert wird. Der graublaue Fleck in der Mitte der 1 cm langen Lippe könnte den Landeplatz des anfliegenden Bestäubers markieren. In den rötlichbraunen Staubbeutelfächern ruhen die gelben Pollinien. Standort: Die Fliegen-Ragwurz gedeiht ausschließlich auf kalkhältigen Böden an sonnigen Hängen und im lichten Nadel- und Laubwald. Um 1960 waren die Osthänge des Schwarzföhrenwaldes zwischen Brunn-Bad Fischau und Mödling noch vielerorts mit großen Beständen dieser kostbaren Pflanze bedeckt.

Sie ist auch heute noch die häufigste Ophrys-Art unserer engeren Heimat, dennoch durch die Zerstörung ihres Lebensraumes wie alle Orchideen

Hummel-Ragwurz

Bienen-Ragwurz

Spinnen-Ragwurz

gefährdet. – Ich erinnere mich an ein schreckhaftes Erlebnis im Jahr 1965 im Stadtbild von Wr. Neustadt. Ich sah mich plötzlich einer Frau mittleren Alters gegenüber, die einen seltsamen Blumenstrauß von ungewöhnlichem Umfang mit beiden Händen umspannte. Sie hatte im nahen Föhrenwald ca. 200 bis 300 in Vollblüte stehende Fliegen-Ragwurz-Stengel abgerissen(!). Meine Vorhaltungen wurden mit heftigen Worten zurückgewiesen. So ungemein interessant die Ragwurz-Blüten auch sind, für einen Blumenstrauß sind sie wirklich nicht geeignet.

37. Hummel-Ragwurz (Ophrys holosericea, früher O. fuciflora):* Der Stengel wird nur 20 bis 30 cm hoch, er trägt weniger Blüten als jener der vorherigen Art. Blütenform und -farbe sind sehr veränderlich. Typisch ist die breite, oft fast viereckige Lippe, die in der Mitte gewölbt ist und an den Rändern flach ausläuft. Selbst die Kelchblätter sind farbig, aufrecht bis etwas nach hinten gerichtet. Die beiden inneren Kronblätter sind kleiner, rosa gefärbt und wirken optisch wie 2 Hörnchen. Das helle Mal, das die Lippe breitflächig ziert, ist reich gegliedert und variiert bis zur H-form. Standort: Ähnlich wie bei O. muscifera, auf mäßig trockenen bis feuchten kalkhältigen Böden. Blütezeit: Mai bis Anfang Juli. Die stark variierende Farb- und Formgebung der Lippe sollte niemals Anlaß sein, alle auffindbaren Sonderformen ins Herbar zu legen. Auch das führt zum Aussterben der Ophrys-Arten.

38. Spinnen-Ragwurz (Ophrys sphegodes):* Stengel 10 bis 30 cm hoch, lockere Blütenähre; einige wenige breitere Laubblätter grundständig, schmälere Blätter dem Stengel angeschmiegt. Die braune Lippe ist stark gewölbt, ungeteilt oder nur schwach dreiteilig. Die Zeichnung in der Lippenmitte kommt ebenfalls einem „H" ähnlich, variiert aber sehr stark. Farblich gibt sich dieses „Mal" in Tönen zwischen graubraun und blau. Jedenfalls sieht es so aus, als würde der vermeintliche Spinnenkörper das Mal auf dem Rücken tragen. Standort: Trockenwiesen, Auwälder, grasige Böschungen, die weder gedüngt noch gemäht werden. Sehr selten. Blütezeit: Mai bis Juni.

39. Bienen-Ragwurz (Ophrys apifera):* Stengel 20 bis 40 cm hoch. Mehrere Laubblätter bilden eine Grundrosette; die stengelständigen Blätter gehen im Bereich des Blütenstandes (2 bis 6-blütig) in große Tragblätter über. Die zuerst aufrechten Kelchblätter werden später zurückgeschlagen und geben für die prunkvolle Lippe einen hellen, rosaroten Blickfang ab. Die Lippe, über 10 mm lang, hat einen gewölbten samtig-braunen Mittellappen und 2 behaarte Seitenlappen. Das Mal auf zentraler Stelle manifestiert sich als rot-brauner Fleck mit dunklem Saum und heller Randzeichnung. Allerdings variieren auch bei dieser Art Form, Farbe und Zeichnung sehr stark. Standort: Halbtrockenrasen, Ostabfall der Vorberge, Lichtungen des Wr. Neustädter Föhrenwaldes.

Am 5. Juni 1994 führte mich ein glücklicher Zufall auf eine Trespenwiese nahe der Südautobahn. Die nach Osten streichenden Hänge sind vor 3 Jahrzehnten beim Bau der Autobahn aufgeschüttet worden.

Am unteren Rand standen die Grashorste ziemlich schütter, außer Hornklee und Purgier-Lein schien nichts zu blühen. Nach wenigen Schritten in die Wiese entdeckte ich zwischen den Grashalmen einen bunten Klecks: ich hatte eine 30 cm hohe Bienen-Ragwurz ausgemacht, die soeben ihre unterste Blüte geöffnet hatte. Die alte Binsenweisheit: „Wo eine Ragwurz steht, muß es noch mehrere geben", intensivierte mein Suchen. Beim Durchstreifen der Wiese entdeckte ich große Rudel davon, manche aus 20 bis 30 Exemplaren bestehend. Vereinzelt waren die im Aufblühen begriffenen Bienen-Ragwurzen über den gesamten Rasen verteilt, der von 3 Seiten mit Gebüsch eingesäumt war. Sie standen auch dort, wo der Rasenfilz sehr dicht war. Insgesamt zählte ich 160 Exemplare der Bienen-Ragwurz. Noch nie in meinem Leben war mir ein so schöner Pflanzenfund vergönnt gewesen. Wenige Tage später begannen in der Nähe Arbeiter der Autobahnmeisterei mit dem Grasschnitt. Auf mein Ersuchen wurde der Schnitt um 6 bis 8 Wochen verschoben, um die Samen ausreifen zu lassen. Am 8. Juli 1994 war das Gros des Ragwurz-Bestandes verblüht, bei einigen Nachzüglern stand gerade die oberste Blüte vor dem Verwelken; genau 4 Wochen hatte der Blühvorgang gedauert. Trotz langer Beobachtungszeit konnte nicht ein einziges Insekt beim Blütenbesuch entdeckt werden.

Was ist mit den Ackerwildkräutern los?

Frühling und Sommer des Jahres 1989 waren für die Liebhaber von Feldblumen eine denkwürdige Zeit. Blumen, die nur mehr selten in Getreidefeldern oder an ihren Rändern gewachsen sind, traten im Mai dieses Jahres wieder voll in Erscheinung. Man hatte sich schließlich an ihr kümmerliches Dasein im Randbereich der Felder oder angrenzenden Straßen gewöhnt. Plötzlich waren sie über Nacht wieder da, nicht vielleicht vereinzelt oder bescheidener im Wuchs. Nein, sie standen üppiger und reichblütiger als je zuvor da. Mancherorts im südlichen Wiener Becken kam es zu explosionsartigem Auftreten der schon so lange vermißten Feldblumen. Keineswegs blieb dieses Phänomen auf eine einzige Stelle beschränkt. Das große Blühen ergriff nicht nur manches Raps- oder Getreidefeld, es war auch auf Böschungen und Neuschüttungen aller Art zu beobachten. Ein besonders intensives Blühen und Fruchten von kulturfolgenden Pflanzen war auf brachliegenden Flächen im Gange. Nur die Maisäcker und Sonnenblumenfelder blieben auch heuer frei von Feldblumen, die Landwirte hatten auf diesen Flächen wieder „vollen Erfolg“ mit ihren „Unkrautbekämpfungsmaßnahmen“.

Wenden wir unsere Aufmerksamkeit zuerst einem Rapsfeld zu. Es ist der 26. Mai 1989, die Blütezeit des Kreuzblütlers ist längst vorbei. Vereinzelt blühen noch wenige Nachzügler, das Gros der Rapspflanzen ist soeben beim Entwickeln der Schotenfrüchte.

Eine andere Feldpflanze öffnet in diesen Tagen ihre auffälligen Blüten, wodurch der Hauptbesiedler Raps optisch völlig ins Hintertreffen gerät: Ein Heer von Klatschmohn-Blüten taucht die gesamte Feldfläche in ein intensives Rot, wie man es kaum in den letzten Jahren irgendwo gesehen hat. Diese Pflanze mit den scharlachroten, großflächigen Blütenblättern scheint schon seit ältesten Zeiten mit dem Menschen verbunden, sie ist Kulturbegleiter seit der jüngeren Steinzeit. Es gibt eine ganze Reihe von Kultursorten des gezüchteten Mohns, die den Klatschmohn an Fruchtbarkeit und damit an Nutzen übertreffen. Und dennoch übertrifft der rote wilde Mohn alle anderen Sorten in seiner ausdrucksvollen Schlichtheit. – Etwas zaghafter öffnen sich die unzähligen Körbchen der Kornblumen, die geschlossenen Köpfchen der künftigen lassen aber jetzt schon ein blaues Blütenmeer erahnen. Kornblumen stehen in der Beliebtheitsskala des Volkes womöglich noch vor den Mohnblumen und Margeriten. Ungefähr 10 Tage später ist es so weit.

Ein Feld blühender Rapspflanzen (Brassica napus): Auch Kulturpflanzen haben ihre Reize! Seit über einem Jahrzehnt wird vermehrt Raps bei uns gebaut. Raps ist eine Ölpflanze, die nicht nur der Gewinnung von Speiseöl dient. Bienenfutterpflanze ist Raps schom immer gewesen. Er verwildert leicht und steht oft als sehr kräftige Pflanze am Straßenrand.

Das gleiche Rapsfeld einen Monat später (12. Juni 1991). Klatsch-Mohn, Kornblumen und die Österreichische Hundskamille haben im Blühen den Raps abgelöst. Die fruchtenden Rapsschoten gehen in der Fülle der Feldblumen unter. Frage: Woher kam plötzlich der viele Samen der Ackerwildkräuter?

Das Scharlachrot ist dem Kornblumenblau gewichen. Ich stehe staunend vor dem Rapsacker, auf dem hunderttausende Kornblumen blühen, von jener Art also, deren Existenz in den „Roten Listen" als „gefährdet" angegeben wird. Diese Gefährdung ist keineswegs Fiktion, sie wurde gerade in den letzten Jahren durch den massiven Einsatz der Herbizide zur Realität. Das massenhafte Erblühen der Kornblumen auf dem erwähnten Rapsfeld bildete aber keineswegs eine Ausnahme. Auch die angrenzenden Getreidefelder waren an ihren Rändern und bis tief hinein in ihr Inneres mit Feldblumen geschmückt. Zu Feldmohn und Kornblume gesellten sich im Lauf der nächsten Tage noch andere Ackerwildkräuter, wenngleich sie zahlenmäßig hinter diesen weit zurückblieben. Doch trugen auch sie ihren Teil zur Vervollkommnung des Feldblumen-Mosaiks von einzigartiger Schönheit bei. Zu erwähnen ist noch die **Kornrade** *(Agrostemma githago)*, dieses purpurfarbene Nelkengewächs, das mit seinen giftigen Samen am wenigsten gern vom Landwirt gesehen wird. Der Blumenfreund, dem die notwendige Trennung der giftigen Kornradsamen von der Getreidefrucht kaum Kopfzerbrechen bereitet, hat sie in den letzten Jahren sehr vermißt, auch sie zählt in Mitteleuropa zu den gefährdeten Pflanzen. Wer die Bestände der Kornrade in diesem Jahr gesehen hat, ihren kräftigen Wuchs und ihren Blütenreichtum bewundern konnte, kann an diese Gefährdung nicht glauben. Doch ist diese äußerst aparte Erscheinung unter den Feldblumen mehr gefährdet als die übrigen Arten: Sie braucht für ihr Gedeihen die Ackererde, sie vermag kaum auf andere Böden auszuweichen, was z. B. für Klatschmohn und Kornblume durchaus im Bereich des Möglichen liegt. Von den anderen Mitbewohnern unseres Rapsfeldes sollen noch 3 auffällige Arten erwähnt werden: der **Feld-Rittersporn*** *(Consolida regalis)*, der **Frauenspiegel*** *(Legousia speculum-veneris)* und der weniger bekannte **„Bärtige Wachtelweizen"*** *(Melampyrum barbatum)*. Seine zahlreichen Blütenstände, von bleichgelben Rachenblüten gekennzeichnet, sind überdies ein sehr genaues Indiz für eine große Niederschlagsmenge der letzten Wochen. Sicherlich ist auch dieser Faktor für das enorme Wachstum der „Unkräuter" verantwortlich zu machen.

Doch bleibt es trotzdem schwierig, eine plausible Erklärung für das Wiedererstarken der schon in Agonie liegenden „Ackerwildflora" zu finden. Versuchen wir wenigstens die enorme Lebenskraft des Samens zu begreifen. Es läßt sich nicht mit Sicherheit feststellen, ob der Samen schon im Boden vorhanden gewesen ist oder ob er mit dem ungereinigten Rapssamen – was sehr unwahrscheinlich ist – richtiggehend ausgesät wurde. Es ist ganz erstaunlich, nach welch langer Zeit die Samen verschiedener Pflanzen noch keimfähig sind. Keimversuche mit Samen, die man unter Fundamenten datierbarer Gebäude gefunden hat, haben überraschende Ergebnisse gezeitigt.

Klatsch-Mohn und Kornblume in einer derartigen Massierung, wie sie selbst in alten Zeiten, in denen sie nicht so rigoros mit chemischen Mitteln bekämpft worden sind, nicht in Erscheinung getreten sind. Sie künden jedenfalls davon, daß sie nicht endgültig aus unserem Leben verschwinden werden. Ein tröstlicher Gedanke, daß Feldblumen jederzeit wieder auferstehen können. Die Natur ist nur vorübergehend vom Menschen zu unterdrücken, ihre Geschöpfe werden schließlich alle Katastrophen überstehen.

Ein unvergeßlicher Anblick: Feldblumen so weit das Auge blicken kann. Es ist ein einzigartiges Bild der Schönheit.Wir sollten darüber jubeln, daß uns die Natur immer wieder Freude bereiten kann. Man kann es nicht glauben, daß Gott die Blumen nur zu ihrem eigenen Erhalt geschaffen hat, er wollte gewiß einen Beitrag für unser ästhetisches Empfinden leisten.

Wiesenklee-Samen ist z. B. noch nach 100 Jahren, Kriechender Hahnenfuß-Samen noch nach 600 Jahren (!) keimfähig. Die Keimfähigkeit der Wildpflanzen-Samen unseres Rapsfeldes, die hier schon jahrzehntelang im Boden geruht haben, ist jedenfalls weder durch chemische noch durch mechanische Bekämpfungsmaßnahmen geschädigt worden. Es ist nachgewiesen worden, daß es auch Wildkräuter gibt, die durch den Herbizideinsatz sogar gefördert werden. Der Vorgang beruht auf der Auslese widerstandsfähiger Individuen und wird in der Forschung als „Kompensation" bezeichnet (Hofmeister-Garve: S. 226). Durch das langjährige Spritzen mit gleichartigen Unkrautbekämpfungsmitteln kann es zur Auslese resistenter Sippen kommen.

Dieser Fall könnte mit den „Unkrautsamen" des Rapsfeldes eingetreten sein. Zu denken gibt auch die Diskrepanz in der Entwicklung aller Pflanzen des Rapsfeldes. Die Kulturpflanzen waren verglichen mit Pflanzen anderer Felder mäßig hoch entwickelt, der Fruchtansatz blieb zurück. Alle „Ackerbegleitpflanzen" aber waren über alle Maßen gut und kräftig entwickelt, mit überreichem Blütenflor. Man konnte sogar den Eindruck haben, Klatschmohn und Kornblumen wären ausgesät worden, und der Raps darunter wäre nur „Unkraut".

Im Jahr darauf (1990) wurde auf dem Feld nicht Raps sondern Getreide gebaut. Der routinemäßigen Unkrautbekämpfung war voller Erfolg beschieden. Nur wenige Ackerwildkräuter vegetierten am Feldrand, im Feldinnern gab es überhaupt keine.

Im Jahr 1991 habe ich das Feld einige Male besucht. Wie vor 2 Jahren war wieder Raps gesät worden. Die Anbaufläche war auf ein weiteres anschließendes Feld vergrößert worden. Am 12. Mai 1991 stand der Raps in Blüte. Die Höhe der Pflanzen hielt sich in Grenzen. Der extreme Kalkschotterboden dieser Äcker mit spärlicher Humusauflage läßt vermutlich das Heranwachsen kräftigerer Rapspflanzen nicht zu.

Zwischen den Rapspflanzen waren bereits unzählige kleine Kräuter zu erkennen. Am 12. 6. 1991 war vom Gelb der Rapsblüte nichts mehr zu sehen. Umsomehr hatten die „Unkräuter" die Herrschaft übernommen.

So weit das Auge blicken konnte: Ein farbenprächtiges Meer aus hunderttausenden roten, blauen, weißen und violetten Blüten leuchtete in der Frühlingssonne. Man kann dieses Erstarken der sonst arg bekämpften Feldblumen nur als ein Wunder bezeichnen. Sie waren alle wieder da: der Klatschmohn, die Kornblume, die Hundskamille, die Kornrade, der Frauenspiegel, der Klappertopf und Ehrenpreis-Arten. Das Blühen erfolgte dieses Mal gleichzeitig, das Scharlachrot des Mohns und das Blau der Kornblumen dominierten. Viele Fragen drängten sich bei diesem Anblick auf: Warum haben die Samen nicht im Vorjahr gekeimt? Wieso konnten sie den

Der Bart-Wachtelweizen (Melampyrum barbatum) ist ein naher Verwandter des Acker-Wachtelweizens, dem wir bei den Trockenrasen-Resten des Steinfeldes begegnet sind. Der wollig-zottige Kelch gibt dieser Art den Namen. Auch er ist ein Halbschmarotzer, der mittels Haustorien der Wirtspflanze Nährstoffe aus den Wurzeln entnimmt. Die bleichgelben bis weißen Blüten sind manchmal purpurn überlaufen (siehe Abbildung!).

Auch dem Feld-Rittersporn sind wir bei den Brachpflanzen begegnet. Nirgends hat er die Üppigkeit erreicht, wie auf diesem Felde. Durch eine allseitige starke Verzweigung bekam er die Umrisse einer Halbkugel. In der Roten Liste lesen wir, daß die Kornblume überall und der Feld-Rittersporn regional gefährdet sind.

„Unkrautbekämpfungsmaßnahmen“ im Raps besser überstehen als unter Getreide? Ist es die Tatsache, daß der Raps ein Zweikeimblättler wie alle ihn bedrängenden Kräuter ist? Die Rapspflanzen stehen zweifellos weniger dicht zusammen als die Getreidepflanzen.

Die vermutlich geringere Bodenbearbeitung bei Rapsanbau begünstigt die Keimchancen der Wildkräuter. Die spätere Ernte des Rapses läßt es zu, daß viele „Unkräuter“ schon ausgesamt haben. Die Schädlingsbekämpfung auf diesem Rapsfeld kann nicht so intensiv sein wie bei den umliegenden Getreidefeldern. Erkennbar ist, daß die Unkrautsamen von 1989 durch die Schädlingsbekämpfung des Getreidefeldes im Jahr 1990 nicht gelitten haben. Die Ackerwildkräuter sind also nach menschlichem Ermessen mit Herbiziden nicht auszurotten. Gewiß schmälern sie die vom Menschen gewollte Ernte von Getreide, Hackfrüchten und Raps. Sie haben aber auch einige wichtige Funktionen: So fördern sie die Bodengare durch die Bedeckung des Bodens. Sie binden Feuchtigkeit, bieten Schutz vor Bodenerosion und halten das Verblasen der Erde hintan. Sie fördern ein reichhaltiges Tierleben, wodurch Nützlinge zur biologischen Bekämpfung von Kulturschädlingen erhalten oder wenigstens begünstigt werden. Schließlich vermitteln sie dem Betrachter das Gefühl, daß die Welt noch schön und damit lebenswert sein kann, denn nicht vom Brot allein lebt der Mensch.

Noch ein Wort zu den Wegen, die unsere Felder durchziehen. Wege sind zwar künstliche Landschaftselemente, für die Tätigkeit des wirtschaftenden Bauern aber unbedingt erforderlich. Feldwege sind eine Nahtstelle zwischen Kultur und Natur. Auf ihnen wird gegangen, gefahren, transportiert und Vieh getrieben, dennoch gibt es an den Rändern und in der Mitte Platz für Pflanzen und Tiere. Feldwege sollten deshalb nicht in Asphaltbänder umgewandelt werden. Betonierte Fahrstraßen machen den Verkehr für landwirtschaftliche Maschinen etwas fahrtauglicher, aber die Ackerflur wird durch ihre Zerschneidung lebensfeindlicher. Abertausende Feldwege wurden in den letzten Jahrzehnten zerstört und damit Lebensräume von spezialisierten Pflanzen und Tieren vernichtet.

Straßenränder und Wegränder: Oasen für Wildpflanzen

In bestimmten Perioden während der schönen Jahreszeit bemerkt man, daß die Straßenränder mancherorts blühenden Blumenbeeten gleichen.

Man ist allein schon deswegen überrascht, weil es ja auf Grund der unmittelbaren räumlichen Nähe zu den schadstoff-speienden Auspuffen der Autos an diesen Rändern längst schon keine Pflanzen mehr geben dürfte. (Es scheint so zu sein, daß die Auspuffgase erst in einiger Entfernung und unter besonderen Bedingungen ihre schädliche Wirkung erreichen.) Die Erfahrung lehrt aber, daß jeweils im Mai und Juni und ab September am Rand der Straßen ein üppiges Blühen einsetzt.

Es lohnt sich, über dieses Phänomen einige Überlegungen anzustellen. Wildpflanzen finden hier günstigere Lebensbedingungen vor als auf der Wiese, im Feld oder anderswo. Hier werden sie von Pflug und Sense (zunächst!) verschont, auch mit Dünger und Herbiziden werden sie kaum belästigt. Ab und zu kommt es zu einer Lockerung des Bodens, was seine Verkrustung und Verdichtung hintanhält. Vorübergehende Erdaufrisse und Grabungen bringen neue unverbrauchte Bodenschichten zum Einsatz. Nach Glätten der Bankette sind besonders die einjährigen Pflanzen in ihrem Wachstum begünstigt. Natternkopf und Steinklee zeigen eine Vorliebe für Rohböden und ergreifen rasch Besitz von diesen Flächen. Der Steinklee als Erstsiedler wird über einen Meter hoch und gerade deshalb aus Gründen der Verkehrssicherheit bald abgemäht.

Je nach der Art der Umgebung tragen heftige Winde Erdpartikelchen auf die Straße und ihre Ränder. Weil Straßen oft erhöht über dem unmittelbar angrenzenden Gelände liegen, kommt der ganze Straßenkörper in den besonderen Genuß dieser Bodenverwehungen. Natürlich liegen auf der Decke von Überlandstraßen, die von „Blumenbeeten" gesäumt werden, auch die Samen dieser Pflanzen. Mancher kleine Vogel, der diese Samen aufpicken will, wird dabei überfahren.

Samen und Flugerde werden vom nächsten Regenguß abgespült. Weil es laufend Nachschub an Sämereien und Substrat gibt, ist der Pflanzenbewuchs mancher Straßenränder unverändert vital.

Den Wegrändern in der Kulturlandschaft (Feldwege, Wiesen- und Waldwege) kommt eine ganz besondere Aufgabe zu. Wird naturnah gewirt-

Der Wundklee feiert hier am Straßenrand und auf der angrenzenden Heidewiese eine wahre Blühorgie. Seine Hauptblütezeit liegt im Juni. Seine Vorliebe für trockene Böden teilt fast keine andere Klee-Art mit ihm; wo er noch als Futterpflanze gebaut werden kann, findet der Rotklee keine Lebenschance mehr vor. Mit dem Standort wechselt er auch sein Aussehen.

schaftet, entsteht auf den sogenannten „Wegrainen" eine ökologische Vielfalt, die Herz und Sinne erfreut. Von Dauer ist sie nur dann, wenn dieses Grenzgelände nicht genutzt wird. Es sind ja nur schmale Streifen im Verhältnis zur Größe des angrenzenden Feldes oder der angrenzenden Wiese. Es kann nicht behauptet werden, daß bestimmte Arten von Pflanzen sich auf das Straßenbankett oder auf den Wegrain spezialisiert hätten. Welche Art jeweils am Rand anzutreffen ist, hängt ganz von der Umgebung und von ihren ökologischen Ansprüchen ab. Der Straßenrand oder der Wegrain die an einem Feuchtwiesengebiet vorüberführen, weisen natürlich eine andere Pflanzengesellschaft auf als solche, die durch ein Trockengebiet oder ein Waldstück führen. **Dost** und **Thymian** siedeln z. B. auf trockenem Gelände, **Echter Beinwell** *(Symphytum officinale)* und **Gänse-Fingerkraut*** *(Potentilla anserina)* brauchen ein höheres Maß an Feuchtigkeit. Somit sind Straßen- und Wegränder ein Spiegelbild der umgebenden Landschaft. Doch gibt es Pflanzen am Wegrand, die gerade nur an einer Stelle blühen und im Umland überhaupt nicht vorhanden sind. Sie sind Einzelgänger, die als Same mit Hilfe eines Fahrzeuges hierher verfrachtet worden sind, um auf unbestimmte Zeit Wurzeln zu schlagen. Ein Beispiel hiefür bietet der **Tataren-Lattich*** *(Lactuca tatarica)*, ein blau blühender Korbblütler, der erst in neuester Zeit eingeschleppt worden ist.

Beispiele von Wiesenpflanzen, die am Straßen- und Wegrand stehen:

Der Wiesen-Salbei, fast eine Allerweltspflanze trockener Böden, entfaltet gerade auf Straßenbanketten kräftige Sprosse. Eine tief reichende Pfahlwurzel und ein mehrknolliges Rhizom versorgen sie mit Wasser und Nährstoffen. Man kann schon im Spätherbst seine dicht dem Boden anliegenden Laubrosetten erkennen, die nach der Blüte aus den untersten Blattachseln entspringen. Mit ihrer Hilfe überlebt der Straßenrandsiedler sowohl die Prozedur des Mähens als auch den Winter. Im nächsten Frühling nehmen junge Sprosse das Blühen und Fruchten wieder auf.

Echte Schafgarbe* *(Achillea millefolium):* Korbblütler, viele Kleinarten und Varietäten; 30–60 cm hoch. Die kleinen Körbchen setzen sich aus 5 weißen bis rosaroten Zungen- und gelben Röhrenblüten zusammen. Alle Körbe stehen an den Enden des derben, aufrechten Stengels zu trugdoldigen Schirmen vereint. Die lanzettlichen Laubblätter sind doppelt bis dreifach fiederschnittig zerteilt. Allerweltspflanze mit Vorliebe für trockene Plätze. Volksarzneipflanze, die ätherische Öle, Bitter- und Gerbstoffe enthält. Bekanntes Magenmittel bei Appetitlosigkeit.

Wiesen-Glockenblume* *(Campanula patula):* Glockenblumengewächse; 30 bis 60 cm hoch; die blauvioletten Blütenglocken sind zu einer schütteren Traube vereinigt. Die Krone ist bis zur Mitte eingeschnitten, wodurch die 5 Zipfel sich nach außen spreizen können. Die lanzettlichen Blätter sitzen am Stengel verteilt, die Grundblätter sind kurz gestielt. Glockenblumen sind für den Menschen der Inbegriff des Lieblichen. Es gibt viele Arten von Glockenblumen, deren Lebensraum von der Ebene bis ins Hochgebirge reicht.

Wiesen-Margerite* *(Leucanthemum vulgare):* Korbblütler; 30 bis 70 cm hoch. Die großen, freundlichen und lieblich wirkenden Blütenkörbe stehen an den Stengelenden; zumeist nur wenig verästelt. Die weißen, rein weiblichen Zungenblüten bilden einen anmutigen Kranz rund um die vielen gelben zwittrigen Röhrenblüten. Ein Hüllkelch aus vielen braunberänderten Blättchen umschließt das Blütenrondeau. Laubblätter mit länglich-spatelförmiger Spreite und grob gezähntem Rand. Die Margerite – ihr unverwechselbares Antlitz macht sie zur Lieblingsblume (Orakelblume) des Menschen. In vielen Arten, Formen und Rasse in Mitteleuropa verbreitet.

Löwenzahn, Kuhblume*, Röhrlsalat und „Pusteblume" *(Taraxacum*

Der Steppen-Salbei (Salvia nemorosa) gehört zum gewohnten Bild der Straßenränder und -gräben im südlichen Wiener Becken. Hier ist er überhaupt die häufigste Salbei-Art, die zumeist großflächig in Erscheinung tritt. Sein farbenprächtiges Aussehen verdankt er den lilafärbigen Blütenknäueln und den purpurnen Tragblättern.

Das Gänse-Fingerkraut zeigt stickstoffhältige Standorte an, wie sie entlang von Verkehrswegen üblich sind. Früher war diese Pflanze ein häufiger Siedler auf Dorfplätzen und am Rande von Angern. Von anderen Fingerkräutern unterscheidet sie sich vor allem durch die zierlich gefiederten Laubblätter, deren Unterseite silbrig-weiß behaart ist. Ihr geselliges Auftreten erklärt sich aus den meterlangen Stengelausläufern, die selbst wieder Wurzeln schlagen und Rosetten entwickeln.

Die Gewöhnliche Schafgarbe ist ein Korbblütler auf Grasplätzen aller Art , sie ist auch ein Dauersiedler auf Straßenrändern. Die mehrjährige Pflanze kommt in vielen Kleinarten und Varietäten vor. Die 4 bis 6 mm großen Körbchen werden in dichten Doldenrispen zur Schau getragen. Die Strahlblüten sind zumeist weiß, manchmal auch rosafärbig. Die lineal-lanzettlichen Laubblätter, 2–3fach gefiedert, enden mit kurzen, feinspitzigen Zipfeln. Die Schafgarbe ist eine im Volk gut bekannte Arzneipflanze, die dank ihres Gehaltes an Bitterstoffen für Appetit-Anregung sorgt. Es empfiehlt sich allerdings nicht, die Teedroge am Straßenrand zu pflücken.

Der Tataren-Lattich (Lactuca tatarica) ist ein Beispiel für einen Neubürger der allerjüngsten Zeit. Er wurde vermutlich mittels Bahn oder Auto aus dem Osten bei uns eingeschleppt. Er findet sich auf Brachen, in Schuttfluren und auf Müllplätzen vor. Für sein Fortkommen sind nährstoffreiche, auch salzbeeinflußte Böden am besten geeignet. Sein massiertes Auftreten geht auf die Fähigkeit zurück, durch Wurzelausläufer neues Terrain zu besetzen.

officinale): Korbblütler. Einer langen und kräftigen Pfahlwurzel entspringen die rosettig angeordneten Grundblätter, der Form nach lanzettlich-oval, schrotsägeförmig gelappt mit nach rückwärts gerichteten Abschnitten.

Blütenschaft nur mit einem Korb, der mit gelben Zungenblüten gefüllt ist. Die Blätter enthalten Bitterstoffe, Vitamin C, und B_2, Mineralsalze und Spurenelemente. Sie ergeben eine Droge zur Frühlingskur und Blutreinigung, zur Unterstützung der Stoffwechselorgane. Die Allerweltspflanze, vom Gärtner bekämpft und verachtet, kann richtig angewandt ein Jungbrunnen für die Gesundheit sein.

Wiesen-Salbei* *(Salvia pratensis):* Lippenblütler, 30 bis 60 cm hoch. Die verzweigten Blütenstände tragen in wenigen Quirln stockweise übereinander blau- oder rotviolette Blüten. Ein vierkantiger, derber Stengel ist mit wenigen kleinen kreuzgegenständigen Laubblättern ausgerüstet; zahlreiche große Grundblätter bilden eine Rosette. Die allgemein bekannte Pflanze kommt mit jeder Bodenart zurecht: sie kommt in Trockenwiesen, im Parkrasen, auf Böschungen aller Art und auf Wegrändern vor. Bekannt ist der Hebelarm-Bestäubungsmechanismus, den man selber mit einem Grashalm, der bis zum Blütengrund eingeführt wird, erproben kann. Auch die verwandten Arten **Steppen-Salbei*** *(Salvia nemorosa),* **Quirl-Salbei** (Salvia verticillata) und **Ungarischer Salbei*** *(Salvia aethiopis)* kommen als Wegrandpflanzen in Frage.

Wiesen-Storchschnabel* *(Geranium pratense):* Storchschnabelgewächse; 20 bis 50 cm hoch. Die ansehnlichen Büsche bestehen aus drüsig-behaarten Stengeln und Blütenstielen, die große blauviolette, dunkel geaderte Blüten tragen. Flach ausgebreitet, meist zu zweien, werden sie während des ganzen Sommers aufgesteckt. Die Laubblätter haben eine handförmige 7-teilige Spreite mit fiederteiligen Lappen. Die Blütenstiele neigen sich nach der Blütezeit, um sich während der Fruchtreife wieder aufzurichten. Die dekorative Pflanze erstarkt besonders am Rand von Nebenstraßen, die den Sommer über nicht gemäht werden.

Ein häufiger Gast auf Wegrändern ist der **Wiesen-Bocksbart*** *(Tragopogon orientalis),* dessen große goldgelben Körbe nur in den Vormittagsstunden geöffnet sind. Er wird 40 bis 80 cm hoch, hat aufrechte, nur wenig verästelte Stengel. Ein auffälliges Merkmal sind seine bläulichen, grasartigen, vorne zugespitzten Laubblätter, die den Stengel in Form einer Scheide umfassen.

Die Körbchen sind ausschließlich mit Zungenblüten gefüllt, die über die grünen Hüllblätter hinausragen. Auf mäßig trockenen Fettwiesen ist er aspektbildend, auch außerhalb der Wiese vermag er sich mit jeder Konkurrenz zu messen.

Die Wiesen-Glockenblume findet sich vornehmlich dann neben Straßen, wenn die Bankette neu geschüttet wurden. Auf frischen, nährstoffreichen Sand- oder Lehmböden ist sie Erstsiedler, bis sie kräftigeren Pflanzen weichen muß. Aus ihren anmutigen trichterförmigen Blüten, die übrigens tagsüber sonnenwendig sind und nachts nickende Stellung einnehmen, gehen Kapselfrüchte hervor, die die Samen ähnlich einem Salzstreuer ins Freie entlassen.

Die Acker-Glockenblume (Campanula rapunculoides) ist weitaus agressiver als ihre Schwester von der Wiese. Wenn sie sich einmal mit ihren vielen dünnen weißen Ausläufern im Boden festgesetzt hat, ist sie kaum mehr wegzubringen. Unermüdlich treibt sie ihre aufrechten Triebe mit den wunderschönen Glocken, die sich in einseitswendigen Trauben dem Licht zuwenden. Wenn der Haupttrieb der Sense zum Opfer fällt, sprießen aus seinem unteren Teil gleich ein halbes Dutzend neuer Stengel mit reichlichem Blütenschmuck hervor. Für den Gärtner ist diese Art ein lästiges Unkraut, für den Blumenfreund eine freundliche Blume, der man vielfach auch an den Wirtschaftswegen im höheren Bergland begegnet.

Auch Neophyten (Neubürger) werden manchmal zu Dauersiedlern auf dem Straßenrand, wenn es der Mensch zuläßt. Ursprünglich standen nur zwei Stöcke des **Glatten Zackenschötchens**[*] *(Bunias orientalis)* da. Sie fielen durch ihre stattliche Höhe und reichen Bestand an Kreuzblüten auf. Im nächsten Jahr waren bereits der Straßenrand in 50 m Länge und die angrenzende Wiese mit der eigenwilligen Pflanze besetzt. Im ersten Blühstadium, etwa Ende Mai, hat man ein hochaufstrebendes, blaugrünes Gewächs von 1 m Höhe vor sich. Zur Zeit des Fruchtens ist es ein kugelrunder Busch geworden, dessen Sprosse nach allen Seiten ausgreifen. Die merkwürdig geformten Schötchen – sie erinnern entfernt an winzige Birnchen, deren oberster Teil sich seitlich neigt – finden sich zuletzt an verlängerten Trauben vor. Diese Pflanze mit den ungeteilten bis aufgefiederten Blättern ist ein Neuzugang aus dem Osten, ihr Verbreitungsgebiet wird als eurasisch bezeichnet. In Wien ist sie 1868 erstmals beobachtet worden. Von den erwähnten 2 Stöcken am Straßenrand und dem entstandenen Wiesenbestand existiert heute nichts mehr – ein langgezogener Werkstättenbau hat den Zackenschötchen und der gesamten Wiese der Garaus gemacht. Gottseidank haben einige Stöcke entlang des nächstliegenden Baches Wurzeln geschlagen.

Manche Pflanze am Straßenrand beweist bewundernswerte Vitalität. Beim routinemäßigen Mähen wurden unter anderem auch blühende Stengel der **Acker-Glockenblume**[*] *(Campanula rapunculoides)* umgelegt. Dank der robusten Speicherorgane begann der Stock im September neuerlich zu blühen. Wo zuerst einige hohe und kräftige Sprosse gestanden sind, streckten sich jetzt zahlreiche kürzere Stengel empor und setzten bis zum ersten Frost Glocken an. Es ist überhaupt bedauerlich, daß man dieser Pflanze im Garten so sehr nachstellt. Sie steht an Schönheit, Blühfreudigkeit und Anspruchslosigkeit manchem Gartengewächs an nichts nach.

Obwohl sie keine prunkvollen Blüten besitzt, muß auch der **Kleinen Wachsblume**[*] *(Cerinthe minor)* als Wegrainpflanze gedacht werden. Sie flieht vor der Giftbrühe, die auf die Masse der Kulturpflanzen niedergeht. Der Fluchtweg ist kurz, aber er reicht aus, um sich ins nächste Frühjahr hinüberzuretten. Im Herbst sieht man die kräftigen, blaugrünen Blattrosetten, die manchmal auch weiß gefleckt sind. Ihre wächserne glatte Oberfläche läßt nicht vermuten, daß sie zu den Rauhblättrigen Gewächsen gehört. Im Frühling entwickelt sich ein blaugrün beblätterter Busch, der unscheinbare gelbe Blüten trägt. Die Blumenkrone ist bis zur Mitte gespalten, wobei die Zipfel zusammenneigen, anstatt sich zu öffnen. Ein ähnliches Schicksal erleidet der **Acker-Goldstern**[*] *(Gagea villosa)*, der vom oftmals besprühten Weingarten auf die Wegränder flüchtet. Seine Artgenossen inmitten des Weingartens sehen kümmerlich aus, haben Blätter ohne Saft

Der Wiesen-Storchschnabel ist nur in der Hügel- und unteren Bergregion als Straßenrand-Pflanze anzutreffen. Er ist zwar ein typischer Wiesenbewohner, mit Hilfe seiner Schleudervorrichtung bringt er die Samen in Straßennähe. Die Überlebenschance auf den schmalen Banketten von Nebenstraßen ist allemal größer als auf einer Wiese, die 5 bis 6 mal während des Sommers „abgeräumt" wird. Von den reichblütigen, kräftigen Stöcken am Straßenrand wird immer wieder auch die angrenzende Wiese besamt.

Diesen prächtigen Stock des Glatten Zackenschötchens (Bunias orientalis), einem Neuzugang aus dem Osten (1868 erstmals in Wien beobachtet), ist kein Straßenrand und -graben zu schlecht. Sobald nur eine Pflanze Fuß gefaßt hat, breitet sie sich in alle Windrichtungen aus. Wird der Hauptsproß schon im Mai abgesäbelt, wachsen aus den unteren Stengelknoten laufend neue Seitentriebe nach, sodaß sich die sonst aufrechte Pflanze in eine liegende wandelt. Früchte im Übermaß werden auch in dieser Lage und Form produziert.

und Kraft und nur wenige halbverwelkte Blüten. Der Stock am Wegrand hingegen hat sich kräftig herausgeputzt: Grund- und Stengelblätter von grasgrüner Farbe und nicht breiter als 3 mm. Die gelben Lilienblüten sitzen wie ein kleines Sträußchen auf schwankendem Stiel. Er ist im nördlichen Vorland der Alpen besonders gefährdet. Ist der Wegrand feucht genug, wird sich mit Sicherheit das **Gänse-Fingerkraut*** *(Potentilla anserina)* einfinden. Es treibt wunderschöne Rosetten aus gefiederten, tief gezähnten Blättern. Ihre Unterseite ist mit silbrig-weißen Härchen bedeckt; am Stengel sitzen außerdem noch kleine vielspaltige Nebenblättchen, während die langen Blütenstiele einzelne große, gelbe Blüten (Rosengewächse) tragen. Das Gänsefingerkraut ist ein Lebenskünstler, der lange Ausläufer entsendet, die an ihren Knoten Wurzeln schlagen, um neuerlich Blattbüschel zu entfalten.

Viele Pflanzenfreunde wissen es noch immer nicht, daß dieses Kraut wundervolle Kräfte in sich hat. Als kräftig wirkende „Psychodroge“ kann der Teeaufguß den alkoholischen Schlaftrunk ersetzen.

Beispiele von Pflanzen, die mit Vorliebe auf trockenen und warmen Böden stehen, sind der **Dost** *(Origanum vulgare)* und der **Thymian** *(Thymus pulegioides)*. Der Dost hat hellpurpurne Kronen, die zu leuchtenden Blütenrispen vereinigt sind. Von seinen drüsig-punktierten Blättern geht ein stark aromatischer Duft aus. Der Thymian, in vielen Kleinarten bei uns heimisch, ist zwar viel kleiner als der Dost, steht seinem Verwandten hinsichtlich des aromatischen Duftes in nichts nach.

Beide Arten sind uralte Volksarzneipflanzen und Gewürze für kräftige Suppen, Soßen und Fleischspeisen. Wer glaubt es schon, daß der Dost das unentbehrliche Gewürz für Pizzagerichte liefert. Natürlich werden die handelsüblichen Gewürze aus Italien eingeführt, wo der Duft und die ätherischen Öle dieser Pflanzen noch stärker sind. Viele nützlichen Eigenschaften unserer Wildpflanzen sind in Vergessenheit geraten.

Manche moderne Arzneimittel, die früher in der Volksmedizin auf der Basis von Pflanzenextrakten hergestellt worden sind, gewinnt man heute synthetisch. Die Zeitgenossen, die mit Hilfe alter Kräuterbücher derartige Elixiere wieder herstellen, sollten vor allem den Schutz der Pflanzen nicht außer acht lassen.

Die **Acker-Winde** *(Convulvulus arvensis)* ist ein Windengewächs mit einem weitverzweigten Wurzelgeflecht. Keine Art der Straßenrandsäuberung kann ihr was anhaben. Sie schmiegt sich mit ihren windenden Zweigen dicht dem Boden an und bringt bei guten Lichtverhältnissen unzählige Blüten hervor. Sind höhere Pflanzen in der Nähe, z. B. Grashalme, winden sich die meterlangen Stengel in Linkswindungen zum Licht empor. Die „Grammophon“-Trichterblüten in Weiß mit rosa Streifung erregen schon im Kindesalter großes Interesse. Sie sind kurzlebig, öffnen sich nur an ei-

Nahezu unvermeidlich war es, bei der Registrierung von Straßenpflanzen auf Tiere zu stoßen. Der lichtscheue Igel hat in einer dunklen Nische eines Brückleins über einen Straßengraben gedöst, als er die Witterung vom Fotografen aufnahm. Der furchtlose Geselle und alle seine Artgenossen vermögen die Gefahren der Straße nicht wahrzunehmen. Igel sterben den Straßentod in der Abenddämmerung oder in den frühen Morgenstunden auf zumeist immer dem gleichen Straßenstück. Und wir finden rein gar nichts, was den vorprogrammierten Tod der Igel vermeiden könnte!?

Auch die Smaragd-Eidechse lebte gefährlich. Ihr Versteck lag am Rand eines asphaltierten Feldweges, der für Radfahrer adaptiert worden ist. Für Kleintiere im Feld-Wiesen-Milieu ist selbst das überraschend schnell auftauchende Fahrrad zu einem lebensbedrohenden Instrument geworden. Naturverbundene Radfahrer werden allen Tieren, die vor ihnen auftauchen, den Vorrang überlassen.

Die Nickende Distel (Carduus nutans) ist ein Dauersiedler auf Straßenrändern. Sie ist wärme- und stickstoffliebend, paßt somit gut ins Milieu. Sie überdauert den Winter mit einer ornamentalen, großen Blattrosette. Der große Blütenkopf ist nicht eine einzige Blume, er setzt sich vielmehr aus hunderten duftenden Einzelblüten zusammen. Der reichlich vorhandene Nektar wird von Bienen, Hummeln und Schmetterlingen vernascht. Die Achänen tragen einen Pappus aus einfachen Haaren, die am Grund zu einem Ring verbunden sind, daher der Name „Nickende Ringdistel".

Der Katzenschweif (Conyza canadensis) gehört ebenso zur Familie der Korbblütler. Seine winzigen und unansehlichen Körbchen sitzen zu Trauben an den vielen Ästchen und deren Verzweigungen vereinigt. Ursprünglich wurde die Pflanze als „Kanadisches Berufkraut" (Erigeron canadensis) bezeichnet, sie ist im 17. Jahrhundert in Europa eingeschleppt worden. Dank ihrer massenhaften Produktion von Früchten und deren Flugvorrichtung erfolgte die rasante Ausbreitung über ganz Europa.

Die Kugeldistel (Echinops sphaerocephalus) steht besonders gern auf Banketten, die tiefgründig umgebrochen worden sind. Dieser ornamentale, distelartige Korbblütler war ursprünglich eine Zierpflanze aus Südeuropa, die aber längst verwildert ist und zum festen Bestand der heimischen Flora gehört. Für die Verbreitung der Pflanze haben vor allem die Imker gesorgt, weil die Kugeldistel eine gute Bienenweidepflanze ist.

Der Acker-Gelbstern (Gagea villosa) ist nur an Straßenrändern in Weinbaugebieten noch häufiger anzutreffen. Die überaus zarte Pflanze wird kaum 10 bis 15 cm hoch, hat fadenförmige rinnige Grundblätter und flache Stengelblätter. Das abgebildete Prachtexemplar war eine Ausnahme, die meisten anderen Stöcke waren in einem jämmerlichen Zustand. Der „Altbürger" (Archäophy) ist stark gefährdet und wird in absehbarer Zeit verschollen sein.

nem Tag, und das nur bei Sonnenschein. Der Nachwuchs je Pflanze wird mit 550 Samen angegeben. Gekeimt wird praktisch das ganze Jahr über.

Der **Gewöhnliche Natternkopf**[*] *(Echium vulgare)*, ein rauhblättriges Gewächs, wird bis 1 m hoch. Die steifborstigen Stengel gereichen jedem Straßenrand zur Zierde. Die zweijährige Pflanze entwickelt im Keimjahr eine große Rosette aus langen und schmalen Blättern. Im 2. Jahr streben die steifen und robusten Stengel empor, mit lineal-lanzettlichen Blättern, die sich von borstigen Haaren rauh anfühlen. Die trichterförmigen Blüten sind zunächst rötlich, später blau, selten auch weiß (Bild). Die rötlichen Staubgefäße und die bei älteren Blüten gespaltenen Griffelnarben ragen weit aus der Blütenöffnung und verleihen der Blüte das interessante Natterngesicht. Die Samenzahl je Pflanze wird mit 500 bis 2000 angegeben. Der Natternkopf ist Erstbesiedler offener Standorte auf steinigen Böden, die rasch abtrocknen. Er blüht auch in der heißesten Zeit des Jahres, vermag er doch aus 2 m Tiefe Feuchtigkeit heranzuholen. In seiner Gesellschaft finden sich gerne **Katzenschweif**[*] *(Conyza canadensis)*, **Beifuß** *(Artemisia vulgaris)*, **Wilde Möhre** *(Daucus carota)*, **Nickende Distel**[*] *(Carduus nutans)*, **Wilde Reseda** *(Reseda lutea)*, **Acker-Doppelrauke** *(Diplotaxis muralis)*, **Graukresse** *(Berteroa incana)*, **Kugeldistel**[*] *(Echinops sphaerocephalus)* und die **Gewöhnliche Stielfrucht** *(Scorzonera cana)*. Letztere Pflanze ist ein Korbblütler mit mehreren „Gesichtern". In der Regel existieren wenige Stengel, die im oberen Drittel in 1 bis 2-körbige Äste geteilt sind. Daneben werden grüne Rasen aus rosettig gehäuften Laubblättern gebildet, die mit den harten Lebensbedingungen des Straßenrandes gut zurechtkommen. Bei ungestörtem Wachstum, wenn der Wegrand z. B. an eine Mauer grenzt, erreichen die Blüten einen Durchmesser von 5 cm.

Am Straßenrand einer Föhrenwalddurchfahrt hat sich eine bunte Blumengesellschaft eingefunden. Sie kann deshalb ungestört wachsen, weil Böschungen und Hänge die Straßentrasse sichern, die Sense findet hier nur schwer Zugang. Hier finden sich Siedler von trockenen, sonnigen Standorten und solche aus dem kühlen Waldesschatten. In diesem Zusammenhang verdient das „Geschwisterpaar" **Süße Bärenschote** oder **Süß-Tragant** *(Astragalus glycyphyllos)* auf der Schattenseite und der **Esparsetten-Tragant** *(Astragalus onobrychis)* auf trocken-warmen Boden besondere Beachtung. Bei der Bärenschote entspringen lange, dem Boden aufliegende Triebe einem holzigem Wurzelstock. Den ganzen Sommer über werden kurzgestielte, ährenartige Trauben gelblichweißer Schmetterlingsblüten entwickelt. Den gefiederten Blättern, die saccharin-süß schmecken, verdankt die Pflanze ihren Namen. Die 3-kantigen Fruchthülsen, in deren Doppelfach die Samen geborgen sind, reifen während des Aufblühens junger Blüten heran. Der Esparsetten-Tragant ist eine echte Pionierpflanze. Er wagt sich in die

Die Klebrige Kratzdistel ist eine bis 1,5 m hoch werdende Blütenstaude mit regelmäßig gefiederten Laubblättern im unteren Stengelbereich. Sie ist im allgemeinen eine häufige Erscheinung in lichten Bergwäldern bis zu einer Seehöhe von 2000 m. Von der Ringdistel läßt sie sich gut durch die Haarkrone unterscheiden. Sie trägt an den Achänen einen Pappus aus gefiederten (federartigen) Borsten, die durch keinen Ring miteinander verbunden sind. Ihr Straßenrand-Vorkommen ist nur auf Waldstücke beschränkt.

Die Pannonische Kratzdistel erreicht nur eine Höhe von 80 cm, besitzt unzerteilte und fast ganzrandige Laubblätter. Sie hat ein größeres Wärmebedürfnis und steht in wechseltrockenen bis wechselfeuchten Wiesen. Sie kommt im pannonischen Klimabereich des Alpenostsaumes relativ häufig vor und tendiert zur Bildung von Trupps.

Auf diesem Bild ist der Bastard der Kleb-Kratzdistel mit der Pannonischen Kratzdistel (Cirsium pannonicum x C. erisithales) auf dem Hart zwischen Piesting und Hernstein dargestellt. Die Körbe sind kleiner als die der Kleb-Kratzdistel, die Blüten sind purpurn mit gelblichem Stich und die Laubblätter sind fiederteilig. Auf der Schattenseite sind an den Bastarden mehr die Eigenschaften der höheren Art vorhanden, auf der Sonnenseite dominieren die Merkmale der pannonischen Kratzdistel.

warmen Ritzen der Pflastersteine vor und legt seine kurzen Triebe direkt auf den heißen Untergrund. Dementsprechend schnell verwelken seine Trauben purpurner Blüten. Am besten kommt seine intensive Blütenfarbe zur Geltung, wenn er mit den „Katzenprankerln" des **Echten Wundklees*** *(Anthyllis vulneraria)* vergesellschaftet ist. Im Magerrasen der Steppe treten sie oft gemeinsam in Erscheinung, zahlenmäßig ist jedoch der Wundklee überlegen. Hier gibt er sozusagen den Ton an, deckt große Flächen, und einige kleine violette Nester des Esparsetten-Tragants werden gerade noch toleriert.

Von einer interessanten „Begegnung" zweier Arten am Straßenrand kann noch berichtet werden. Im Waldklima stehen einige prächtige Exemplare der **Klebrigen Kratzdistel*** *(Cirsium erisithales)*. Ihre Stengel, etwa 1,50 m hoch, sind in mehrere einköpfige Äste geteilt, die jeweils einen nickenden Blütenkorb tragen. Die Stengelbiegung ist klebrig-flaumig (Name!), eine Einrichtung, die als Schutzvorrichtung gegen aufkriechende und unwillkommene Blütenbesucher gedeutet werden kann. Jeder Korb ist mit zitronengelben Röhrenblüten gefüllt. Die unteren Blätter sind regelmäßig fiederteilig. Ihrem Aussehen nach haben sie eine große Verdunstungskapazität. Schräg gegenüber auf der Sonnenseite steht ein Trupp der **Pannonischen Kratzdistel*** *(Cirsium pannonicum)*. Ihre Stengel, entweder einfach oder in wenige einkörbige Äste geteilt, werden 70 bis 80 cm hoch. Die kleinen Blütenkörbe stehen aufrecht und enthalten nur purpurne Röhrenblüten. Ihre ungeteilten Blätter laufen am Stengel herab oder umfassen ihn. In nächster Nähe der beiden Arten wachsen Kratzdisteln mit deutlichen Kennzeichen von beiden Arten. Die Blütenkörbe sind aufrecht oder nickend und enthalten aber nur rötliche, gelb überlaufene Röhrenblüten.

Für die Blindschleiche ist es ein gefährliches Abenteuer, sich am Rand eines Wirtschaftsweges zu bewegen. Die Zahl der auf Wegen durch Wiesenland getöteten Schleichen ist groß. Noch immer werden diese harmlosen Tiere für gefährliche Schlangen gehalten. Der fußlose, schlangenförmig gestreckte Körper flößt ängstlichen Naturen Angst ein. Sie ist als Nacktschneckenvertilger der große Helfer des Gärtners. Links im Bild ein Löwenzahnstock.

Die Blätter sind buchtig-fiederspaltig bis gänzlich gefiedert. Eigenschaften beider Arten an einer dritten Art lassen den Schluß zu, daß man einen Bastard vor sich hat *(Cirsium erisithales x C. pannonicum)*. Genauere Beobachtungen zeigen, daß derartige Bastarde gar nicht selten sind und daß der Bastard in der Regel kräftiger ist als der kleinere Elternteil.

Schlußgedanke zum Problem der Straßenrandpflanzen: Aus Gründen der Verkehrssicherheit bedürfen auch Straßenränder einer minimalen Pflege. Eine Ausrottung der Pflanzen sollte nie angestrebt werden. Wenn ein Schnitt vorgenommen wird, darf er nicht zu früh und nur ein einziges Mal erfolgen. Ein Absaugen des Schnittgutes würde vor allem die Kleinlebewesen reduzieren, Mulchen wäre am ehesten zu empfehlen. Straßenpfleger sollten auch Landschaftspfleger sein. Hiefür wäre auch eine minimale Schulung wünschenswert, wenn nicht unerläßlich. Man hat es ja nicht nur mit dem leblosen Gut „Asphalt“ oder „Beton“ zu tun, sondern mit den empfindsamen Lebewesen Pflanze, Strauch und Baum.

Pflanzenschätze der Feuchten Ebene

Das tertiäre Senkungsfeld des südlichen (inneralpinen) Wiener Beckens wird durch 3 große Landschaftseinheiten gekennzeichnet: 1. Im Norden entlang der Donau erstrecken sich von Wien bis Hainburg breite Schotterfelder, die der Strom während der Eiszeit abgelagert hat. 2. Die südliche Fläche des Wiener Beckens nehmen diluviale Flußschotter ein, welche eine nach Norden und Osten geneigte Fläche bilden, der wir schon in Gestalt des Steinfeldes von Wr. Neustadt begegnet sind. Außer Piesting und Schwarza waren auch Triesting und Schwechat an Schotteraufschüttungen beteiligt, wenn auch in einem geringeren Ausmaß. Die Anschüttungen haben das Bett der Leitha immer weiter nach Osten an die tertiären Randhügel des Leithagebirges verlegt. Gegen Norden und Osten wird die Schotterdecke immer dünner. Wasserstauende, tertiäre Tone und Tegel bilden hier den Untergrund, sodaß der Grundwasserspiegel relativ hoch liegt.

Die einst sehr stark versumpfte Ebene im Zentrum des Beckens wird als „Feuchte Ebene“ bezeichnet, sie ist die 3. große Landschaftseinheit des Beckens. Das Grundwasser tritt hier an einzelnen Stellen bis zur Erdoberfläche empor, gut erkennbar an den aufgelassenen Abbauwannen der Ziegelwerke, kurz Ziegelteiche genannt, die schon immer zum „Wildbaden“ eingeladen haben. Durch die staatlich gestützten Meliorationen der letzten Jahrzehnte, sie waren durch den technischen Fortschritt wirksamer als in den Jahrhunderten vorher, wurden viele Sümpfe, Tümpel, Moore und Feuchtwiesen trockengelegt und in Äcker umgewandelt. Auch durch die naturentfremdende Art der Flußregulierungen kam es zu Senkungen des Grundwasserspiegels. Der einstige Überfluß an Wasser droht in das Gegenteil, in Wasserarmut umzuschlagen. Die Beseitigung des Wasserüberflusses aus Feuchtgebieten wurde früher als kulturelle Tat angesehen. Heute wissen wir aber, daß es ein Akt der Barbarei ist, uralte Naturlandschaften, deren Pflanzen- und Tierleben vom Wasserreichtum bestimmt war, zu zerstören. Auen, Moore, Sümpfe und Feuchtwiesen sind wichtige Landschaftselemente, die einen wesentlichen Beitrag zum Ablauf eines geregelten Naturhaushaltes leisten.

Sie binden z. B. das Niederschlagswasser, fungieren als Luftbefeuchter, als Speicher für das immer rarer werdende Trinkwasser und gelten außerdem als Förderer der Bodenfruchtbarkeit. Daß sie mit der ihr eigenen Pflanzen- und Tierwelt das Bild der heimatlichen Landschaft bereichern,

Die Schneidebinse, ein immer seltener vorkommendes Sauergras, hat messerscharfe Blattränder. Ihr ausgedehnter und zusammengesetzter Blütenstand wird in der Fachsprache als „Spirre" bezeichnet. Diese setzt sich aus braunen Knäueln zusammen, die aus 3–10 Ährchen gebildet werden. Die Pflanze steht mit den Wurzeln im seichten Wasser (Verlandungszone).

konnte schon am Beispiel des Auwaldes im Frühling aufgezeigt werden. Der Rückgang des Grundwassers und der Rückzug der Feuchtbiotope ist ein weltweites Problem, das von der Menschheit viel zu spät erkannt worden ist. Viele Staaten der Erde, darunter auch Österreich, haben im Rahmen der UNESCO einen Vertrag zum Schutz der Feuchtbiotope unterzeichnet. Im sogenannten Ramsar-Abkommen (1971) verpflichten sich die Vertragspartner in Anbetracht der ökologischen Bedeutung, die Feuchtgebiete als Regulatoren für den Wasserhaushalt und als Lebensraum für eine besondere Tier- und Pflanzenwelt zu schützen.

Die Feuchtgebiete des Wiener Beckens finden sich in den schotterfreien Zonen zwischen den Flußgebieten von Piesting und Triesting, von Piesting und Fischa und zwischen Triesting und Schwechat. Der ehemalige Grundwasserreichtum dieser Zone drückt sich allein schon in Ortsnamen, wie Moosbrunn, Margareten am Moos und Wasenbruck aus. Im Raum Gramatneusiedl und Moosbrunn gibt es heute noch Reste von Nieder- oder Flachmooren.

Hier sind noch einige wenige Feuchtwiesen und Flachmoore mit bemerkenswerten Pflanzenschätzen vorhanden. Das Grundwasser geht hier in Form von Quellsümpfen auf, die vor allem durch einen dichten Bestand von Sauergräsern und lockeren Schilfgürteln gekennzeichnet sind. Gelegentlich stößt man auf kleinere Bestände der **Schneidebinse** oder **Schneide-**

ried* *(Cladium mariscus)*, einer äußerst kräftigen, wärmeliebenden Pflanze, die nasse und milde-humöse Torfböden und kalkreiche Sümpfe liebt. Ihre bis 1,50 m hohen Stengel sind unten stielrund und hohl, oben dreikantig und markig. Markant sind die wehrhaften Blätter der Pflanze: ihre 7–12 mm breiten Spreiten sind unterseits und am Rande dornig gesägt. Beim Versuch, ein derartiges Blatt abzureißen, fügt man sich einen blutenden und arg schmerzenden Schnitt zu, was ihren Namen hinreichend erklärt. Der Blütenstand setzt sich aus endständigen und seitlichen köpfchenartigen Spirren zusammen; deren bräunliche Ähren sind zu Knäueln vereint. Die Schneidebinse ist europaweit im Rückgang begriffen, im Gebiet der pannonischen Flora gilt sie als stark gefährdet.

Die **Sumpf-Stendelwurz*** *(Epipactis palustris)*, auch kurz Sumpfwurz genannt, ist eine grazile Erscheinung aus der Familie der Orchideen. Hier wurzelt sie auf und zwischen den Blüten der Sauergräser. Vor dem Bau der Südautobahn war sie eine Charakterpflanze der Hölleser Sumpfwiesen. Ihre Blüten sind in einer lockeren, einseitswendigen Traube angeordnet. Die inneren Kronblätter von weißer Farbe sind rot geädert, die äußeren rötlichgrünen neigen sich anfangs glockenförmig zusammen, später öffnen sie sich weit, um Bienen und Wespen den Zutritt zum Nektar zu gewähren. Die zentrale Blütenlippe ist in 2 Abschnitte geteilt: der vordere, bewegliche Teil dient dem anfliegenden Insekt als Landeplatz, der hintere Abschnitt fungiert als „Schale“, die den Nektar aufnimmt, der vom verdickten Mittelstreifen der Lippe abgesondert wird. Dieses raffinierte Zusammenspiel zwischen Orchideenblüte und Insekt geht zwar in aller Stille vor sich, übt auf den Beobachter eine Faszination aus, die viele Naturliebhaber zu Orchideen-Fans werden läßt. Wie alle Orchideen bedarf auch diese Art dringend des Biotopschutzes, sie gilt im pannonischen Florengebiet als besonders gefährdet.

Die **Mehl-Primel*** *(Primula farinosa)* in der Ebene, auf einem Standort des Tieflandes, wird als Relikt aus der Eiszeit gedeutet. Ihre Hauptverbreitung liegt in der dealpinen Region, wo sie auch auf mäßig feuchten Wiesen ein Auslangen findet.

Als rotblühende Primel-Art genießt sie in Niederösterreich gesetzlichen Schutz. Hier im Tieflandmoor wächst sie in Gesellschaft einiger anderer Eiszeitrelikte:

Der **Weiße Germer*** *(Veratrum album)*, der **Sumpfenzian** oder **Tarant*** *(Swertia perennis)*, der **Alpen-Schnittlauch*** *(Allium sibiricum)*, das **Alpen-Fettkraut*** *(Pinguicula alpina)* u. a. Das Hauptverbreitungsgebiet dieser Arten liegt in Feuchtwiesen und Flachmooren der Voralpen. Der **Weiße Germer*** z. B. ist in der Regel selten unter 700 m Seehöhe anzutreffen. Seine Jungpflanzen entwickeln im 1. Jahr eine Art Scheinstengel, der aus den

Der Sumpf-Siegwurz ist die Verwandtschaft mit unseren Garten-Gladiolen gut anzumerken.

Der Weiße Germer entwickelt erst im 2. Jahr eine große, sparrig ausgebreitete, reichblütige Rispe. Das giftige Liliengewächs ist hauptsächlich auf Gebirgswiesen zu finden.

Der Tarant oder Moorenzian hat weit geöffnete, fünfzackige „Radkronen", die sich optisch wenig vom moorigen Grund abheben.

Die Sumpf-Stendelwurz ist eine hellblütige Orchidee auf mildhumosen Sumpfwiesen, von der Ebene bis in die Voralpen.

Der Alpen-Schnittlauch, früher als „Allium sibiricum" bezeichnet, ist ein Bewohner subalpiner und alpiner Sumpfwiesen u. Quellfluren. In der Ebene wird sein Vorkommen als Eiszeitrelikt gedeutet.

Die Borsten-Glockenblume trägt ihre aufrechten Blüten zu Büscheln gehäuft in Blattachseln der oberen Stengelhälfte. Ihre Blütenfarbe ist deutlich blasser als die der Knäuel-Glockenblume.

Scheiden großer eiförmiger, parallelnerviger Blätter besteht. Erst im 2. Jahr wird daraus ein „echter" Stengel, der am Ende eine sparrig verzweigte Rispe mit vielen weißen Lilienblüten trägt, die teils zwittrig, teils eingeschlechtlich sind. Die mittleren und oberen Blüten liefern nur Pollen. Die 1 bis 1,5 m hohen Blütensprosse nehmen sich in der Bergwiese zwar sehr dekorativ aus, gelten aber als lästiges Unkraut. Der Germer wird besonders im Jugendstadium vom Weidevieh verspeist und ruft infolge seiner Giftigkeit diverse Beschwerden hervor (Durchfall, Koliken, Lähmungen). Die Veratrum-Alkaloide haben anästhesierende und blutdrucksenkende Wirkung. Sie finden heute nur noch in der Homöopathie Verwendung.

Dem **Sumpfenzian*** sind wir bereits in den Voralpen, in der Boding bei Rohr begegnet. Die stahlblauen Sternblüten heben sich kaum vom dunklen Grün der Seggen ab. Als Bestäuber können Fliegen und kleine Käfer beobachtet werden, die den Nektar in kleinen Näpfchen vorfinden, die von einem Gebilde aus Fransen geschützt werden.

Der **Alpen-Schnittlauch*** erinnert im Aussehen an den Garten-Schnittlauch, wenngleich sein Blütenschopf rosarot leuchtet. Der Garten-Schnittlauch gilt als Kulturabkömmling der vorigen Art. In den etwas trockeneren Stellen des Moorsumpfes stoßen wir auf beide Arten des Fettkrautes. Das **Gewöhnliche Fettkraut** *(Pinguicula vulgaris)* hat violette, veilchenähnliche Blüten, das **Alpen-Fettkraut*** weiße. Beide zählen zu den fleischfressenden Pflanzen, was beim Laien falsche Vorstellungen weckt. Unsere Aufmerksamkeit gilt den Blattrosetten, denen das „Kunststück" der Eiweißverdauung gelingt. Die gelbgrünen Blätter fühlen sich fettig an (Name!), sind am Rande nach oben eingerollt und mit gestielten Drüsen besetzt, die einen zähen Schleim absondern. Das vom Schleim festgehaltene Insekt wird mittels eines Ferments in ein bis zwei Tagen verdaut. Der Rollmechanismus des Blattes verliert mit zunehmendem Alter seine Wirkung. Ein antiseptisches Ferment verhindert ein Verwesen der Insektenleichen, der Regen spült sie weg. Der bei der Aufnahme des Eiweißes gewonnene Stickstoff gleicht den Mangel aus, der versumpften Standorten eigen ist. Das Alpen-Fettkraut ist im Gebiet der pannonischen Flora besonders gefährdet.

Außerhalb des triefnassen Moores, schon mehr im wechselfeuchten Bereich, stößt man auf die selten gewordene **Borsten-Glockenblume*** *(Campanula cervicaria).* Vor wenigen Jahrzehnten war sie in Niederösterreich weit verbreitet, im pannonischen Gebiet ist sie heute arg gefährdet. Sie gehört in die Gruppe der Glockenblumen-Arten, die ungestielte, aufrechte Blüten besitzen, die zu mehreren in achsel- und kopfständigen kleinen Büscheln vereint sind. Sie ist der **Knäuel-Glockenblume** *(Campanula glomerata)* ähnlich, hat jedoch einen steifhaarigen Borstenbesatz. Die rauhen,

Die Sumpf-Wolfsmilch liebt staunasse Wiesen und wächst jeweils nach der Blütezeit zu einem stattlichen Gewächs heran, dessen meterhohe Triebe an Weidenzweige erinnern. Alle Wolfsmilch-Arten sind giftig; das ätzende Gift ist vor allem in der weißen Milch enthalten, die aus verletzten Pflanzenteilen quillt.

hellgrünen Laubblätter sind in einen geflügelten Stiel verschmälert. Der Griffel ragt vorwitzig aus den hellblauen Blüten hervor. Auch die Knäuel-Glockenblume kommt auf dem Gelände vor. Sie zieht jedoch die trockeneren Magerwiesen den Feuchtwiesen vor. Von der Ebene bis in mittlere Gebirgslagen daheim, könnte man sie fast als Allerweltspflanze bezeichnen. Sie hat breitere, zumeist kahle Blätter und ansehnliche Knäuel von violetten Blüten, an Schönheit steht sie ihrer Schwester nicht nach.

Wenn zwischen den Seggenhorsten der erwähnte Moor-Enzian zu blühen beginnt, hat die **Sumpf-Siegwurz**[*] *(Gladiolus palustris)* längst Früchte ausgebildet. Sie blüht schon in der 2. Junihälfte. Ihre einseitswendigen Trauben aus 3 bis 6 purpurnen Blüten sind das Lieblichste, was der dunkle Moorboden anzubieten vermag. Das dem Aussterben nahe Schwertliliengewächs war noch 1960 in den sumpfigen Wiesen des südlichen Wiener Beckens und der Neuen Welt reichlich vertreten. Der Name „Siegwurz" rührt von der unterirdischen Knolle her, dem der etwa 50 cm hohe Stengel entspringt. Dem Aberglauben, daß die Knolle Zauberkraft besitzt, vor Hieb und Stich und überhaupt vor allen bösen Einflüssen zu schützen vermag, fielen vermutlich unzählige Pflanzen zum Opfer. Die Siegwurz, eine Verwandte unserer Garten-Gladiolen, steht vollkommen unter gesetzlichem Schutz.

Im Juli finden sich an einem Graben mit langsam fließendem Wasser

Die Sumpf-Wolfsmilch ist eine ausdauernde Pflanze von ansehnlicher Größe. Die Blüten stehen in reichverzweigten gelben Trugdolden zusammen. Die scheinbaren Einzelblüten setzen sich aus mehreren, einer weiblichen und 5 männlichen Blüten zusammen. Diese Teilblütenstände werden als „Cyathien" (lat. cathus = Becher) bezeichnet. Jedes Cyathium hat rundum 4 ovale, gelbe Nektardrüsen, mit denen hauptsächlich Fliegen angelockt werden. Außer auf Feuchtwiesen kommt die immer seltener werdende Art in Überschwemmungsgebieten entlang großer Flußläufe vor. Stark gefährdete Art in Niederösterreich.

Die Sumpf-Gänsedistel ist ein mehrjähriger robuster Korbblütler, mit seinen 2 bis 2,5 m hohen Blütensprossen zweifellos die stattlichste Pflanze des Feuchtgebietes. Sie steht in der schilfdurchsetzten Moorwiese und am Rand von träg fließenden Bächlein. Die am oberen Stengel befindlichen lineal-lanzettlichen Laubblätter sitzen mit dem Grund direkt dem Sproß an, wobei die großen zugespitzten Öhrchen deutlich abstehen. Die Art ist in der Feuchten Ebene stark gefährdet.

Anmerkung: Es gibt in den Feuchtgebieten dieses Viertels umfangreiche und rührige Bemühungen von Verbänden und Einzelner, um wirksame Schutzmaßnahmen zum Erhalt der Feuchtbiotope zu erreichen. Doch darf nicht übersehen werden, daß vereinzelt immer noch Feuchtwiesen, ja selbst moorige Wiesen zu Äckern umgebrochen werden. Wegen zu geringem Ertrag werden sie alsbald in geförderte Brachen umgewandelt. Mit kurzfristigen Begehungen von dafür zuständigen Organen könnten derartige Praktiken bald der Vergangenheit angehören. Kommende Generationen werden den Mißbrauch der Landschaft nicht begreifen können.

Die Gelbe Wiesenraute verdankt ihren Namen den lebhaft grünen, gefiederten Laubblättern. Als „Ranunkelgewächs" besitzt sie viele gelblichweiße Staubgefäße, die weit aus dem Kelch herausragen. Die von pollensammelnden Insekten besuchten Blüten ähneln im Grunde genommen eher einem weißgelben Federbusch als einer Hahnenfußblüte.

Der Blutweiderich ist eine Allerweltspflanze feuchter Stellen. Seine meterhohen Sprosse werden im oberen Teil von dem großen ährenähnlichen Blütenstand eingenommen. Der Name „Lythrum" kommt vom griech. Wort lythron, was „Besudelung mit Mordblut" bedeutet; nimmt damit Bezug auf die rote Blütenfarbe.

Der Ruten-Blutweiderich ist zarter gebaut als sein Verwandter, auch ist sein Blütenstand weniger attraktiv. Beim Ausbleiben von Feuchtigkeit und durch die in der Landwirtschaft üblichen Dunggaben geht er ein. Er ist sehr stark gefährdet.

Das Herzblatt oder Studentenröslein ist eine Sommerblume der nassen Wiesen. Aus der Mitte der herzförmigen, langstieligen Grundblätter kommen einzelne Stengel hervor, die in der Mitte je ein stengelumfassendes Blatt und an der Spitze eine zierliche Blüte tragen. In der interessant gebauten Steinbrech-Blüte finden sich außer Staubblättern und Stempel noch 5 grünlichgelbe „Staminodien" vor, die mit gestielten glitzernden Drüsenköpfen Bestäuber anlocken. Das Herzblatt ist im pann. Florengebiet gefährdet.

zwei im Aussehen gänzlich verschiedene Pflanzen vor, die aber die gleiche Lebensweise führen. Über das Röhricht wächst der bis 2,50 m hohe Stengel der **Sumpf-Gänsedistel*** *(Sonchus palustris)* empor, der an der Sproßspitze eine Scheindolde von hellgelben Körbchen trägt. In der Wuchsform erinnert diese Art an einen Lattich, doch sind seine dicken Stengel innen hohl und die Blütenkörbe reichlicher mit Strahlblüten gefüllt. Hülle und Körbchenstiele sind mit schwärzlich-grünen Drüsenhaaren dicht besetzt. Die unteren Laubblätter der mehrjährigen Pflanze haben eine tief fiederspaltige Spreite; die oberen, lineal-lanzettlichen Blätter sitzen mit großen, zugespitzten und abstehenden Öhrchen am Stengel. Durch Zerstörung der Biotope ist auch diese Pflanze sehr stark gefährdet. Die **Gelbe Wiesenraute*** *(Thalictrum flavum)*, eine ansehnliche Pflanze mit 1 m hohen Stengeln, entfaltet dichte gelbe Blütensträuße, von denen ein süßlicher Duft ausgeht. Die 4 ovalen Blütenhüllblätter sind nur 2–4 mm lang und fallen alsbald ab, sodaß die Blüten nur aus zahlreichen gelben Staubblättern zu bestehen scheinen. Die Spreite der Laubblätter ist, von unten nach oben abnehmend, 2 bis 4 mal fiederschnittig geteilt, selbst die Blättchen tragen am Vorderende 3–4 spaltige Fiederchen. Wurzel und Blätter dieses Hahnenfußgewächses sind giftig, sie dienten einst in der Volksmedizin als Abführmittel. Auch die Gelbe Wiesenraute gilt allgemein als stark gefährdet.

Die **Sumpf-Wolfsmilch*** *(Euphorbia palustris)* ist eine kräftige mehrjährige Pflanze, die meterlange, verzweigte Ausläufer entwickelt, weshalb die aufrechten Stengel von 60 bis 100 cm Höhe zumeist in mehr oder weniger großen Gruppen auftreten.

Bemerkenswert sind neben den blütentragenden Wipfelästen die zahlreichen blütenlosen Äste. Die reichlich vorhandenen Laubblätter von lanzett-

Die Ganzblättrige Waldrebe ist eine krautige, nicht kletternde Pflanze, deren Vorkommen im östlichen Niederösterreich stark gefährdet ist. Die hängenden, glockenförmigen Blüten werden von purpurnen bis dunkelvioletten Kronblättern gebildet, die entfernt an die prunkvollen Formen der Clematis-Hybriden erinnern.

Der Weiden-Alant trägt seine goldgelben Körbe auf aufrechten, nicht verzweigten Stengeln. Die Unterseite seiner zahlreichen weidenähnlichen Laubblätter hat eine markant hervortretende Nervatur. Die Art paßt sich an wechselnde Feuchtigkeitsverhältnisse an. Hier steht sie in einer moorigen Wiese, dort auf einem buschigen, sonnigen Hang.

licher Form sitzen wechselständig direkt am Stengel, was der Pflanze das Aussehen eines niedrigen Weidenstrauches verleiht. Die Scheinblüten der Wolfsmilch, aus Einzelblüten zusammengesetzt, wirken durch die Gelbfärbung wie eine einzige große gelbe Blumenquaste. Alle Scheinblüten sind abermals zu einem trugdoldenartigen Gesamtblütenstand vereinigt. Der weiße Saft der Wolfsmilch, den alle Pflanzenteile enthalten, ist überaus giftig. Mit seiner hautätzenden Eigenschaft sollten vor allem Kinder vertraut gemacht werden. Die Sumpf-Wolfsmilch ist die größte aller heimischen Arten. Auch sie ist durch den Rückgang der Feuchtgebiete stark gefährdet.

Die **Ganzblättrige Waldrebe*** *(Clematis integrifolia)* ist eine mehrjährige Staude, der die Fähigkeit des Kletterns fehlt. Im Wald schlechthin wird man sie vergeblich suchen, am ehesten nimmt sie mit feuchten bis wechselfeuchten Gründen (auch des Auwaldes) vorlieb. Sie hat einen starren Stengel, der 30 bis 70 cm hoch werden kann. Er ist mit sehr großen, ungeteilten Laubblättern ausgerüstet, die meist länger als die zugehörigen Stengelglieder sind. An seiner Spitze trägt er eine einzelne dunkelviolette Blüte, deren auffälligsten Teile 4 Perigonblätter sind. Sie umschließen glockenförmig zusammenneigend oder in Form eines Kreuzes die Griffel und zahlreichen gelben Staubblätter. Die runden Früchte dieses Hahnenfußgewächses besitzen mit einem mehrere cm langen, abstehend behaarten Griffel ein vortreffliches Flugorgan. Nur mehr vereinzelt ist die aus Südosteuropa stam-

Die Graue Kratzdistel ist hinsichtlich Bodengüte und Feuchtigkeit anspruchsvoller als die Kohldistel. Man kann ihrer Erscheinung eine gewisse „Eleganz" nicht absprechen. Sie hält immer ein wenig Distanz zur vulgäreren Schwester.

Dennoch kommt es vor, daß sich Kohl- und Grau-Distel paaren, was für die Bienen und Hummeln kein Problem darstellt. Der Bastard, einst als „Tatarische Distel" bezeichnet, wurde lange als eigene Art angesehen.

Die Kohl-Kratzdistel erhebt sich dank ihrer hohen Blütenstengel weit über die meisten anderen Pflanzen der Feuchtwiese. Auch sie, die praktisch von niemandem geliebt wird, besitzt ein hübsches Blütenantlitz, das durch die bleichgrünen Hochblätter noch interessanter wird. Weil ihre spitzausgezogenen Blätter nicht stechen, verdirbt sie auch nicht die letzte Heuernte.

mende Pflanze in der Feuchten Ebene des Wiener Beckens anzutreffen. Sie gilt allgemein als stark gefährdet.

Ein sonderbares Verhalten zeigt die **Ästige Graslilie** *(Anthericum ramosum),* die man mit Sicherheit während des Sommers in Schwarzföhrenwäldern antreffen kann.

Ihr bevorzugter Untergrund ist in der Regel trocken und kalkreich, die Humusauflage eher spärlich. Die Graslilie siedelt hier auf Böden, die während des Frühlings vom Moor-Blaugras *(Sesleria uliginosa)* flächendeckend beherrscht werden. Erstaunlich ist, daß diese wärmeliebende Art in den Flachmoorwiesen von Moosbrunn mit dem kühlen und feuchten Grund zurecht kommt. Unzählige Stöcke der Ästigen Graslilie fristen ihr Dasein in Gemeinschaft von Alpen-Schnittlauch, Sumpf-Gladiole und Sumpfenzian.

An pflanzlichen Kostbarkeiten finden sich vereinzelt in der Feuchten Ebene noch folgende Arten vor: **Sibirische Schwertlilie*** *(Iris sibirica),* **Ungarische Platterbse** *(Lathyrus pannonicus),* **Becherglocke*** *(Adenophora liliifolia),* **Lungen-Enzian** *(Gentiana pneumonanthe)* und **Herzblatt*** *(Parnassia palustris).* Früher in fast allen Feuchtbiotopen des Wiener Beckens heimisch, haben sie sich in der Gegenwart in den Bereich der Grundwasseraustritte in der Mitte des Beckens zurückgezogen.

Diese Refugien können allerdings nur als „Muster" der einst großräumigen Feuchtwiesen bezeichnet werden.

Der **Langblatt-Blauweiderich** *(Pseudolysimachion longifolium)* wird immer mehr zu einer Rarität der Feuchtwiesen. Sein aufrechter Korpus bringt eine endständige Blütentraube hervor, eventuell entspringen noch einige kürzere Trauben in den obersten Blattachseln. Die sanfte Farbe seiner Ehrenpreisblüten erinnert an das Blau des Himmels. Die anfänglich nickenden Trauben strecken sich bei Blühbeginn, der in der ersten Junihälfte liegt. Die 60 bis 100 cm hohen Stengel, zumeist graufilzig behaart, sind bis zu den Blüten hinauf beblättert, die Blattspreite von linealisch-lanzettlicher Form ist 8–10 cm lang und 1 bis 2 cm breit. Die seltene Pflanze kommt auch auf den Marchwiesen im nordöstlichen Niederösterreich vor und ist überall in ihrer Existenz gefährdet. Besonders die zu frühe und zu häufige Mahd wird sie gänzlich ausrotten.

Als robust und widerstandsfähig erweisen sich einige Distel-Arten im Feuchtwiesenbereich. Die **Krause Distel** *(Carduus crispus)* steht an feuchten, schattigen Gräben und Bachufern; mit Vorliebe sucht sie frischen Aushub auf. Ihre Stengel sind stark verzweigt, 50 bis 150 cm hoch und in der ganzen Länge schmal kraus, weichstachelig geflügelt. Die fiederspaltigen Stengelblätter sitzen mit verschmälerter Spreite am Stengel, ihre Ränder sind weich bedornt. Die purpurnen Blütenkörbe werden von kurzrüs-

Die Spargelerbse ist eine dem Hornklee nahe verwandte Art. Sie ist eine rasenbildende, blaugrüne und mehrjährige Art. Der Schmetterlingsblütler mit dem eigenwilligen Habitus prunkt mit einzelnen, zitronengelben Blüten, die unübersehbar aus der Grasnarbe leuchten. Außer in Moorwiesen kommt er im Kalkmagerrasen vor, liebt basische Böden, zeigt Lehm an und erträgt Bodensalze.

seligen Insekten besucht, die am Grund der 2-lippigen Röhrenblüten reichlich Nektar vorfinden. Wenn mittels des haarigen Pappus die Früchte ausgestreut sind, stirbt die Distel ab (2-jähriges Gewächs). Die **Grau-Kratzdistel*** *(Cirsium canum)* blüht später und erledigt Blühen und Fruchten zwischen der 1. und 2. Mahd. Im pannonischen Florengebiet kommt sie auf nassen Wiesen und Grabenrändern vor. Als hygrophile Pflanze weicht sie praktisch nie auf trockene Wiesen aus, aus trockengelegten Feuchtwiesen verschwindet sie allmählich. Ihr etwa 1 m hoher Stengel ist meist einfach und trägt einen stattlichen purpurnen Blütenkorb von etwa 3 cm Durchmesser. Die Laubblätter reichen bis zur Stengelmitte, sind unterseits von kurzen krausen Härchen graugrün bis weißfilzig (Name!). Die unteren Blätter sind in den Stiel verschmälert, die oberen laufen lang geflügelt den Stiel herunter. Die Graue Kratzdistel ist ein ausdauerndes Gewächs, ihre Vermehrung besorgen die mit gefiederten Pappushaaren ausgerüsteten Früchte *(Achänen)*.

Die **Kohl-Kratzdistel***, auch Kohldistel oder Wiesenkohl *(Cirsium oleracium)* genannt, ist zweifellos die vulgärere Art und kommt überall auf nassen Gründen vor, selbst eine massive Düngung nimmt sie noch in Kauf. Für den Bauern ist sie ein Wiesenunkraut, das durch massenhaftes Vorkommen den Futterpflanzen den Lebensraum einengt. Vor allem sind es die rosettig angeordneten Grundblätter, die bei einer Länge von 50 bis

60 cm einen ganzen Quadratmeter beanspruchen. Die ausdauernde Pflanze hat 1 m hohe Stengel, die bis oben beblättert sind. Die stengelumfassenden Blätter fühlen sich weich an, sind am Rande dornig gewimpert und laufen am Stengel nicht herab. Mehrere gelblich-weiße Blütenköpfe sind am Sproßende gehäuft, werden von großen dornig gewimperten Hochblättern umschlossen und überragt, was die Schauwirkung für die blütenbesuchenden Bienen, Hummeln und Schmetterlinge noch erhöht. Gegen Austrocknung der Wiesen ist sie nicht sehr empfindlich, sie zieht sich mit Vorliebe in Mulden zurück.

Eine weitere Distel-Art mit nicht alltäglichem Antlitz findet sich, wenn auch in spärlicher Zahl, im feuchten Grunde vor. Die Blütenkörbe sind mit gelbroten Röhrenblüten gefüllt und erinnern in ihrer Tracht an die Graue Kratzdistel. Die Laubblätter laufen am Stengel fast nicht herab, fühlen sich steifer an als die der Kohldistel. Die Körbe werden von ganz kleinen und wenigen Deckblättern gestützt: Schon in Neilreichs Flora von Niederösterreich ist dieser Bastard von Grau- und Kohldistel als ziemlich beständig beschrieben. Dieser Bastard wurde lange Zeit für eine eigene Art gehalten und trug den Namen „Tartarische Distel“ *(Cirsium tataricum).**

Ein feuchtes Geländestück, das außer vom Grundwasser auch noch Überlaufwasser von einem Graben empfängt, sichert einigen weiteren Korbblütlern uneingeschränktes Wachstum. Da wäre zunächst das Große **Flohkraut** oder die **Ruhrwurz** *(Pulicaria dysenterica)* zu nennen, ein ausdauerndes Gewächs mit ästigen, dicht weißwolligen Stengeln. Die Blätter sitzen mit herzförmigem Grund dem Stengel dicht an. Die goldgelben Körbe setzen sich aus Zungen- und Röhrenblüten zusammen. Der Name deutet es schon an: in der Volksarzneikunde galt das Ruhrkraut als Mittel gegen die Ruhr und andere Darmleiden. Von seinem penetranten Geruch leitete man die Annahme her, es könne Flöhe und Wanzen vertreiben. Eine entfernte Ähnlichkeit mit dem Ruhrkraut haben der **Weiden-Alant*** *(Inula salicina)* und der Wiesen-Alant, der uns schon auf feuchtem Brachgelände aufgefallen ist. Auch der Weiden-Alant liebt wechselfeuchte bis moorige Wiesen, auf denen er bei ungestörter Entwicklung zur aspektbildenden Pflanze werden kann. Er hat größere Körbe als das Ruhrkraut (Durchmesser 3–5 cm). Um ihn genau vom Ruhrkraut unterscheiden zu können, muß man am reifen Körbchen die Frucht untersuchen: beim Alant ist sie kahl, beim Ruhrkraut hingegen behaart. Ferner tragen die Achänen der Alant-Arten einen einfachen Haarkranz, bei der Ruhrwurz wird dieser noch von einem gezackten Krönchen umschlossen. Der Vollständigkeit halber sei auch noch der **Echte Alant*** *(Inula helenium)* erwähnt, eine alte 2 m hoch werdende Kulturpflanze (Volksarznei-, Gewürz- und Färbepflanze), die selten verwildert und ebenfalls feuchte Lagen bevorzugt.

Der Erdbeer-Klee verdankt seinen Namen den bauchig aufgeblasenen Fruchtkelchen. Die Blütenköpfchen sitzen an kahlen, kriechenden Stengeln. Die feuchtigkeitsliebende Art nimmt auch mit salzhältigen Böden vorlieb. Er gilt im allg. als gefährdet.

Die purpurnen Blütenkerzen im Wiesenmoor, am Rand langsam fließender oder auch stehender Gewässer stammen vom **Gewöhnlichen Blutweiderich*** *(Lythrum salicaria).* Seine weidenartigen Laubblätter und die grelle Blütenfarbe erklären hinreichend den Namen. Er ist ein ausdauernder und sehr hartnäckiger Bewohner nährstoffreicher und humöser Böden. Der Bauer, der aus der Sumpfwiese Ackerland machen will, hat seine liebe Not mit ihm. Schon vor Jahren ist der moorige Boden umgebrochen worden und noch immer taucht der Blutweiderich im viel zu feuchten Grund des Kornfeldes auf. Bis jetzt hat er dank seines tief reichenden, verholzten Erdstockes dem Pflug widerstanden und entsendet unermüdlich seine Triebe, deren Blütentrauben inmitten des Getreidefeldes jedermann zu erkennen geben, daß dieser Grund absolut für den Feldbau ungeeignet ist. Nicht so widerstandsfähig war der **Ruten-Blutweiderich*** *(Lythrum virgatum).* Seine 1 m hohen Triebe mit den schmallinealen bis lanzettlichen Blättern sind verschwunden. Seine lockeren Blütentrauben sind trotz eifriger Suche unauffindbar, obwohl er vor wenigen Jahren in den nassen und salzigen Wiesen noch vertreten war.

Zur Anreicherung von Bodensalzen kommt es in niederschlagsarmen Sommern, wenn das aufsteigende Grundwasser rasch verdunstet. Alle Fließgewässer besitzen ebenso einen geringen Salzgehalt, den auch angrenzende Wiesen aufzuweisen haben. Es kann aber auch beobachtet werden,

In der frisch umgebrochenen Feuchtwiese kommt der Blutweiderich immer wieder zum Vorschein: ein sehr deutliches Signal für den Bauern, daß dieser Boden für den Getreideanbau ungeeignet ist. Aber auch ein Bitte an die amtlichen Naturschützer (deren schwierige Arbeit nicht hoch genug eingeschätzt werden kann), innerhalb eines umfangreichen, noch intakten Feuchtwiesengebietes keine Neuumrisse zuzulassen.

daß feuchte Wiesen, die durch lange Zeit hindurch einer intensiven Beweidung ausgesetzt sind, einen minimalen Gehalt an Salzen besitzen, der manchen Pflanzen zuträglich ist. Dazu gehören z. B. der **Erdbeer-Klee*** *(Trifolium fragifera)* und der **Spargelklee,** auch als **Spargelerbse*** bezeichnet *(Tetragonolobus maritimus).* Der Erdbeer-Klee hat seinen Namen von den bauchig aufgeblasenen Fruchtkelchen. Im Reifezustand bilden sie eine in sich geschlossene Kugel, die an eine Erdbeere (besser noch Himbeere) erinnert. Windstöße, die über die luftige Scheinfrucht streichen, befördern die reifen Samen ins Freie. Seine hellrosa Schmetterlingsblüten sitzen zu Köpfchen vereint an kriechenden Stengeln. Die Art kommt zwar überall in Österreich vor, ist aber durch den Rückgang der Feuchtwiesen sehr gefährdet.

Die schwefelgelben Schmetterlingsblüten der Spargelerbse stehen einzeln am Ende liegender bis aufstrebender Stengel. An ihnen fällt vor allem die lange Fahne mit fast kreisrunder Platte auf, die steil aufgerichtet ist. An den 5-zähligen Blättern erreicht das oberste Blättchen in seiner deltoidischen Form die ansehnliche Länge von 3–4 cm. Die Spargelerbse ist mit dem Hornklee nahe verwandt und bedarf nährstoffreicher Böden, die wenigstens im Frühjahr gut durchfeuchtet werden. Neben Bodensalzen zeigt sie auch Lehm an, kommt zwar gesellig, aber nicht häufig vor.

Das Ende eines Feuchtbiotops

Seit Menschengedenken fand sich in der Feuchtzone nördlich des Piestingschotters unweit vom Südbahnhof von Sollenau ein kleines Flachmoor, ein Feuchtbiotop von ungewöhnlicher Ausbildung. Je nach Jahreszeit und Niederschlagsverhältnissen führte es bis zu einem halben Meter hoch Wasser. In niederschlagsarmen Perioden trocknete es manchmal vollständig aus. In der Zeit vor der Elektrifizierung der Südbahn kam es entlang des Bahndammes durch Funkenflug gelegentlich zu kleineren Wiesenbränden, die auch auf das Flachmoor übergriffen. Nach dem Abbrennen der alten und dürren Vegetationsreste traten seltsame Horste aus dichtem Wurzelwerk, das in Torf und Flugerde wucherte, zu Tage. Es waren die großen Horste der **Steifen Segge*** *(Carex elata)*, die bizarr vom Boden aufragten. Bei normalem Wasserstand waren die schwarzen „Bülte", die vertorften Wurzelstöcke der Steifen Segge, nicht zu sehen. Wenn sich im

Ein zwischen den Feldern verbliebenes Wiesenmoor, das heute auch zum Bauland geworden ist. Aufnahme 1959.

Frühling nach starken Regenfällen das Moor wieder mit Wasser auffüllte, die Seggenhorste Blätter und Blütenstengel entwickelten, erinnerten die Erscheinungen an struppige Riesenköpfe, die aus dem Wasser lugten.

Die Steife Segge ist ein Hauptvertreter des Großseggen-Rasens *(Magnocaricetum)*, einer Pflanzenformation, die immer dann in Erscheinung tritt, wenn die Verlandung eines stehenden Gewässers schon weit fortgeschritten ist. In der Regel wächst dieses Riedgras an den Ufersäumen der Seen des Alpenvorlandes oder in tiefgründigen Feuchtwiesen der Ebene. Unter den Sauergräsern erweist es sich als wahrer Lebenskünstler. Es erträgt, ohne Schaden zu nehmen, größere Wasserspiegelschwankungen, gedeiht aber auch an Standorten, wo das Wasser wenig schwankt und lange Zeit bis zum Blattgrund der Seggen steht. Seine säulenförmigen Horste wurden hierorts bis 75 cm hoch, am Rande des Wassers auch nur wenige cm. Bei hohem Wasserstand im Frühsommer war es ohne weiteres möglich, von Bult zu Bult zu springen, ohne dabei naß zu werden oder den Bult zu zerstören. Mit wenigen Schritten stand man trockenen Fußes inmitten der freien Wasserfläche und konnte sich einen guten Einblick in das rege Tier- und Pflanzenleben des Tümpels verschaffen. Zahlreiche begleitende Pflanzen verwandelten diesen Miniaturteich unweit von steinigen Äckern, trockenen Gräben und dürren Dämmen zu einer Insel voller Leben. Hier gedieh neben der **Teichbinse** *(Scirpus lacustris)*, dem **Rohrkolben** *(Typha latifolia)*, dem **Igelkolben** *(Sparganium erectum)* die farbenprächtige, gelb blühende **Wasserschwertlilie** *(Iris pseudacorus)* und die zierliche, rosarote **Wasserviole** *(Butomus umbellatus)*, eine Rarität der heimischen Feuchtflora. Auch das immer seltener werdende **Pfeilkraut** *(Sagittaria sagittifolia)* und der **Froschlöffel** *(Alisma plantago)* sind zu nennen. Sie alle waren Grundlage für ein vielfältiges und zahlreiches Tierleben. Frösche, Kröten und Unken tummelten sich ungestört im Seichtwasser und dessen Uferbereich. Kein Fahrzeug konnte ihnen gefährlich werden, weil es rundum keine Straße gab, nur ein begraster Feldweg führte vorüber. Rohrammer und Stockente waren hier ebenso zu Hause wie die vielen Libellenarten, deren Larven bekanntlich im Wasser leben. In Hörweite nistete der Große Brachvogel, der eine besondere Kostbarkeit der heimischen Vogelwelt darstellt. Seine wehmütige, bezaubernde Stimme, die besonders frühmorgens und nachts ertönte, gehörte zum frühlingshaften Bild ebenso dazu wie der „kiewit"-Ruf des Kiebitzes, der in den nördlich gelegenen Feuchtwiesen sein Quartier aufgeschlagen hatte. Blumenfreunde kamen besonders im Frühsommer auf ihre Rechnung: Am Rande des Tümpels wetteiferten das Goldgelb des **Gilbweiderichs** *(Lysimachia vulgaris)*, das Rosenrot der **Weidenröschen** *(Epilobium hirsutum)* und das Himmelblau der **Bachbunge** *(Veronica beccabunga)*. Die Blütenpracht dieses Weihers ließ mit ihren vielfältigen Duft-

Ein blühender Horst der Steifen Segge, auch Bulten-Segge genannt (Carex elata), inmitten eines kleinen Flachmoors, das neben dem Südbahndamm nördlich von Sollenau bis in die 60er Jahre existierte. 120 Jahre hatte die Natur zur Ausformung dieses Miniatur-Feuchtbiotops gebraucht. In wenigen Tagen hat es eine Schubraupe vernichtet.

und Farbspielen beste Lebensbedingungen für eine Unzahl von Insektenarten entstehen.

Alles in allem: Dieses kleine Flachmoor, wahrscheinlich durch den Aushub des Südbahndammes im Jahre 1841 entstanden, erwies sich als schützenswertes Kleinbiotop, ein Kleinod für jeden Freund der Natur. Selbst beim Nichtbotaniker erregten die merkwürdigen Bülte reges Interesse. Auch viele Fremde wurden zum genauen Schauen verlockt, zumal das Biotop vom fahrenden Zug aus deutlich erkennbar war. Wer oder was sollte oder konnte diesem seltsamen Stück Natur inmitten einer tristen Kultursteppe schon Böses antun wollen!? Undenkbar und gar nicht vorstellbar!

Und dennoch: Eines Tages am Ende der 60-er Jahre war es passiert. Der Tümpel, der länger als 120 Jahre zu seiner Ausformung gebraucht hatte, war mit einem schweren Bagger „ausgeräumt" worden, sodaß der nackte Schotterboden zum Vorschein gekommen war. Ein Naturentfremdeter hatte aus dem paradiesischen Feuchtbiotop eine Schottergrube gemacht, um darin Karpfen zu züchten. Es erübrigt sich zu erwähnen, daß daraus nie ein Karpfenteich wurde.

Hutweiden – gibt es fast nicht mehr

Früher einmal, vor 60 Jahren, dehnte sich eng an das Dorf in der Ebene angeschmiegt ein Föhrenwäldchen aus. Jedermann lobte diesen kleinen Wald und war glücklich darüber, daß es ihn gab, in dieser tristen und baumlosen Steppe.

Dieser Wald war noch jung, seine Bäume ragten kaum mannshoch gegen den Himmel. Trotz seiner Jugend war dieser Jungwald bereits zum Segen des kleinen Dorfes geworden. Im Winter reckte er sich den kalten Nordwinden entgegen und gewährte den nahen Häusern einen festen Schutz. Im Sommer, wenn die Sonne auf ihn niederbrannte, trug der Wind Schwaden duftenden Harzgeruchs in die Siedlung. Und die Menschen, die auf den umliegenden Feldern der Arbeit nachgingen, hielten Rast unter den Bäumen dieses Waldes und lobten seine Kühle. Noch heute wissen die Ältesten im Dorfe zu berichten, wie segensreich sich dieser Wald für das Dorf auswirkte. Die damalige Generation lebte in dem Glauben, für ein Leben lang Nutznießer dieses Waldes zu sein.

Es sollte anders kommen. Das Grundstück, auf welchem der junge Wald heranwuchs, wechselte den Besitzer. Und dieser zeigte keinen Sinn für den Wert dieses Waldes in der trostlosen Steinfeldebene.

Was der eine durch Jahrzehnte hegen und pflegen ließ, machte der andere im Handumdrehen zunichte. Er ließ den Wald kurzerhand abholzen, die Erde umbrechen, und die Kultursteppe, die ringsum das Dorf umgab, wurde wieder um einige Hektar größer. Niemandem war mit der Vernichtung des Waldes gedient. Die Äcker auf dem dürftigen Schotterboden des einstigen Waldes trugen dem Waldvernichter so viel wie nichts ein. Der Boden und die Arbeitsmethoden waren schlecht, und alsbald gab man es auf, die Felder dieses Grundes zu bestellen. Die Ausrottung des Waldes hatte sich nicht bezahlt gemacht. Wir modernen Menschen haben den Wert eines Waldes voll und ganz erkannt. Wir finden es unbegreiflich, daß man sich damals in so brutaler Form am Volksgut Wald, der gerade in dieser Gegend fehlt, ungestraft vergreifen konnte.

Das nun brachliegende Land wurde allmählich von den Pflanzen der umgebenden Steppen besiedelt. Niedrige Gräser und polsterförmig wachsende Heidepflanzen ergriffen Besitz von diesem dürftigen Boden. Eine schüttere Heidewiese entstand, die alsbald als Hutweide benützt werden konnte. Der geduldige Boden gab her, was er konnte. Die Rinderherde des Ortes zog täglich über ihn hinweg, ebnete ihn ein, nährte sich vom harten Heidegras und sorgte auch für die Düngung des ausgelaugten Bodens. Die regelmäßige Beweidung brachte es mit sich, daß der Rasen immer dichter wurde, und nach etlichen Jahren war kaum mehr zu erkennen, welche Behandlung der Heideboden schon hinter sich hatte.

So löste die Hutweide, in ihrem Charakter an eine Steppenheide erinnernd, den einstigen Wald ab. Auch diese Hutweide hat heute, nach mehreren Jahrzehnten ruhevoller Entwicklung, ihren eigenen Reiz. Sie gehört nun schon zum Bild der Siedlung wie einstmals der Wald. Besonders im regenreichen Frühling zeigt sie sich von ihrer schönsten Seite. Sie ist dann ein prachtvoller grüner Grund, der zum Wandern und Spielen verlockte. Wie beglückend sind diese grünen Matten, wenn über ihnen der aromatische Duft des Wilden Kuttelkrautes schwebt! Unzählige rosarot blühende Polster nisten dann zwischen den Horsten der Gräser und Seggen. Und federndes Schrittes kann man den grünen Plan durchschreiten, ohne dem Bewuchs ernstlich zu schaden. Der Geruch des Thymians, dessen verschiedene Arten bis tief in den Sommer hinein blühen, ist übrigens auch im nahen Dorfe zu spüren. Er ist überhaupt der typische Frühlingsduft dieser herben Landschaft. Nicht wenige Freunde der Natur sind es, die bewußt diese Hutweiden aufsuchen, um sich an ihrem Anblick zu erquicken. Die Hutweiden werden zu Augenweiden, wenn die Kräuter auf ihnen in Masse zu blühen beginnen. Jede neue Blühwelle im Frühling verändert das Antlitz des Rasens. Fingerkräuter färben ihn gelb, Ehrenpreis-Arten blau, Gamander-Arten rosa und weiß. Groß ist die Freude, wenn man in günstigen Jahren da und dort auch Knabenkräuter zwischen den grauviolettgrünen Halmen der Steppengräser entdeckt. Und all diese Schönheit entfaltet die Hutweide ganz allein, ohne jegliches Zutun durch den Menschen.

Wie es eben so ist, quer durch diese anmutige grüne Fläche legte man vom Anbeginn einen Fahrweg an. Man tat es, um den längeren Weg zu den Äckern und Weingärten abzukürzen, um eben schneller zum Arbeitsplatz zu kommen. Die Bauern vergangener Zeiten fanden es selbstverständlich, immer den gleichen Weg zu benützen. So gruben sich die Räder der Pferde- und Ochsenkarren mit der Zeit immer tiefer in den Heideboden, es entstanden quer durch die Hutweide die bekannten parallel verlaufenden Rinnen eines Feldweges.

Wurden sie mancherorts zu tief, und das Regenwasser sammelte sich in Pfützen an, dann füllte man die entstandenen Löcher sorgfältig mit Schotter aus, und niemand fand einen Grund, die Spuren dieses alten Weges zu verlassen. So ging es jahrzehntelang, der Weg bestand nur aus der Spur ei-

So sahen die Hutweiden im südlichen Wiener Becken um 1960 aus: ein friedliches Bild in einer Zeit ohne Kektik. Die Gräser und Kräuter der Hutweide wurden durch regelmäßige Beweidung zwar kurz gehalten, der entstehende grüne Grund war jedoch mit flachen Polstern der Fingerkräuter und des Thymians bedeckt. Der Duft der rosarot blühenden Kuttelkräuter lag über dieser Landschaft.

nes Wagens. Doch dann brach vor nicht allzu langer Zeit eine neue Epoche an, die Epoche des Wohlstandes und der Vergeudung. Die guten alten Tugenden, wie Gemeinschaftssinn und Sparsamkeit, mußten dem Egoismus und der Verschwendung weichen. Ochsen- und Pferdewagen wurden großteils durch Traktor und Auto verdrängt. Es wäre hoch an der Zeit gewesen, den alten, nur 2 m breiten Fahrweg zu sanieren, ihn den neuen Bedürfnissen anzupassen. Nichts dergleichen geschah. Eines Tages bahnte sich ein Fahrzeug seinen eigenen Weg über die Hutweide, nur wenige Meter vom alten entfernt. Eine neue Spur entstand. Sie war noch lange nicht so ausgefahren wie die erste, da wurde ein dritter Weg angelegt. Niemand fand etwas Unrechtes dabei, wenn er sich seinen eigenen Weg über die Grasfläche bahnte, niemandem tat der Boden leid, den er nutzlos und mutwillig mit den Rädern seines Fahrzeuges zerfurchte. Wer nimmt sich heute schon einer gemeinnützigen Fläche an? Das Bild hat sich bis zum heutigen Tage nicht verändert. Inzwischen laufen stellenweise 5 bis 8 Wegspuren nebeneinander, ein etwa 20 m breiter Rasenstreifen fällt dieser Bodenverschwendung zum Opfer.

Eines Tages wurden tatsächlich die Feldwege saniert. Aber nur diese Wege erhielten eine Schotterauflage, die zwischen den Feldern dahinziehen, also einspurig sein mußten. Der Weg über die Hutweide blieb in seinem schlechten Zustand erhalten, im Gegenteil, er wurde sogar noch schlechter.

Die gleiche Landschaft 3 Jahrzehnte später. In den 70er Jahren gab es auf der Hutweide keine weidenden Rinder mehr. Die wenigen Tiere, die es in den noch verbliebenen Landwirtschaften gab, wurden fortan auf Stallfütterung umgestellt. Die Hutweide wurde überflüssig und in Bauland umgewandelt. Neusiedler gaben der Hutweide ein verändertes Aussehen.

Eines Tages entschloß man sich doch, den ursprünglichen Heideweg auszubessern.

Wagen um Wagen rollte heran und lud – man höre und staune – Abfallmaterial aus dem ländlichen Haushalt ab: neben Schotter, Bauschutt, Ziegelsteinen und kopfgroßen Mauerbrocken fanden sich auch Blechkübel, Konservendosen und sonstiger Unrat. Jedermann wußte, daß dieses Material für das Ausbessern des Weges gänzlich ungeeignet war. Es wurde auch nicht einmal der Versuch unternommen, die widerlichen Haufen einzuebnen. Nach 3 Jahren liegen heute noch diese Schutthaufen auf dem alten Weg und verunzieren die grüne, sonst noch saubere Hutweide. Stickstoffliebende Pflanzen machen sich auf ihnen breit, Fremdlinge in diesem sauberen Garten der Natur. Und niemand nimmt daran Anstoß. Täglich fahren dieselben Leute vorüber, die einst den Unrat abgeladen haben. Immer größer wird der Bogen, den man um diese Hindernisse machen muß. Vorhaltungen, die gelegentlich von Unbeteiligten gemacht werden, bleiben wirkungslos.

Die Landwirte sind aber nicht die einzigen Feinde der Hutweide. Auch Herr Jedermann erweist sich als Feind der grünen Fläche. Jedermann hat Abfälle im Haushalt, die weder auf dem Komposthaufen vergoren, noch im Ofen verbrannt werden können. Wohin damit? Nun, da das Ziehen eines Handwagens auf der waagrechten Fläche der Hutweide sehr einfach ist, fährt man mit dem Müll am besten auf die Hutweide, denn gleich daneben findet sich eine Grube, die den Unrat gut aufnehmen kann. Trotz des guten Willens vieler wird der Mist immer häufiger direkt am Rande der Weide abgesetzt, und wenn nichts dagegen unternommen wird, könnte der Hutweide bald auch von dieser Seite Gefahr drohen. Kostbare Flächen sind auf diese Weise schon vertan worden.

Damit hat der Mißbrauch der Landschaft noch kein Ende. „Sportliche" junge Männer rasen mit geräuschvollen Mopeds über den Rasen, mimen weltmeisterliche Vorbilder und zerstören, zerstören. Nackte Erde kommt zum Vorschein, wo Halbwüchsige ihre Achter in den Rasen ziehen. Und niemand wagt es, ihnen Einhalt zu gebieten.

Noch eine andere Gruppe von Menschen rückte dem soliden, dichten Rasen zu Leibe. Sie geben sich am seriösesten, üben aber sicherlich die verheerendste Wirkung aus. Sie kommen mit Lastwagen, Schaufeln und Spaten angefahren. Auch sie freuen sich der Schönheit des Rasens, sie suchen so lange, bis sie den schönsten ausmachen. Der schönste, dichteste und üppigste Rasen ist gerade gut genug für sie. In abgezirkelten Ziegeln sticht man fachmännisch den Rasen aus dem Mutterboden und verlädt ihn nicht ohne Sorgfalt auf den Wagen. Man sieht es ihrer Arbeitsweise an, daß sie mit wertvollem Gut hantieren, wertvoll aber nur deshalb, weil es in klingende Münze umgesetzt werden soll. Verwehren sollte man es ihnen! Gewiß! Wer aber könnte dies schon, wenn sie behördliche Genehmigungen besitzen? Der Beamte, der solche Bewilligungen erteilt, ist gewiß nie über einen schönen Rasen einer Hutweide gegangen.

Wenn die Fremdlinge mit dem vollen Wagen abfahren, lassen sie in der grünen Matte große, häßliche Wunden zurück. Es dauert länger als ein Jahrzehnt, bis die Heide wieder den gleichen dichten Rasen nachzubilden vermag. Inzwischen hat der Wind die meiste Erde des bloßgelegten Bodens in alle Richtungen verweht.

So schmelzen die letzten Hutweiden durch den Unverstand der Menschen zusammen. Jedermann vergreift sich an ihnen, weil man glaubt, sie wären wertlos, öd und unproduktiv. Doch auch sie gehören zum Bild der Dorflandschaft im Wiener Becken. Der Ertrag, den sie liefern, mag gering sein. Doch erfüllen sie gerade dort, wo es an Wald und Windschutzgürteln fehlt, eine sehr wichtige Funktion: Sie festigen mit einer dichten Grasnarbe den Boden und schützen ihn vor der abtragenden Wirkung des Windes. Und schön sind sie auch, die Hutweiden, wer es nicht glaubt, überzeuge sich selbst davon!

„Von der Seele geschrieben" im Mai 1965

Epilog (30 Jahre später)

Unsere Hutweide ist nicht mehr, sie hat aufgehört zu existieren. Verschwunden ist für alle Zeiten die graugrüne Grasnarbe mit ihren unzähligen Farbtupfen und dem über ihr schwebenden Duft nach Feld-Thymian. Die Rinderzucht war in den 70er Jahren stark eingeschränkt und strukturell verändert worden. Es gab eines Tages auf der Hutweide keine weidende Rinderschar mehr. Die wenigen Tiere, die in den Landwirtschaftsbetrieben verblieben, wurden fortan nur mehr im Stall gehalten und gefüttert, die Kühe dieser Betriebe lernen in den 80er Jahren keine Wiese mehr kennen. Wo es keine Herde mehr gibt, bedarf es auch keines Weidelandes. Also wurde die Hutweide in Bauland umgewidmet. Ein Netz kleiner asphaltierter Straßen entstand auf der Hutweide-Fläche, Kanäle, Licht- und Wasserleitungen wurden verlegt. Im Nu wuchsen eng aneinander geschmiegt Häuser verschiedener Bauart aus dem Boden – eine gesichtslose Satellitensiedlung entstand, wie wir sie in ähnlicher Form an vielen Stellen des südlichen Wiener Beckens in den letzten Jahrzehnten haben entstehen sehen.

Völlig unmotiviert ließ man auch die am Rand der Hutweide stehenden letzten alten Föhrenbäume fällen, obwohl sie keinem Vorhaben im Wege gestanden waren.

Holz und Reisig der sinnlos „hingeschlachteten“ Bäume lagen jahrelang auf dem benachbarten Grundstück, ein sichtbarer Beweis für gedankenloses Abholzen in einer baumarmen Landschaft. Dies alles ist geschehen im Zeitalter des Erwachens der Menschen für den Schutz von Landschaft und Umwelt.

Eine Mittsommer-Wanderung in den Hainburger Bergen

Die Gruppe der Hainburger Berge erhebt sich ziemlich unvermittelt aus der Ebene zwischen Donau und Leitha am Ostrand des Wiener Beckens. Dem geologischen Aufbau nach gehören sie zu den Kleinen Karpaten, von denen sie nur durch den Donaudurchbruch, der „Porta Hungarica“ getrennt sind. Den Anschluß zu den Alpen vermittelt jenseits der sehr weiten Brucker Pforte der langgestreckte Zug des Leithagebirges. Der Kern der Kleinen Karpaten besteht im wesentlichen aus einem grobkörnigen Granit, wie er sich auch am Nord- und Ostteil des Hundsheimer Berges und am Königswart zeigt. Der kristalline Kern bildet die Fortsetzung der alpinen Zentralzone. Über dem kristallinen Gestein lagern feste quarzische Sandsteine und Konglomerate, wie sie auch in den Karpaten weit verbreitet sind. Die obersten Schichten werden von dunklen Jurakalken und Kalkschiefern gebildet. Die Kalke im Raum der Hainburger Berge formen somit den Braunsberg (346 m), den Pfaffenberg (331 m), den Hundsheimer Kogel (480 m) und den Spitzer Berg (302 m) westlich von Edelstal. An deren Rande sind aus einer erdgeschichtlich jüngeren Zeit Leithakalke, sarmatische Sande und eiszeitlicher Löß angelagert. Auf dem Thebener Kogel (515 m) jenseits der Donau auf dem Gebiet der Slowakei bildet der Quarzit die Spitze und der Kalk findet sich auf der Westseite vor. Die landschaftliche Gliederung des Hainburger Bergkomplexes ist auf mehrere Brüche zurückzuführen, die ursächlich mit dem Einbruch des Wiener Beckens im Zusammenhang stehen. Die Bruchlinien verliefen in NW-SÖ-licher Richtung. Ihnen entspricht z. B. der heutige Donau-Durchbruch, die Furche zwischen dem Braunsberg und dem Hainburger Schloßberg, die Senke zwischen dem Hundsheimer Berg und der Königswarte. Besonders deutlich erkennbar wird der Bruch zwischen dem Komplex der Hundsheimer Berge und dem im Süden vorgelagerten Spitzerberg. Hänge und Gipfel der Hainburger Berge wurden im Laufe erdgeschichtlicher Zeitmaße terrassenartig umgeformt und eingeebnet. Trotz ihrer bescheidenen Gesamthöhe weisen diese Berge dennoch schroffe Felsformen auf, wie sie besonders am Braunsberg erkennbar sind. Vermutlich waren es die andrängenden Wassermassen der Donau, die zur „Skelettierung“ des Berges geführt haben. Schließlich muß auch noch daran erinnert werden, daß die Donau ur-

Blick von der Südwestkante des Hundsheimer Berges zur Zeit der Fruchtreife des Federgrases in die Feldlandschaft des Wiener Beckens.

sprünglich nicht durch die Hainburger Furche, sondern durch die sogenannte „Carnuntische Pforte“ strömte und somit südlich der Hundsheimer Berge durch die Brucker Pforte ihr Bett nach dem Osten bahnte. Die March war es gewesen, die vor der Donau in der Zeit des Jungpliozäns den Durchbruch zwischen Braunsberg und Thebener Kogel schaffte und damit der weitaus mächtigeren Donau den heutigen Weg erst freimachte.

Wenn wir uns vom Südwesten her über die Straße den Hainburger Bergen nähern, nehmen sie sich mit ihren runden Rücken zunächst recht unansehnlich aus. Erst wenn wir unmittelbar davorstehen, die rippigen Felshänge und steilen Wände aufgelassener Steinbrüche sehen, erhalten wir den Eindruck, richtige Berge vor uns zu haben. Auch das Besteigen ist mühsamer als es zunächst den Anschein hat. Besonders während des heißen und regenarmen Sommers ist das Wandern auf den schattenarmen Wegen des Hundsheimer Berges mühsam und kräftezehrend. Wir befinden uns hier auf einer Wärmeinsel, die an Pflanzen und Tiere besondere Anforderungen zur Daseinsbewältigung stellt. Das kontinental-pannonische Klima, das sich hier noch voll auswirkt, schafft jedoch für eine wärmeliebende und trockenheitsverträgliche Pflanzen- und Tierwelt günstige Lebensbedingungen. Die „Steppenarten“ unter den Pflanzen, die diesem Gelände sein charakteristisches Aussehen verleihen, haben ihr Verbreitungsgebiet im Osten und Südosten unseres Kontinents.

Auf der Felssteppen und in den Trockenrasen ist während des Monats Mai das Graue Sonnenröschen die dominierende Art. Die Blütenstände sind bei trübem Wetter und am Nachmittag unansehnlich, bei vollem Sonnenschein machen sie ihrem Namen Ehre. Grau sind an ihm nur die Unterseiten der Laubblätter.

Im Jahr 1974 ist ein 160 ha großes Areal des Hundsheimer Berges und des Pfaffenberges auf Initiative des World Wildlife Fund zum Naturreservat erklärt worden. Auch angrenzende Landschaftsteile verdienten es, noch in das Schutzgebiet einbezogen zu werden. Der Steinbruch von Deutsch-Altenburg frißt sich immer tiefer in den Pfaffenberg hinein, sein Ausmaß hat sich in den letzten Jahrzehnten beängstigend vergrößert. Jede noch so geringe Erweiterung des Steinbruches zerstört ein Stück mehr von einer der eindrucksvollsten Trockenlandschaften Österreichs. Mit Recht kann daher verlangt werden, das bereits bestehende Naturschutzgebiet um jene Teile des Pfaffenberges zu erweitern, die bisher nicht dem Steinbruchbetrieb zum Opfer gefallen sind. Am unteren Nordwesthang des Hundsheimer Berges sind die „Neusiedler" der Naturschutzzone bedenklich nahe gerückt. Im Baumüll der zuletzt errichteten Häuser vegetieren die vertriebenen Trockenpflanzen, die einst auf dem Boden der jetzigen Kleingärten ihr Heimatrecht gehabt haben. Man wundert sich überhaupt, daß die niederösterreichische Naturschutzbehörde nicht in der Lage war, die Verbauung einschließlich der Errichtung des Sportplatzes zu verhindern. Die Schaffung von Naturschutzgebieten kann und darf nicht dem fruchtlosen Streben einzelner Idealisten überlassen bleiben. Naturschutzarbeit muß das Werk von verantwortungsbewußten, politisch aktiven Menschen sein, die in ihrem Handeln ausschließlich vom Sachverstand geleitet wer-

Die Thüringer Strauchpappel (Lawatera thuringiaca) ist in Österreich selten geworden und gilt als gefährdet.
Die großen, lang gestielten Blüten dieses Malvengewächses stehen zu lockeren Blütenständen zusammen. Der Grauton der meisten Pflanzenteile ist auf einen dichten, weichen Besatz aus Sternhaaren zurückzuführen.

den und deren Aktivitäten keinesfalls dem Wählerwillen unterworfen sein dürften.

Wenden wir uns der Pflanzenwelt innerhalb des Reservates zu. An den Anfangspunkten der Wege, die durch das Schutzgebiet geleiten, stehen Orientierungstafeln, die Auskunft über Wegverlauf, Geländeart und Vegetationscharakter geben. Hier erfahren wir, daß es auf engem Raum mehrere Arten von Steppen zu unterscheiden gibt:

Fels-, Rasen- und Wiesensteppen.

Die **Felssteppe** findet sich auf den steilen Felsrippen der Süd- und Westhänge des Hundsheimer Berges. Sie ist durch flachgründige Böden, die nur wenig Feuchtigkeit zu binden vermögen, gekennzeichnet. Oft sind es nur schmale Felsrisse mit nur wenig Substrat, die einen Pflanzenwuchs möglich machen. Die Pflanzendecke der Felssteppe ist besonders während des Frühlings am eindrucksvollsten ausgebildet. Ihr Artenreichtum ist hier größer als jener der Felssteppe, die wir von den Osthängen der Thermenalpen her kennen. Bei günstigen Witterungsverhältnissen ist der in lockeren Horsten wachsende Steppenrasen rasch entwickelt (Bleich-Schwingel, Badener Rispengras, Erd-Segge, u. a. m.). Die auffälligste Gras-Art zur Pfingstzeit ist und bleibt das Federgras, hier speziell das **Zierliche Federgras** *(Stipa eriocaulis)*, dessen Federschweife unaufhörlich vom Wind anmutig bewegt werden. Der graugrüne Teppich der Gräser wird von den Blüten der Teppichsträucher belebt: **Sand-Fingerkraut*** *(Potentilla arenaria)*, **Graues Sonnenröschen*** *(Helianthemum canum)*, **Heideröschen*** *(Fumana procumbens)*, **Haar-Ginster*** *(Genista pilosa)*, **Schopf-Milchstern** *(Ornithogalum comosum)*, **Steppen-Wolfsmilch*** *(Euphorbia seguieriana)* u. a. Eine besondere Erwähnung muß das reichliche Vorkommen der Hainburger **Fe-**

Die Steppen-Wolfsmilch (Euphorbia seguierana) ist ein typischer Siedler der Felssteppe. Sie trägt an der Sproßspitze nur eine Scheindolde. Sie ist eine xeromorphe, wenig frostempfindliche Trockenpflanze. Ihre Heimat sind die vorderasiatisch-südrussischen Steppen. Die Giftigkeit ihres scharfen Milchsaftes macht sie für Schafweiden ungeeignet.

Die Hainburger Feder-Nelke (Dianthus lumnitzeri) ist ein pannonisches Florenelement, das überhaupt nur auf das Hainburger Vorkommen beschränkt ist. Die extremen Felsstandorte meistert sie mit Hilfe von verholzten Sproßachsen, tief reichenden Rübenwurzeln und starren Blättern und Stengeln, die von einer Wachsschicht überzogen sind.

Nur auf den Hängen des Hundsheimer Berges sind in dieser Dichte die violetten Blütenstände der Ruthenischen Kugeldistel (Echinops ritro subsp. ruthenicus) anzutreffen. Laut Roter Liste ist die Art gefährdet.

Diese Art „Kugeldistel" (Echinops ritro) findet man auch als Zier- und Bienenweidepflanze in unseren Gärten. Sie erreicht in Kultur niemals die Schönheit der wildwachsenden Ruthenichen Distel. Daß die „bestechend" schöne Pflanze noch in so großen Mengen angetroffen werden kann, macht eine Sommerwanderung in das Naturschutzgebiet so eindrucksvoll.

Die Pannonische Karthäuser-Nelke (Dianthus pontederae) siedelt in der Rasensteppe; sie kann als kleinblütrige Sippe der Karthäuser-Nelke betrachtet werden. Die Platte der Kronblätter ist 3–6 mm lang, am Rande gezähnt und gebärtet. Ihre grasartigen Grundblätter sind 1–3 mm breit.

der-Nelke* *(Dianthus lumnitzeri)* finden, sie ist ein Endemit der Hainburger Berge. Höher als die Teppichsträucher sind die ebenfalls felsbewohnenden Arten, wie z. B. die **Bisamdistel*** *(Jurinea mollis)* und **Ruthenische Kugeldistel*** *(Echinops ritro ssp. ruthenicus).*

Durch sein massiertes Vorkommen wird das Federgras zur Zeit des Fruchtens zum landschaftsbestimmenden Element. Das Federgras lenkt unsere Aufmerksamkeit bereits auf eine weitere Form der Steppe, nämlich auf die **Rasensteppe.** Sie ist weniger exponiert als die Felssteppe, hat etwas tiefgründigeren Boden und findet sich auf flacheren Hängen und sanften Kuppen. Schon im zeitlichen Frühjahr wird hier der Blütenreigen mit den Kuhschellen eröffnet. Die bunten Nester der Zwerg-Schwertlilien folgen anfangs April nach und leiten bereits zum Blütenreichtum des Vollfrühlings über. Hier blühen z. B. der **Wundklee** *(Anthyllis vulneraria ssp. carpatica u. ssp. polyphylla)*, der **Illyrische Hahnenfuß*** *(Ranunculus illyricus)*, der **Duft-Schöterich*** *(Erysimum odoratum)*, die **Pannonische Karthäuser-Nelke*** *(Dianthus pontederae)*, die **Traurige Nachtviole*** *(Hesperis tristis)*, die **Wolfsfuß-Scharte** *(Serratula lycopifolia)* u. a.

Fels- und Rasensteppe gelten als natürliche Pflanzengesellschaften, die ohne Mitwirkung des Menschen entstanden sind. Die **Wiesensteppe** hingegen hat sich erst unter dem Einfluß des Menschen, sei es durch Rodung oder ständige Beweidung, entwickelt. Der Boden ist hier tiefgründiger als

Der Donau-Mehlbeerbaum (Sorbus danubialis) ist eine potentiell gefährdete Strauchart der Hainburger Berge. Ein markantes Merkmal sind seine rhombisch-kreisförmigen Blätter mit derber Lappung und Zähnung gegen den Grund zu.

jener der Rasensteppen. Er vermag die Feuchtigkeit länger zu binden und entwickelt daher auch eine dichtere Grasnarbe. Wiesensteppen haben einen ähnlichen Artenbestand wie benachbarte Rasensteppen, der Übergang zwischen beiden ist fließend. Auch Allerweltspflanzen finden sich hier ein.

In den letzten Jahrzehnten unterblieb die bisher regelmäßige Beweidung, die Viehwirtschaft hat andere Wege der Fütterung eingeschlagen. Da auch jegliche Mahd unterbleibt, sind bereits vielerorts Sträucher aufgekommen. Natürlich gereichen auch blühende Büsche von Weißdorn, Berberitze und Heckenrose den Bergen zur Zierde, doch werden sie in absehbarer Zeit die großflächigen Rasen zum Verschwinden bringen. Kleinflächige Versuche, mit weidenden Schafen dem Vordringen der Sträucher Einhalt zu gebieten, sind bereits angelaufen. Wieder wird erkennbar, daß einst die Landwirtschaft als Nebenergebnis ihrer Tätigkeit Landschaftspflege betrieben hat, eine Aufgabe, für deren Bewältigung es in der Gegenwart keinen Ersatz gibt.

Große Teile des Naturschutzgebietes sind mit Flaumeichen-Buschwald bedeckt. Die **Flaumeiche** *(Quercus pubescens)* ist eine wärmeliebende Holzart, die ihre Hauptverbreitung in Südeuropa hat. Wie schon der Name sagt, hat diese Eiche flaumhaarige Triebe sowie behaarte Blattunterseiten und Blattstiele. Die Blätter haben 4–7 Seitenlappenpaare, die ihrerseits noch buchtig eingeschnitten sein können. Die Endlappen sind ebenfalls

Über die Schönheit eines Baumes wurde mit Recht schon viel geschrieben und philosophiert. Wenn man von der Schönheit eines Strauches spricht, meint man zumeist nur seine Blüten. Doch verdienen auch die edlen Formen des Weißdorn-Strauches unsere Bewunderung.

mehrmals seicht gelappt. Der floristische Artenreichtum derartiger Wälder steht oft im umgekehrten Verhältnis zu ihrem wirtschaftlichen Wert, am ehesten kommt ihnen die Funktion eines Schutzwaldes zu. Der **Buschwald** verdankt seine „Physiognomie“ dem Umstand, daß er lange Zeit niederwaldartig bewirtschaftet wurde.

In der Gesellschaft der Flaumeiche finden sich noch andere wärmeliebende Gehölze, wie sie auch am Ostrand der Thermenalpen und am Eichkogel bei Mödling heimisch sind, so z. B. der **Mehlbeerbaum** *(Sorbus aria)*, der Wollige Schneeball, die Kornelkirsche und der **Eingriffelige Weißdorn*** *(Crataegus monogyna)*. Der Buschwald siedelt hauptsächlich in den Rinnen zwischen den Felsrippen der Süd- und Westhänge des Hundsheimer Berges. Stellenweise wurde er so dicht, daß eine Bodenflora mangels an Licht nicht aufkommt. Am schönsten gibt sich die Flora des Schutzgebietes dort, wo sich der Buschwald mit den angrenzenden Rasensteppen verzahnt. Im **„Waldsteppensaum“** entdecken wir wahre Blumenschönheiten, die Kostbarkeiten der pannonischen Flora: z. B. **Frühlings-Adonisröschen*** *(Adonis vernalis)*, **Große Kreuzblume*** *(Polygala major)*, **Diptam*** *(Dictamnus albus)*, **Blut-Storchschnabel*** *(Geranium sanguineum)*, **Kammähriger Wachtelweizen** *(Melampyrum cristatum)*, **Bunte Schwertlilie*** *(Iris variegata)*.

Besondere Erwähnung verdient der sehr selten gewordene **Österreichi-**

Abb. Maßst. 1:8
Bunt-Schwertlilie
(Iris variegata)

Abb. Maßst. 1:10
Illyrischer Hahnenfuß
(Ranunculus illyricus)

Abb. Maßst. 1:10
Pfriemengras
(Stipa capillata)

sche Drachenkopf *(Dragocephalum austriacum)*, der als Relikt einer lang zurückliegenden Wärmeperiode angesehen wird.

Der Sommer des Jahres 1987 war für die Entfaltung der Flora besonders günstig, wir konnten es schon am Beispiel des Eichkogels beobachten. Welche Faktoren zum Blumenreichtum mancher Jahre führen, kann vermutlich niemand mit Sicherheit ergründen. Jedenfalls gab es nach mehreren Wochen der Trockenheit – wie sie typisch für den pannonischen Sommer ist – ab 24. Juli ausgiebige Niederschläge, die bis in die ersten Augusttage anhielten. Damit waren die Voraussetzungen für ein Begehen des Hundsheimer Berges günstig. Ohne Niederschläge bleiben nämlich auch die trockenheitsliebenden Pflanzen in ihrem Wachstum gehemmt. Am 11. August 1987 waren die sonst trocken-fahlen Hänge des Hundsheimer Berges grün und die wenigen Arten der Sommerflora wunderschön entwickelt.

Noch vor dem Besteigen des Berghanges entdecken wir am Straßenrand – in sicherer Entfernung vom Aktionsradius der Mähmaschine – mehrere Büsche von nicht alltäglichen Pflanzen. Die eine Art hat eine hellrosa gefärbte Blumenkrone. Ihre vielen Staubgefäße sind untereinander zu einer Röhre verwachsen und mit der Krone verbunden. Es ist eine spät blühende **Thüringer Strauchpappel*** *(Lavatera thuringiaca)*. Man erkennt sie auch an den filzig behaarten, wenig tief eingeschnittenen Blättern, die ein wenig an die einer Pappel erinnern. Ihre Kelchblätter sind zu einer 3-zipfeligen Scheibe verschmolzen, die Fruchtrosette ist außerdem mit einem „Dach" versehen. Die Strauchpappel liebt nährstoffreiche Böden, ist salzverträglich und kommt in Mitteldeutschland, wo sie beheimatet ist, gerne in Schuttkrautfluren vor. In Österreich ist sie selten geworden und gilt als gefährdet. Neben der Strauchpappel stehen einige Büsche des **Ginsterblättrigen Leinkrautes** *(Linaria genistifolia)*, ein Rachenblütler, der in Ost- und Südosteuropa beheimatet ist. Markant für diese Art sind die lanzettlichen, 2–3 cm langen Laubblätter von lederiger Beschaffenheit, von gelb-grüner Farbe und bereift. Das Wachstum dieser Exemplare ist beachtlich. Der Hauptsproß hat eine Höhe von mehr als 1 m und kräftige Bereicherungstriebe, die in Blattachseln entspringen. Diese Triebe belasten den Hauptsproß derart, daß er der Beanspruchung nicht mehr gewachsen ist und sich tief zu Boden neigt.

Schon nach wenigen Metern des Anstieges auf der Südwestkante des Hundsheimer Berges leuchten uns die unzähligen violetten Blütenkugeln der **Ruthenischen Kugeldistel*** *(Echinops ruthenicus)* entgegen. Auf diesem heißesten Teil der Felssteppe ist sie die tonangebende Pflanze, die einzeln, in kleineren oder größeren Gruppen die Szenerie beherrscht. Sie ist ein wahres Kleinod der heimatlichen Flora. Allein die Blätter sind schon durch ihre feine Gliederung und Farbgebung florale Kunstwerke. Ihre tief gespaltenen bis doppelt gefiederten Spreiten sind mit stark stechenden Dornen bewaffnet. Ungewöhnlich auch der Farbkontrast von Ober- und Unterseite: dunkelgrün und schneeweißfilzig. Die blaßlila gefärbte Blütenkugel, bis 5 cm Durchmesser, setzt sich aus unzähligen kleinen Blütenköpfchen zusammen. Dazwischen ragen die Hüllblätter hervor, auch wieder violett gefärbt, gewimpert und in einen feinen, stechenden Dorn auslaufend. Eine „bestechend" schöne Pflanze, die sich wehrt, wo immer man sie anzufassen versucht. So lange wir den Berg hinaufsteigen, ziehen die unzähligen violetten Kugeln unsere Blicke an.

In Felsritzen kaum 10 cm hoch und schon blühend, erreicht die exotisch wirkende Pflanze in den tiefgründigeren Steppenrasen Höhen bis 60 cm. Eine Gefährdung dieses Kleinods in diesem Reservat scheint nicht gegeben. Die **Bienen-Kugeldistel** (E. sphaerocephalus) wird auch gerne in Gärten gezogen. Die Anordnung der Einzelblüten läßt einen ganz eigenwilligen Bau dieses Korbblütlers erkennen. Die Außenkelche bestehen aus vielen Einzelblättchen, sodaß es sich bei jeder Blüte um ein einblütiges Körbchen handelt; in der Gesamtheit stellt die Kugel eine zusammengesetzte Blüte zweiter Ordnung dar. Die Heimat der Ruthenischen Kugeldistel liegt in den südosteuropäischen Steppen und nördlich des Schwarzen Meeres.

Auf dem Südhang blüht und fruchtet im August der Berg-Haarstrang, für den auch der Name „Bergpetersilie" im Gebrauch ist. Markant für diese Art sind die 3fach gefiederten petersilienartigen Blätter, deren Fiederzweige recht- bis stumpfwinkelig an der Blattspindel sitzen.

Die kreisrunden, linsenförmig zusammengedrückten Früchte der Bergpetersilie (Peucedanum oreoselinum) sind von vielen Öldrüsen durchsetzt, die dem Fruchtstand das farbige Aussehen verleihen.

Eine andere aspektbildende Pflanze in dieser hochsommerlichen Zeit ist der **Gelb-Lauch**[*] *(Allium flavum).* Seine sattgelben Perigone sitzen an äußerst zarten Blütenstielen, die unter ihrer „Last" sich anmutig beugen. Zum Himmelblau des **Heide-Ehrenpreises**[*], der hier mit seinen strammen Kerzen den Rasen besetzt, ergibt der Gelb-Lein einen farblich wohltemperierten Kontrast. Dazwischen finden sich immer wieder Gruppen des **Pfriemengrases**[*] *(Stipa capillata).* Bei dieser interessanten Grasart sind Deckspelze mit langer Granne und Frucht miteinander verwachsen. Am Grund der Deckspelze sitzt eine stechende Bohrspitze, die sich mittels Bewegungen der Granne (von Wind und Feuchtigkeit ausgelöst) in den Boden bohrt. Die Grannen des Pfriemengrases erreichen bei weitem nicht die Auffälligkeit der Federgräser.

Große Bestände eines hochwüchsigen Doldengewächses geben auf den Rasenstücken der Südhänge, die stark vom Buschwerk durchsetzt sind, den Ton an. Es sind die weiß bis rötlich blühenden Schirme des **Berg-Haarstranges**[*] *(Peucedanum oreoselinum),* die von unzähligen Insekten belagert werden. Die Pflanze, die auch den Namen **„Bergpetersilie"** trägt, ist an den derben, dreifach gefiederten petersilienartigen Blättern zu erkennen, deren Fiederzweige recht- bis stumpfwinkelig an der Laubblattspindel sitzen, welche bei jedem Fiedersansatz knickig abwärts gebogen ist. Die kreisrunden, linsenförmig zusammengedrückten Früchte der Bergpetersilie sind von vielen Öldrüsen durchsetzt, die dem Fruchtstand eine dunkelbraune bis rötliche Farbe verleihen. Der angenehme gewürzähnliche Geruch und der bittere Geschmack der Früchte führten zu ihrem Gebrauch als Volksarznei. Die einstige Verwendung als leichtes Diuretikum ist heute in Vergessenheit geraten. Es stehen zur Zeit noch andere Haarstrang-Arten in Blüte, z. B. **die Hirschwurz**[*] *(Peucedanum cervaria)* und der **Elsässer Haarstrang** *(Peucedanum alsaticum),* letzterer mit reich verzweigten Dolden, die blaßgelbe Blüten tragen. Der hohle Stengel wird bis 150 cm hoch, sein zart purpurner Grund trägt einen dichten Faserschopf aus Scheidenresten der Laubblätter.

Die auffälligste Art unter den Bergfenchel-Arten ist die **Heilwurz**[*] *(Seseli libanotis).* Sie kann 2- bis mehrjährig werden, wobei ihre Höhe zwischen 1 bis 2 m schwankt. In den Hügellagen der Hainburger Berge tritt sie stellenweise als Massenpflanze auf, die zwischen ihren stark gefurchten Stengeln keine anderen Pflanzen aufkommen läßt. Sie ist schon an ihrem weihrauchartigen Geruch erkenntlich, der ihr den Namen **„Weihrauchwurz"** eingetragen hat. Durch ihre sehr dicht stehenden Blüten wirken die weißen Dolden wie kompakte kleine Regenschirme, die von zahlreichen Hüllblättern, manchmal auch Laubblättern gestützt werden. Die großen Blätter sind mehrfach gefiedert; die Fiedern sind ungestielt; das unterste

Abb. Maßst. 1:25
Heilwurz oder „Weihrauchwurz"
(Seseli libanotis)

Abb. Maßst. 1:5
Österreichischer Zwerggeißklee
(Chamaecytisus austriacus)

Abb. Maßst. 1:10
Gelb-Lauch
(Allium flavum)

Fiederchenpaar jeder Fieder bildet mit dem der gegenüberliegenden Fieder ein Kreuz.

Ob dieses Kreuz oder der Weihrauchgeruch für die Namensgebung ausschlaggebend gewesen sind, muß dahingestellt bleiben. Eine heilbringende Wirkung der Pflanze ist jedenfalls in der Volksarzneikunde nicht belegbar. Die Heilwurz ist eine eurosibirische Pflanze, die über Kalk von der Ebene bis ins Gebirge vorkommt.

Auf den Trockenhängen stoßen wir sehr selten auf den **Österreichischen Zwerggeißklee*** *(Chamaecytisus austriacus)*. Er beginnt zwar schon im Juni zu blühen, nach intensiven Niederschlägen setzt er im August neuerlich Blüten an. Die Fahne der gelben Schmetterlingsblüten ist außen dichtflaumig bis seidig behaart. Auch Stengel und Laubblätter dieser 40 bis 50 cm hohen Pflanze sind silbergrau behaart. Die zu kurzen Trauben vereinten Blüten stehen an den langen Trieben und erinnern ein wenig an den Kopf-Zwergginster, den wir auf der Hohen Wand kennengelernt haben. Der Roten Liste nach ist diese Art gefährdet.

Die Löwenzahn-Art, die jetzt im August besonders blühfreudig ist, wird als **Spätblühender L.** *(Taraxacum serotinum)* bezeichnet. Seine Blattrosetten lieben es, von unseren Schuhen betreten zu werden. Sie sind dem Boden angedrückt, von ungeteilter bis seicht buchtiger Spreitenform und von bräunlich-graugrüner Farbe. Der Schaft ist unterhalb des Korbes dicht weißwollig, im Korb drängen sich die gelborangen Zungenblüten. Die

Herbstliches Vegetationsbild, von der Westseite des Hundsheimer Berges gesehen. Im Vordergrund das Blütenmeer der Goldschopf-Aster, einer der letzten Herbstblüher im pannonischen Florenbereich. Im Mittelgrund die Donau mit den sie begleitenden Auwäldern. Im Dunst dahinter die Feldlandschaft des Marchfeldes.

5–6 mm lange Frucht läuft in eine Spitze aus und der dazugehörige Pappus ist blaß violett-rötlich bis bräunlich und nicht weiß wie der des Gewöhnlichen Löwenzahns. Der Spätblühende ist ein ausgeprägter Kulturbegleiter und wächst mit Vorliebe auf tonigem und salzhältigem Grund. Er sucht die Nähe des Menschen und wird gerade deshalb wenig beachtet und geschätzt. Mit dem Rasenmäher oder der Sense werden seine Körbe abgeschnitten, wo immer sie den „gepflegten" Rasen „verunzieren"... Wer vermutet es auch, daß dies eine ganz seltene Pflanze ist, die in ihrer Existenz stark gefährdet ist.

Nachtrag: Am 12. September 1987 wandern wir noch einmal über den spätsommerlichen Hundsheimer Berg. Das vielfältige Blühen ist praktisch dem Blühen einer einzigen Art gewichen. Die **Goldschopf-Aster*** *(Aster linosyris)* ist die beherrschende Pflanze weiter Flächen geworden. Das Goldgelb ihrer strahlenloser Körbe bildet zum fahlen Blau des herbstlichen Himmels einen wunderschönen Farbkontrast: ein eindrucksvolles Bild der pannonischen Flora im östlichen Niederösterreich! Ein unvergeßliches Bild der niederösterreichischen Landschaft: Der Weg über die Bergkuppe nach Westen ist rundum von einem goldgelben Blütenmeer gesäumt. Dazwischen stehen Gruppen von Sträuchern und Wacholderbüschen. Früchteschwere Zweige verkünden schon den nahen Herbst. Richten wir den Blick nach West bis Nordwest, dann erkennen wir das silbrige Band der Donau

Blick auf das südliche Siedlungsgebiet, dem eigentlichen Ortskern von Hundsheim. Das einstige Angerdorf in einer Seehöhe von 230 m hat dem „alten Inselgebirge" des ehemaligen Alpen-Karpaten-Bogens seinen Namen gegeben.

und die sie begleitenden dunkelgrünen Auen. Zauberhaftes Land, das auf dem engen Raum eine Viertels – zu unrecht als Industrieviertel bezeichnet – so wesensverschiedene Landschaften wie Rax–Schneeberg, Steinfeld und Hundsheimer Berge sein eigen nennt.

II.
Porträts typischer Pflanzen am Alpenostsaum

Traurige Nachtviole (*Hesperis tristis*)

Wer könnte sich schon in diesen Tagen, da der Frühling seine volle Pracht entfaltet, teilnahmslos dem zauberhaften Naturgeschehen entziehen? Jahr für Jahr erleben wir den stillen Einzug des Frühlings, beobachten wir die ihn begleitenden Symptome, und dennoch bezaubert er uns immer wieder aufs neue.

Je reifer wir an Jahren werden, umso sehnsüchtiger erwarten und schätzen wir ihn. Welch ein Hochgefühl beherrscht doch einen naturnahen Menschen, wenn er die erste Frühlingswanderung unternimmt und bemerkt, daß die Fahlheit der winterlichen Wiese dem frischen, mehrstufigen Grün der Frühlingswiese gewichen ist. Das Schönste ist jedoch die bunte Zugabe in Form gelber, weißer, violetter Farbtupfen, die von vielen Blumen der Wiese herrühren. Ist es uns eigentlich bewußt, wie unentbehrlich Blumen auf unserem ganzen Lebensweg sind? Wir schenken und empfangen sie bei den verschiedenartigsten Anlässen, bei freudigen und traurigen, und wo auch immer sie erblühen, „atmet das Erquickende, regt sich das Erheiternde und beginnt das Beruhigende." (H. W. Behm)

Fassen wir die biologische Seite einer Blume ins Auge, dann wird uns klar, daß die Farbgebung der Blüte weniger uns Menschen als vielmehr der Anlockung von Insekten dient, die die Bestäubung und damit die Voraussetzung für den Fortbestand der Art herbeiführen sollen. Das Werben der Blumen mit Farbe und Form um die Gunst der Insekten erinnert uns sehr an menschliches Gehabe. Fast immer wird demjenigen mehr Beachtung geschenkt, der es versteht, etwas aus sich zu machen.

Im Reich der Insektenblütler – wie die Blumen auch bezeichnet werden – verhält es sich nicht anders: Die „Schönen" erfreuen sich eines regen Insektenbesuches, die „Unscheinbaren" umgibt eine traurige Stille. Sie bedürfen anderer Einrichtungen, um sich das Interesse der Insektenwelt und damit den Fortbestand ihrer Art zu sichern.

Das Bekanntwerden mit einer solch „unscheinbaren" Blume ist mir, obwohl es schon Jahrzehnte zurückliegt, noch heute in freudiger Erinnerung. Bei der Bestimmung von Kreuzblütlern stieß ich einmal Anfang Mai in einem jungen Schwarzföhrenwald des Steinfeldes auf eine Pflanze von unansehnlichem Äußeren. Ihr Stengel war etwa 40 cm hoch und mit langen Haaren dicht besetzt. Mir fielen zweierlei Blätter auf: Grundständige, gestielte Rosettenblätter von schmaleiförmiger Form und viele sitzende Stengelblätter von herz-eiförmiger oder lanzettlicher Gestalt. Sie alle wiesen besonders an der Unterseite gleich dem Stengel eine rauhe Behaarung auf. Die unscheinbaren Kreuzblüten umstanden an 3 cm langen Stielen sparrig den Stengel. Die etwa 20 mm langen und 4 mm breiten abstehenden Lappen der Kronblätter stachen mit ihrem grünlichgelb-braunen Farbton, der von einem violetten Adernetz unterbrochen war, kaum von den anderen graugrünen Teilen der Pflanze ab. Ich unterzog mich der Mühe, durch längere Zeit hindurch den Blütenstand, der als traubig bezeichnet werden kann, zu beobachten. Still und einsam blieb es um die „Unscheinbare". Weder Bienen noch Hummeln beachteten die trüben Blüten, obwohl ringsumher in den Blüten des Horn- und des

Wundklees und besonders in den leuchtenden Blütenkörben des Löwenzahns ein geschäftiges Suchen nach Nektar im Gange war. Sollte diese Pflanze wirklich ganz auf Insektenbestäubung verzichten müssen? Welche Vorsorge hatte sie getroffen, um die so wichtige Fremdbestäubung zu erreichen? Diese Fragen beschäftigten mich auf dem Heimweg. Da ich sie zu Hause bestimmen wollte, hatte ich ein Exemplar davon mitgenommen. Ich gab es in eine Vase mit frischem Wasser und stellte diese ins Wohnzimmer. Erst am Abend, nach Einbruch der Dunkelheit erinnerte ich mich ihrer. Ich trat ins Zimmer – eine Welle betäubenden Hyazinthenduftes schlug mir entgegen. Auf der Suche nach der Quelle dieses herrlichen, den ganzen Raum erfüllenden Parfums stieß ich zuletzt auf die nichtssagenden Blüten meiner mitgebrachten Pflanze. Ich war fassungslos. Welche geheimnisvollen Kräfte barg dieses pflanzliche Gebilde, dem wir doch nicht einmal die Fähigkeit, Empfindungen wahrzunehmen, zutrauen? Diesen Duft, den die „Traurige Nachtviole" – das Bestimmungsbuch hatte mir geholfen, ihr „Inkognito" zu lüften – schlagartig bei Einbruch der Dunkelheit zu verströmen beginnt, lockt die Bestäuber herbei, nach denen ich tagsüber vergeblich ausgespäht hatte.

Es sind vor allem Nachtschmetterlinge mit Rüssellängen von 11 mm bis 18 mm, die hiefür in Frage kommen. Unter ihnen sind die Schwärmer die tüchtigsten Bestäuber. Ihr ganzer Körperbau, besonders aber der keilförmige Schnitt ihrer beiden Flügelpaare befähigen sie zu grandiosen Flugleistungen. Freischwebend im Fluge stehen sie vor der Blüte und senken ihren langen Rollrüssel in die von den Nägeln der Kronblätter und den Kelchblättern gebildete Röhre. Hier am Grunde, an der Innenseite der beiden kurzen Staubblätter finden sie reichlich Nektar, der von zwei großen, fleischigen Honigdrüsen abgesondert wird. Während des Saugens vollzieht der mit Duft herbeigelockte und mit Nektar gelabte Schwärmer unbewußt an der Pflanze den Liebesdienst. Nicht ohne Wehmut kam es mir in den Sinn, daß die von mir gepflückte Traurige Nachtviole vergeblich ihren feinen Duft verschwendete, daß ich sie um den Sinn ihres Lebens betrogen hatte.

Die Blütezeit unserer Nachtviole, sie heißt auch „Trübe Nachtviole" *(Hesperis tristis)*, währt bis in den Juni hinein. Ihre Früchte, bis 10 cm lange, flache Schoten erinnern in ihrer sparrig-abstehenden Stellung mehr an ein modernes technisches Gebilde aus menschlicher Hand als an einen Pflanzenhabitus.

Die Traurige Nachtviole bildet auf sandigen und steinigen Böden des pannonischen Florengebietes keine Seltenheit. Sie ist in der Wahl ihrer Standorte nicht kleinlich. Sie liebt grasige sonnige Hänge, Wegränder und Ackerraine, die von der Kultur verschonten Heideflächen der Großmittel-Ebene und die lichtdurchfluteten Partien des Schwarzföhrengürtels. Auch der Landwirt begegnet ihr auf Schritt und Tritt, trotzdem ist sie ihm in vielen überprüften Fällen unbekannt. Die Bauern, die beinahe jedes wildwachsende Kräutlein mit einer mundartlichen Bezeichnung belegen können, haben für die Traurige Nachtviole keinen Namen bereit.

Das hiesige Vorkommen im östlichen Österreich ist zugleich das am weitesten im Westen liegende. Die östlichen Grenzen ihres Verbreitungsgebietes sind in den Steppen zwischen Ural und Kaspischem See zu suchen. In den roten Listen gilt die Traurige Nachtviole als „gefährdet".

Welches Fazit kann aus dem Bekanntwerden mit der Traurigen Nachtviole gezogen werden? Beglückend und innerlich bereichert wird unser Dasein, wenn wir den vielfältigen Erscheinungsformen der Natur unsere Aufmerksamkeit zuwenden. Der Gegenwartsmensch, dessen Interesse am meisten durch Sensationelles und Überdimensioniertes erregt wird, hat vielfach verlernt, das Kleine zu schauen und zu beachten. Die innere Umkehr, das Suchen nach dem einfachen Leben können uns wieder das Verhältnis zur Natur bringen, das der menschlichen Persönlichkeit echte Lebensfreude beschert.

Gösing – Täschelkraut (*Thlaspi goesingense*)

Nordwestlich von Ternitz liegt der kleine Ort Hintenburg. Von ihm führen mehrere Wege zum Gösing-Berg (898 m), einem „Bilderbuch-Berg", der bis oben hin dicht bewaldet ist.

An seinem langgestreckten Südfuß dehnen sich Obstbaumwiesen, Äcker und auch Hecken aus. Diese Landschaft suchen wir Ende März, anfangs April auf, um einen Frühlingsboten zu begrüßen, der sonst am Nordostrand der Alpen fehlt. Die Gruppen von weißblühenden Blumen können schon von weitem in den sich gerade begrünenden Flächen ausgemacht werden. Es handelt sich um ein Täschelkraut aus der Familie der Kreuzblütler. Weil dies hier der zuerst bekannt gewordene Fundort dieser Pflanze ist, wird es als das Gösinger Täschelkraut bezeichnet.

Der 20 bis 50 cm hohe Sproß dieser ausdauernden Pflanze entspringt einer großen Laubblattrosette aus elliptisch bis spatelig geformten Laubblättern. Die länglich-lanzettlichen Stengelblätter sind zumeist bläulich bereift und sitzen mit pfeilförmigem Grund am Stengel. Die ansehnlichen reinweißen Kreuzblüten sind zu auffälligen ästigen Blütentrauben vereinigt. Das 6–8 mm lange Schötchen besitzt einen Flügel, der am oberen Ende ausgerandet ist. Der Griffel, noch zur Fruchtzeit vorhanden, ragt ein wenig über die Ausrandung empor. Am schönsten und üppigsten sind die Gruppen des Täschelkrautes auf steilen Wiesenhängen, im Steinschutt und am Wald- und Wegrand ausgebildet, also überall dort, wo Sense und Pflug nicht hingelangen. Leider ist die Pflanze auch auf jenen Hängen und Böschungen gefährdet, die der Landwirt noch im März dem Feuer überantwortet. Sie ist potentiell gefährdet. Die Verbreitung der Art erstreckt sich vom mittleren Burgenland bis in die Länder der Balkanhalbinsel.

Anemonen-Schmuckblümchen
(*Callianthemum anemonoides*)

Daß nicht alle Frühblüher im Bereich des Waldes ihren Lebensrhythmus an die Entwicklung eines Laubschirmes angepaßt haben, geht aus dem Lebenslauf des wenig bekannten Schmuckblümchens hervor. Es öffnet zur gleichen Zeit wie Leberblümchen, Windröschen, Primel und Veilchen seine hellen Blütensterne. Es hat weder die Kühle eines dichten Laubdaches noch die sengende Hitze immer steiler einfallender Sonnenstrahlen zu befürchten, und dennoch blüht es, sobald es irgendwie die Witterungsverhältnisse erlauben. Der Standort unseres Schmuckblümchens liegt in einem Schwarzföhrenwald nahe Hernstein im südöstlichen Niederösterreich. Die ausdauernden Stöcke dieser Pflanze wachsen hier im kühlen, in dieser Jahreszeit noch gut durchfeuchteten Grund eines stark geneigten, nach Nordwesten gerichteten Hanges in etwa 750 m Seehöhe. Je nach Frühlingseinzug schwankt der Blühbeginn des Schmuckblümchens von den letzten Märztagen bis zu den ersten Tagen im Mai. Der Einfallswinkel der Sonnenstrahlen ist wohl für alle Bodenpflanzen dieses Hanges ein sehr ungünstiger, eine Erwärmung des Bodens setzt erst um die Mittagszeit ein. Die schütteren, lichtdurchlässigen Kronen der Schwarzföhren lassen eine kurzfristige Intensivbestrahlung erst am frühen Nachmittag zu. Die blassen Anemonenblüten fallen zwischen den Halmen der noch winterkahlen Grasnarbe wenig auf. Der zarte, zerbrechlich wirkende Stengel von 10 cm Höhe trägt eine einzige, flache ausgebreitete Blumenkrone, die aus 10 bis 18 länglich-keiligen Kronblättern besteht. Sie sind etwa 10 mm lang, von wässerig weißer Farbe, an der Rückseite zart rosa angehaucht. An ihrer Basis tragen sie einen orangegelben Fleck, ein Saftmal zum zugehörigen Nektargrübchen. Der unansehnliche Kelch wird aus fünf bis sieben hell-farbenen Blättern gebildet, die halb so lang wie die Kronblätter sind und ihnen gestaltlich ähneln. Inmitten des Blütenrunds umsteht eine Vielzahl von Staubgefäßen eine ebenso große Zahl von Stempeln, was in der Gesamtheit ein Blütendiagramm ergibt, das typisch für die Familie der Hahnenfußgewächse ist. Der Blütenstengel ist entweder blattlos oder trägt nur ein einziges Blatt. Im ersten Blühstadium finden sich keine Blätter vor, der zarte Blütenstiel durchbricht wie zufällig den Waldboden, die derberen Blätter folgen später nach.

In naher Verwandtschaft von *Callianthemum* ist die Gattung „*Adonis*". Nun blüht das **Frühlings-Adonisröschen*** *(Adonis vernalis)* tatsächlich zur gleichen Zeit, jedoch auf gänzlich verschiedenen Standorten. Als Steppenpflanze sucht es trockene und sonnige Standorte auf und meidet Beschattung. Obwohl beide Arten mit der Gesellschaft der Schwarzföhre vorlieb nehmen, sind ihre Ansprüche hinsichtlich des Mikroklimas gerade entgegengesetzt. Beide Arten stimmen jedoch in der Lebensgewohnheit überein, daß sich die grundständigen Blätter erst während der Blüte und danach zu entwickeln beginnen. Eine gemeinsame Eigenschaft ist auch die starke Aufgliederung der Blattspreiten. Beim Schmuckblümchen entspringen sie einem walzigen, dickfaserigen, schräg im Boden steckenden Wurzelstock, welcher auch den frühen Blühbeginn möglich macht. Die Blattspreite ist abnehmend doppelt gefiedert und doppelt dreischnittig, wobei die Endfieder wiederholt dreilappig geteilt ist. Der ausgewachsene Blattschopf ist Ende Mai höher und ansehnlicher als die Blütenstengel es sind.

Das Anemonen-Schmuckblümchen, das stellenweise bis Oberösterreich vorkommt, gilt als Endemit der nordöstlichen Kalkalpen. Es nimmt daher nicht wunder, wenn in dem Bestimmungswerk „Gebirgsflora in Farben" von Edmund Launert unsere Pflanze mit dem Namen „Österreichische Schmuckblume" bezeichnet wird.

Blutroter Storchschnabel, Blutröslein *(Geranium sanguineum)*

Der Blut-Storchschnabel, wie die Pflanze auch heißt, ist die blühfreudigste Art dieser Gattung im pannonischen Florenbereich. Ein dicker, knorriger, weit verzweigter Wurzelstock, der sich ständig erweitert, entsendet oft mehrere dm lange Sprosse in dichter Abfolge dem Licht zu. Gabelig verzweigt liegen sie lose dem Boden auf, reichlich mit feinschnittigem Laub. Das einzelne Laubblatt hat einen behaarten Stiel und eine in 5–7 Lappen geteilte Spreite. An den blattachselständigen Stielen sitzen die Blüten. Noch kurz vor dem Aufblühen ist es den bogig geneigten Knospen nicht anzusehen, daß das Öffnen der fein zusammengefalteten Blütenblätter unmittelbar bevorsteht. Am Morgen des Aufblühens streckt sich der Stengel fast senkrecht in die Höhe, die Kronblätter öffnen und glätten sich, dehnen sich nach außen, um die Form einer Schale anzunehmen. Das leuchtende Karminrot der geöffneten Blüten verzaubert die lichtgrüne Fläche des Blattmosaiks in eine stimmungsvolle Naturtapete, die so schön kitschig wirkt, als wäre sie von Menschenhand entworfen. Den ganzen Juni hindurch kann das Blutröslein auf trockenen Magerwiesen und steinigen Hängen in Südlage aufgespürt und bewundert werden. Auf trockenem Buschland, das keine dichte Grasnarbe besitzt, entfaltet sich die Art am besten. Gegen Nässe und Beschattung hingegen ist sie empfindlich, ihr Blühverlauf läßt dies erkennen: Die karminroten Kronblätter umschließen die in 2 Reihen stehenden Staubfäden und Griffel, die zu einer zentralen Röhre verwachsen sind. Nur langrüsseligen Insekten – in der Regel ist es die Honigbiene – gelingt der Zugang zum Nektar am Grund der äußeren Staubblätter. Für den Schutz der Fortpflanzungsorgane hat die Natur bestens vorgesorgt. Bei Eintrübung und Regen zieht sich die Krone zusammen und der Blütenstiel neigt sich. Kelch und Krone übernehmen als „Regenschirm" den Schutz von Pollen und Nektar. Während des Reifungsprozesses richten sich die 5 Griffel zusammen auf, was optisch an einen Storchschnabel erinnert (Name!). Schließlich trocknen die Griffel aus, krümmen sich spiralig nach außen, um die reifen Samen wegzuschleudern.

Das Blutröslein ist in der Hügel- und unteren Bergregion des Alpenostsaumes häufig und gesellig verbreitet.

Große Kreuzblume *(Polygala major)*

Sie ist auf Waldwiesen, Waldrändern und in grasigen Heckenlandschaften der Hügel- und unteren Bergregion daheim. Im Vergleich zu gewöhnlichen Wiesenblumen liegt in ihrer Erscheinung etwas Vornehmes, Außergewöhnliches. Sie sieht auch anders aus als ringsum die Margeriten, Glockenblumen, Skabiosen, Platterbsen und Klee-Arten.

Sie steht nicht gerne an den dichtesten Stellen der Wiesennarbe; obwohl sie bis 40 cm hoch werden kann, nimmt sie sich dennoch zart und bescheiden zwischen den kräftigen Halmen der Wiesengräser aus. Am Wiesenrand oder in schütter stehenden Horsten des Trockenrasens fühlt sie sich am wohlsten. Hier gelangt durch den reicheren Lichteinfall die Leuchtkraft der durchscheinenden Blütenteile zu besonderer Wirkung.

Als ausdauernde Pflanze besitzt die Große Kreuzblume eine dicke, rübenförmige Wurzel mit reichästigem Erdstock, dem mehrere eng beblätterte Stengel entspringen. Der schlanke, traubige Blütenstand ist anfangs dicht mit Blüten besetzt, zuoberst läßt er einen deutlichen Schopf erkennen. Bei älteren Blüten verlängert sich der Stengel und die Traube wird lockerblütig.

Die Einzelblüten sind von dorsiventralem Bau, d. h. sie lassen sich durch eine Symmetrieebene in zwei spiegelgleiche Hälften zerlegen. Von den 5 Kelchblättern lassen sich 3 kleine äußere und zwei große innere (bis 16 mm lang) unterscheiden. Diese sind den Kronblättern ähnlich, rosa gefärbt mit grünem Fleck und werden als „Flügel" bezeichnet. Die 3 kleinen äußeren Kelchblätter haben häutige Beschaffenheit und sind etwa doppelt so lang wie der kurze gebogene Blütenstiel. Auch die 5 Kronblätter sind verschieden gestaltet. Die 2 seitlichen sind deutlich länger als die „Flügel"; das kleine vordere Kronblatt trägt ein fransiges Anhängsel, ein Merkmal der meisten Kreuzblumen-Arten. Es ist zur Gänze mit dem Röhrchen verwachsen, das aus der Verschmelzung der Staubfäden hervorgegangen ist. Die Frucht von der Form einer herzförmigen Kapsel hat geflügelte Ränder, ein Hilfsorgan für die Verbreitung durch den Wind.

Die Große Kreuzblume ist ein typisches Element der pannonischen Flora. Sie gehört zur blütenreichen Trift zwischen Kulturland und Flaumeichen-Buschwald.

Aufrechte Waldrebe *(Clematis recta)*

Sie trägt den Namen „Rebe“ nicht zurecht, weil sie keine Kletterorgane wie ihre nahe Verwandte, die Gewöhnliche Waldrebe *(Clematis vitalba)*, besitzt. Sie wählt ihre Standorte auf sommerwarmen, trockenen und kalkhältigen Böden, z. B. in Buschsäumen, auf Wegrändern, in Waldlichtungen und auf dem Gelände von Weingärten.

Die Aufrechte Waldrebe hat krautige Stengel, die nur im unteren Teil gelegentlich verholzen. Sie werden 1 bis 1,50 m hoch und tragen gegenständige und unpaarig gefiederte Laubblätter, die unterseits blaugrün sind. Die kleinen weißen Blüten erinnern im Aussehen ganz an die der Gewöhnlichen Waldrebe. Die einzelnen 1 cm langen Blätter des 4-teiligen Perigons sind kahl, haben aber einen schmalen filzigen Rand. Die reifen Einzelfrüchte tragen einen etwa 2 cm langen gefiederten Griffel (Windverbreitung). Perigon und die zahlreichen Stempel und Staubgefäße lassen die Zugehörigkeit zur Familie der Hahnenfußgewächse erkennen.

Die Aufrechte Waldrebe kommt vor allem im Gebiet der pannonischen Flora vor, ihre Heimat sind die südosteuropäischen und innerasiatischen Steppen. Es ist anzunehmen, daß die strauchartige Form unserer Pflanze die primäre Wuchsform der Gattung *Clematis* darstellt und daß sich die Kletterer unter ihnen, z. B. auch die Alpenrebe *(Clematis alpina)*, erst allmählich in Anpassung an ihren Standort entwickelt haben.

In den Teilen unserer Waldrebe ist ein giftiger Stoff enthalten, der unter dem Namen „Anemonol“ bekannt ist. Auf die Haut gebracht, löst er Blasenbildung aus. In früherer Zeit galt die Pflanze als Volksheilmittel für bestimmte Haut- und Geschlechtskrankheiten.

In der Schulmedizin gilt heute die Droge als veraltet, in der Homöopathie hingegen verwendet man die aus frischen Blättern und Blüten bereitete Essenz zur Heilung von entzündlichen Schwellungen der Haut und Lymphknoten. Im Zusammenhang mit der Verwendung in der Volksheilkunde sind zwei ältere Namen der Pflanze von Interesse: Das „Brennkraut“ hat seinen Namen von der stark brennenden Wirkung der Droge auf der Zunge. In den südlichen Ländern haben sich die Bettler mit Hilfe des Pflanzensaftes Schwellungen und Ausschläge auf Unterarmen beigebracht, um Mitleid und Gebefreudigkeit der Passanten zu heben, was der Clematis den Namen „Bettlerkraut“ eingetragen hat.

Osterluzei *(Aristolochia clematitis)*

Ein Kulturbegleiter der Weingärten

Die Weinhauer an der Südbahnstrecke Niederösterreichs haben mit der Osterluzei *(Aristolochia clematitis)*, der Pflanze mit dem sonderbaren Namen, keine Freude. Trotz intensiver Bekämpfung erweist sie sich als ein nicht zu vertilgendes Unkraut im Bereich der Weingärten, was ihr vermutlich auch die volkstümlichen Namen „Wolfskraut" oder „Wolfswurz" eingetragen hat. Der Name Osterluzei hat keinerlei Verbindung mit unserem Osterfest. Er ging vielmehr aus dem griechischen Namen *„Aristolochia"* hervor, der schon vom Arzt Theophrast im 3. Jahrhundert v. Chr. gebraucht wurde. Die Gelehrten des Mittelalters nannten die Pflanze *„Aristolocia"*, woraus sich dann durch Umdeutung im Volksmund „Osterluzei" entwickelte. Der Name geht auf die Verwendung der Pflanze in der Geburtshilfe zurück. Der griechische Name, der sich aus *„ariston"* und *„locheia"* zusammensetzt, bedeutet etwa „das Beste für die Wöchnerin". Der wissenschaftliche Artname *„clematitis"* leitet sich von der waldrebenähnlichen Wuchsform her.

In der Heilkunde des Mittelalters erfreute sich die Osterluzei hohen Ansehens, sie gehörte zum festen Bestand der Kloster- und Bürgergärten. Erst von hier aus trat sie den Weg in die Freiheit an. Wo immer sie heute in unseren Breiten in Erscheinung tritt, ist sie nur verwildert und eingebürgert. Die eigentliche Heimat dieses Fremdlings ist das östliche und mittlere Mittelmeergebiet, wo auch noch einige andere verwandte Arten von ihr vorkommen.

Als echter „Kulturbegleiter" ist die Osterluzei kaum anspruchsvoll. Natürlich fühlt sie sich im Weinklima am wohlsten, ähnelt dieses doch am ehesten den klimatischen Verhältnissen ihrer Urheimat. Doch ist das Vorkommen unserer Pflanze keineswegs an den Weinbau gebunden. Auf lockeren, kalkreichen Lehm- oder Lößböden ist sie stellenweise in ganz Mitteleuropa und Nordwesteuropa verbreitet. Dem Aussehen nach unterscheidet sich die Osterluzeipflanze wesentlich von der Vielzahl unserer einheimischen Blumen. So interessant die Blüten allein wegen ihrer morphologischen Verhältnisse sind, nimmt der Naturfreund, der sich von der Schönheit der Blumen angezogen fühlt, kaum Notiz von ihnen.

Im Weingarten, an dessen Rändern, auf Ackerrainen, am Wege, auf Grasböschungen, auf älteren Dunghaufen, zwischen Hackfrüchten und in Brachäckern, überall wuchern in stattlichen Gruppen die kniehohen Stengel der Osterluzei. Das truppweise Vorkommen ist auf das tief in der Erde kriechende Rhizom zurückzuführen, dessen Glieder auch nach der Zertrennung durch Pflug oder Hacke weiterwachsen, eine Eigenheit, die die Pflanze zum widerstandsfähigen Unkraut werden läßt.

Der krautige Stengel, im oberen Teil oft hin- und hergebogen, ist wie die ganze Pflanze von gelbgrüner Farbe. Er trägt an langen Stielen große herzförmige Blätter. Von ihnen geht ein aromatischer Duft aus. Er stammt in der Hauptsache von Sekretbehältern und Ölzellen ihrer Unterseite. Aber auch Blüten und Früchte verströmen jenen Duft, mit dem es überhaupt eine besondere Bewandtnis hatte. Im Altertum wurde ihm eine giftabwehrende Wirkung zugeschrieben. So war z. B. der Glaube verbreitet, daß die Osterluzeipflanzen mit ihrem Geruch Giftpflanzen aus ihrem Umkreis zu verbannen vermögen. Viele Naturvölker glaubten schon immer daran, daß sie ihren Körper durch das Einreiben mit Aristolochiasaft gegen Schlangenbisse immun machen könnten. In der Tat wurden erst in neuerer Zeit aus den Rhizomen und Wurzeln tropischer *Aristolochia*-Arten Mittel gegen Schlangenbisse gewonnen. Besonders in Brasilien werden sie in eigenen Laboratorien hergestellt, um als Sera in den Handel zu kommen.

In den Achseln der Blätter entspringen in zwei- bis achtzähligen Gruppen die schwefelgelben Blüten, die bei weitem nicht die Größe der Blätter erreichen. Sie sind trotz ihrer merkwürdigen Form ausgesprochen unansehnlich, sie sind jedenfalls nicht in dem Maße Blickfang für das Insektenauge, wie wir es sonst bei Blumen gewohnt sind. Doch liegt gerade in dieser Form eine hochspezialisierte Anpassung an die Bestäuber vor. Schon bei erster flüchtiger Betrachtung lassen sich an der röhrenförmigen Blüte eine grundständige bauchförmige Erweiterung und eine fahnenartig geschweifte Lippe am oberen Ende erkennen. Die Erweiterung der einfachen Blütenröhre sitzt dem unterständigen Fruchtknoten auf und geht nach oben in einen engen Kanal über, der mit einer dichten Reuse abwärts gerichteter Haare besetzt ist. Die sechs Staubgefäße sind bei den Aristolochien in ganz ungewohnter Weise im Blütenraum placiert. Sie umgeben ringförmig die zu einer Säule verwachsenen Griffel und deren sechs belegungsfähige Narben. Sie sind derart mit der Griffelsäule verwachsen, daß ihre Beutel unterhalb der Narben zu stehen kommen. Der Bestäubungsvorgang selbst, für den die Natur kleine Fliegen und Mücken vorsieht, wird nicht nur für die Akteure, sondern auch für den Betrachter zum großen Abenteuer. Der raffinierte Bau dieser „Kesselfallenblume" wird uns am besten verständlich, wenn wir in Gedanken die Mücken, die soeben mit Pollen beladen von einer anderen Osterluzeiblüte ankommen, auf ihren Weg ins Blüteninnere begleiten. Vom Duft angelockt, lassen sie sich zunächst auf der steilgestellten Lippe nieder. Ein müßiges Verweilen darauf ist kaum möglich, da deren klebriger Belag die Haftscheibchen an den Insektenbeinchen „außer Betrieb" setzt. Kopfüber stürzen die ahnungslosen Mücken den „Steilhang" hinab, um sich schon im nächsten Augenblick, ehe sie noch von ihren Flügeln Gebrauch machen können, im Schlund der engen Kronröhre und damit im Wirrwarr der schon zitierten Haarreuse gefangen zu fühlen.

Da deren schräg nach unten gerichtete Haare eine Fortbewegung des Insekts nur ins Blüteninnere gestatten, findet es sich alsbald im Kessel selbst vor. Eine Rückkehr ist zunächst nicht möglich. Ein Wald von „Lanzen" versperrt den Weg in die Freiheit. Der hohe Saftdruck in den Zellen der Blumenkronröhre sorgt dafür, daß die straffe Spannung der Gelenkzelle, die ein Umbiegen des Haares verhindert, erhalten bleibt. Außerdem greifen die in der Röhre gegenüberliegenden Härchen dergestalt ineinander, daß für die Flüchtlinge ein undurchdringliches Dickicht entsteht. Vom Hunger geplagt, wendet sich die Aufmerksamkeit des Insekts alsbald dem Blüteninneren zu. Es findet auch im spärlichen Ausmaß etwas Nektar vor, der von der Kesselwand ausgeschieden wird. Zwangsläufig kommen die Tiere im Zuge der Nahrungssuche mit den Narbenlappen in Berührung, die gerade empfängnisbereit sind. Da sie vor den Staubgefäßen reifen, spricht der Botaniker von einem vorweiblichen oder protogynen Blühverlauf, eine überaus weise Vorsichtsmaßnahme der Natur, eine unerwünschte Selbstbestäubung zu vermeiden.

Mit dem mitgebrachten Pollen vollziehen die ahnungslosen Mücken die Bestäubung. Damit haben die Narben die ihnen zugedachte Funktion erfüllt und beginnen schon in den nächsten Stunden einzuschrumpfen. Die weibliche Periode der Osterluzeiblüte ist zu Ende, und die Staubbeutel, unterhalb der Narben gelegen, gelangen rasch zur Vollreife. Das männliche Blühstadium nimmt seinen Anfang. Von den heftigen Bewegungen der „Gefangenen" erschüttert, geben die Beutel den Pollen frei. Die winzigen Insekten werden dabei von unten bis oben bepudert. Sie werden damit abermals in die Lage versetzt, in der nächsten Osterluzeiblüte, die aufgesucht wird, die Bestäubung herbeizuführen. Noch aber sind sie Gefangene! Sind nun auch die Staubbeutel ihres Pollens ledig, dann gehen die bisher aufrecht gestandenen Blüten in eine nickende Haltung über. Auch der Saftdruck in den Zellen der Blütenröhre läßt nach, die Reusenhaare schrumpfen ein und geben für die gefangenen Insekten den Weg frei. Die neu gewonnene Freiheit ist nicht von langer Dauer. Angelockt vom frischen Duft einer jüngeren, noch vorweiblichen Blüte – und nur in diesem Stadium vermögen die Osterluzeiblüten zu duften –, stürzen sich die soeben frei gewordenen Mücken neuerlich ins Abenteuer, und das Spiel beginnt von neuem. Ungehemmt gehen sie wieder in die Falle, als hätten sie nie böse Erfahrungen beim Besuch dieser Blüten gemacht. Oder sind es gerade die neu gewonnenen Erfahrungen, die die Insekten umso lieber ins Blüteninnere vorstoßen lassen? Vielleicht spüren sie instinktiv, daß der Zustand des Gefangenseins gar keine Gefahr für sie bedeutet. Wir wissen nichts Genaues darüber und können nur mit Bewunderung dieses reizende Spiel verfolgen, dessen sich die Natur zur Sicherung des Fortbestandes ihrer Arten bedient. Übrigens soll beim Ausbleiben einer Fremdbestäubung auch eine Eigenbestäubung durchaus im Bereich der Möglichkeit liegen. Falls sich in der Kesselfalle kein Bestäuber einfindet und die Narben unbelegt bleiben, werden die Pollenkörner gewissermaßen überreif und beginnen in langen Schläuchen auszukeimen. Da sie nur knapp unter den Narben liegen, erreichen sie alsbald deren Höhe, um sich schließlich mit ihnen zu vereinigen.

Während es vielerorts an geeigneten Bestäubern der Osterluzeiblüten mangelt und deshalb die Fruchtbildung unterbleibt, zeigen die Pflanzen in den Weinbergen der Südbahnstrecke vielfach reichlichen Fruchtansatz. Die grünen, hängenden Früchte erreichen die Größe einer Nuß und besitzen eine birnen- bis kugelförmige Gestalt. Zur Reifezeit öffnet sich die sechsteilige Kapsel und streut die kastanienbraunen Samen in nächster Umgebung aus.

Nützen wir die nächste Wanderung oder den nächsten Spaziergang, um nach der Osterluzei Ausschau zu halten. Vielleicht finden wir sie sogar an Wegen, die wir schon oft beschritten haben. Betrachten wir die interessante Pflanze mit wissenden Augen, und wir werden reine Freude beim Anblick dieser Blütenwunder empfinden; denn die Natur selbst kann uns von ihrem Zauber viel mehr überzeugen, als es tausend Worte vermögen.

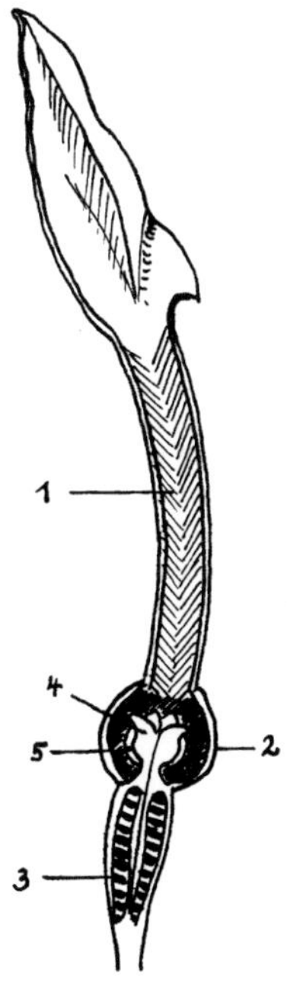

1 Haarreuse 2 Kesselfalle 3 Fruchtknoten 4 Narben 5 Staubgefäße, mit der Griffelsäule verwachsen.

Klee-Arten in Rot und Weiß

Der Waldrand- oder Voralpen-Klee besiedelt Wälder und Buschsäume vom Hügelland bis in die subalpine Stufe.

Der **Wiesenklee**° *(Trifolium pratense)*, schlechthin als „Rotklee“ bezeichnet, spielt unter den vielen Klee-Arten, die in der Landwirtschaft Verwendung finden, eine wichtige Rolle. Er reichert den Boden mit Stickstoff an, sorgt für eine wirksame Bodenbedeckung und ist eine ertragreiche Futterpflanze, die sowohl grün als auch als Kleeheu verfüttert werden kann. Von Europa bis Zentralasien verbreitet, wurde der Rotklee schon im Altertum angebaut.

Mit dem Wiesenklee haben andere rotblühende Klee-Arten die allgemeine Tracht, die klein- und reichblütigen Köpfchen, die 3-zähligen Blätter und die Blütezeit von Juni und Juli gemeinsam. Sie sind ausdauernde Pflanzen mit kräftiger, tiefgehender und vielköpfiger Pfahlwurzel. Bemerkenswert ist die Farbe der Kleeblüten, die als „purpurrot“ bezeichnet werden kann, einer Farbe, die bei Blütenpflanzen häufig vorkommt. Die Blütenfarbe „Rot“, wie wir sie vom Klatschmohn her kennen, kommt hingegen bei heimischen Blumen selten vor. Bei den meisten roten Blüten ist immer ein erheblicher Anteil „Blau“ dabei. Unserem Auge erscheinen sie daher purpurrot oder purpurn. Das hat seinen Grund darin, weil purpurne Farbtöne von den blütenbesuchenden Bienen und anderen Insekten gut wahrgenommen werden können. Das prächtige Rot des Mohns erscheint ihnen schwarz, weil Insekten allesamt rotblind sind. Weil aber die Blütenblätter die ultraviolette Strahlung reflektieren, werden auch sie von den Insekten gesehen. Viele Früchte und Beeren von grellroter Farbe, z. B. Hagebutten, Berberitzen, Erdbeeren, Beerenzapfen der Eibe besitzen diesen reinen Rot-Ton, der speziell für das Vogelauge gut erkennbar ist.

Der **Fuchsschwanz-Klee**° *(Trifolium rubens)* ist die stattlichste unter den roten Klee-Arten. Er hat einen aufrechten, 30 bis 60 cm hohen, dicken und kahlen Stengel, länglich-lanzettliche, stachelspitzige gezähnte Blätter und 6 bis 8 cm lange, walzenförmige Blütenköpfe. Der Kelch der schmalen purpurnen Schmetterlingsblüten trägt auf seine Weise zur Ansehnlichkeit des

Der Rot-Klee oder Wiesenklee ist in gleichem Maße Wild- und Kulturpflanze.

Der Fuchsschwanz-Klee zieht sich auf Waldränder und Buschsäume zurück, die sich jeglicher menschlicher Kulturtätigkeit entziehen.

Der Berg-Klee ist eine häufig vorkommende Art trockener Magerwiesen von der Hügelstufe bis zur Waldgrenze.

Der Inkarnat-Klee ist eine prächtige Pflanze mit langem, walzigem Blütenkopf. In Mitteleuropa wird er seit langem als Kulturpflanze gebaut, sein Verwilden ist nie von langer Dauer.

„Fuchsschwanzes“ bei: Er besteht aus einer langen Röhre, die in 5 rauhen und zottig behaarten Kelchzähnen endet. Der unterste dieser Zähne ist fast so lang wie die Fahne der Blüte. Der Blüte fehlt die wohlausgebildete Schmetterlingsform. Nicht mehr die Einzelblüte lockt die Insekten, sondern der reichblütige, stark duftende Blütenstand. Die in kleinen Trupps wachsende Klee-Art bewohnt vor allem trockene Hänge, Waldränder und -lichtungen in der Hügel- und Bergregion.

Auf ähnlichen Standorten wächst der **Waldrand-Klee**° oder **Voralpen-Klee** *(Trifolium alpestre)*. Seine angedrückt behaarten Stengel werden nur 20 bis 40 cm hoch. Sie gehen von kriechenden, weitverzweigten Bodenausläufern aus, was bei genügend Freiraum zur Rasenbildung führt.

Die Blättchen haben eine lanzettlich bis lineal geformte Spreite mit entfernt gezähneltem Rand. Die pfriemlichen Nebenblätter sind bei den unteren Laubblättern kaum bis zur Mitte, bei den oberen hingegen bis über die Mitte mit dem Blattstiel verbunden. Die eiförmigen bis kugeligen Blütenstände stehen in Paaren zusammen und werden von den obersten Blättern gestützt. Die purpurne Blumenkrone ist länger als die kurzglockige, zottig behaarte Kelchröhre (20-nervig), die in 5 ungleich langen Kelchzähnen endigt. In der Hügel- und Bergzone ist der Voralpen-Klee ziemlich häufig vertreten. Er meidet allzu feuchte und vom Menschen beeinflußte Böden.

Der **Mittlere Klee** *(Trifolium medium)* ist der vorigen Art sehr ähnlich. Er leitet seinen Namen von der Tatsache her, daß seine Blättchen schmäler als die des Wiesenklees, jedoch breiter als die des Voralpen-Klees sind. Den Namen „Zickzack-Klee“ verdankt er seinen hin- und hergebogenen Stengeln. Der Blütenstand, 2–3 cm lang, steht in den Blattwinkeln am Stengelende und dessen Verzweigungen und wird von den obersten Laubblättern behüllt. Die purpurnen Kronblätter und Staubfäden sind zu einer Röhre verwachsen. Die Blüten sind etwa doppelt so lang wie der 10-nervige Kelch. Diese Klee-Art kommt im grasigen Buschland und auf Magerwiesen ziemlich häufig vor. Er meidet jedoch saure und gedüngte Böden, ist weniger lichtbedürftig und findet daher auch in dichteren Waldstücken sein Auslangen. Im Gebiet des Alpen-Ostsaumes ist er häufig anzutreffen.

Der **Inkarnat-Klee**° *(Trifolium incarnatum)* ist eine prächtige Pflanze mit langem, walzigem Blütenkopf, der durch seine satte dunkelpurpurne Farbe ins Auge springt. In Mitteleuropa wird er als Kulturpflanze gebaut, verwildert stellenweise für einige Zeit. Ein Inkarnat-Kleefeld kündigt sich im Umkreis von mehreren hundert Metern durch verwilderte und entsprungene Einzelpflanzen auf Feld- und Wegrändern an. Dem „Wegweiser“ folgend, kann man das blühende Feld gar nicht verfehlen. Der Anblick eines Inkarnat-Kleefeldes ist von faszinierender Schönheit. Der seltene und satte Farbton in Feldgröße inmitten der sonst hellen Feldflur ist von ungewöhnlicher Fremdheit, das farbtrunkene Auge kann sich nur schwer von diesem optischen Reiz lösen. Die weiche, schweifartige Blütenähre ist lang gestielt und hat keine Stützblätter. Anfangs eiförmig, wird sie zunehmend aufrecht zylindrisch, manchmal auch nickend. Der 10-nervige Kelch ist mit bräunlichen Zottenhaaren besetzt. Die gleichlangen Kelchzähne breiten sich bei der Fruchtreife sternförmig aus, was die Verbreitung der Samen begünstigt. Die häutigen Nebenblätter sind untereinander scheidenförmig verbunden. Wildwachsend kommt die Art in Süd- und Westeuropa vor, kultiviert wird sie in den klimatisch begünstigten Gebieten Europas.

Weiße Klee-Arten

Weiß-Klee, Kriech-Klee *(Trifolium repens):* Ist eine der anspruchslosesten Klee-Arten in Fettweiden, Parkrasen und auf Wegen. Seine kugeligen Blütenköpfe von 2 cm

Durchmesser setzen sich aus 20 bis 60 weißen Einzelblüten zusammen, die sich im verblühten Zustand hellbraun verfärben. Alle Laubblätter sind langgestielt und scheinen grundständig zu sein. Der niederliegende Stengel kriecht am Boden entlang und wurzelt an den Knoten. Die Art ist wärmeliebend, wird 10 bis 20 cm hoch und reicht mit ihren Wurzeln bis 70 cm tief. Der Weiß-Klee ist ein uralter Kulturbegleiter, Bienenweide- und Futterpflanze. Dank seiner kriechenden Stengel besiedelt er rasch neue Biotope. Auf Äckern ist er Feuchte- und Stickstoffzeiger. Als echter Universalist kommt er weltweit in allen gemäßigten Zonen vor.

Schweden-Klee* *(Trifolium hybridum):* Der Artname *„hybridum"* ist unbegründet und geht auf die falsche Annahme zurück, daß der Schweden-Klee ein Bastard zwischen Weiß- und Wiesen-Klee wäre. Er wird in Europa schon lange Zeit als Futterpflanze gebaut. Dem Weiß-Klee sieht er zwar ähnlich, hat jedoch aufstrebende Stengel (40 bis 60 cm hoch), deren Knoten aber nicht wurzeln. Seine Stöcke sind vieltriebiger und ansehnlicher. Die 6 bis 7 mm langen Blüten von weißer bis hellrosa Farbe sind zu lockeren, etwa 3 bis 4 cm langen Köpfen vereint, die beim Altern bunt (rötlichbraun) werden. Die glockige Kelchröhre, ebenfalls weiß, läuft in linealische, zugespitzte Zähne aus. Die elliptischen Blättchen sind zum Unterschied von denen des Weiß-Klee nicht gefleckt.

Der zuletzt festgestellte feldmäßige Anbau des Schweden-Klees wurde im Juli 1994 beiderseits des Tiroler Bacherls bei Steinabrückl beobachtet. Erkennungssignal war der aufdringlich-süße Duft (nach Waschmitteln!), der im weiten Umkreis wahrgenommen werden kann.

Berg-Klee* *(Trifolium montanum):* Er sieht dem Weiß-Klee ähnlich, unterscheidet sich aber in wesentlichen Merkmalen: Er besitzt einen dicken holzigen Erdstock mit Laubblatt-Rosetten, aus denen die aufrechten, keineswegs kriechenden Stengel entspringen. Sie sind in der ganzen Länge wollig behaart. Die grundständigen Laubblätter sind lang, die stengelständigen kurz gestielt bis sitzend. Die Nebenblätter sind weit mit dem Stengel verwachsen. Charakteristisch sind die hervortretenden Nerven an den Rändern der Blattfiedern und der fein gesägte Rand. Der Berg-Klee kommt mit Vorliebe auf Bergwiesen, in Kalk-Magerrasen und im Saum von Gebüschen und Wäldern vor. Er zeigt an, ob der Boden wechseltrocken, dicht und tiefgründig ist. Er hält das pralle Sonnenlicht ebenso wie den Halbschatten aus. Man findet ihn vom Hügelland bis in die untere Voralpenstufe.

Der Schweden-Klee ist eine Kulturpflanze, die auch auf Dauer in Feuchtwiesen verwildern kann. Bemerkenswert ist der aufdringliche Duft der weißen Blütenköpfe.

Großblüten-Wicke und Behaarte Wicke
(Vicia grandiflora und Vicia hirsuta)

Die Großblütige oder Schmutziggelbe Wicke ist in Südosteuropa beheimatet, kommt aber auch im östlichen Österreich vor. Als 1-jährige Ackerwildpflanze ist sie durch die intensive „Unkrautbekämpfung" gefährdet und im Rückgang begriffen. Die Pflanze vermag auch auf magere Rasen, Ödland und Brachen auszuweichen. Auf Äckern zeigt sie warmes, nicht aber extrem trockenes Klima an. Sie gehört zur Familie der Schmetterlingsblütler (Fabaceae). Der Name geht auf die schmetterlingsähnliche Form der Blüten zurück. Die 5-blättrige Blumenkrone besteht aus einer „Fahne" – einem aufrecht stehenden Blütenblatt, 2 seitlichen Kronblättern, den „Flügeln", und 2 unteren, meist zusammengewachsenen Kronblättern, die als „Schiffchen" bezeichnet werden. In Mitteleuropa werden zahlreiche Schmetterlingsblütler als Futterpflanzen und zur Bodenverbesserung angebaut (Klee, Luzerne, Wicke). Bodenverbesserer sind die meisten von ihnen deshalb, weil sie mit Hilfe von Bakterien in den Wurzelknöllchen Stickstoff aus der Luft zu binden vermögen. Mancher Schmetterlingsblütler ist daher „Unkraut" und Nutzpflanze zugleich. Eine mäßig hohe Verunkrautung durch derartige Pflanzen kann durch Anreicherung des Bodens mit Stickstoff für die Kulturpflanzen durchaus förderlich sein, besonders auf armen Böden oder bei extensiver Landwirtschaft.

Bei der Großblütigen Wicke ist vor allem die „Fahne" sehr groß, sie kann bis 2 cm hoch und ebenso breit sein. Die bleichgelbe Farbe der Blüten ist meist violett, grünlich oder bräunlich überlaufen, wodurch sich der Name von der „Schmutziggelben" Wicke erklären ließe. Die Blüten stehen einzeln oder zu zweien in den Achseln der Laubblätter, die aus 3 bis 7 Paar Fiedern bestehen und in einer verästelten Ranke enden. Die 30 bis 60 cm langen Stengel verzweigen sich vom Grunde an und haben die Tendenz zum Aufrichten, wobei die rankenden Blattenden beim Anklammern an artfremde Halme wertvolle Dienste leisten. Hauptblütezeit sind die Monate Mai und Juni.

Die Behaarte Wicke *(Vicea hirsuta = Vicia parviflora)* hat die kleinsten Blüten unter den Wicken-Arten, sie sind 2–4 mm groß, und haben blaß-violette Farbe. Die Stengel der 1-jährigen Pflanze sind aufsteigend bis kletternd, in Getreidefeldern sind sie durch Umschlingen der Halme lästig geworden. Die gefiederten Laubblätter mit ihrer geteilten Endranke unterstützen diese Tendenz. Diese Wicken-Art ist an keinen bestimmten Boden gebunden und fast über ganz Europa verbreitet. Der alte Name „Zitterlinse" erinnert an die Verwendung der Samen für den menschlichen Genuß in Notzeiten.

Königskerzen

Trotz ihres anspruchsvollen Namens finden wir manche Königskerzen-Art auf keineswegs bevorzugten Standorten. Vielmehr siedeln sie auf Trockenrasen, Brachäckern, Wegrändern, Straßen- und Bahndämmen, aber auch auf Waldrändern, Schlägen und Lichtungen. Sie sind allesamt Sonnenanbeter und meiden allzu enge Nachbarschaft mit Gräsern und Kräutern. Sehr oft sind sie mit Disteln aller Art vergesellschaftet. Da sie schwach giftig sind, werden sie auch immer vom Weidevieh gemieden.

Königskerzen besitzen eine regelmäßig 5-lappige Krone (mit 5 ungleichen Staubgefäßen), die zwar wenig rachenförmig aussieht, dem Bau nach aber doch eine Grundform der Rachenblütler darstellt. Der alte Name *„candela regium"* bezieht sich wie alle anderen volkstümlichen Namen, wie z. B. Himmelbrand, Feldkerze, Heidefackel und Heidebrand auf den kerzenförmigen, pyramidalen, szepterartigen Wuchs.

Der lateinische Name *„Verbascum"* leitet sich wahrscheinlich von *„Barbascum"* her, was „die Bärtige" bedeutet. Somit sind es die stark filzigen Blätter einiger Arten, die zur Namensbildung geführt haben. Im alten Griechenland benützte man die wolligen Blätter, nachdem sie in Streifen geschnitten waren, als Lampendocht. *Lychnitis* z. B. kann als „die zur Lampe gehörig" bezeichnet werden.

Die **Purpur-Königskerze*** *(Verbascum phoeniceum)* ist die einzige Art, die purpurviolette Blüten besitzt. Der 30 bis 70 cm hohe Stengel hebt sie in Form einer grazilen, lockeren Traube zum Licht empor. Die Laubblätter der Grundrosette liegen dem Boden dicht auf und sind nur unterseits zerstreut behaart. Die anmutige Pflanze siedelt nur im pannonischen Florengebiet vornehmlich auf tiefgründigen Halbtrockenrasen und lößhältigem Boden. Sie kann mit der noch viel selteneren Art, dem **Stengellosen Tragant** *(Astragalus exscapus)* vergesellschaftet sein. Dieser vom Aussterben bedrohte Schmetterlingsblütler ist an seiner Grundrosette, die aus dicht nebeneinander entspringenden Fiederblättern besteht, gut zu erkennen. In ihrer Mitte entspringen sehr kurzstengelig und zu Träubchen gehäuft die gelben Blüten. Stengel, Blätter und die eiförmig aufgedunsenen Früchte sind abstehend bis zottig behaart.

Zurück zu den Königskerzen: Außer der Purpurnen haben alle anderen gelbe Blumenkronen. Auf den ersten Blick glaubt man eine ziemlich ebenmäßige, radialsymmetrische Blütenbildung vor sich zu haben. Doch der Schein trügt: Einer zweilappigen Oberlippe steht die etwas größere dreilappige Unterlippe gegenüber. Außerdem lassen sich die Kronblätter nicht einzeln pflücken, sie sind verwachsenblättrig mit nur kurzer, flach ausgebreiteter Röhre. Mit dem Aufblühen, bzw. mit dem Öffnen ihrer in Büscheln zusammenstehenden Blüten wartet sie mit einer eigenwilligen Methode auf. Ihre Einzelblüten öffnen sich in geregelter Folge, andere Blüten des gleichen Büschels verharren noch im geschlossenen Zustand. So kommt es, daß bei den Königskerzen offene Blüten in der ganzen Länge des Blütenstandes zu sehen sind. Während der ganzen langen Blütezeit bietet sich immer der gleiche Anblick, als wäre gerade der Höhepunkt ihrer Blühentfaltung. Diese wundersame Einrichtung bleibt jedem verborgen, der achtlos an einem solch floralem Kunstwerk vorübergeht.

Die **Heidefackel*** oder **Mehl-Königskerze** *(Verbascum lychnitis)* besitzt wie fast alle Arten von Verbascum eine große Grundrosette, die sich aus langgestreckten und kurzgestielten Laubblättern zusammensetzt. Ihre Unterseite ist stark behaart und davon graugrün gefärbt, so als wäre sie von Mehl bestäubt (Name!). Der aufrechte Hauptsproß, im oberen Drittel rispig-kantig, wird 50 bis 120 cm hoch. Von seiner Mitte gehen

Purpur-Königskerze

Heidefackel

Österreichische Königskerze

Bereicherungstriebe aus, die in ihrer Gesamtheit eine von gelben Blüten überquellende Traube bilden. Im Juni ziert die Heidefackel Trockenrasen und Böschungen im Bereich der Südautobahn im südlichen Wiener Becken.

Es gibt 3 Arten Königskerzen mit am Stengel herablaufenden, beiderseits filzigen Blättern. In ihren Blüten sind die 3 oberen, kürzeren Staubfäden mit quer angewachsenen Staubbeuteln versehen, die beiden unteren längeren Staubfäden tragen hingegen längs angewachsene Staubfächer. Dazu gehört die **Kleinblütige Königskerze** *(Verbascum thapsus)* mit lang herablaufenden Stengelblättern und kleinen schwefelgelben Blüten. Die Stengel erscheinen somit geflügelt. Die Grundblätter sind sehr kurz und undeutlich gestielt. Sie ist eine häufig vorkommende Art auf Waldschlägen, Dämmen und Ruderalstellen. Sie zeigt an, daß der Boden mit Stickstoff angereichert ist.

Auch die **Großblütige Königskerze** *(Verbascum densiflorum)* besitzt Stengelblätter, die sehr deutlich bis zum nächsten Stengelblatt herablaufen, wodurch der Stengel durchgehend stark geflügelt ist. Die Blätter der Grundrosette sind stiellos mit dem Hauptsproß verbunden. Auf steinigen Ruderalstellen, auf frischen Erdumrissen des Steinfeldes und auf Böschungen aller Art ist die kalkholde Pflanze ein Dauergast, vielleicht ist sie überhaupt die häufigste und anspruchsloseste aller Arten. In alten Werken wurde sie als mittlere Königskerze geführt. Die dritte Art dieser Gruppe, die **Gewöhnliche Königskerze**° *(Verbascum phlomoides)*, die eigentlich die größtblütige Königskerze heißen müßte, hat die allergrößten Blüten, Durchmesser ca. 5 cm. Da die Stengelblätter nur kurz, niemals bis zum nächsten Laubblatt herablaufen, ist der Stengel kaum geflügelt. Die deutlich gestielten Grundblätter bilden eine ästhetisch wirkende Rosette, die zur Blütezeit bereits verwelkt ist. Ihr Vorkommen ist auf offene Ruderalstellen, lückige Trockenrasen und auf mäßig trockene Waldschläge beschränkt. Wie alle Arten Verbascum ist die Gewöhnliche K. eine 2-jährige Pflanze, die im 1. Lebensjahr eine Grundrosette, im 2. Jahr den Blüh- und Fruchtsproß entwickelt.

Bei der **Dunklen Königskerze** *(Verbascum nigrum)* gibt es überhaupt keine herablaufenden Stengelblätter. Der Stengel ist oft dunkelrotbraun gefärbt und trägt zumeist einen langen, walzlichen, zusammengesetzt traubigen Blütenstand. Die unteren

Gewöhnliche Königskerze

Großblütige Königskerze

Österreichische Königskerze

Blätter sind lang gestielt, am Grund herzförmig, oberseits dunkelgrün. Sämtliche Staubfäden der dunkelgelben Blüten schmücken sich mit purpurnem Wollhaar, wohl wert mit der Lupe betrachtet zu werden. Eine gewisse Ähnlichkeit mit der Dunklen Königskerze hat die **Österreichische Königskerze*** *(Verbascum chaixii subsp. austriacum)*, doch hat letztere Blätter mit keiligem Grund und einen durch Nebenachsen vergrößerten Blütenstrauß. Sie kommt im Pannonischen Gebiet relativ häufig vor, ganz besonders auf mageren Trockenhängen des Gebirgsrandes.

Trauben-Pippau *(Crepis praemorsa)*

jugendliche Trauben

erwachsene Trauben

Warum mir diese Pippau-Art von Anfang an sympathisch war, warum ich jedesmal, wenn ich sie auf einem neuen Standort entdecke, einen leisen Jubelruf ausstoße, ich weiß es nicht. Nun liest man in Hegis Illustrierter Flora ebenfalls den Satz, der Trauben-Pippau zählt zu den bemerkenswertesten Pflanzen Mitteleuropas, ohne daß dafür eine überzeugende Begründung angeführt werden könnte. Vielleicht ist es der seltsame Blühverlauf, der die Pflanze aus der Masse der anderen heraushebt. Der blattlose Stengel trägt eine Traube aus mittelgroßen Körben. Während alle Körbchen noch fest geschlossen sind, beginnt der oberste Korb seine hellgelben Zungenblüten zu öffnen – ein merkwürdiger Anblick: der entfernteste Korb blüht, die darunterstehenden scheinen das Blühen verschlafen zu haben. Natürlich schreitet der Blühverlauf von oben nach unten weiter, übrigens eine Besonderheit, woran diese Art gut von anderen Korbblütlern zu unterscheiden ist. Der Stengel entspringt einer Rosette aus Grundblättern, die längliche Form haben, etwa 10 bis 15 cm lang und am Grunde stiellos verschmälert sind. Standort: Im Hügel- und Bergland des Alpensaumes. Er liebt den frischen Grund und meidet die pralle Sonne. Er ist zwar eine ausdauernde Pflanze, verträgt jedoch weder eine Düngung noch den Sensenschnitt. Der Trauben-Pippau kommt in ganz Mittel- und Osteuropa nicht gerade häufig vor, behagt ihm aber sein Milieu, tritt er sogleich in großen Scharen auf. Blütezeit: Mai bis Juni.

Auf einem buschigen Südosthang, der rundum von losen Schwarzföhren bestanden ist, finden sich in seiner Gesellschaft die **Bunt-Flockenblume*** *(Centaurea triumfetti)*, die **Purpurlila Schwarzwurz*** *(Scorzonera purpurea)* und die **Echte** oder **Spanische Schwarzwurz** *(Scorzonera hispanica)*. Der **Voralpen-Pippau** *(Crepis alpestris)* muß in dieser Gesellschaft als Irrgast angesehen werden, seine Hauptverbreitung liegt in der Regel im Gebirge. Er ist eine 10 bis 30 cm hohe Pflanze mit rosettig gehäuften Grundblättern von lebhaft grüner Farbe. Der entfernt beblätterte Stengel ist 1-körbig, selten in 2 bis 3-körbige Äste geteilt. Der Stengel ist flaumig behaart, oben wie die Hüllblätter und die Korbstiele sternhaarig-grauflaumig. Wenn man bedenkt, daß diese Pippau-Art ein ausgesprochener Kalkzeiger ist und mit Vorliebe auf sonnigwarmen Felssteppen wächst, so scheint sein hiesiger Standort gar nicht so abwegig. Der Trupp mit den goldgelben Körben steht hier nur völlig isoliert da, mehrere Kilometer im Umkreis gibt es keinen einzigen Stock vom Voralpen-Pippau.

Die **Bunt-Flockenblume**[*] gibt erst bei genauerem Hinsehen ihre Schönheit preis. Wenngleich sie die „Bunte" heißt, machen ihre Körbe an der Spitze des Stengels einen blassen Eindruck. Der Begriff „bunt" bezieht sich auf die kornblumenblauen Röhrenblüten, wovon die inneren purpurrot, selten auch weiß sein können. Die grünen Hüllblätter sind an der Spitze purpurn überlaufen und tragen beiderseits am Rand schwarze, gefranste Anhängsel. Kaum bekannt ist es, daß diese Flockenblume im Herbst ansehnliche Blattrosetten entwikkelt; das eiförmige Einzelblatt ist weitbuchtig, gezähnt und graufilzig, sogar etwas seidenweiß glänzend. Seine Abmessung: 5 bis 15 cm lang und 2 bis 5 cm breit, eine Dimension, wie sie bei der weitaus kräftigeren Berg-Flockenblume zu beobachten ist. Zur Zeit der Blüte sind diese Blätter längst vergilbt, die kleineren Stengelblätter stehen gestielt am unteren Stengel, mittlere und obere laufen kurz am Stengel herab. Standort: An buschigen Plätzen, auf sonnigen, grasigen Abhängen, von der Ebene des Steinfeldes bis in das untere Bergland. Blütezeit: Mai bis anfangs Juli.

In nächster Nachbarschaft blühen auf zarten, im Wind schwankenden Stielen die Körbe der **Purpurlila-Schwarzwurz**[*]. Der Name scheint übertrieben, wenn man die blassen, lilafarbenen Körbe etwas genauer betrachtet. Außerdem sind sie nur während einiger Vormittagsstunden geöffnet, am frühen Nachmittag oder bei trübem Wetter bleiben sie zu. Auch der Korpus der Pflanze fällt kaum auf, die kahlen linealischen Laubblätter sind nur 3 mm breit. Der Stengelgrund dieser Art ist mit faserigen Blattscheiden abgestorbener Blattreste bedeckt. Standort: Heide, Halbtrockenrasen und lichte Föhrenwälder des Alpenostsaumes. Blütezeit: Mai bis Juni. Die kalkliebende Art gilt in ihrer Existenz gefährdet. Weitaus auffälliger ist die nah verwandte **Echte Schwarzwurz**. Man erkennt sie schon im nichtblühenden Zustand: Die linealischen, bis 2 cm breiten Grundblätter geben deutlich zu erkennen, daß die im Boden steckende „Schwarzwurzel" Kraft für das Blühen und Fruchten sammelt. Im Schatten stehende Exemplare kommen oft jahrelang nicht zum Blühen. Wenn genügend Vorratsstoffe angesammelt sind, wird ein 30 bis 120 cm hoher (!) verzweigter Stengel ausgebildet, der 1 bis 5 gelb blühender Körbe an seinen Enden trägt. Die Stengelblätter sind in ihrer Form sehr variabel, stets erinnern sie an das Aussehen von breiten Grasblättern. Standort: Waldränder, Buschsäume, Föhrenwaldlichtungen. Das gehäufte Vorkommen der Art an den Südhängen des vorderen Piestingtales läßt den Schluß zu, daß aus Südeuropa stammende Kulturrassen hierorts vor mehr als 100 Jahren feldmäßig gebaut worden sind. Die fleischigen Wurzeln geben ein gutes Gemüse. Der Saft der Wurzeln diente als Heilmittel bei Lungenkrankheiten und Verdauungsstörungen. Blütezeit: Mai bis August.

Gliedkraut *(Sideritis montana)*

Das Gliedkraut ist schon während der ganzen Zeit ein Kulturfolger des Ackerbaues gewesen; heute ist die Art in ihrer Existenz gefährdet.

Noch vor wenigen Jahrzehnten war das Gliedkraut eine Massenpflanze auf trocken-warmen Standorten des Wiener Neustädter Steinfeldes; heute ist es eher selten geworden. Der Rückgang der 1-jährigen Pflanze geht darauf zurück, daß laufend Magerwiesen, Heiden und Brachland in Bauland übergeführt werden. Trotz der enormen Einengung seines Lebensraumes ist es immer noch gegenwärtig. Wenn irgendwo im freien Gelände der Boden umgebrochen wird, stellt sich auf dem zur Ruhe gekommenen Sand- oder Schotterboden das Gliedkraut ein. Diese spontane Besiedlung kann nur auf das ständige Vorhandensein des Samens zurückgeführt werden. Bis zu 30 Blütenstengel können einem einzigen Wurzelstock entspringen, der übrigens nur lose im Boden verankert ist. Ein hartnäckiges, schwer bekämpfbares „Unkraut“ war diese Pflanze nie gewesen. Dank seiner Anspruchslosigkeit hat es im Bereich der menschlichen Feldkultur Jahrtausende überdauert. In Ungarn konnte sein Vorkommen schon für prähistorische Zeiten nachgewiesen werden. Das Gliedkraut ist ein Archäophyt, ein Einwanderer, der schon in lang zurückliegenden Zeiten eingebürgert worden ist.

Das Berg-Gliedkraut (der Name ist deshalb unberechtigt, weil die Pflanze bei uns das Bergland sogar meidet) blüht vom Sommer bis tief in den Herbst hinein. Das Aufblühen erfolgt von unten nach oben, wobei die relativ lange Blühdauer der Einzelblüte hervorzuheben ist. Fast hat es den Anschein, als würden alle winzigen Lippenblüten gleichzeitig offen sein. Die Blüten er-

freuen sich keines regen Insektenbesuchs, vielfach muß durch Selbstbestäubung für Nachkommenschaft gesorgt werden. Die elegante Form der Einzelblüte kann nur mit Hilfe einer Lupe ausgemacht werden. Man staune über die Abmessungen des Blütchens: die Kronröhre ist 3 mm lang und steckt in einem geräumigen Kelch; Ober- und Unterlippe sind etwa 1 mm lang. Die gelbe Grundfarbe wird braun gesäumt, beim Verblühen in ein dunkles Rotbraun übergehend, wodurch die unteren Blüten farbenprächtiger als die oberen wirken. Die wollig-haarigen Stengelblätter nehmen an der Sproßspitze bei gleichzeitiger Verkürzung der Stengelglieder gelbgrüne Farbe an, wodurch ein Schopf entsteht, in dem keine Blüten mehr zur Ausbildung kommen. Der erwachsene Sproß läßt etwa 30 Internodien erkennen. An den Knoten sitzen die zumeist 6-blütigen Scheinquirln. Nahezu auffälliger als die Blüte ist der 1 cm lange Kelch, der in langen begrannten Zähnen endigt. Die reichliche Behaarung des Gliedkrautes gibt Aufschluß über seine Vorliebe für trockene Standorte, auf denen es selbst im Sommer mit minimaler Feuchtigkeit auskommt. In der Roten Liste wird es als „gefährdet“ geführt.

Österreichischer Ehrenpreis
(Veronica austriaca)

Ehrenpreis-Arten sind Rachenblütler mit radförmigen Kronen und nur zwei Staubblättern. In Mitteleuropa kommen ca. 30 Arten vor, einige wenige am Ostsaum der Alpen. Da bei einigen Arten die Blumenkronen leicht abfallen, hat das Volk dem Ehrenpreis den Spottnamen „Männertreu" beigelegt.

Der **Österreichische Ehrenpreis**[*] strahlt aus dem südöstlichen Europa bei uns ein, besiedelt sommerwarme kalkreiche Böden vom Tiefland bis in die untere Bergstufe. In der Schwarzföhrenlandschaft kommt er ziemlich häufig vor. Seine Hauptwurzel steckt waagrecht bis schräg im Boden. Ihr entspringen mehrere blühende und vegetative Triebe, woraus sich die Bildung kleiner Trupps erklären läßt. Die Laubblätter haben lineal-lanzettliche Form, ihre Spreite, etwa 7 mm lang und 2 mm breit, ist nur wenig behaart und geht in einen kurzen Stiel über. Der Rand ist manchmal kurz eingerollt, kerbig-gesägt bis ganzrandig. Die dunkel azurblauen Blüten sind zu dichten gedrungenen Trauben am Ende der seitlichen Bereicherungstriebe angeordnet, der Wipfel des Hauptsprosses bleibt in der Regel steril. Mit zunehmendem Alter strecken sich die Trauben, werden locker blütig, sodaß genügend Platz für die Entwicklung der herzförmigen Früchtchen bleibt. Die Pflanze ist 15–40 cm hoch, die Hauptblütezeit reicht von Juni bis Juli. Bei flüchtiger Betrachtung könnte er mit dem nahen Verwandten, dem **Großen Ehrenpreis** *(Veronica teucrium)* verwechselt werden. Dessen Laubblätter sind größer, etwa bis 7 cm lang und 3 cm breit. Ihre eiförmig-lanzettliche Spreite sitzt mit abgerundeter Basis dem Stengel an. Die Blütentrauben sind lockerer, die Stengel weniger straff als beim Österreichischen Ehrenpreis. Der Blütendurchmesser der lichtblauen Krone beträgt 9–17 mm, die Pflanzenhöhe ist ca. 20 bis 50 cm. Diese Art liebt ebenso besonnte kalkhältige Trockenrasen, Gebüsch- und Waldränder. Ihre Verbreitung reicht über weite Gebiete Europas. Der Österreichische Ehrenpreis wird vielfach als Zwischenart vom **Großen**[*] und **Liegenden Ehrenpreis**[*] *(Veronica prostrata)* angesehen. Der Name drückt es aus: die Stengel dieser Art, nur 10 bis 20 cm lang, liegen dem Boden auf und steigen kurz an. Seine kurzen armblütigen Trauben schmücken die Hutweiden und trockenen Hänge des Alpen-Ostsaumes.

Der Groß-Ehrenpreis (Veronica teucrium), vom Gärtner auch als Büschel-Veronika bezeichnet, ist die stattlichste Art. Er kommt vereinzelt an Busch- und Waldrändern der unteren Bergregion vor. Mit den 15 mm weiten Kronen werden Trauben bis 30 cm Länge gebildet; die Büsche selbst haben strauchartiges Aussehen.

Der Liegende Ehrenpreis (Veronica prostrata) gehört zur Artengruppe Österreichischer E. Er blüht gleichzeitig mit dem Grauen Sonnenröschen im pannonischen Hügel- bis Bergland. Auf ihm zusagenden Trockenrasen bildet er großflächige Kolonien, farblich gut mit dem Sonnenröschen harmonierend.

Österreichischer Lein *(Linum austriacum)*

Oft schon war ich die schmale Straße zwischen den Feldern entlang gegangen. Zum allerersten Mal aber sah ich mehrere große Gruppen himmelblauer Blumen von einem nahen Hügel leuchten.

Zwischen den Feldern war ein breiterer Streifen Trockenrasen stehen geblieben, für eine Bearbeitung durch den Pflug war er zu steil gewesen. Weit auslandende Weißdornbüsche haben sich hier breitgemacht. Wo aber der Trockenrasen seine Natur ausleben durfte, hat der Österreichische Lein Fuß gefaßt. Mit dem sicheren „Instinkt" eines Verfolgten hat er dieses Rückzugsgebiet ausgemacht. Die eng beisammen liegenden Felder ringsum, kaum mehr durch einen Rain voneinander getrennt, haben seinen einstigen Lebensbereich stark eingeengt. Dieses Vorkommen des Leins auf dem Rest-Trockenrasenhang muß schon ein beachtliches Alter haben, ein so dichter und massierter Bestand kann nicht von heute auf morgen entstanden sein. Um die Vollblüte des Leins zu erleben, braucht man auch ein wenig Glück. Die zarten und hinfälligen Blüten öffnen sich nur bei Sonnenschein spät am Vormittag, bei trübem und regnerischem Wetter sind sie geschlossen. Gestern mittag noch standen sie in voller Blüte, heute ist der himmelblaue Flor wie weggezaubert.

Der Österreichische Lein ist eine ausdauernde Pflanze mit reichästigem, verholztem Wurzelstock. Neben zahlreichen fruchtbaren werden auch nichtblühende Stengel enwickelt. Die blütentragenden sind im oberen Drittel verzweigt und in der Gesamtheit mit kurzen, lanzettlichen Laubblättern besetzt. Die in Wickeln angeordneten Blüten sind in allen Teilen 5-zählig. Die zarten himmelblauen Kronblätter lassen dunkle Nerven und einen gelben Grund erkennen. Sie decken sich an den Rändern meist der ganzen Länge nach. Die anfangs aufrechten Stiele biegen sich während der Fruchtreife nach unten. Beim verwandten **Stauden-Lein** *(Linum perenne)*, mit dem er leicht verwechselt werden könnte, sind die Fruchtstiele aufwärts gerichtet.

Auch der feldmäßig gebaute **Flachs** *(Linum usitatissimum)* ist ein naher Verwandter unseres wildwachsenden Leins. Seine himmelblauen Blüten gleichen im August einer Wasserfläche, die den schönsten blauen Himmel widerspiegelt.

Sibirische Schwertlilie *(Iris sibirica)*

Vor 2–3 Jahrzehnten war diese grazile Blumenschönheit in den Feuchtwiesen des südlichen Wiener Beckens eine gar nicht seltene Pflanze, heute ist sie dem Aussterben nahe. Bei ungestörtem Wachstum tritt sie in größeren Trupps auf, die auf eine kriechende und sich verzweigende Grundachse zurückzuführen sind. Dieser entspringen zahlreiche schmallineale schwertförmige Laubblätter, wodurch runde Blattrasen entstehen. Die zierlichen, runden Stengel sind hohl und ragen mit den Blüten über die Blätter empor. Ende Mai, anfangs Juni werden je Stengel 1–3 blauviolette Blüten entfaltet. Die 3 äußeren Blumenkronblätter, 4 bis 5 cm lang, prägen durch ihre aparte Farbgebung – ihr weißlicher Grund mit blauer Aderung geht in einen braunen „Nagel“ mit purpurner Aderung über – das unverwechselbare Antlitz dieser wunderschönen Blume. Die inneren Kronblätter von elliptischer Form sind etwas dunkler als die äußeren. Die kleinen abgeplatteten Samen reifen bis Ende Juni heran.

Der Standort der **Sibirischen Schwertlilie*** liegt in Sumpf- und Moorwiesen, in Gräben und Flachmooren. Durch Trockenlegen und Düngen sind die Bestände in ganz Europa zurückgegangen. Früher pflegte man derartige Wiesen nur einmal im Sommer zur Gewinnung von Streugut zu mähen. Da war die Fruchtbildung längst abgeschlossen und der Samen ausgestreut. Heute werden die entwässerten Futterwiesen viel früher gemäht, sodaß die Pflanze ihren Entwicklungszyklus nicht abschließen kann. Der Raubbau an den Futterwiesen vernichtet überhaupt alle Pflanzenschätze der Feuchtwiesen. In den letzten Jahren konnte beobachtet werden, daß mancherorts Wiesen bis zu 6 mal (!) während einer Vegetationsperiode gemäht wurden. Die Art steht zwar unter gesetzlichem Schutz, er ist aber wertlos, wenn nicht auch das Biotop der Willkür des Einzelnen entzogen wird. Die Sibirische Schwertlilie ist über Mitteleuropa und Rußland bis zum Ural und Oberlauf des Jenissej verbreitet.

Die **Wasser-Schwertlilie** *(Iris pseudacorus)* finden wir auf sehr nassen Standorten, an Wasserläufen, an schlammigen Teichufern, in Tümpeln und Entwässerungsgräben. Ihre schwertförmigen Blätter sind zumeist so lang wie die blühenden Stengel. Die Blütenblätter von klarem Gelb sind in der Mitte dunkelgelb und violettbraun geadert. Auch diese über ganz Europa verbreitete Art ist im Rückgang begriffen. Hervorzuheben sind die schönen Vorkommen entlang des Wr. Neustädter Kanals, die aber auch durch den frühen Schnitt der Uferpflanzen geschädigt werden.

Bärenkraut, Eberrauten – Greiskraut
(Senecio abrotanifolius)

In den Gesteinsfluren der Krummholzregion von Schneeberg, Rax und Schneealpe kann man dieser prachtvollen Pflanze des öfteren, wenn auch nicht allzu häufig begegnen. In meinem Erinnerungsvermögen war der dekorative Korbblütler bis vor kurzer Zeit in der subalpinen Stufe angesiedelt. Im Juni 1989 entdeckte ich zu meiner Überraschung das Bärenkraut in einer Lichtung des Schwarzföhrenwaldes in 400 m Seehöhe. Um es gleich vorwegzunehmen: Eine vom Schneeberg „herabgeschwemmte" Pflanze kann es wohl nicht sein, denn der Standort liegt weitab von jeglichem Fließwasser. In nächster Nachbarschaft dieses doch sehr ungewöhnlichen Greiskrautes stockten Dutzende Stöcke des Grauen Löwenzahns[*] *(Leontodon incanus)* und des Deutschen Backenklees[*] *(Dorycnium germanicum).*

Der Standort bestand aus einem halben Dutzend Stöcken, die in enger Nachbarschaft wuchsen und etwa 10 bis 15 Blütenkörbe voll entfaltet hatten. Die Pflanzen des Bärenkrautes wachsen hier im kalkhältigen flachgründigen Boden, der stark vom Nadelstreu (in allen Zersetzungsgraden) der Schwarzföhren durchsetzt ist. Sie waren im Zeitpunkt des Entdecktwerdens kräftiger und farbenprächtiger entwickelt als es für gewöhnlich subalpine Exemplare sind.

Die 10 bis 40 cm hohe Pflanze hat einen kriechenden, weit verzweigten Wurzelstock. Die entspringenden Stengel können niederliegend, aufsteigend bis aufrecht sein. Sie sind besonders im unteren Drittel in dichter Aufeinanderfolge beblättert. Die unteren Blätter sind 2-fach gefiedert, kurz gestielt und endigen in linealen Zipfeln. Die oberen Blätter sind einfach gefiedert und stengellos; alle Laubblätter sind glänzend dunkelgrün gefärbt. Am Stengelende erscheinen von Juli bis August 3 bis 5 dunkelorangegelbe Körbe von fast 4 cm Durchmesser. Die randständigen Zungenblüten sind etwa so lang wie die braungestreiften Hüllblätter, die am oberen Ende schwarz bespitzt sind. Die niederliegenden Zweige vermögen Wurzeln zu schlagen, was zur Bildung lockerer dunkelgrüner Trupps führt. Diese vegetative Art der Vermehrung scheint in der Nadelerde des Waldes besser zu funktionieren als auf felsigen Unterlagen. Unfruchtbare Blattkissen dieser Greiskraut-Art finden sich z. B. auch in 1000 m Seehöhe in der Nadelerde von Fichtenwäldern auf dem Gahns, unweit vom Schneebergmassiv. Steht das vegetative Blattkissen im Schatten, werden keine Blütenkörbe aufgesteckt. Sonnenlicht ist für das Reifen der mit Haarkronen versehenen Früchte Voraussetzung.

Allgemein wird der Standort des Eberrauten-Greiskrautes von 1500 bis 2700 m Seehöhe angegeben und zwar zerstreut im Krummholz- und Zwergstrauchgestrüpp. Am wohlsten scheint sich die Pflanze im offenen und sommerwarmen Steinrasen sonniger Hänge der subalpinen Stufe zu fühlen, gleichgültig ob es sich um kalkreichen oder kalkarmen Untergrund handelt. Obwohl die Pflanze am Alpenostrand immer seltener wird (noch 1960 war sie auf der Rax eine häufige Pflanze) scheint sie nicht in der Roten Liste der gefährdeten Pflanzen auf.

Felsen-Greiskraut, Senecio rupester

Im Fels wird dieses Greiskraut sehr selten angetroffen, vielmehr ist es auf Waldschlägen, Waldrändern und Buschsäumen zu Hause, vorausgesetzt, daß es nährstoff- und basenreiche Böden vorfindet.

Das Felsen-Greiskraut ist keine ausdauernde Pflanze. Innerhalb eines Jahres kann es daher von einem gesicherten Standort verschwinden. Die aufrechten ästig zerteilten Stengel werden 30 bis 60 cm hoch. Alle Laubblätter sind gefiedert und weisen 2 bis 6 Paar Abschnitte auf, die ebenso gezähnt sind wie die groben Blattspindeln. Die unteren Blätter sind breit gestielt, die oberen sitzen direkt am Sproß. An der Blattunterseite ist eine spinnwebig-wollige Behaarung, die bei älteren Pflanzen allmählich verkahlt. Die 2–3 cm breiten Körbchen von hellgelber Farbe sind zu unregelmäßigen Trugdolden vereinigt. Die zahlreichen Hüllblätter lassen eine schwärzliche Spitze erkennen. Durchschnittlich sind es 13 Strahlblüten, welche die in der Mitte stehenden Scheibenblüten für das Insektenauge erst attraktiv machen.

Das Felsen-Greiskraut blüht von Juni bis September in den nördlichen und südlichen Kalkalpen. Am Ostrand der Alpen kommt es von den Thermenalpen bis in die Voralpen vor. In anderen Landstrichen kommt es häufiger vor als bei uns. Es steht z. B. in Kärnten an Straßen- und Wegrändern, am Bachufer und im Nahbereich von Wohnhäusern und Viehställen. Da die Pflanze anspruchslos ist und mit wechselnden Lebensbedingungen zurechtkommt, scheint ihre Zukunft nicht gefährdet.

Schwarzer Germer *(Veratrum nigrum)*

Unter dem Namen „Germer“ wird im allgemeinen der „Weiße Germer“* *(Veratrum album)* verstanden. Daß es auch einen Schwarzen Germer *(Veratrum nigrum)* gibt, ist weniger bekannt. Der Grund hiefür liegt in seinem weitaus selteneren Vorkommen. Der Weiße Germer ist auf feuchten Wiesen, besonders im montanen Bereich ein ungern gesehenes Gewächs. Die anderthalb Meter hohe Staude mit ihren großen Blättern raubt den wertvollen Kräutern den Lebensraum. Durch seine Giftigkeit verdirbt der Germer das Heu. Der Schwarze Germer ist kein Wiesenbewohner, er meidet sogar feuchte Standorte. Wir entdecken die breit-elliptischen Spreiten seiner Laubblätter in lichteren Partien des Buchen- und Föhrenwaldes. Sie sind jedenfalls auffälliger als die Blütenstände selbst. Die schwarzpurpurnen Perigon- (= Blüten-) Blätter werden gerade bei Sonnenschein im Hell-Dunkel-Kontrast von Licht und Schatten des Waldes übersehen.

Den Liliengewächsen zugehörig, besteht die Einzelblüte aus 6 Perigonblättern, ihr Durchmesser beträgt nur 1 cm. Ihre Farbe schwankt zwischen dem kräftigen Dunkelpurpur der jüngeren und dem dumpfen Schwarzpurpur der verblühenden Pflanzen. Die verkehrt-eiförmigen Perigonblätter stehen zunächst flach ab, im Alter schlagen sie immer stärker zurück, um der größer werdenden Fruchtkapsel Platz zu machen. Die kurzgestielten Blätter sind zu dichten Trauben vereinigt, welche in der Gesamtheit eine zusammengesetzte Rispe bilden. Die nach faulem Obst riechenden Blüten werden von Insekten verschiedenster Art besucht. Auch der Schwarze Germer ist giftig und soll beim Weidevieh Vergiftungen hervorrufen. Doch ist im Bereich der Thermenalpen ein Kontakt des Weideviehs mit dem Schwarzen Germer nicht zu erwarten.

Im Schattenbereich der Rot- oder Weißbuche findet sich in seiner Gesellschaft der Immergrüne Seidelbast* *(Daphne laureola)*, einem Juwel der heimischen Flora. Das Zusammentreffen des Schwarzen Germers mit dem Waldlorbeer gewinnt an Reiz, wenn wir bedenken, daß hier im selben Lebensraum zwei Pflanzen gedeihen, die aus verschiedenen Weltgegenden zu uns gestoßen sind, bzw. deren Verbreitungsgrenze an den Meeren des Westens und des Ostens liegen. Bis zum Atlantischen Ozean findet sich der Waldlorbeer und auf Kamtschatka am Pazifischen Ozean wachsen die Artgenossen des Schwarzen Germers.

Kantabrische Winde
(Convolvulus cantabrica)

Diese Winde wird von Kennern und Liebhabern seltener Pflanzen hoch geschätzt. Mehrere Gründe sind es, welche die Kantabrische Winde zu einer Besonderheit in der heimischen Flora werden lassen. Da ist zunächst einmal am Aussehen etwas Sensationelles. Sie heißt wohl auch „Winde" und besitzt dennoch keinen windenden Stengel. Die 30 bis 40 cm langen Stengel entspringen einem verholzten Wurzelkopf, stehen aufrecht oder sind leicht überhängend. Die grundständigen Laubblätter sind spatelig oder ovallänglich und langgestielt; die oberen haben lanzettliche Gestalt und sitzen direkt am Stengel. Blätter und Stengel zeichnen sich durch dichtzottige Behaarung aus – ein vortrefflicher Verdunstungsschutz für eine Pflanze, die sich mit Vorliebe auf sonnigen, trockenen Kalkhängen ansiedelt. Die trichterförmige Blumenkrone erinnert in Form und Farbe ganz an die Ackerwinde *(Convolvulus arvensis).* Die zartrosa gefärbten Trichter stehen einzeln oder in armblütigen trugdoldigen Ständen in den Achseln der Blätter. Die Blumenkrone ist im Knospenzustand in Falten gelegt und tagsüber nur bis in die frühen Nachmittagsstunden geöffnet. Auch bei trübem Wetter schließt sie sich und kann dann leicht übersehen werden.

Ein weiterer Grund für die Wertschätzung der Pflanze ist ihr isoliertes Vorkommen. In Österreich wächst sie nur auf den Kalkhängen der Thermenalpen zwischen Baden und Mödling. Im allgemeinen ist sie in den Ländern des Mittelmeeres, in Süd- und Mittelfrankreich, Südtirol, Slowenien, Ungarn und in der Slowakei verbreitet. Über das isolierte Vorkommen am Westrand des Wiener Beckens sind sich die Fachleute noch nicht ganz einig. Einerseits könnte diese Winde ein Relikt aus einer wärmeren Erdperiode sein; andererseits ist es möglich, daß sie erst in geschichtlicher Zeit beim Transport von Kulturpflanzen, etwa der Weinreben, aus dem Mediterrangebiet bei uns eingeschleppt wurde.

Sibirischer Goldkolben *(Ligularia sibirica)*

Dieser stattliche Korbblütler erreicht Höhen von 1 bis 2 m und kommt in Flachmooren und Sumpfwiesen vor. Der unverzweigte Sproß ist im unteren Abschnitt mit herzförmig-dreieckigen Blättern besetzt, deren Ränder scharf gezähnt sind. An der Sproßspitze findet sich eine große Blütentraube, die sich aus 2 bis 3 Dutzend goldgelber Körbe zusammensetzt. Der Hüllkelch ist glockenförmig, etwa aus 8–10 lanzettlichen Blättchen gebildet. Die Grundblätter sind langgestielt und am Grunde scheidig. Die oberen Blätter sind bedeutend kleiner, sitzen am Stiel mit großer Scheide. Was die Pflanze besonders auffällig macht, ist ihr geselliges Vorkommen. Trupps aus einem Dutzend Blütenkolben stehen oft auf engstem Raum zusammen. Bedrängt wird der Sibirische Goldkolben vor allem durch Schilf. Hauptblütezeit ist von Mitte Juli bis lang in den August hinein. Der einzige Standort dieser prächtigen Pflanze ist im Tal des Grillenberger Baches am Fuß des Hohen Mandling-Berges. Sie wurde im Jahr 1957 erstmals in Österreich entdeckt. Die Entstehungszeit des Flachmoores liegt nicht einmal ein Jahrhundert zurück, zumal Bewohner des Ortes Grillenberg sich daran erinnern, daß die heutige Siedlungsfläche des Goldkolbens im vorigen Jahrhundert den Flurnamen „Kohlwiese“ getragen hat, was auf das Vorhandensein einer Köhlerei hindeutet.

Schatten-Greiskraut

Der Sibirische Goldkolben ist auch noch in der Tschechei, Slowakei, in Ungarn und Polen verbreitet. Er reicht mit seinem Vorkommen bis über das Kaukasusgebiet nach Westsibirien. Diese bemerkenswerte Pflanze und ihr ganzes Biotop stehen seit 1990 unter gesetzlichem Schutz.

Schatten-Greiskraut, Senecio umbrosus

Ansehnliche Pflanze aus der Familie der Korbblütler, die in der Voralpenregion beheimatet ist. Der Stengel ist wollig-kraushaarig, in der oberen Hälfte entfernt beblättert und doldentraubig ästig, vielkörbig, bis 150 cm hoch. Die Laubblätter am unteren Teil des Stengels mit eiförmiger Spreite sind rasch in den Stiel zusammengezogen. Die oberen laufen spitz zu und sitzen mit stengelumfassendem Grund am Hauptsproß. In ihrer hellbläulichgrünen Farbe erinnern sie an Tabakblätter. Die 25–30 mm breiten Körbe sind zu einer kompakten Doldentraube vereint. Die Hüllblätter sind häutig berandet, bisweilen miteinander verwachsen und schwarz bespitzt. Die zumeist 8 Strahlblüten sind von hellgelber Farbe. Sein Vorkommen beschränkt sich auf das Gebiet zwischen Piesting und Triesting, Kalk- und Dolomituntergrund werden bevorzugt. Die Blütezeit reicht von Juli bis September.

Dieser wunderschöne und dichte Bestand des Sibirischen Goldkolbens ist erst im Jahr 1957 entdeckt worden. Das Tal, in welchem die Art Fuß gefaßt hat, wurde von Botanikern am Ausgang des 19. Jahrhunderts genau untersucht und erforscht. Man hat die Pflanze damals nicht gefunden, sie war eben noch nicht vorhanden. Sie kann nicht übersehen worden sein.

Das Bild rechts zeigt eine Gruppe des Sibirischen Goldkolbens, bestehend aus Blütensprossen von 2,20 m Höhe. Zum Größenvergleich bat ich meinen Wandergefährten, sich zu diesem Trupp hinzustellen (natürlich mit großer Obsorge für den Pflanzenbestand). Der Vergleich läßt denSchluß zu, daß ein derartig auffallender Pflanzenbestand, von den vorüberführenden Wanderwegen zur Mandling gut einsehbar, nicht übersehen werden konnte. Durch mündliche Überlieferung war zu erfahren, daß die Wiese mit dem Bestand des Goldkolbens in den 80er Jahren des vergangenen Jahrhunderts „Kohlwiesen" geheißen hat, was mit der „Köhlerei" in Zusammenhang gebracht werden könnte. Der Bestand des Goldkolbens ist wahrscheinlich in der Mitte unseres Jahrhunderts entstanden, entweder durch Einschleppung oder „Ansalbung". Das Biotop wurde auf Antrag der Badener Bergwacht unter Biotopschutz gestellt.

Duft-Becherglocke *(Adenophora liliifolia)*

Diese glockenblumenähnliche Pflanze kommt nur mehr auf wenigen zerstreut liegenden Standorten des Wiener Beckens vor. Ihre lang gestielten Grundblätter, die eine rundliche Spreite mit herzförmigem Grund besitzen, sind zur Blütezeit verwelkt. Die aufrechten Stengel, ihre Höhe schwankt je nach Standort zwischen 30 cm und 150 cm, tragen lineal-lanzettliche Blätter, die am unteren Stengel kurz gestielt, oben direkt aufsitzen. Der Blütenstand der hohen Exemplare gleicht einer straußförmigen Rispe mit unzähligen Glöckchen. Die niedrigen Stöcke haben bei geringer Verzweigung nur 2 bis 5 Blüten. Die nickenden, himmelblauen, blaßfärbigen Blumen sind in ihrer breitglockigen Form 15 bis 25 mm lang. Sie verströmen einen zarten Duft. Der weit aus der nickenden Blüte ragende Griffel ist am Grunde von einem becherförmigen Drüsenring umgeben.

Die Becherglocke steht mit Vorliebe in wechselfeuchten Wiesen und nimmt vorübergehend moorige Flächen oder Trockenwiesen in Kauf. Ihre hohe Anpassungsfähigkeit geht auch aus der Tatsache hervor, daß sie im Raum Sollenau auf Böden mit hoher Sonneneinstrahlung in einer Seehöhe von 270 m siedelt, in Insubrien aber (Täler zwischen Orta- und Comersee) eine Charakter-Art des Buchen-Weißtannengürtels in einer Seehöhe von über 1 000 m ist.

Vor 30 Jahren war die Becherglocke in der Wiesenlandschaft südlich und nördlich von Sollenau eine stets anzutreffende Art. Damals glaubte man, daß auch der motorisierte Grasschnitt der Pflanze nichts anhaben könnte. Ihr Vorkommen schien sich von Jahr zu Jahr zu vergrößern.

Der Mäher konnte mit seinem schweren, unhandlichen Gerät die Wiesenstücke zwischen den Buschgruppen kaum genau mähen, so daß Samenstöcke der Becherglocke stehen blieben. Es waren kräftige meterhohe, weit ausladende Stöcke, die einen reichen Blütenschmuck in Form zusammengesetzter Trauben trugen. Dieses Vorkommen entlang des Piesting-Hochwassergrabens ist jedoch erloschen. Versuche, diese Wiesen unter Naturschutz zu stellen, scheiterten am Widerstand der Besitzer. Einige Jahre, nachdem die Wiesen in Äcker oder in Bauland umgewandelt wurden, blühte die Becherglocke inmitten der Getreide- und Burgunderfelder, selbst auf dem neu erschlossenen Bauland trotzte die liebliche Pflanze unerkannt den gedankenlosen Nachstellungen der Menschen. Auf den feuchten Wiesen nördlich des Ortes verblieb ein Rest des Bestandes, vor wenigen Jahren wurden einige Gründe mit spärlichem Adenophora-Bestand – zum Leidwesen der Besitzer – unter Schutz gestellt. Hier wird die Pflanze höchstens 40 cm hoch, entwickelt nur wenige Blüten und gelangt kaum zur Samenreife. Einige Exemplare überdauern zwischen den kurzen Zweigen der Kriechweide *(Salix repens subsp. rosmarinifolia)* den wiederholten Sensenschnitt. Die Duft-Becherglocke ist jedenfalls vom Aussterben bedroht.

Die Becherglocke ist eine liebliche und seltene Glockenblumen-Art, für deren Schutz und Erhalt die Grundbesitzer und Gemeinde-Umweltschutz-Referenten sich besonders engagieren müßten.

So hohe Stöcke der Duft-Becherglocke gibt es nördlich des Piestingschotters nicht mehr. (Aufn. 1960). Die Art ist vom Aussterben bedroht, obwohl das Restbiotop unter Naturschutz gestellt worden ist.

Kreuz-Enzian *(Gentiana cruciata)*

Diese ansehnliche Enzian-Art ist ein Sommerblüher, der zumeist erst im August zu voller Blüte gelangt. Er ist eine Licht- und Halbschattenpflanze, die sich gerne in Begleitung von Nadelholz vorfindet. Am Ostalpensaum wären zwei voneinander sehr verschiedene Standorte zu erwähnen. Große und kräftige Stöcke mit reichlichem Blütenbesatz stehen z. B. im Schwarzföhrenwald zwischen Wr. Neustadt und Neunkirchen. Je Stock werden oft 6–8 reichlich beblätterte Sprosse entwickelt. Die eilänglichen, fast lederartigen Blätter sind 6–10 cm lang, die Grundblätter sind an ihrem Grund scheidig miteinander verwachsen. In den Achseln der oberen Blätter stehen Büschel glockenförmiger Blüten mit nur 2–3 cm langer Röhre, deren Ende 4-spaltig ist. Sie öffnen sich spät am Vormittag und lassen ihre Innenseite in himmelblauer Farbe leuchten; ihr Äußeres ist grünlich bis grünviolett. Bei mehrmaligem Aufsuchen eines Stockes hat man den Eindruck, als würden einzelne Blüten ihre Krone gar nicht öffnen. Das sukzessive Aufblühen der in Stockwerken angeordneten Scheinquirlen dauert bis 4 Wochen lang. Ein weiteres bemerkenswertes Vorkommen des Kreuz-Enzians findet sich auf dem nach Südosten und Süden geneigten Hang am „Gländ", 1023 m, am südwestlichen Ende der Hohen Wand vor. Der ziemlich dichte Bestand blüht später als die Artgenossen in der Ebene. Die Pflanzen erreichen kaum eine Höhe von 30 cm, in regenarmen Sommermonaten auch nur 15–20 cm. Die Blüten sind im oberen Bereich kopfig vereinigt. Fehlt ausreichender Niederschlag, öffnen sich die Blütenknospen überhaupt nicht und die Blätter verwelken schon Mitte August. Als mehrjährige Pflanze übersteht sie derartige Notzeiten.

Für den Kreuz-Enzian ist auch der Name „Kreuzwurz" gebräuchlich. Das Bestimmungswort dieses Namens weist auf den morphologischen Bau der Pflanze hin. Alles an ihr erinnert an das Kreuzsymbol: die rechtwinkelig stehenden Blattpaare bilden ein Kreuz. Der Blütensaum der 4-teiligen Krone ergibt ein Kreuz. Sogar das Mark des Stengels und des Wurzelstocks läßt eine Kreuzform erkennen. Schneidet man den Stengel durch, so erblickt man darin einen kreuzförmigen Längsspalt, als ob er mit einem Speer zweimal kreuzweise durchstochen worden sei. Enders weiß zu berichten, daß die Pflanze früher deshalb auch „Speerenstich" geheißen hat.

Die weitröhrige Blüte des Kreuz-Enzians enthält 4 freie Staubgefäße und einen Fruchtknoten, dem die Narben ohne Griffel aufsitzen. Die Bestäubung vollziehen hauptsächlich Hummeln, die bei verschlossener Blütenöffnung durch seitlichen „Einbruch" zum Nektar gelangen.

Der Kreuz-Enzian kommt zwar in allen Bundesländern vor, er ist aber im Gebiet der pannonischen Flora und am Nordost-Alpensaum besonders gefährdet.

Herbst-Enziane

Der Österreichische Enzian, neuerdings auch Kranzenzian genannt, ist ein häufig vorkommender Herbstblüher am Alpenostrand.

Obwohl man alle Arten schlicht als „Enziane“ anspricht, unterscheidet man in der Botanik mehrere Gattungen.

Dem **Kalk-Glocken-Enzian*** *(Gentiana clusii)* sind wir schon in den Voralpen (Boding) und natürlich im Rax-Schneeberg-Gebiet begegnet. Er besitzt eine ausgebreitete und tief geschlitzte Kronröhre, die innen völlig haarlos ist und daher Bienen und Hummeln guten Zugang zum Nektar am Fruchtknoten gewährt. Mit der herrlich tiefblauen Farbe ihrer „Glocken“ rufen sie das Entzücken eines jeden Apenwanderers hervor. Sie sind „Kinder“ des Bergfrühlings und des Bergsommers.

Die beiden folgenden Arten sind auffallende und typische Enzian-Arten des Alpenostsaumes im Spätsommer und Herbst, man könnte sie auch als „Septemberblumen“ bezeichnen:

Beim **Fransenenzian** *(Gentianopsis ciliata)* sind die 4 Zipfel des tiefgeteilten Blütensaumes gegen den Grund zu am Rand mit langen Fransen versehen. Dieses „Gitter“ nötigt die nach Nektar suchenden Insekten von oben her in den Blütenkelch vorzudringen. Nur auf diese Weise kommen sie mit den Staubfäden und Narben in Berührung. Wir entdecken die tiefblauen Blumen in Halbtrockenrasen und auf den mageren Böden des Schwarzföhrenwaldes. Die Art fehlt im pannonischen Tiefland, steigt aber bis zur Krummholzstufe empor.

Der **Österreichische Enzian*** *(Gentianella austriaca)* blüht zur gleichen Zeit und hat ähnliche Bodenansprüche wie der Fransenenzian. In seiner lilapurpurnen, manchmal auch weißen Blüte fehlen die randlich stehenden Fransen. Dieser Art gelingt es, mit Hilfe von fransig-bärtigen Schlundschuppen am Grund der Innenseite der Kronzipfel unwillkommene Blütenbesucher abzuwehren. Die 5-zipfelige Kronröhre steckt in einem schlanken, röhrigen Kelch, dessen Zipfel deutlich länger als die eigentliche Kelchröhre sind. Ein gutes Merkmal des Österreichischen Enzians ist auch der deutlich kurzgestielte Fruchtknoten. Sein Vorkommen reicht vom Tiefland bis in die subalpine Stufe von Rax und Schneeberg. Sein Gesamtblütenstand ist ebensträußig, seltener kurz kegelförmig. Die Blüten stehen derart dicht, daß die Laubblätter kaum sichtbar sind. Dem einzigen Stengel entspringen schon im unteren Teil lange Seitenäste, deren reiche Blütenentfaltung einen kompakten Strauß gleichhoch stehender Blumen ergibt. Exemplare im Schatten erreichen nur spärlichen Blütenansatz von untypischer Form des Blütenstandes. Der Österreichische Enzian ist nicht immer leicht von nahe verwandten Arten zu unterscheiden. Es gibt früh- und spätblühende Rassen; auch Modifikationen, die durch die Art der Beweidung entstehen, können beobachtet werden.

Weißmoos *(Leucobryum glaucum)*

Nahe bei Pottschach liegt der Kohlberg (703 m), der rundum mit Wald bedeckt ist. Auf seiner Nordwestflanke findet sich im Schattenbereich von Rotföhren und Fichten ein großer und geschlossener Bestand von Weißmoos vor. Er ist etwa ein halbes Hektar groß und liegt in 700 m Seehöhe. Seine dichten, halbkugeligen Kompaktpolster von weißgrüner Farbe bevorzugen nährstoffarmen, sauren Boden, der Untergrund besteht aus grünlichem bis violettem Schiefer der Grauwackenzone. Das dichte Nebeneinander der Moospolster, die einen anderen Bewuchs des Waldbodens nicht zulassen, macht auf den Betrachter einen sensationellen Eindruck. Die Pölster, die einen Durchmesser bis 1 m erreichen können, vermögen viel Wasser zu speichern, was für ihr Überleben in lang andauernden Trokkenperioden notwendig ist. Die Stämmchen des Weißmooses werden bis zu 20 cm hoch, die lanzettlich zulaufenden Blättchen sind an der Spitze eingerollt. Nur sehr selten werden 1–2 mm lange Sporenkapseln auf 3–7 mm langen Stielchen ausgebildet; aus den vom Wind ausgestreuten Sporen werden neue Moospflänzchen.

Das Wachstum des Polsters geht zumeist

vegetativ vor sich. In den Blättchen gibt es zweierlei Arten von Zellen. Ein Netz von lebenden Zellen, die einen Chloroplasten (= Zellorganellen, die bei der Chlorophyll-Bildung mitwirken) enthalten, ist von großen toten Zellen umgeben. Deren Wände sind ringförmig versteift und von Löchern durchbrochen. Durch sie dringt Wasser in die „Wasserzellen“ ein, wo es beliebig lang gespeichert und bei Bedarf der Moospflanze entsprechend abgegeben wird.

Mancher der Moospolster ist aufgerissen. Vermutlich sind es Waldvögel oder Kleinsäuger, die im Innern nach Nahrung suchen. Bei einer herbstlichen Wanderung fällt auf, daß in diesem Waldstück relativ viele Feuersalamander anzutreffen sind. Sie dürften unter den Moospölstern ein sicheres, frostfreies und feuchtes Winterquartier vorfinden. Das Weißmoos wird auch bei der Herstellung von Kränzen und Buketten mitverwendet, zurückgelassene Reste von „gepflückten“ Pölstern lassen dies erkennen. Ein Biotopschutz des selten schönen und einmaligen Vorkommens des Weißmooses auf dem Kohlberg wäre anzustreben.

Literaturverzeichnis

Adler, Oswald, Fischer, Exkursionsflora von Österreich, Stuttgart, 1994

Barth, F. G., Biologie einer Begegnung, Stuttgart, 1982

Baumgartner, B., Gutensteiner Alpen und Hohe Wand, St. Pölten, 1980

Beck, G., Flora von Hernstein in Niederösterreich, Wien, 1884

Beck v. Mannagetta, Flora von Niederösterreich, Wien, 1893

Buttler, K., P., Orchideen, München, 1986

Duddington, C. L., Baupläne der Pflanze, Frankfurt a. M., 1972

Ehrendorfer, F. (Herausgeber), Liste der Gefäßpflanzen Mitteleuropas, Stuttgart, 1973

Ellenberg, H., Vegetation Mitteleuropas mit den Alpen in ökol. Sicht, Stuttgart, 1982

Fischer, M. A., „Österreichs Pflanzenwelt" in Naturgeschichte Österr., Wien, 1976

Fischer, M. A., „Botanisch bemerkenswerte Gebiete" in „Der Österr. Naturführer", Innsbruck, 1989

Haerkötter, G., Heilkräuter gestern und heute, Frankfurt a. M., 1983

Hanf, M., Farbatlas, Feldflora, Stuttgart 1990

Hegi, G., Illustrierte Flora von Mitteleuropa, Bd. 1–6, Berlin, (2., z. Teil 3. Auflage im Erscheinen begriffen)

Hofneister-Garve, Lebensraum Acker, Berlin 1986

Holzner, W. (Herausgeber), Das kritische Heilpflanzenbuch, Wien, 1985

Holzner, W. u. Mitarbeiter: Österreichischer Trockenrasen-Katalog, Wien, 1986, Grüne R. Bd. 6

Hösch, R., Führer auf die Hohe Wand, Wien, 1971

Janchen, E., Flora von Wien, Niederösterreich und Nordburgenland, Wien, 1966–1975

Jelem, Helmut, Standorterkundung Hoher Lindkogel, Schwarzföhren-Kalkvoralpen, Forstl. Versuchsanstalt Mariabrunn, Wien, 1961

Launert, E., Gebirgsflora in Farben, Ravensburg, 1969

Lohmann, M., Naturinseln in Stadt und Dorf, München, 1986

Nachtigall, W., Lebensräume, Mitteleuropäische Landschaften und Ökosysteme, München, 1986

Neilreich, Au., Flora von Niederösterreich, Wien, 1859

Niklfeld, H., Der niederösterreichische Alpenostrand – ein Glazialrefugium montaner Pflanzensippen, Jahrbuch Verein zum Schutze der Alpenpflanzen u. -tiere, München, Bd. 37 (1972): 42–92

Niklfeld, H. u. Mitarbeiter, 1986: Rote Listen gefährdeter Pflanzen Österreichs, Wien, 1986, Grüne Reihe Bd. 5

Oberdorfer, E., Pflanzensoziologische Exkursionsflora, Stuttgart, 1983

Rauh, W., Sumpf- und Wasserpflanzen, Heidelberg, 1950

Schubert-Wagner, Pflanzennamen und botanische Fachwörter, Melsungen, 1979

Scharfetter, R., Biographien von Pflanzensippen, Wien, 1953

Schwarz, M., Die Villenarchitektur im Süden Niederösterreichs, in „Denkmalpflege", Bd. 8, Wien, 1991

Solinger H., Flora der Hohen Wand, Kulturverein Hohe Wand, 1994

Steinbach, G., Die Blumen unserer Heimat, Stuttgart, 1981

Sterne, Enders, Hopp, Unsere Pflanzenwelt, Berlin, 1956

Umweltbundesamt, Biotoperhebung Groß-Mittel, Wien, 1989

Wagner, H., u. Wendelberger, G., Exkursionsführer für die XI. int. pflanzengeographische Exkursion durch die Ostalpen, Wien, 1956

Wendelberger, E., Pflanzen der Feuchtgebiete, München 1986

Wiepking, H. Fr., Umgang mit Bäumen, München, 1963

Erklärung von Fachausdrücken,

soweit sie nicht schon im Text eine Erklärung gefunden haben. Der Pfeil → bezieht sich auf Wörter in diesem Register:

A

Achäne, einsamige Schließfrucht der meisten Korbblütler; eine Nuß, bei der Frucht und Samenschale miteinander verwachsen sind.

Achsel, Winkel zwischen Sproßachse und Blatt.

adventiv, nicht ursprünglich vorhanden, sondern aus anderen Gebieten eingewandert oder eingeschleppt.

Ährchen, ein Teilblütenstand der zusammengesetzten Ähre von Gräsern.

Ähre, Blüten-, ein Blütenstand, dessen Einzelblüten ungestielt an der Hauptachse sitzen.

Alkaloide, Pflanzenbasen in Form leichtlöslicher Salze. Sie sind Heil-, Anregungs-, Betäubungsmittel und Gifte.

alpin, pflanzengeografische Bezeichnung für das Vorkommen in der Hochgebirgsstufe.

alpisch, topografisch den Alpen zugehörend.

Alter der Pflanzen, 1-jährig, 2-jährig, mehrjährig.

ansalben, Aussetzen von Pflanzen in die freie Natur, was durch Naturschutzgesetze verboten ist, weil es zur Florenverfälschung führt. Überholte Ansicht übereifriger Naturschützer. Schließlich ist die Wiedereinbürgerung von vorübergehend ausgerotteter Tierarten längst im Gange. Der Sibirische Goldkolben z. B. ist in der Mitte dieses Jahrhunderts entweder eingeschleppt oder angesalbt worden. Keineswegs spricht jemand von Florenverfälschung. Im Gegenteil, diese Pflanze stellt eine enorme Bereicherung unserer Flora dar. In einer Zeit, in der so viele Pflanzen ausgerottet oder „gefährdet" sind, müßte die Tendenz bestehen, die Ansalbung von verschollenen Pflanzen zu fördern.

Anthozyan, Farbstoff im Zellsaft, dessen Charakter vom pH-Wert des Zellsaftes abhängt.

Archäophyten, pflanzliche Einwanderer, die schon vor sehr langer Zeit, oft schon in prähistorischer Zeit eingewandert sind.

Art (Species), wichtigste systematische Kategorie, Grundeinheit des Pflanzensystems. Eine Kleinart deckt einen Teil des Artbegriffes ab. Manche Varietät von einstmals wird heute (auf Grund der Forschung, manchmal nur eine Frage der Auffassung einzelner Autoren) als Kleinart geführt.

Art-Name (→ binäre Nomenklatur), aus Gattungsname und Artnamen bestehend.

Assimilation, Aufbau körpereigener organischer Stoffe aus anorganischen, z. B. Bildung von Stärke aus Kohlendioxid und Wasser mit Hilfe von Lichtenergie und Blattgrün.

ausdauernd, mehrere bis viele Jahre lebend (den Winter überdauernd).

B

baltisch, mitteleuropäisch, die Flora der temperaten Zone Mitteleuropas.

basisch = alkalisch; Gegensatz: → sauer.

Bastardierung, Erzeugung neuer Individuen durch die geschlechtliche Vereinigung zweier in ihren erblichen Eigenschaften verschiedenen Eltern.

Beere, eine mehrsamige Frucht mit fleischiger oder saftiger Fruchtwand, die nicht aufspringt.

Befruchtung, Vereinigung einer weiblichen mit einer männlichen Keimzelle zu einer in der Regel einkernigen Zelle.

Bestäubung, Übertragung des Pollens auf die Narbe des Fruchtknotens.

binäre Nomenklatur, zweifache, doppelte Namen. Jeder Pflanzenname besteht aus

2 Wörtern. 1. Gattungsname 2. Artbezeichnung. Von Linné 1753 in seinem Werk „Species plantarum" erstmals angewandt.

Senecio jacobaea

Jakobs-Greiskraut

↑ Gattungsname ↑ Artbezeichnung ↑ Gattungsname

Biotop, Lebensraum oder Standort mit bestimmten Bedingungen für das Fortkommen von Organismen; eine lokal begrenzte Einheit.

Blatt, das Grundorgan der höheren Pflanzen, das im allgemeinen der Assimilation der Pflanze dient.

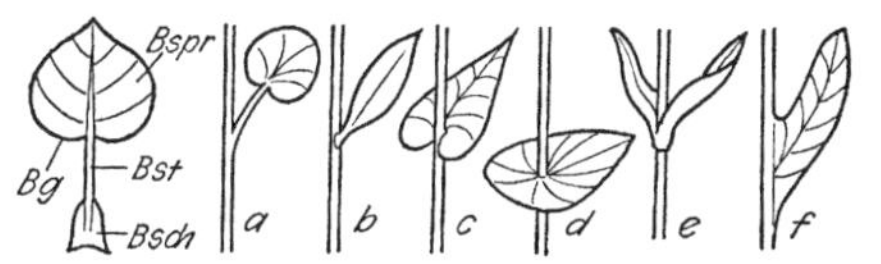

Das Blatt. Alle grünen Blätter bilden das Laub einer Pflanze. An einem Blatt unterscheiden wir den Stiel (Bst), die Fläche oder Spreite (Bspr) und den Blattgrund (Bg). Umgreift der verbreiterte Stiel den Stengel, entsteht eine Blattscheide (Bsch). Das Blatt ist verschieden am Stengel befestigt: gestielt (a), sitzend (b), stengelumfassend (c), durchwachsen (d), verwachsen (e), herablaufend (f).

Die *Blattform* ist ein wichtiges Merkmal beim Bestimmen der Pflanzen: kreisrund (g), elliptisch (h), eiförmig (i), dreieckig (j), lanzettlich (k), linealisch (l), nadelförmig (m), herzförmig (n), nierenförmig (o). Neben den ungeteilten Blättern gibt es noch fiederspaltige (p) und geteilte: gefiedert (r) und gefingert (s).

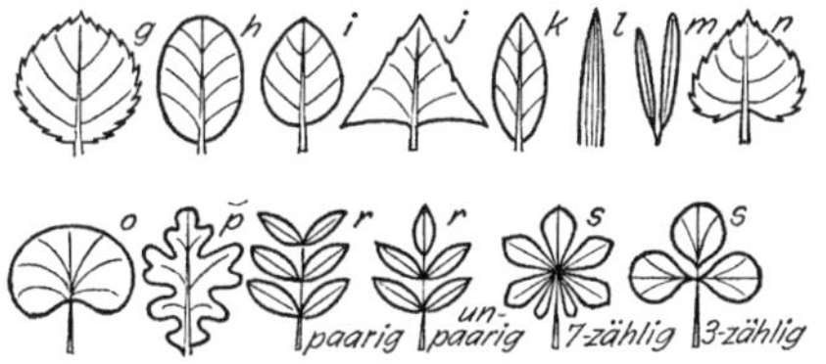

Blättchen, Einzelteile von zusammengesetzten Blättern.

Blattgrund, der unterste Teil des Blattes, der an den Stengel angrenzt.

Blattrand, Kontur der Blattfläche; er kann ganzrandig (1), gesägt (2), gekerbt (3), gezähnt (4), buchtig (5), ausgeschweift(6) sein.

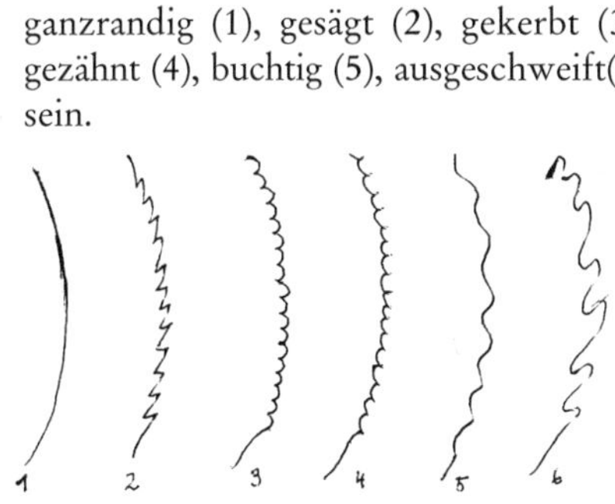

Blattrosette, Sproß mit sehr dicht stehenden Blättern.

Blattspindel, der gemeinschaftliche Stiel eines gefiederten Blattes.

Blattspreite, der zumeist flächige Teil des Blattes, der entweder mit einem Stiel oder direkt der Sproßachse ansitzt.

Blattstellung, Anordnung der Blätter an der Sproßachse; sie kann z. B. wechselständig, gegenständig, quirlständig, gekreuzt gegenständig, zweizeilig, usw. sein.

Blattstiel, der stengelartige Teil des Blattes zwischen Blattgrund und Spreite, bei sitzenden Blättern fehlend.

Blume, im biologischen Sinn wird sie als Bestäubungseinheit aufgefaßt, dies kann eine Einzelblüte oder auch ein Blütenstand sein (z. B. der Löwenzahn – ein Blütenkörbchen).

Blüte, ein Teil des Sprosses, welcher der geschlechtlichen Fortpflanzung dient. Sie besteht aus dementsprechend umgestalteten Blattgebilden. Zumeist ist sie vom vegetativen Teil der Pflanze deutlich abgesetzt.

Blütendiagramm, Blütengrundriß; eine Zeichnung, in der die einzelnen Blütenteile in eine Ebene projiziert sind.

1 Kelchblätter
2 Kronblätter
3 Staubgefäße
4 Stempel
5 Nektardrüse

Blütenhülle: Gesamtheit der Hüllblätter. Die einfache Blütenhülle wird in der Regel von einem einzigen Kreis meist gleich gestalteter Hüllblätter gebildet (→ Perigon). Sind sie in 2 Kreisen angeordnet, unterscheidet man den äußeren grünen Kelch und die oft lebhaft gefärbte Krone. Es gibt eingeschlechtliche und zwittrige Blüten.

Die Blütenblätter umhüllen den Kreis der Staubblätter oder Staubgefäße, die männlichen Organe. Der Staubfaden trägt den meist 2-fächerigen Staubbeutel, die den Pollen oder Blütenstaub beinhalten.
Der innerste Kreis wird von den Fruchtblättern gebildet, der auch Stempel genannt wird. Die Fruchtblätter sind zum Fruchtknoten verwachsen, der die Samenanlage (weibliche Organe) enthält. Der Griffel bringt die Narbe in die geeigneteste Empfängnisstellung. Der Fruchtknoten enthält die Samenanlagen.

Blütenkorb, Blütenkörbchen: Blütenstand eines Korbblütlers. Er besteht aus einer stark verkürzten, verbreiterten, von Hüllblättern umgebenden Achse und meist vielen ungestielten Blüten, die dem Korbboden aufsitzen.

Blütenschema:

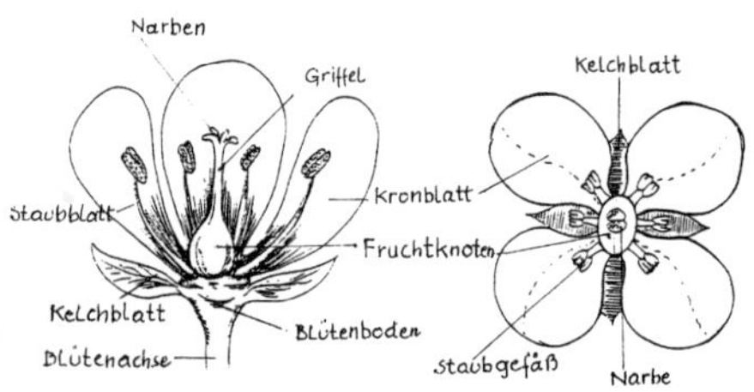

Blütenstand: Pflanzen mit mehr als einer Blüte; bei mehreren Blüten kommt es zur Ausbildung eines Sproßsystems, das die Blüten in zumeist regelmäßiger Anordnung trägt. Beispiele:

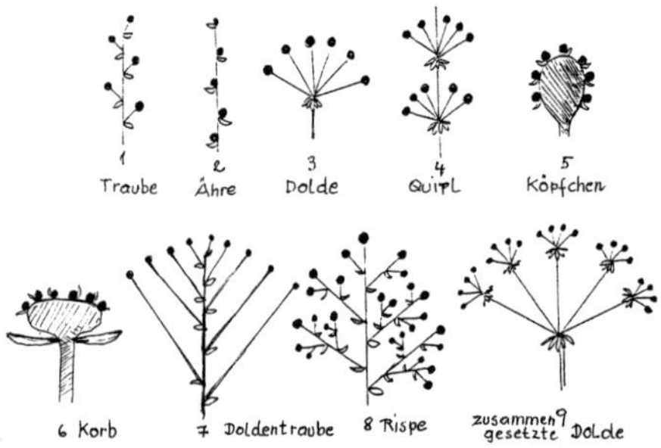

Traube, Ähre, Dolde, Doldentraube, Köpfchen, Körbchen, Rispe, Doldenrispe, Wickel. u. a. Es gibt einfache und zusammengesetzte Blütenstände: Doppeltraube, Doldenrispe (Ebenstrauß). Bei der Spirre liegen die unteren Blüten höher als die oberen, so daß durch Übergipfelung der Blüten Trichterform entsteht. Wickel: abwechselnd nach rechts und links abgehende Verzweigung.

bodenvage Pflanzen (lat. vagus = umherschweifend, unbeständig), auf beliebigem Boden wachsend.

Bodenzeiger, Pflanzen, die auf das Vorkommen von Kalk, Stickstoff, Säuregehalt oder Feuchtigkeit u. a. hinweisen.

D

dealpin, (lat. *de* = von oben herab) von der alpinen Stufe stammend.

Deckblatt = Tragblatt einer Blüte.

Doldentraube: Blütenstand: gestauchte, daher doldenähnliche Traube.

dorsiventral, Blüten, die nur eine einzige Symmetrieebene in Richtung der Längsachse haben. Die Flanken sind spiegelgleich, Vorder- und Rückseite sind verschieden gebaut.

Drüsenhaare: Haare mit einem oder mehrzelligem Endköpfchen, das ein Sekret abscheidet (Zucker, Harz, Öl, usw.).

E

einhäusig, männliche und weibliche Blüten finden sich voneinander getrennt auf ein und derselben Pflanze vor.

einkeimblättrige Pflanzen, eine Klasse der Bedecktsamer mit nur einem Keimblatt; Lilien und Orchideen gehören dazu.

Endemiten, Pflanzen, die im Gegensatz zu den Kosmopoliten nur in einem relativ eng begrenzten Gebiet einheimisch sind.

F

Fahne, das hintere, größte Blatt einer Schmetterlingsblüte.

Familie, systematische Hauptkategorie oberhalb der Gattung.

fiederspaltig, Bezeichnung für Blattflächen mit tiefen Einschnitten, die zur Mittelrippe verlaufen.

Flachmoor, es entsteht bei der Verlandung von nährstoffreichen Gewässern.

Flora, Gesamtheit aller Pflanzenarten eines bestimmten Gebietes. Die Bezeichnung gilt auch im übertragenen Sinn für ein Buch, in dem alle Pflanzenarten eines Gebietes aufgezählt sind.

Florenelement, Bestandteil der Flora eines bestimmten Gebietes, z. B. pannonisches Florenelement.

Flügel, die 2 kleineren, seitlichen Blumenkronblätter einer Schmetterlingsblüte.

Flughaare, erleichtern eine Windverbreitung von Samen oder Früchten.

Fremdbestäubung, die Bestäubung einer Blüte mit dem Pollen einer anderen Blüte.

Frucht, alle Pflanzenorgane, welche die Samen bis zur Reife umschließen und dann zu deren Verbreitung dienen.

Fruchtblätter, Blattorgane der Pflanze, welche die Samenanlagen erzeugen.

Fruchtknoten, ein Hohlraum, der von Fruchtblättern gebildet wird und die Samenanlagen umschließt.

G

Gattung, Hauptkategorie in der Systematik oberhalb der Art. Jede Art gehört zu einer Gattung. In einer Gattung werden verwandte Arten mit zahlreichen gemeinsamen Merkmalen vereinigt.

gefiederte Blätter, zusammengesetzte Blätter, deren Teilblättchen beiderseits der Mittelrippe stehen.

gefingerte Blätter, zusammengesetzte Blätter mit strahlig am Ende des Stiels stehenden Blättchen.

gegenständige Blattstellung, je 2 Blätter stehen an einem Stengelknoten einander gegenüber.

gekerbt sind Blätter, wenn deren Blattrand abgerundete Vorsprünge zeigt, die mit spitzen Winkeln zusammenstoßen.

gezähnte Blätter, der Blattrand weist spitze Zähne auf.

H

Haarkelch: → Pappus.

Habitat, Gesamtheit der ökologischen Umweltfaktoren einer Lebensgemeinschaft.

Habitus, Gesamtbild einer Pflanze, Gestalt oder Aussehen.

halophil, Pflanzen, die mit dem Salzgehalt eines Bodens zurechtkommen.

Haustorien, Saugorgane von parasitischen Pflanzen.

Hutweide, Viehweide, die von einem Viehhüter betreut wird.

hygrophil, hygrophytisch, feuchte Standortsverhältnisse ertragend oder auch bevorzugend.

I

illyrisch, auf den ostadriatischen Raum und auf die nordwestliche Balkanhalbinsel bezogen.

illyrisches Klima, sommerwarmes und regenreiches Klima.

Internodium, der Teil der Sproßachse, der zwischen zwei Knoten liegt, Stengelglied z. B.

J

juvenil, jugendlich

K

kalkhold, vornehmlich auf Kalk vorkommende Pflanzen.

kalkstet, ausschließlich auf Kalk vorkommende Arten.

Kapselfrucht, eine trockenschalige Frucht aus mehreren verwachsenen Fruchtblättern; kann sich auf verschiedene Weise öffnen, um die Samen zu entlassen.

Karst, Bezeichnung für die Wirkungen der Erosion und der Auslaugung vegetationsarmer Kalkgebirge.

Kreide-Formation, geologische Formation des Erdmittelalters, in der sich die Samenpflanzen zu entwickeln begannen und rasch entfalteten.

Krone, der von Kronblättern gebildete innere Kreis einer doppelten Blütenhülle.

Kulturfolger, Pflanzen, die auf Grund besserer Lebensbedingungen den menschlichen Kulturbereich als Lebensraum bevorzugen.

Kurztriebe, Haupt- und Seitenzweige, gestaucht und zumeist dicht beblättert.

L

Langtriebe, Haupt- und Seitenzweige, die durch Streckung der Internodien in die Länge wachsen.

M

Matten: Grasflächen mit großem Kräuteranteil über flachgründigen auch felsdurchsetzten Böden oberhalb der Baumgrenze. Höhen- und klimabedingt sind sie niederwüchsiger als Talwiesen und werden durch Beweiden oder Mähen relativ dicht gehalten.

männliche Blüten, die nur Staubgefäße tragen.

mediterran, Bezeichnung für Pflanzen, deren Verbreitungsschwerpunkt auf das Mittelmeergebiet beschränkt ist.

montan, Pflanzensiedlungsgebiet in Mittelgebirgen.

Morphologie, Lehre vom äußeren Bau der Pflanze und all ihrer Teile.

N

Nagel, stielartig verschmälerter basaler Teil vieler Blütenkronblätter.

Narbe, oberster Teil der Fruchtblätter, des Griffels, falls ein solcher vorhanden ist. Mit Papillen besetzt, scheidet er eine klebrige Flüssigkeit aus.

Naturschutz: Gesetzliche Vorschriften, Pflanzenarten vor einer Ausrottung zu bewahren. Der Artenschutz war in der Vergangenheit nicht sehr erfolgreich. Naturschutzgebiete sind Flächen mit besonders reichen Naturschätzen. Biotopschutz wird und würde am ehesten Natur in allen Formen bewahren helfen. Er ist besonders vordringlich, was verantwortliche Stellen auch erkannt haben. Die Roten Listen geben Auskunft über die in Österreich gefährdeten Blüten- und Farnpflanzen.

Nebenblätter, sie finden sich manchmal am Blattgrund an der Ansatzstelle des Blattstieles und sind blattartige Bildungen.

Nektar, wäßrige Lösung verschiedener Zuckerarten.

Neophyten, Neubürger; Pflanzeneinwanderer, die erst in jüngster Zeit inmitten der heimischen Flora Fuß gefaßt haben.

Niederblätter, vereinfachte Blattorgane, die unterhalb der Laubblattregion an der Sproßachse stehen.

Ö

Ökologie: die Lehre von den Beziehungen zwischen dem Bau der Pflanze, ihren Lebensvorgängen und den Lebensbedingungen.

P

pannonisch, aus Pannonien stammend; damit ist das Gebiet der römischen Donauprovinz gemeint, die im Norden und Osten durch die Donau, im Westen durch den Alpenostrand und im Süden durch die Save begrenzt wurde. Jedenfalls gehörte das Viertel unter dem Wienerwald dazu. Das pannonische Klimagebiet erstreckt sich über den Osten und Südosten von Österreich; es gehören die Randgebiete Niederösterreichs, Teile des Burgenlandes und der Steiermark dazu.

Pappus, haarförmig entwickelter Kelch von Korbblütlern.

perennierend, ausdauernd, die Pflanze lebt mehrere bis viele Jahre.

Perigon, Blütenhülle aus gleichgestalteten und gleichfärbigen Blütenhüllblättern.

Pioniergesellschaften, Pflanzengesellschaften, die auf noch unbesiedeltes Gelände vordringen.

Platte, der flächige Teil einer Blattspreite, die nach unten zu in einen Nagel ausläuft.

Pollen, Blütenstaub einer Blütenpflanze, Gesamtheit der Pollenkörner.

Pollenkörner enthalten die männlichen Keimzellen.

Q

Quartär, erdgeschichtliche Neuzeit, die dem Tertiär folgte. Im Quartär herrschen die Bedecktsamer vor.

quirlig = zyklisch = im Kreis aufeinander folgend.

quirlige Blattstellung, im Kreis angeordnete Blätter.

R

Relikt = ein Überbleibsel in einem bestimmten Gebiet, der Rest eines Pflanzenvorkommens eines früheren größeren Areals.

Rhizom, eine unterirdische Sproßachse, die sich durch Vorhandensein einer Gliederung oder von Niederblättern von normalen Wurzeln unterscheidet. Rhizome sind Speicherorgane und vegetative Vermehrungsorgane.

Röhrenblüten, Blüten der Korbblütler, aus 5 Blütenblättern verwachsen, mit einem 5-zähligen Saum abschließend.

ruderal, auf Schutt wachsend.

S

sauer ist der Boden dann, wenn er säurehältig ist. Säureliebende Pflanzen zeigen den Säuregrad eines Bodens an. Maßgeblich für den Säuregrad ist das Muttergestein. Die Versauerung des Bodens wird auch gefördert durch kühles und feuchtes Klima und selbst durch die Lebenstätigkeiten der Pflanzen. Die abgefallenen Nadeln der Schwarzföhre lassen die oberste Bodenschicht allmählich versauern.

Schaft, blattloser Stiel oder Sproß mit Einzelblüte oder mit einem Blütenstand.

Scheibenblüten, Blüten auf der Fläche des Körbchens, wenn an dessen Rand auch noch anders geformte Blüten stehen.

Scheinfrucht, eine Frucht, an deren Bildung außer dem Fruchtknoten noch andere Organe beteiligt sind.

Schötchen, eine Frucht der Kreuzblütler, die höchstens dreimal so lang wie breit ist.

Schote, Frucht der Kreuzblütler, die mehr als dreimal so lang wie breit ist.

Segeltalflora, Flora der von Menschen geschaffenen Kulturflächen.

Selbstbestäubung, die Fähigkeit von Blüten, sich mittels eigenen Pollens zu befruchten.

Spalierwuchs, Wuchsform verholzter Pflanzen, die ihre Stämmchen flach über dem Boden ausbreiten.

Sproß, besteht aus hintereinanderliegenden Gliedern, die durch Knoten begrenzt werden; setzt sich aus der Sproßachse und Blättern zusammen.

Staminodien, Gebilde in der Blüte, die aus Staubblättern hervorgegangen sind, die keinen Pollen produzieren und eine andere Funktion übernommen haben.

Staubbeutel, setzen sich aus 2 Teilen zusammen, die durch ein Zwischenstück verbunden werden. Jede Staubbeutelhälfte enthält zwei Säcke, die Pollenkörner beinhalten.

Stauden, Pflanzen, die wiederholt fruchten, kaum Holzgewebe enthalten und in der Erde befindliche stark entwickelte Achsen besitzen.

Steinfrucht, ein harter innerer Fruchtwandteil wird von einem fleischigen äußeren Fruchtwandteil umschlossen.

Stempel, das Fortpflanzungsorgan der weiblichen Blütenpflanzen, aus Fruchtknoten, Griffel und Narbe bestehend.

Steppenheide, eine fast baumlose Pflanzengemeinschaft über trockenwarmen Böden, vorwiegend aus wärmeliebenden Gräsern und Kräutern bestehend.

subalpine Stufe, Höhenstufe, die durch das Krummholz und sie begleitende Pflanzen charakterisiert wird.

submediterran, die Flora bezeichnend, die an der nördlichen Grenze des Mittelmeergebietes vorherrscht.

T

Tragblatt, in seiner Achsel entspringt ein seitlicher Zweig oder eine Blüte.

Trugdolde, Blütenstand, dessen Einzelblüten annähernd in einer Ebene liegen, wenngleich ihre Stiele nicht von einem Punkt ausgehen.

U

Umwelt, die Gesamtheit der äußeren Lebensbedingungen, die auf den Organismus einer Pflanze oder einer Gemeinschaft einwirken.

Universalist, Pflanze, die in sehr verschiedenen Bodenarten oder in wechselnden Klimaten relativ gut gedeiht, also ökologisch eine hohe Anpassungsfähigkeit besitzt.

Unterart, eine wichtige systematische Kategorie innerhalb der Merkmale einer Art; sie sollten sich durch markante Merkmale gut voneinander unterscheiden lassen. Jeder Autor, der eine Unterart entdeckt, sollte bei einer eventuellen Abhandlung darüber einen Schlüssel zur Abgrenzung gegenüber anderen Unterarten innerhalb der Art entwerfen.

V

vegetative Vermehrung, Fortpflanzung auf ungeschlechtlichem Weg.

vorweiblich, vorweibig, Blüten, bei denen die weiblichen Organe vor den männlichen reifen.

X

Xerophyten, Pflanzen, die durch verschiedene Einrichtungen trockenen Standorten angepaßt sind.

Z

Zungenblüten, Blüten von Korbblütlern, die einen einseitig verlängerten Saum aufweisen, der als zungenförmig angesprochen wird.

zweihäusig ist eine Pflanze, wenn sie innerhalb einer Art Individuen mit nur männlichen und nur weiblichen Blüten ausbildet.

zweikeimblättrige Pflanzen, Klasse der Bedecktsamer, sie keimen in der Regel mit zwei am Embryo gegenständig angelegten Blättern.

zwittrig, Blüten, die sowohl männliche als auch weibliche Organe enthalten.

Liste der deutschen und wissenschaftlichen Pflanzennamen

Ts = Titelseite
Rs = Rückseite

Inhaltsverzeichnis

II.
Porträts typischer Pflanzen am Alpenostsaum